世界银行

新农村建设与
地区和谐发展

Rural Services and
Harmonious Regional Development in China

主编：沙安文 （Anwar Shah）
乔宝云 （Baoyun Qiao）
沈春丽 （Chunli Shen）

人民出版社

作者介绍

主　编:

沙安文　世界银行学院首席经济学家

乔宝云　中央财经大学教授

沈春丽　世界银行学院

国际专家:

哈里·基钦　加拿大 Trent 大学教授

梅尔·麦克米伦　加拿大 Alberta 大学教授

沙萨那　美国华盛顿大学

黄佩华　美国华盛顿大学教授

杜大伟　世界银行北京办公室局长

郝福满　世界银行北京办公室首席经济学家

傅安恒　世界银行北京办公室高级经济学家

马修·安德鲁斯　世界银行公共部门专家

中国专家:

张　通　财政部部长助理

邱　东　中央财经大学党委书记,教授

王建国　国家农业综合开发办公室主任

王国华　中央财经大学副校长,教授

黄维健　国务院农村税费改革办公室副主任

贾　康　财政科学研究所所长

刘铭达　前任广西财政厅厅长

王　蓉　北京大学教育财政研究所所长

马海涛　中央财经大学财政与公共管理学院院长,教授

王雍君　中央财经大学财经研究院院长,教授

Contributors

Editors:

Anwar Shah, Lead Economist, World Bank Institute

Baoyun Qiao, Professor, Central University of Finance and Economics

Chunli Shen, World Bank Institute

International Experts:

Harry Kitchen, Professor, Trent University, Canada

Melville McMillan, Professor, University of Alberta, Canada

Sana Shah, Washington University

Christine Wong, Professor, University of Washington

David Dollar, Country Director, World Bank

Bert Hofman, Lead Economist, World Bank

Achim Fock, Senior Economist, World Bank

Mathew Andrews, World Bank

Chinese Experts:

Zhang Tong, Assistant Minister, Ministry of Finance, China

Qiu Dong, Chairman and Professor, Central University of Finance and Economics

Wang Jianguo, Director General, Comprehensive Agriculture Development Office, China

Wang Guohua, Vice President and Professor, Central University of Finance and Economics

Huang Weijian, Deputy Diretor General, Tax and Fee Reform Office, China

Jia Kang, Director, Fiscal Research Institute, Ministry of Finance, China

Liu Mingda, Former Commissioner, Guangxi Fiscal Bureau

Wang Rong, Director, Educational Finance Institute, Beijing University

Ma Haitao, Dean and Professor, School of Public Finance & Public Administration, Central University of Finance and Economics

Wang Yongjun, Dean and Professor, Institute of Finance and Economics, Central University of Finance and Economics

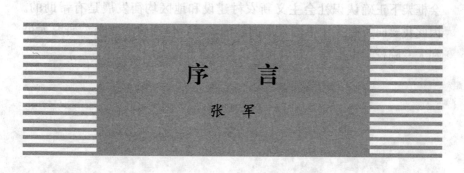

序　言

张　军

　　构建社会主义和谐社会，是我们党从全面建设小康社会、开创中国特色社会主义事业新局面的全局出发提出的一项重大任务，适应了我国改革发展进入关键时期的客观要求，体现了广大人民群众的根本利益和共同愿望。社会主义新农村建设和地区均衡发展是构建和谐社会的重要组成部分。

　　在实现和谐社会的过程中，学习与借鉴西方发达国家以及重要的发展中国家的成熟经验，无疑具有重要的意义。中国财政部、加拿大国际开发署（Canadian Agency for International Development，CIDA）和世界银行学院（World Bank Institute，WBI）共同组织的海口社会主义新农村建设和地区均衡发展研讨会，提供了一个从公共财政角度探讨构建社会主义和谐社会的平台。来自中央和国家有关部委、有关省和省以下各级政府官员，特别是来自西部省区的官员，与公共财政方面的国际国内专家进行了广泛的交流。与会专家从社会主义新农村建设和地区均衡发展的角度，和财政部门政府官员一道，针对农村政府组织及其责任、农村政府财政、农村公共服务的融资和提供、绩效预算、政府间转移支付、均等转移支付、通过财政政策实现区域均衡发展、政府转移支付与西部发展、农村公共服务提供中政府绩效的评估、农村税费改革、地区均衡发展的国家和国际视角等方面的问题作了深入的探讨，为我们正在进行的财政改革提供了许多有益的启示。

　　我欢迎《新农村建设与地区和谐发展》一书的出版。改革开放以来，经济增长的世界奇迹，人民生活水平得到了很大的改善，但是，我们要走的路还很长，在构建社会主义和谐社会的过程中还会遇到许多新情况、新课题，还需要应对各种困难、风险和挑战，还要继续进行新的实践和新的探索。《新农村建设与地区和谐发展》一书集合了向此次会议提交的论文，其研究和建议对于我们在构建社会主义和谐社会框架下正确认识社会主义新农村建设和地区均衡发展是有帮助的。因此我要向所有关注中国发展问题的读者，包括政府官员、研究人员和大专院校学生推荐《新农村建设与地区和谐发展》一书。

目录

前　言 ……………………………………………………………… 5

致　谢 ……………………………………………………………… 7

第一篇　新农村建设

第一章　地方治理的新远景与地方政府的
　　　　角色演变 ……………………… 沙安文　沙萨那　3

第二章　政府间财政改革、财政支出划分
　　　　及政府治理 ……………………… 杜大伟　郝福满　39

第三章　地方政府在社会主义新农村建设
　　　　中的职能 ……………………………………… 邱　东　50

第四章　政府间转移支付与农村地方政府
　　　　………………………………… 梅尔·麦克米伦　65

第五章　公共财政覆盖农村 ……………… 傅安恒　黄佩华　87

第六章　破解基层财政难题　为社会主义
　　　　新农村建设保驾护航 …………………… 马海涛　105

第七章　中国农村公共产品和服务问题研究
　　　　——兼论中国"农村发展预算"的
　　　　构建 …………………………………………… 王国华　117

第八章　农村教育：问题、挑战与对策 ………… 王　蓉　146

第九章　中国农村医疗卫生与公共财政 ………… 乔宝云　154

第十章　准确领会和把握中央精神　积极稳妥地
　　　　推进社会主义新农村建设 …………… 王建国　178

第二篇　地区和谐发展

第十一章　政府间财政转移指南 …………… 沙安文　195

1

第十二章　联邦制和地区均衡：建设合作关系
　　　　　还是培养转移支付依赖性 …………… 沙安文 240
第十三章　完善财政转移支付制度　实现社会
　　　　　和谐均衡发展 ……………… 沙安文 沈春丽 249
第十四章　中国的财政均等化：困局与选择 ……… 王雍君 274
第十五章　中国财政转移支付制度的演变与
　　　　　改革建议 ………………………………… 贾　康 307
第十六章　西部地区发展与政府间财政关系 ……… 刘铭达 329
第十七章　评估发展中国家地方政府的绩效
　　　　　　　　　　　　马修·安德鲁斯　沙安文 345
第十八章　取消农业税对中国经济社会的影响及
　　　　　下一步政策取向 ………………………… 黄维健 361
第十九章　中国财税改革回顾与展望 ……………… 张　通 374
第二十章　绩效预算 ……………………………… 沈春丽 380

附录1　研讨会综述 …………………………………… 410
附录2　研讨班日程安排 ……………………………… 436
附录3　参加研讨会人员名单 ………………………… 441
附录4　会议照片 ……………………………………… 447

Contents

Preface ··· 5

Acknowledgements ································· 7

Part I　Building New Countryside

Chapter 1　The New Vision of Local Governance and the
　　　　　Evolving Roles of Local Governments
　　　　　·························· Anwar Shah and Sana Shah　3

Chapter 2　Intergovernmental Fiscal Reforms, Expenditure
　　　　　Assignment, and Governance
　　　　　··················· David Dollar and Bert Hofman　39

Chapter 3　The Role of Local Governments in Building New
　　　　　Socialist Countryside ·················· Qiu Dong　50

Chapter 4　Intergovernmental Transfers and Rural Local
　　　　　Governments ··················· Melville Mcmillan　65

Chapter 5　Extending Public Finance to Rural China
　　　　　················· Achim Fock and Christine Wong　87

Chapter 6　On Current Local Fiscal Issues ······ Ma Haitao　105

Chapter 7　On Rural Public Goods and Public Services:
　　　　　Building Rural Development Budget
　　　　　································· Wang Guohua　117

Chapter 8　Rural Education: Issues, Challenges and Policy
　　　　　Options ··························· Wang Rong　146

Chapter 9　Rural Health Care and Finance in China
　　　　　································· Qiao Baoyun　154

Chapter 10　On Building New Socialist Countryside
　　　　　································· Wang Jianguo　178

Part II　Promoting Balanced Regional Development

Chapter 11　A Practitioner's Guide to Intergovernmental

Fiscal Transfers ····················· Anwar Shah 195

Chapter 12 Federalism and Regional Equity: Building Partnership or Transfer Dependencies ········· Anwar Shah 240

Chapter 13 The Reform of the Intergovernmental Transfer System: To Achieve a Harmonious Society and a Level Playing Field for Regional Development in China
················· Anwar Shah and Chunli Shen 249

Chapter 14 Fiscal Equalization Transfers: Challenges and Options ························ Wang Yongjun 274

Chapter 15 Intergovernmental Transfer System in China
·································· Jia Kang 307

Chapter 16 Intergovernmental Fiscal Relation and the Development of Western Areas ············· Liu Mingda 329

Chapter 17 Assessing Local Government Performance in Developing Countries
····· Matthew Andrews and Anwar Shah 345

Chapter 18 The Impacts of Abolishing Agriculture Taxes
····························· Huang Weijian 361

Chapter 19 Review of China's Fiscal Reforms
····························· Zhang Tong 374

Chapter 20 Performance Budgeting ············ Chunli Shen 380

Annex 1 **Workshop Summary** ···················· 410
Annex 2 **Workshop Agenda** ···················· 436
Annex 3 **List of Participants** ···················· 441
Annex 4 **Workshop Photos** ···················· 447

前　言

世界银行学院（World Bank Institute，WBI）联合加拿大国际开发署（Canadian Agency for International Development，CIDA）与中国财政部共同发起了关于中国现代财政建设的"对话"项目，该项目邀请来自中国政府有关部委，有关省、地各级政府官员与学者，特别是来自西部省区的官员与学者，和专长于财政管理的国际专家和业界人士开展交流。海口社会主义新农村建设和地区均衡发展论坛是此对话项目的一项重大活动。

中国正致力于构建和谐社会。社会主义新农村建设和地区均衡发展是构建和谐社会的重要组成部分，此项目旨在为中国的上述努力提供帮助。本项目所包含的培训活动主要面向关注公共财政与管理改革的各级官员与学者，并优先接受了西部省份的官员。

对于每一项研讨会的设计，财政部以及地方财政厅（局）与世界银行学院密切合作，共同审议培训项目的主题、确定相关的课程内容和参会人士。培训项目邀请了国际一流专家、中国业界人士、决策者和学者做专题演讲。国际专家与中国专家共同针对国际框架与实践进行讲解和讨论，并探讨中国改革进程中的细节问题。

本书集合了向此次会议提交的论文。此次研讨会从农村政府组织及其责任、农村政府财政、农村公共服务的融资和提供、绩效预算、政府间转移支付、均等转移支付、通过财政政策实现区域均衡发展、政府转移支付与西部发展、农村公共服务提供中政府绩效的评估、农村税费改革、地区均衡发展的国家和国际视角等方面对社会主义新农村建设和地区均衡发展做了广泛的讨论，促成了一次非常有意义的对话。

沙安文

乔宝云

沈春丽

致　谢

在本书出版之际，我们衷心感谢中国财政部和加拿大国际开发署的支持（特别是 Mr. Kent Smith，Mr. Baljit Nagpal，Mr. Walter Bernyck，Mr. Andrew Smith）。我们要感谢研讨班的承办方——海南省财政厅，他们非常出色地将研讨班的计划成功地付诸实施。我们也要感谢研讨会的尊贵的参与者，他们是：刘芳玉女士、张军先生（中国财政部干部教育中心副主任）、毛文勇先生（中国财政部干部教育中心培训三处处长）、王伟女士（中国财政部国际司副处长）、陈海波先生（海南省财政厅厅长）、刘平治先生（海南省财政厅副厅长）、曾德运先生（海南省财政厅副厅长）、吕勇先生（海南省财政厅副厅长）、方光荣先生（海南省财政国库支付局局长）、苗爱国先生（海南省监察特派员）、孔令德先生（海南省财政厅人教处处长）、余建欣先生（海南省财政厅服务中心主任）、Tim Coughlin 先生（加拿大驻华大使馆）、陈佳妮女士（加拿大驻华大使馆）、杜大伟先生、郝福满先生、傅安恒先生、李胜女士。我们感谢所有国际专家和中国专家：哈里·基钦教授、梅尔·麦克米伦教授、刘莉莉女士、邱东教授、张通先生、王建国先生、王国华教授、黄维健先生、耿红女士、孙志筠女士、贾康先生、刘铭达先生、王蓉教授、马海涛教授、王雍君教授。同时还要感谢顾明先生、刘向东先生以及广大的志愿者，他们使这次国际研讨会得以顺利进行。最后，感谢海南省财政厅的所有同仁，他们为这次项目提供了宝贵的建议和有益的帮助。

本书表达的观点均为作者和项目参与者的个人观点，不代表中国财政部、加拿大国际开发署、世界银行以及与本书作者和项目参与者有关的其他机构的观点。

沙安文

乔宝云

沈春丽

第一篇
新农村建设

第 一 章
地方治理的新远景与
地方政府的角色演变

The New Vision of Local Governance
and the Evolving Roles of Local Governments

沙安文（Anwar Shah） 沙萨那（Sana Shah）

为了加强民众公共职责意识，我们将做出不懈努力；因此，我们给予这座城市的，不仅不会少于城市所赋予我们的，而且还会更多、更好、更加美丽。

——古雅典城市委员会成员的就职宣言

一、引言：地方政府和地方治理

地方政府是指一些根据国家宪法产生的（如：巴西、丹麦、法国、印度、意大利、日本和瑞典）；或是经由各州宪法产生的（如：澳大利亚和美国）；或是依照中央政府更高一级立法产生的（如：新西兰、大英联合王国和绝大多数国家）；或是通过省际或州际立法产生的（如：加拿大和巴基斯坦）；或是根据最高行政指令产生的用于向相对较小的地理区域递送一系列具体服务的特定机构或实体。与地方政府相比，地方治理的含义更为广泛，其职能包括规划和执行地方的各项集体活动。这样一来，地方治理在地方政府的正式制度以及政府等级制度当中不仅充当直接和间接的角色，同时它还通过规定公民与公民，公民与国家之间的相互影响、集体决策的制定以及地方公共服务的递送，并在寻求集体活动的非正式规则、关系网络、社区组织以及邻近区域的协会中发挥作用。

3

　　这样一来，地方政府的目标便呈现出多样性，包括当地的生机、生活、工作和有关环境保护的自治社区。好的地方政府不仅提供一系列的地方服务，还要维护当地居民的生存权和自由权，为民主政治的参与及市民对话创造空间，支持当地以市场为导向、与环境有关的可持续发展，促进产出从而提高当地人民的生活质量。

　　尽管地方治理的概念如同人类的历史一般久远，但直到近年来这一概念才跻身学术和实践研究当中，并受到广泛关注。全球化和信息革命正在迫使人们重新审视公民与国家之间的关系和角色，审视政府不同层级同政府以外各个实体之间的关系——而这正是地方治理的一个显著特点。地方治理这个概念已被广泛用于发展经济学的文献研究当中，这是因为长期以来在协助社区的发展过程中，人们只是注重地方治理和社区组织，忽略了可以促进或妨碍相互联系与合作的总体制度环境，忽略了组织、团体、规范以及服务于地方阶层的公共利益之间的相互竞争。

　　近来一些著者（Bailey，1999；Dollery and Wallis，2001；Rhodes，1997；Stoker，1999）认为，政府以外存在一个巨大的网络实体正在从事地方服务的递送，或者说因为生活质量的问题而将地方政府视为一个独立实体是不切实际的（Goss，2001）。分析认识地方治理更广概念的关键在于建立一个可以做出回应、可靠，并对公民负责的框架。其中，做出响应指做该做的事，包括向公民递送与其偏好一致的服务或将公民视为服务的中心；承担责任指采用最理想的方法来做正确的事，在保证更高工作效率的同时花费也越来越少，还有最好的基准评价；而对公民负责所采用的方法则是建立在权利基础上的。在此背景下，地方治理的作用与其传统作用形成了鲜明对比，此类相关分析也就显得尤为重要。

　　本文以地方治理的发展过程和巩固分析作为研究背景，使读者更好地理解本书中有关发展中国家的案例研究。第二部分对于地方治理研究方法的概述将有助于理解政府的作用，同时还对不同的制度安排进行比较和对照。该方法进一步发展了地方治理模型，特别是将此类文献中的各种情况都考虑在内。此外，在对发达国家和发展中国家的地方治理进行评价和改革时，这个模型也体现了其重要含义。第三部分主要是对过去的几个世纪当中用于不同地区的标准模型以及地方治理的制度进行介绍。比照了古印度和中国的地方治理体系与北欧、南欧、北美、澳大利亚模型之间的差别。最后一部分列举了部分发展中国家，并对这些国家的地方政府组织和地方财政做了粗略的比较，本书的剩余部分将就这部分内容进行深入论述。

二、有关地方治理和中央与地方之间关系的理论

从效率、责任、易处理和自治的角度出发，一些公认的理论给分权决策的观点提供了充分的理由，认为地方政府应该发挥更大的作用。

• Stigler 的观点。Stigler（1957）认为辖区的设计应该遵循两个原则：

—— 一个典型的政府越是靠近群众，其工作也就越出色。

—— 人民有权为他们所需公共服务的种类和数量进行投票。

从这两个原则中可以看出决策应当由最低一级政府做出，这样才能同分配效率的目标保持一致。因此，辖区的最优范围会随着具体的规模经济以及效益成本的溢出情况而改变。

• 财政均等原理。这个与辖区设计有关的概念最早出现在公共抉择的文献当中。Olson（1969）认为如果政治权利的大小同收益的面积相互重叠，就可以解决搭便车的现象，而且此时的边际收益等于边际成本，这样便可以确保公共服务的最优供给。这种政治权利和收益面积在数量上保持相等的关系被称做财政均等化原理，它还要求对每一个公共服务赋予单独的权限。

• 对应原理。这一相关概念是由 Oates（1972）提出的，他认为管辖区域决定了每一项公共物品提供的水平，其标准应该精确到消费公共物品的个体数。一般来讲，该原理要求的重叠辖区数量较多。Frey 和 Eichenberger（1995，1996，1999）在此基础上将这一概念扩展到具有功能性、重叠性和竞争性的管辖区域（FOCJ）。他们认为辖区应该根据不同的功能类型和地域上的重叠进行划分，而且个人和社区可以在相互竞争的辖区间自由选择。此外，个人和社区还可以通过提出倡议或经由仲裁者直接表达他们的喜好。辖区有权对其成员征收税款来完成他们的职责。位于苏黎世瑞士州的一些学校社区，以及北美洲的一些特殊辖区便采用这种 FOCJ 的模式。

• 地方分权原理。Oates（1972）改进了这一原理，他提出"每一项公共服务都应当由有能力管理最小地域的辖区提供，这样就可以

实现供给收益和成本的内部化",原因是:

—— 地方政府了解当地居民所关心的事。

—— 地方决策是为了服务当地居民,对于他们来说这些服务是事先安排好的。因此,在鼓励财政责任和效率,尤其是在为服务进行融资时,也需要分权。

—— 撤销了多余的权力阶层。

—— 增强了辖区间的竞争与创新。

一个理想的分权体系为保证达到一定标准,除了将公共服务与选民偏好相结合外,还要为这种服务的高效供给给予一定的鼓励和动力。当空间外部性、规模经济、行政和执行成本都要被考虑时,适当的中央控制或补偿性的补助金也可以保证服务的供应。这个实际含义再一次说明了该原则要求有大量的管辖区域相互重叠。

• 辅助性原则。根据这一原则,税收、支出以及管理职责都应该由较低级别的政府行使,除非有足够充分的理由才能将这些责任分配给上级政府。该原理起源于罗马天主教会的社会教学,并在1891年首次由罗马教皇利奥十三世提出。随后,罗马教皇庇护十一世将辅助性原则作为介于独裁专政和放任主义之间的第三种治理国家的方法。马斯垂克条约将其视为指导性原则,用来分配欧盟各成员国之间的职责和义务。与辅助性原则截然相反的是剩余原则,该原则通常被用于集权国家,在那里中央政府分配给地方政府的职责通常都是中央政府不愿意去做或者无法完成的。

(一) 履行机制

要实现地方辖区在数量及范围方面的最优选择,除了对社区的形成过程进行操作外,还要重新界定辖区的边界。

• 用脚投票。根据 Tiebout(1956)的理论,公民在考虑了税收成本以及辖区所提供公共服务之后才决定其处所的位置。因此,"用脚投票"的机制导致了辖区的产生,创造了一个类似于公共服务供给的市场。Oates(1969)认为,如果人们都用"用脚投票",那么各社区之间的财政差别就可以用住宅资产的价值来估计。不过,这一结论已经被 Brueckner(1982)和 Shah(1988,1989,1992)提出的分配效率规范检验结果推翻。这两个检验都证明了公共服务的最优供给不能仅仅通过"用脚投票"来实现，还要依靠合理的投票机制。

• 无记名投票。这类研究表明集体决策的行为不能保证全体选民福利的最大化，因为公民和政府代理人的目标是不同的。

• 自发联盟。Buchanan（1965）假设，公共服务是由人们或俱乐部组建的自发联盟提供的，这样就可以保证辖区的构成与最优公共服务的递送保持一致。

• 辖区的重新设计。在现代社会中，社区形成的一个重要过程就是对现有辖区边界的重新划分，形成专门的或多用途的管辖区域。

（二）地方政府的职责和作用：巩固分析

有关地方政府职责和作用的观点可分为以下五种：（a）传统的财政联邦制；（b）新公共管理（NPM）；（c）公共抉择；（d）新制度经济学（NIE）；和（e）地方治理的网络形态。其中，联邦制和 NPM 两种观点重点关注的是市场失灵以及如何更加高效而公平地递送公共物品。公共抉择和 NIE 关注的则是政府失灵。而地方治理的网络形态关注的则是克服市场失灵和政府失灵的制度安排。

1. 传统财政联邦制的观点认为：地方政府对于上级政府的命令是言听计从

在多级政府体系当中，财政联邦制将地方政府视为下级部门，同时还简要规定了各级政府的职责和作用（Shah，1994 为财政法规设计的此种框架）。因此，在绝大多数诸如加拿大和美国的联邦制国家里，地方政府正是州政府（二元联邦制）的延伸。在一些个别的实例中，如巴西，地方政府相当于上级政府（合作联邦制）的合伙人；而在瑞士这个特例中，地方政府不仅是主权的主要来源，而且在宪法上的重要性比联邦政府还要大。这样一来，依靠宪法和法律地位的地方政府，以及联邦制国家的州政府在提供地方公共服务方面都存在不同程度的疏忽。而在集权制国家里，各级政府都能够代表中央政府。因此，一套能够有效用于分配集权制国家地方公共服务职责的指导方针应该是：

• 政策发展以及服务和业绩标准由中央政府决定。

• 履行监督职能在州际或省际完成。

• 服务由地方政府、都会政府或地区政府提供。

所有国家的服务都包括公共和私有两种，这主要是由地方或地区政府决定的。有关公共服务的职责除了一些纯粹的地方职责外，例如消防，其他都可以共享，还可以参考这些指导方针。

向地方政府、都会政府或地区政府分配公共服务时要考虑以下因素，包括：规模经济、范畴经济（为提高地方公共服务的效率可通过信息和经济协调将这些服务适当结合在一起，同时还可以通过选民参与和成本回收的方式增强地方的责任）、成本收益的外溢、贴近受益人、消费者偏好和有关支出结构的预算选择。从效率和公平的角度出发，为特定政府分配的服务便决定了该服务的公共或私有特性。人口数量超过一百万的大都市可以细分为两个层级。第一层为较小规模的市政府，负责为近邻类型的区域提供服务；第二层级的政府负责为整个城市并提供城市范围内的所有服务。第一层政府可以直接进行选举，选举产生的市长们组成了第二层级政府的都市委员会。目前，采用这种两层级结构进行治理的城市有：澳大利亚的墨尔本，加拿大的温哥华，美国的阿利根尼郡和宾夕法尼亚州，以及瑞典的斯德哥尔摩。

在发达国家，城市和地区所需的一系列公共服务是由一些专门机构或团体递送，包括：教育、健康、城市规划、娱乐和环境保护。而这些提供服务的机构或团体包括：图书馆，公共交通运输和治安委员会，以及提供水、气、电的公用事业公司。当这些机构的服务递送区域超过了政治辖区时，可以通过贷款、收取使用费和专项收益税给机构注入更多的资金，例如：财产税原有税基上追加的利率就是用来资助地方教育委员会的。如果需求保持在最低限度，这些机构还可以充分利用规模经济，并在那些政治界限与服务区域无法保持一致的地方提供服务。不过，这些机构的激增会损害地方政府的职责和预算的灵活性。此外，如果专门机构的成员是经由任命而不是选举产生的，也会削弱选民的责任和热情。如果多数地区的支出超出了地方委员会的控制范围，预算的灵活性也会降低。

表1.1是各级政府之间支出责任分配的矩阵。表1.2是对各种分配标准如何更有利于地方或都市服务分配的主观评价，以及公共或私有生产是否有助于效率和公平。表中所列标准和评价都是武断的，还要在分析中加入实践和制度因素，因此，读者可能使用相同的标准而得出不同结论。

表 1.1　典型的支出责任分配

功能	政策、标准、管理	临时管理机构	生产和分配	评论
区域内冲突和国际冲突的解决	U	U	N, P	考虑国际收益和成本
外部贸易	U	U, N, S	P	考虑国际收益和成本
电信	U, N	P	P	具有国家标准和国际标准
金融交易	U, N	P	P	具有国家标准和国际标准
环境	U, N, S, L	U, N, S, L	N, S, L, P	全球、国家、州和地方的外部性
外商直接投资	N, L	L	P	地方基础设施很重要
国防	N	N	N, P	考虑国家收益和成本
外交事务	N	N	N	考虑国家收益和成本
金融政策、货币和银行	U, ICB	ICB	ICB, P	各级政府的独立要素;某个为了共同规则的国际作用
各州间的商业往来	宪法, N	N	P	宪法保障对要素和货物的流动起到重要作用
移民	U, N			被迫离开本国致使超出国家的职能范围
转移支付	N	N	N	重新分配
刑法和民法	N	N	N	法规, 国家关注
工业政策	N	N	P	打算阻止"让邻居沦为乞丐"的政策
管理条理	N	N, S, L	N, S, L, P	内部共同市场
财政政策	N	N, S, L	N, S, L, P	协调的可能
自然资源	N	N, S, L	N, S, L, P	促进区域平衡和内部共同市场
教育、健康和社会福利	N, S, L	S, L	S, L, P	各类转移支付
公路	N, S, L	N, S, L	S, L, P	考虑不同地区的收益和成本
公园和娱乐设施	N, S, L	N, S, L	N, S, L, P	考虑不同地区的收益和成本
治安	S, L	S, L	S, L	主要出于地方利益的考虑
饮水、下水道、垃圾和消防	L	L	L, P	主要出于地方利益的考虑

注: U=超国界职责, ICB =独立的中央银行, N=国家政府, S =州政府或省政府, L =地方政府, P =非政府组织或公民社团。

资料来源: Shah, 1994, 2004。

表 1.2　分配给市政府、地区政府或都会政府的地方公共服务

公共服务	服务提供的分配标准					公共和私营生产部门之间的分配标准				
	规模经济	范畴经济	收益成本溢出	政府亲近度	消费者主权	部门选择的经济测算	混合	效率	公平	混合
消防	L	L	L	L	L	M	L	P	G	P
治安保护	L	L	L	L	L	M	L	P	G	G
垃圾收集	L	L	L	L	L	M	L	P	P	P
社区公园	L	L	L	L	L	M	L	P	G	G
街道维护	L	L	L	L	L	M	L	P	P	P
交通管理	L	M	L	L	L	M	L	P	P	P
地方运输服务	L	M	L	L	L	M	L	P	P	P
地方图书馆	L	L	L	L	L	M	L	G	G	G
小学	L	L	M	M	L	M	M	P	G	P, G
中学	L	L	M	M	L	M	M	P	G	P, G
公共交通	M	M	M	L, M	M	M	M	P, G	G	P, G
供水	M	M	M	L, M	M	M	M	P	G	P, G
污水处理	M	M	M	M	M	M	M	P, G	P, G	P, G
垃圾处理	M	M	M	M	M	M	M	P	P	P
公共卫生	M	M	M	M	M	M	M	G	G	G
医院	M	M	M	M	M	M	M	P, G	G	P, G
电力	M	M	M	M	M	M	M	P	P	P
空气和水污染防治	M	M	M	M	M	M	M	G	G	
特殊警察	M	M	M	M	M	M	M	G	G	G
地区公园	M	M	M	L, M	M	M	M	G	G	G
区域规划	M	M	M	L, M	M	M	M	G	G	G

注：L＝地方政府，M＝地区或都会政府，P＝私营部门，G＝公共部门。
资料来源：Shah，1994。

　　私营经济的参与有以下几种形式，包括：竞标承包、特许经营（此时地方政府扮演管理机构的角色）、授权（通常用于娱乐和文化活动）、担保人（由地方政府和私人供应商赎回）、志愿者（多数在消防站和医院）、社区自主活动（社区安保）和私营非营利组织（为社会服务）。因此，一个混合的服务递送体系更适用于地方公共服务。在多数发展中国家，地方政府的财政能力十分有限，这样一来，促进私营经济参与地方公共服务的递送就显得更为重要，因为这种参与可以提升地方公共部门的责任和选择。不过，把这种服务递送的责任分配到具体层级政府时并不意味着这些政府也要直接参与生产。到目前为止，只有为数不多的经验检验证明：某些服务的私人供给可以促进效率和公平。

　　另外，财政联邦制的文献也为地方政府的融资选择提供了一些指导。在向各级政府分配税收权力时，需要考虑以下四个普遍原则。第一，经济效率标准规定：与流动要素以及可买卖货物有关的税种要由中央来分配，因为这些课税会对内部共同市场的效率产生影响。在对中央以下各级政府分配有关流动要素的税种时，区域和地方政府可能会使用"让邻居沦为乞丐"的破坏性政策来吸引财力和物力流动到本地。在这个全球化的世界里，由于避税港的存在，加上虚拟交易的收入很难追踪并落实到各种实体空间，因此，即便是由中央分配有关流动资本的税种也无法做到非常有效。第二，出于国家公平的考虑，累进税的重新分配归中央政府，这样做可以限制区域和地方政府继续沿用极端的再分配政策，即：用税收和转移支付吸引高收入人群，同时排斥低收入人群。不过，这样做可能会出现在当地居民所得税的基础上征收附加费、平价收费以及地方收费的现象。第三，行政可行性标准（降低承诺并减少行政成本）认为可以分配税种的辖区要有很好的能力去监督其相关的评估工作。这个标准把行政成本和逃税的可能性降至最小。例如，财产税、土地税和改良税都是可以分配给地方的不错选择，因为地方政府在评价这些资产的市场价值时都处在有利的位置。第四，根据财政需要或税收适当原则，为确保应有责任，税收收入（从自有财源征税的能力）应该尽量与支出需求相匹配（参见表1.3）。文献中还提到时间长久的资产应该首先通过借款来融资，以便几代人公平分担责任（Inman，2005）。此外，仅仅依靠现有税收和保证金是无法对那种大规模且需要多次投资的项目进行融资的（参见专栏1.1）。

表 1.3　典型的税收权力分配

税种	税基决定	税率决定	分配与管理	评论
关税	F	F	F	国际贸易税
公司所得税	F, U	F, U	F, U	流动要素，稳定工具
资源税				
资源租赁（赢利和收入）税	F	F	F	税基分配极不均匀
专利使用费、各种费用，遣散税，以及生产税、产品税和房地产税	S, L	S, L	S, L	利税，为州和地方提供的服务收取费用
保护费	S, L	S, L	S, L	为了保护地方环境
个人所得税	F	F, S, L	F	重新分配、流动要素、稳定工具

续表

税种	税基决定	税率决定	分配与管理	评论
财产税（资本税、财富税、财产转让税、继承税和遗赠税）	F	F, S	F	重新分配
工资税	F, S	F, S	F, S	利税，如社会福利保险
多重营业税（增值税）	F	F	F	在联邦政府的指派下对边境税进行合理调整；潜在的稳定工具
单一营业税（制造商、批发商和零售商）				
A 选择	S	S, L	S, L	更高的承诺成本
B 选择	F	S	F	和谐，较低的承诺成本
"罪孽" 税				
对香烟和酒精征收的国内消费税	F, S	F, S	F, S	保健事业是个共享职责
赌博税	S, L	S, L	S, L	州与地方的职责
博彩税	S, L	S, L	S, L	州与地方的职责
赛马税	S, L	S, L	S, L	州与地方的职责
对 "公害品" 征税				
废气税	F	F	F	旨在抗击全球或国内污染
能源税	F, S, L	F, S, L	F, S, L	污染的影响可能是全国性的、区域性的，或地方性的
内燃机燃油费	F, S, L	F, S, L	F, S, L	国道、省际道路和地方道路的通行费
排污费	F, S, L	F, S, L	F, S, L	旨在应对州与州之间、市与市之间，或地方的污染问题
拥挤税	F, S, L	F, S, L	F, S, L	国道、省际道路和地方道路的通行费
停车费	L	L	L	旨在控制地方的交通拥挤
机动车				
注册、转让税和年费	S	S	S	各州的职责
牌照税	S	S	S	各州的职责
营业税	S	S	S	利税
货物税	S, L	S, L	S, L	以居民为主的税收
房地产税	S	L	L	完全不流动的要素，利税
土地税	S	L	L	完全不流动的要素，利税
临街税和改良税	S, L	L	L	支付成本
人头税	F, S, L	F, S, L	F, S, L	为地方服务进行支付
使用费	F, S, L	F, S, L	F, S, L	为接受服务进行支付

注：U＝跨国代理机构，F＝联邦政府，S＝州或省，L＝市政府或地方政府。

资料来源：Shah，1994。

> **专栏** 1.1　**地方和都市的财政：自有收入的选择**
>
> 　　财政联邦制的文献认为，除了对长期资产采取借款融资外，地方可以分配以下税种和费用。例如：使用费，财产和土地税，临街和改良税费，人头税费，单一（零售）营业税，在国家个人所得税的基础上背负的平头税，在旅馆房间、机场使用、娱乐、出租车以及租赁汽车等方面的税费，汽车登记税，特殊行业或职业许可，资源专利使用，遣散税，地方环保费用，对于地方"公害品"征税（如：BTU税、拥挤税、停车费和排污费），以及"罪孽"税（如：打赌税、赌博税、博彩税和赛马税）。

　　从这四个原则中我们发现，使用费适用于各级政府，但是分散的税收权力并不像分散的公共服务那样被强制执行。这是因为在资源的分配过程中，分给较低级别的税种不仅会产生无效性，还会导致不同辖区内的人们被差别对待。另外，税收征集和税收承诺的成本也会显著提高。这些问题对于某些税种而言显得更为严重，所以，必须认真选取可以下放的税种，平衡下级政府为实现财政责任和政治责任所提要求，进而克服由于不完整的税收体系带来的不利因素。分散的税收职责会导致经济成本的上升，而增加的责任与增加的经济成本间的平衡又会被财政安排（为克服税收体制的不完整，允许对各税种的共同占有并在不同税种之间进行协调）减弱，通过财政均等转移支付还可以减少区域和地方政府由于不同的财政能力而引起的财政无效率和财政不均衡（参见表 1.4 ）。

表 1.4　补助金的设计原则和较好实践

补助金的目的	补助金的设计	较好的实践	尽量避免的做法
弥补财政缺口	重新分配责任、减税，或税基共享	加拿大采取减税和税基共享的原则，而巴西和巴基斯坦采取税基共享的原则	赤字补贴；税税共享
减少地区间的财政差距	不匹配的一般财政能力均等化转移支付	加拿大和德国的财政均等化方案	多元因素的一般税收共享
补偿利益外溢	匹配率和利益外溢相一致的自由匹配转移支付	南非为教学医院提供补助	

续表

补助金的目的	补助金的设计	较好的实践	尽量避免的做法
达到国家最低标准	当服务标准与使用标准不匹配时的无条件转移支付	印度尼西亚采用的道路补助和小学教育补助（现已废止）；哥伦比亚和智利的教育转移支付；加拿大和巴西的健康转移支付	只依据支出条件的转移支付；特殊补助
改变地方事务的优先权（在一些地区国家事务的优先权很高，而地方事务的优先权比较低）	自由匹配转移支付（更好地利用匹配率与财政能力的相反变化）	让转移支付和社会援助相匹配	特别补助金
保持稳定	有维修可能的资本补助金	限制资本补助金的使用，通过风险的政治担保和政策保证来鼓励私营部门的参与	将来没有维护需要的稳定补助金

资料来源：Shah，1994，2004。

以上介绍的财政联邦制观点对我们是很有帮助的，不过在实际操作中还存在较多困难，尤其是在发展中国家，因为这一实践方法到最后强调的是联邦制的结构和过程，而不是实践方法。这些结构和过程用来对市场失灵和异类偏好做出响应，而对政府失灵或政府以外实体的作用几乎没有什么反映。有关 NPM 和 NIE 的文献（以下段落将合并说明）对这些困难的由来做了进一步的详述。该文献强调了政府失灵的根源并对地方政府的作用提出了一些启示。

2. 新公共管理观点认为：地方政府是公共价值产生的独立推动者

近年来，源于 NPM 的两个相互关联的标准决定了，第一，地方政府应该做什么；第二，他们怎样才能做得更好。

在讨论第一个标准时，文献把公民看做是具有多重身份的研究对象，包括：州长（授权者、选举人、纳税人、社区成员）；行动者和制造者（服务提供者、合作生产者、迫使他人参与活动的自助者）；消费者（顾客和收益人）（Moore，1999）。在这种假设下，要重点强调政府作为民众代理人这一角色，除了为公众提供他们感兴趣的服务外，还要创造公共价值。Moore（1996）把公共价值定义为可测量的社会产出的进步或生活质量的提高。这个概念同地方和市政服务直接相关，因为服务的改进也是可测量的且具有某种归属感。在评价地方资源使用选择的矛盾性和复杂性时，这个概念也十分有用。此外，这个概念还有助于明确政府作用，特别是地方政府的作用。它还在不同观点之间建立了框架，一种观点认为公共部门将私营部门的投资排挤在外；另一种观点认为，除了提供基本的市政和社会服务外，公共部门还为私营部门的成功创造了一种赋予权力的环境。

Moore指出，地方政府使用的资源并非都来自私有部门，有些资源是免费物品，即默认资源、善心、慈善捐助、集体主义、承诺以及公众的集体行动。这个观点暗示我们在地方政府，公共管理者的任务就是发掘这些免费资源，并将改进过的社会产出边界推向可能贫乏的地方财政之外。因此，地方管理者通过调动和促进地方政府之外的供应网络来创造价值。民主责任确保了创造公共价值的管理选择是基于地方居民更为广泛的一致（Goss，2001）。因此，地方公共部门正不断努力注重公民偏好并为公民负责。这种重视创造公共价值、鼓励创新和试验的环境，可以通过每个社区中间选民对风险的忍耐程度进行界定。

NPM的主流文献关注的不是要做什么，而是怎样才能做得更好。这一观点认为在激励的环境中，管理者虽被赋予使用资源的灵活性，但他们要对使用结果负责。这样一来，自上而下的管理方法便被自下而上的方法取代，因为后者更注重结果。两个NPM的模型近年来都已被运用。第一个模型旨在让管理者管理。在新西兰，这一目标已通过新契约主义得以实现，公共管理者依靠签订递送服务的正式契约受到约束，但在资源分配以及选择公共或私营供应者时具有相当的灵活性。马来西亚试图采用顾客许可证来实现同样的目的，通过是否达到具体服务标准来对公共管理者进行评价。

第二个模型旨在创造能让管理者管理的动力。它适用于新管理主义，同样也被澳大利亚和美国使用，仅靠监督政府在递送服务时的表现以及社会结果，但是没有正式的契约，只是通过非正式的协议来指导管理者。在中国和英国，自治代理模型用于说明绩效责任。而加拿大则采用了一种非传统的服务递送框架，即：鼓励公共管理者发展服务供应者的网络并通过基准评价实现公共收入的最优使用。在世界的许多地方，新兴的以客户为导向的责任和基于结果的责任正在鼓励地方政府不断革新（Caulfield，2003）。

3. 公共抉择的观点认为：地方政府作为一种制度推进利己主义的发展

Bailey（1999）将地方政府的四个模型转换为以下四个概念：

- 地方政府最能了解居民意愿并使他们福利最大化的假设符合

仁爱君主模型。

· 地方政府提供的服务与当地居民的支出意愿保持一致，符合财政兑现模型。

· 为推进社会目标的实现，地方政府集中提供公共服务，这符合财政转移模型。

· 当地方政府被利己的官僚主义者和政客掌控时，它便符合利维坦模型，这和公共抉择的观点相一致。

延续同一思想，Berton（1995）对政府模型做了全面总结。他区分了政府的两大类型，将第一类的公共物品学说具体化，并保留了第二类里有关执政精英的利己主义。第二类可以被认为是个庞大或复杂的结构。在这个庞大的结构里，地方政府受制于官僚主义者或利益集团。同样，地方政府为了利益集团（和利维坦模型中的一样）可能会使经济租金最大化或者进一步推行高压政策或强制手段。如果假设利己主义模型是个复杂的结构，它有可能在地方政府间激发 Tiebout 竞争。

公共抉择的文献赞同政府利己主义的学说，它还提出不同的利益关系者参与政策的制定和执行，是希望有机会利用资源来实现他们的利己主义。这一观点对地方政府制度的设计有重要意义。地方政府若要为人们利益服务，就必须在税收和支出方面完全享有地方自治，同时还必须受政府内外竞争的控制。在不具备这些必要前提的条件下，地方政府也就无法迅速而有效地对市民偏好做出反应（Boyne，1998）。Bailey（1999）主张在地方政府治理的过程中强化这些机制的方向和影响力，克服公共抉择中由于利己主义学说而产生的政府失灵。他指出，通过广泛竞争来减少公共服务关于供应经济学政策的制约，可以增加抉择和方向的选择机会，直截了当的民主表达还能增强机制的影响力（Dollery 和 Wallis，2001）。以下将要讨论的 NIE 方法利用了机会主义行为的含义，把政府代理机构对公民的交易成本视为研究重点。

4. NIE 有关公共治理的制度认为：政府是列逃亡的火车

NIE 为财政体系和地方授权的分析提供了一个框架，同时也为地方治理的比较机制规定了架构。这个框架有助于设计多层级政府结构，并在地方治理广泛的框架里明确地方政府职责。根据 NIE 框架，各级政府（代理人）的作用在于向公民提供他们感兴趣的服务。所以，辖区设计必须确保这些代理人在为公众利益服务的同时还要保证交易成本的最小化。

现存的制度框架由于受到委托人合理性的限制而无法达到这种最优化。也就是说，虽然依据手边的信息可以得出最优选择，但是政府操作使消息变得不那么灵通。扩大他们的知识范围必须承担很高的交易成本，这是公民不愿意看到的。这些成本包括：参与和监督成本、立法成本、决策执行成本、代理机构成本或者协议代理人为减少承诺而引发的开销，以及不稳定政权引起的不确定成本（Horn，1997；Shah，2005）。相对于委托人来讲，代理人（或各级政府）对于政府操作的信息更加灵通，但是出于某种鼓励原因他们会隐瞒信息并沉浸在机会主义行为当中或"狡诈的寻求自身利益"（Williamson，1985）。因此，委托人和代理人之间有的仅是不完整的契约，而且这种环境还会促使委托问题的产生，因为代理人可能并不按照协议行事。

这种情况会因为三个因素变得更加复杂，即无力或具有对抗性的现存制度、路径依赖和对不同活动的相互依赖。对抗性制度，如：司法制度、治安、国会和公民激进组织，通常会被政客和官僚主义者削弱，使它们无法抑制寻租行为的发生。历史文化因素、精神模型（透过模型人们看不到任何利益去向）和激进主义的高成本都会妨碍矫正行为。进一步授权给地方委员会并让他们代表公民采取行动，通常会导致选举人和委员会之间的代理机构失去意义。由于委员会成员很可能介入决策的执行或合作执行该项任务，从而使他们避开了相应的立法职责。NIE框架还强调了在为辖区设计不同服务以及为不同治理机制的选择评价时，使用不同交易成本要素的必要性。

5. 地方政府是形成地方治理网络的推动者

NIE为地方治理的机制和替代形式提供了一种评估框架，特别是在有等级制度的公共治理中，可以为应对政府失灵提供指导。该框架同样适用于检验地方政府参与多级组织的合作。Dollery 和 Wallis（2001）将 NIE 的应用拓展到以下方面。他们认为公共地与共有资源的结合是场悲剧，因此，资源依赖的结构会损害民众对公共物品产生兴趣的集体行动。这一情景若出现在复合合作中，就会导致横向协调的失灵。

一个可能的解决方法就是引入市场机制，依靠契约管理的代理机构与所有的伙伴签订契约。然而，这个方法难以实现，因为潜在偶然事件的数量可能多到契约无法全面囊括。第二个解决横向协调的办法就是所谓的治理等级机制，它依靠制度安排明确作用和职责，同时还为咨询、合作和协调建立机制，一些联邦制国家已经用到此法。不过，这种制度安排必须承担很高的交易成本，而且由于各方利益的冲突很容易引起制度失灵。

假设在多级组织的合作当中，交易成本很高，市场不可执行，治理机制存在等级，在这种条件下治理的网络机制已成为此类合作可行的治理办法，并由地方政府管理。治理的网络形式要依靠合作伙伴之间的信任、忠诚和相互作用，而且不需要正式的制度保证。建立在共享利益（以利益为基础的网络）基础上的网络可以提供治理的稳定形式，但前提条件为：成员仅限于能贡献重要资源的合作伙伴，并且各成员间的权力要达到平衡。这些网络内部的成员会不断相互作用，并依据某个地区的合作情况来决定另一个地区的合作。通过成员间的反复作用最终建立信任。而基于希望的网络则是建立在共同情感和成员感情上的。成员们分享他们对网络目标价值和哲学的看法，并为实现这些目标付出热情和献身精神。此类网络的稳定性特别依赖于领导者的献身精神和领导风格（Dollery 和 Wallis，2001）。

在同时促进利益网络和希望网络发挥作用，为当地居民改善社会产出时，地方政府便有机会扮演催化剂的角色。为了扮演这个角色，地方政府必须建立一种如何形成并持续这种合伙关系的战略眼光。但接下来，地方政府还需要一个新地方公共管理的范例。这个范例要求地方政府将政策建议从计划实施中分离出去，把这一角色假设为公共服务的购买者，但没有必要同时也是服务的提供者。为了使本地服务供应者感受到竞争压力，地方政府不得不支付更高的费用从外面购置服务，因为外部供应商提供服务时的交易成本更低。另外，为了替代地方服务，地方政府还要主动寻求利益网络和希望网络的参与。这需要提高在不同集团中调停解决的能力。

6. 地方治理框架：朝着快速反应、承担责任、应对负责的综合体发展

我们评论的各类观点来自不同文献，包括：政治学、经济学、公共管理、法律和联邦制度，NIE 就是要形成一个完整的分析框架，将这些有关地方政府和地方治理制度的比较分析整合在一起。

这类文献主要关注各级政府所面对的鼓励和责任框架，而对于集中递送与公民偏好保持一致的服务没有多大帮助。结果，腐败、浪费和无效行为便出现在公共治理当中。自上而下的等级制度管理不再起作用。由于公民无权对政府负责，他们对此不负任何责任。

全世界财政联邦制的做法都是重视结构和过程，忽略了结果和产出。通过卓越的联邦立法（即联邦立法的权力高于任何立法），这些做法支持自上而下的结构。作为最高机构，中央政府可以直接行使控制权并在体系中进行微观管理。各级政府在行使其等级制度控制权时所依据的内部规则并不涉及他们的指令。政府权限取决于他们的专业和行政能力，几乎不从委托人、由下而上的责任以及为公民降低交易成本的角度考虑。为了实施控制权，各级政府沉溺于不合作的零和博弈当中。

这种拉锯战会使权力平衡出现大幅振荡。共享规则是许多冲突和困惑的根源，特别是在联邦制体系中。地方政府的角色犹如州或省的侍从，不仅权力受到约束，而且在职能范围内也只有很小的地方自治权。总之，地方政府在这个"为了政府、受制于政府和属于政府的联邦制"体系中，被上级政府侵入式的管理方式所压榨。此外，公民的言论权和参政自由权也十分有限。

这种体系的治理含义非常明显。如同需要明确的税收分配、支出分配以及管理权力的分配一样，各级政府遭受的代理问题是由于不完整的契约以及不明确的财产权造成的，特别是那些使用共享规则的地区。政府间的讨价还价会产生很高的交易成本。随着各级政府竞相要求一个更高的共有资源份额，普遍主义政治和"猪肉桶"政治就会造成公有性的悲剧。在这种治理体制下，公民便成为代理人而非委托人。

对于如何扭转这种趋势，使政府对公民做出反应并对公民负责，文献中的主导观点认为应该运用辅助性原则，即：前文中已经讨论过的财政均等原则、公共价值创造，基于结果的责任，和交易成本的最小化。这些观点虽然有用，但必须和范围更广的公民中央治理框架相结合，才能在公共部门形成一个激励环境，也就是符合公共部门服务递送和责任由下而上的环境。通过赋予公民权利，同时限制他们的代理人沉迷于机会主义行为的能力，这样的结合预期能够解决各级政府的承诺问题。

从公民到中央的地方治理。在对地方治理的制度进行改革时，首先要在基本原则上达成共识。以下三个原则最先开展了这类讨论：

- 回应治理。这个原则强调的是政府要做正确的事情，也就是：

递送同公民偏好一致的服务。

• 可靠治理。这个原则强调的也是做正确的事，即谨慎的管理地方财力。政府要靠出色的工作和不断降低的成本，并通过社区财政管理和社会风险管理来赢得居民的信任。此外，政府还要努力提高公共服务的数量和质量。为此，地方政府要用最优业绩标准来衡量自己的工作。

• 负责治理。地方政府要对全体选民负责。它应当遵照适当的法律条款来确保其服务的公正性。地方政府在处理选举间的责任时，可能用到立法和制度改革——公民特权改革和公务员免职规定。

将这些原则具体化的地方治理框架就叫做从公民到中央的治理（Andrews 和 Shah，2005）。其特点为：

• 通过以权力为基础的方法向公民赋予权利（如直接民主制度、公民特权）。

• 为了结果由下而上的责任。

• 把公民看做监督者、纳税人以及公共服务的消费者来评价政府业绩，可以为供应商提供网络便利。

该框架强调的改革增强了公民作为委托人的作用，同时也为政府代理人遵守其指令产生激励。

表 1.5 从公民到中央治理的关键要素

回应治理	可靠治理	负责治理
辅助性和地方自治 直接民主制度 预算优先权和公民的偏好保持一致 明确的规定和为享有地方服务所要满足的标准 改善社会产出 为公民的生活和财产提供保障 为所有公民提供食宿 没有污染的空气、安全的饮用水和公共卫生 没有噪音和保存完好的环境 提供便捷的交通和平整的道路 社区内设有小学 火灾和救护车的响应时间要合理 有图书馆和互联网 有公园、娱乐项目和设施	执行以下合法程序 • 超越权限的原则或一般权限或社区治理 • 地方法规程序 • 地方总体规划和预算 • 区域的内部章程和规定 • 筹集资金的指令 是否符合会计的谨慎性原则 • 预算平衡 • 借款的准则 • 对新的资本项目要明确规定维修成本和如何偿付贷款 • 保守的财政规则可以保证持续的贷款 • 主要的资本项目通过全体表决做出决定 • 维持正净值 • 金融报告的商业审计 取得信任 • 具有职业精神和正直的员工 • 防止违法行为	需要增加透明度的方面 • 公民有权了解的地方法规 • 预算提案和年度业绩报告，要在互联网上公布 • 包括成本减让在内的所有决定，要在互联网上公布 • 货币表现价值由独立的智囊团决算 • 公开信息和公众评价 增强公民的发言权和表决权 • 公民的特权 • 服务标准 • 公民提议和表决的要求 • 透明的权力 • 政府方案的日落条款 • 以平等和产出为基础的政府间财政

续表

回应治理	可靠治理	负责治理
	• 高效的进程和电子管理 • 对不满和反馈做出响应 • 诚实而公正的税务管理 • 严格遵照服务标准 • 对市民友好的产出预算和服务递送业绩报告 • 参与预算编制和地方规划 效率越来越高，成本越来越少 • 所有任务都要经过服务递送的替代检验，即竞争提供服务，服务的提供者可以是政府，也可以是政府以外的实体 • 融资要能够为竞争和创新产生动力 • 对服务提供者进行比较评估 • 根据契约，公共部门可以是服务的购买者，但没必要同时也是服务的提供者 • 管理具有灵活性，但同时要为结果负责 • 没有终生任命或循环指派 • 任务具体化 • 财政拨款和产出基础的成果契约 • 活动费用 • 资本使用费 • 会计增长 • 最优基准评价 • 受公众监督的一般行政费用 • 用来平衡规模经济、范畴经济、外部性和决策的收益与成本的分界线 • 财政持续性和范围保持一致	• 面向公民的业绩预算 • 服务递送的结果和成本 • 公民给服务递送表现打分 • 预算、契约和业绩报告要在市政厅会议上公开 • 所有的文件都要便于公民阅读 • 公开合同竞标的过程 • 对大型项目要强制执行全民投票 • 采取有效措施让至少半数具有合法身份的选举人能够参与投票 • 公民委员会为服务递送业绩打分，并反馈意见 • 民众倡议制度和撤销公务员的法规 • 有关纳税人权力的地方法则

　　承诺问题可以借助公民中央的地方治理得到缓解，即直接民主措施、引进政府运作和改革治理结构。这样一来，决策也就更靠近人们。直接民主措施要求对主要问题和大规模工程进行全体投票，并且要求公民有权否决任何立法和政府方案。一个"为结果进行管理的"框架要求根据政府递送服务的业绩来决定他们对公民的责任。因此，公民有权规定他们的基本权利和具体公共服务标准的权利。以产出为基础的政府间转移支付更加符合这种标准，并且增强了责任和公民的权利（Shah，2006）。

　　7. 对国家内部权力分配的含义：为中央和地方政府转换角色

　　以上描述的框架对政府结构改革有重要含义。有关地方治理自上而下的命令将会被自下而上的规定所取代。此外，地方政府的催化剂作用还必须扩展到规划、发展以及政府供应商网络和政府以外实体网络的操作。地方政府公认的技术能力和这个框架的关系不太明显。更重要的是地方政府作为服务购买者的制度优势，作为联盟、合作伙伴、社团、俱乐部的推动者以及为发展社会资本并提高社会产出所建立的网络。就这点而言，政府间的制度可能会出现两种不同选择，且对地方政府来说都十分重要。这两个分别选择为：（a）地方政府作为重要的代理人，把权力转包给地方、州以及联邦或中央政府，同时还参与政府以外的网络和实体。（b）地方、州和中央政府作为独立的代理人。

（1）A选择：地方政府作为重要的公民代理人。在这个角色中，地方政府的服务包括：（a）地方服务的购买者，（b）政府供应商网络和政府以外实体网络的推动者，（c）对于共享规则或指派给州政府和国家政府的职责，地方政府既是看门人也是监督者。这个角色体现了从上级政府到地方政府权力分配的根本转换。它有重要的宪法含义，即：剩余的职责仍然属于地方政府。州政府只履行市与市之间的服务。国家政府履行职能的再分配、安全、外交关系以及州与州之间的职责，如：有关公共框架的和谐与一致。瑞士的体制与此模型十分类似。

（2）B选择：各级政府作为独立的代理人。为了明确委托人的最高地位，一个替代框架详细说明了各级政府作为独立代理人的职责和功能。该框架限制了共享规则的使用，且收入严格按照职能划分。为了做细微调整，财政安排会进行周期性的检查。地方政府享有地方自治，还有完全的收入和支出自治权。巴西的财政法规就吸纳了该模型的部分特性，尽管两者之间还存在明显的偏差。

（3）可行性选择。A选择建立在现代政府发展历史的基础之上，因而特别适用于近几代历史上没有内部或外部冲突的国家。瑞士应用的就是A选择。对抗、攻占以及安全考虑都会引起各级政府的角色转变，并在近几代历史上削弱地方政府的功能。全球化和信息革命所带来的压力赋予地方政府更大更强的作用（Shah，2001）。尽管绝大多数的政府都在弥补本国财政体制的漏洞，不过这里介绍的根本变化是不会出现在任何地方的。因为这种无法克服的路径依赖——即对现存制度和既定利益的苛刻要求，会使此类改革无法进行。在这种情况下，B选择的可行性更大，不过这里的职责明确并不代表政治上的可行性。一般来说，基本上没有哪个政党愿意进行如此胆大的改革。不过，通过全球化的影响、赋予公民权利以及信息革命的推动，大多数国家都会被迫逐渐适应这个模型。

三、实践：地方治理的替代模型以及中央和地方之间的关系

从历史的角度看，地方治理先于国家和州的出现。在远古时代，部落和氏族创建的地方治理体制就出现在世界的大部分地区。他们制定了自己的管理法规、征集税收的方法，还有向部落或氏族递送的服务。部落和氏族的长老们就不同成员的作用和职责达成一致。一些组织和技能更好的部落与氏族，试图通过占领和与其他部落进行合作的方法扩大他们的影响范围。通过这种方法，中国首个王朝——夏朝（公元前2070—公元前1600年），便诞生了（Zheng和Fan，2003）。类似的情形也曾盛行于古印度，约在公元前3000年，一个富裕的文明世界出现在印度河谷（也就是今天的巴基斯坦）。这个开明的国家特别强调地方治理的自主权，同时将社会中各类成员的一致分工传承下来。这种对自主权的强调会导致阶级社会的产生，在那里每个成员都有明确的角色，像道德观念的支持者、士兵、农民、零售商、工人等。每个社区都形成了各自有关社区服务以及如何才能完成这些服务的共同意见。

北美的印第安部落、西欧的部落与氏族也都享有地方自治。不过，随后发生的占领和战争最终导致了这些和谐自治体系的消亡，与此同时，世界上出现了由中央政府制定的关于地方治理的规则。这一发展（大约出现在公元前1000年的西欧）最终导致了独特的地方治理体系以及中央与地方之间关系的产生。不过，为了便于分析，那些体系可以归到以下粗略的分类当中。

（一）北欧人的模型

15世纪，丹麦、挪威和瑞典三国受到丹麦王国的统治。这三个国家的居民要向丹麦王国的金库进献财物，不过他们可以自主处理地方的各项事务（Werner和Shah，2005）。在没有中央介入的情况下，为建立地方自治、以客户为导向、福利国家而撒下的种子便散布开来。

结果，地方政府认为国家应该承担大部分的职能，而中央政府设想的大多都为礼仪性的任务和外交职能。而地方政府设想的职责不仅仅是为地方递送服务，还包括社会保护和社会福利职能。那些北欧人国家的地方政府为当地居民提供终生服务。除了以物为本的服务外，他们还递送以人为本的服务。

在现代，北欧人国家的中央政府已经假定了更广的管理和监督职能，不过地方政府在数量上的优势，如丹麦30%以上的国内生产总值（GDP）都来自地方政府，及其自治权仍然被保留至今，因为公民对地方政府的工作非常满意。北欧人模型强调小型的地方政府（辖区内的居民数不超过10000）才是自我融资的主体。在丹麦和瑞士约有75%（挪威为64%）的地方支出来自于自有收入。个人所得税（背负在国家税基之上）也是地方财政的主要支柱（几乎占税收收入的91%），不过财产税的贡献仅占税收收入的7%。

（二）瑞士模型

1921年以前，瑞士是由独立的地方政府（州）控制的。这个由地方政府控制的传统至今仍保留在瑞士的体系当中，即地方政府不仅享有财政事务的自治权，同时在诸如移民、公民权以及对外经济关系等方面也享有自治权。

在瑞士的宪法中，通过直接民主制度可以进一步强化地方强政府的传统思想，包括：（a）人民的倡议，（b）集体投票，（c）集体请愿。人民的倡议准许公民寻求他们正要修改宪法的修正决议。一个民众的倡议可能被当做一般建议或是被制定为正规文本，国会或政府对这些倡议不进行任何修改。这类倡议一旦被考虑，100000个选举人的签名必须在18个月内收集完毕。多数民众和大多数的州都接受这类倡议。

通过全民投票制度，人民对那些经由立法或行政机关考虑，或已经决定了的事务有权发表他们的意见。在后面的案例中，全面投票充当了否决权的角色。倘若50000个公民要求法令宣布——投票要在100天之内进行，那么联邦法律和国际条约都要受到这种随意投票的支配。按照请愿制度的规定，一切具有合法资格的选举人都可以向政府请愿，并有权得到政府的答复。瑞士共有26个州和2842个行政区，每个州都有自己的宪法、国会、政府和法院。行政区只是为州提供服务，执行一些诸如人口登记和民防等指派任务，不过在教育和社会福利、能源供给、道路、地方规划和地方税收等方面，各行政区都具有自治权力（瑞士政府，2003）。

（三）法国模式

在法国模式中，地方政府的主要作用是允许基层公民参与国家的政治决策。这个体系将卢梭和伏尔泰有关合理性和社会凝聚力的想法，以及拿破仑关于条理性和完整的行政管理系统具体化。国家政府及其代理机构位于该体系的顶端，接下来从区域和部门的行政长官，到首席执行官，以及位于该体系最低阶层的行政区市长，形成了一个完整的行政管理系统。另外，通过政治方针和职能部门也能形成一个类似的管理体系。因此，这个模型有时也被称为地方治理的"双重监督"模型。

这个体系允许 cumul des mandates（法语：指同时生效的政治法令或同时担任多个职务或职位）根据上级政府的意见，从下级已推选出的领导中进行提名。国家政府的主要职责还是公共服务的递送，其代理机构可能还要参与地方服务的直接递送。按照平均值计算，地方政府管辖的区域规模较小（居民数量不超过 10000），且在服务递送方面享有为数不多的自治权。地方政府不仅使用混合的税收工具，而且还特别依赖于中央财政。这个把重点集中在中央的强制命令以及双重监督的模型，已被证明受到来自法国、葡萄牙和西班牙的殖民统治者，以及军事独裁者的好评，同时该模型也被发展中国家广泛效仿（Humes，1991）。

（四）德国模型

德国模型强调辅助性、合作和行政效率。它将决策职能委托给联邦政府，把服务递送职责分配给依据地理划分的各州和地方政府。这样一来，在服务递送方面地方政府享有大量的自治权。所有的纯地方服务都分配给地方政府。按照地方的平均数值计算，辖区内的居民数量为 20000 个。地方支出约占 GDP 的 10%，一般税收共享作为地方财政的主要来源。

（五）英国模型

英国模型中含有法国双重监督模型的元素。它强调中央在为地方指派官员、不同行业和职能部门在为地方提供服务时更为重要的作用。地方政府必须协调他们的行动，确保同这些官员保持一致。在执行纯粹的地方职能时，地方政府享有自治权，不过他们只能使用有限的税收工具。在提供以物为本的服务时，如：道路维修、垃圾收集、供水和污水处理等，地方政府扮演了重要的角色；而在提供以人为本的服务时，如：健康、教育和社会福利等，其作用便受到限制。财产税是地方政府的唯一财源，其 2/3 的收入来自中央的转移支付，且无权征收个人所得税。地方委员会在地方决策中起重要作用，而首席执行官的作用就不太明显。从平均数值来看，地方政府的管辖区域规模较大，居民数量约为 120000，地方支出约占 GDP 的 12%（McMillan，即将出版）。在早先的英国殖民地，通过对地方政府（代表中央殖民政府）的一般监督和控制，地方官员的作用得到强化。

（六）印度模型

印度最古老的传统思想之一就是强大的地方自治。早在莫卧儿王朝之前，地方治理在印度的广泛实施就已经超过了世界上任何一个国家。小村镇一般靠习俗和社区领导者来治理，管理部门通常是一个由村长领导的长老议会。这里的最高机构是村，负责法律与秩序、地方服务、土地管理、争端解决、司法监督、提供基本需求，以及税收征集。这些机构使得每个村和镇都能和谐运作。

随后发生的连年战争和攻占削弱了地方治理在印度的作用。在莫卧儿王朝时期，各村虽然被要求征收中央税种，但是地方政府的自主权并未受到妨碍（Wajidi，1990）。到了英国统治时期，殖民中央只是一味地重视命令与控制，忽视了服务的递送，结果，地方治理体系再次受到重创。各种权力开始向中央集中，而对英国政权的忠心表现为土地奖赏，这便导致了封建贵族的产生，他们代表英国政府控制着地方政权。此外，中央政府还会指派一些游动的官僚主义者来负责地方事务。自从印度和巴基斯坦独立之后，这种中央集权的治理方法仍被保留，而用于强化地方自治的措施也非常少。印度的封建贵族制度已经通过土地改革被废除，但在巴基斯坦，这种改革还未能执行。结果，在巴基斯坦的一些封建统治地区，地方自治被一些精英所掌控。

（七）中国模型

这个模型重点强调把省政府和地方政府作为一个整体，并隶属于国家政府的范围之内。这可以通过两种方法来实现：一是通过民主的中央集权主义，即通过选举制度，将地方人民代表大会和全国人民代表大会结合起来；二是通过各级地方政府的双重隶属。一般说来，省政府和地方政府要向上级政府负责，但职能部门同时也要向上级职能部门和代理机构负责。此外，各级政府人事部门的职能也要相互协调。因为这个统一的特性，模型允许省政府和地方政府在递送服务时具有更大更广的作用。中国地方政府的管辖区域非常大。省级以下地方政府的支出占到固定公共支出的 51.4%。省级以下地方政府公务员数量占政府雇佣劳动力总数的 89%。一些明确的中央职能，如：失业保险、社会福利以及社会安全，都分配给了省级和地方政府。地方政府的财政能力直接影响地方的自主权，较富裕辖区可以自己做主，而贫困辖区只能遵照上级政府的指示。

（八）日本模型

1890 年引入日本的地方政府体制含有法国与德国模型的要素。该模型中所强调的中央集权控制如同法国模型中提到的地方政府一样，通过内政部指派地区政府领导（管辖区长官），来管理地方辖区和自治市。地方政府仅仅执行中央政府已决定的政策。第二次世界大战以后，直接选举县长、市长以及议会的机制也被引入。指派代理机构（德国模型）的做法也被保留，中央政府及其代理机构希望地方政府执行它们规定的职能。内政部于 1960 年引入日本，其作用为支持地方政府（Muramatsu 和 Iqbal，2001）。所得税是地方财政的主要支柱，占自有收入的 60%，然后是财产税（约占 30%）和销售税（约占 10%）。

（九）北美洲模型

在早期的北美洲历史中，地方社区作为公民共和国经双方成员同意共同管理。当时，美国宪法的筹划者并不承认地方政府的合法地位。内战导致了美国的中央集权。随后，地方政府的正式制度由各州制定。通过承认迪龙法则，司法部门进一步限制地方政府的作用，即地方政府只能执行那些由州际立法明确赋予的权力。随后，大多数州试图通过地方自治规定向地方政府授予自主权，来减轻他们的具体职能（Bowman 和 Kearney，1990）。

加拿大地方政府所处环境与美国类似。因此，北美洲模型把地方政府看做是各州和各省的侍从，同时又试图在他们具体的职能（占主导地位的以物为本的服务递送）范围内，赋予地方政府一定的自治权力（地方自治）。地方政府主要履行中间层级的职能，辖区的平均居民数在美国和加拿大分别为 10000 和 6000。财产税是主要的地方税收来源，地方支出占 GDP 的比重为 7%。

（十）澳大利亚模型

澳大利亚宪法并不承认地方政府，只是留给各州去决定其辖区范围内地方治理的体制。多数州分配给地方政府的职能都比较小，包括工程服务（道路、桥梁、人行道和排水系统），社区服务（老人看护、幼儿看护、防火），环保服务（废水处理和环境保护），管理服务（区域划分、住房、建筑、旅馆、动物），以及文化服务（图书馆、美术馆、博物馆）。地方政府所筹税款仅占国家税收的3%，其支出占固定公共支出的6%，中央和州给地方的财政补助占地方支出的20%。交通、社区设施以及娱乐和文化占到地方支出的 2/3。新西兰地方政府的模型同澳大利亚模型十分相似。

四、一些发展中国家地方政府组织和财政的比较综述

概念文献赞成地方政府在地方发展、提高公共服务以及改善地方人民生活质量的过程中起着重要作用。因此，了解这些政府在发

展中国家的作用具有一定的启发性。以下各段将对选取的 12 个发展中国家的地方政府组织和财政进行概述。

（一）地方政府的法律地位

发展中国家地方政府的法律地位因其所在国的不同而各异。在巴西、智利、印度、南非和乌干达，地方政府具有符合宪法的地位。而在孟加拉共和国、印度尼西亚、哈萨克斯坦和波兰，地方政府由国家立法产生，阿根廷则由省级立法产生，也有国家则是由中央政府的最高命令产生。有趣的是，目前还没有明确的自治模式，而且经由地方政府提供的一系列地方服务来源于国家和州的宪法或立法。不过，通过立法产生的地方政府其职能一般都明显较弱，但波兰却是个例外。

（二）地方政府的相对重要性

发展中国家地方政府的相对重要性可以通过两个指标进行比较。一是固定公共支出的份额（图 1.1），另一个是地方支出占 GDP 的百分比（图 1.2）。根据这两个标准，中国的地方政府所占份额最大——超过 51％的固定公共支出和占 GDP 10.8％的比重，而印度是所占份额最小的国家——只有 3％的支出和占 GDP 0.75％的比重。不过，一些国家的排列次序，不能完全按照这两个标准进行排列。例如，根据第一个标准南非明显优于巴西，但是按照第二个标准南非反而比巴西差。从这些样本国家的平均值来看，地方政府的支出相当于固定公共支出的 23％，占全国 GDP 的比重为 5.7％。与经济合作与开发组织（OECD）国家的样本数据进行比较，地方支出占固定公共支出的比重为 28％，占 GDP 的比重为 12.75％。因此，地方政府的作用还是很大的。但是将发展中国家中央和中间层级的政府同 OECD 国家的地方政府进行比较，结果发现除中国和波兰以外，大多数发展中国家地方政府的作用还是相对较小。在中国，县级以下地方政府的雇佣人数达到 3870 万人，占到雇佣总数的 89％。

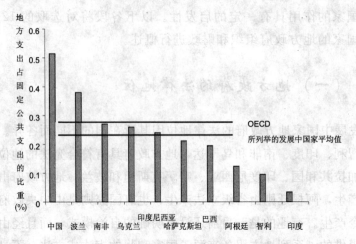

图 1.1　有关地方政府占固定公共支出份额的比较

资料来源：根据《世界发展指标》的在线数据计算得出；政府财政统计资料。

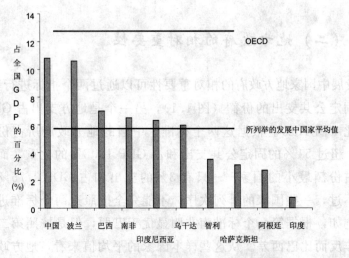

图 1.2　地方支出在全国 GDP 中所占份额

资料来源：根据《世界发展指标》的在线数据计算得出；政府财政统计资料。

（三）地方政府管理的人口数量

在所列举的国家里，各国市政府的数量和平均规模都存在着较大差异。从表 1.6 中可以看出，乌干达市政府的数量仅为 70 个，而中国却有 43965 个。市政府管辖区域内的人口平均数也千差万别，像智利、印度尼西亚和哈萨克斯坦的平均人口数不足 5000，阿根廷、巴西和波兰的人口数不到 10000。而在印度，尽管自治市的数量达到 423 个，但城市人口数量最多的已经超过了 1000000，但人口平均数还是保持在 10000 和 20000 之间。在中国和南非，市政府的平均人口在 100000 和 200000 之间，而乌干达的平均人口数保持在 200000 和 500000 之间（参见表 1.7）。

表 1.6　发展中国家市政府的规模

居民数量（人）	阿根廷（2001）	巴西（2002）	智利（1992）	中国（2004）	印度（2001）	哈萨克斯坦（2002）	印度尼西亚（1990）	波兰（2003）	南非（2001）	乌干达（2002）
0—4999		1365	269		230161	7660	1237	604	0	0
5000—9999	1770	1316	16		16115	201		1049	4	1
10000—19999		1342			5536				16	0
20000—24999	360						62		7	0
25000—49999		989			1386	81		731	36	6
50000—99999		309			498	7	7	54	61	6
100000—199999		123		43258				22	67	9
200000—499999		82		374	388			13	52	31
500000—999999		20		283	35	18			25	15
1000000 或以上	24	14	40	50		1	6	5	14	2
自治市总数	2154	5560	325	43965	254119	7968	1312	2478	282	70

资料来源：Werner，世界银行，2007。

表 1.7　发展中国家每个地方当局的平均人口（人）

国家	平均人口数
印度（农村）	3278
哈萨克斯坦	4331
印度尼西亚	5915
阿根廷	14972
波兰	18881
巴西	30099
智利	64592
印度（城市）	71084
中国	107334
南非	238839
乌干达	373321
平均	19810

资料来源：表 1.6。

（四）地方的支出责任

不同发展中国家其地方政府的职责也不尽相同。中国的地方政府就被赋予了极为广泛的支出责任，除了传统的地方和市政服务外，地方政府还要负责社会福利（主要是养老和失业补贴），而且在地方经济建设方面，中国的地方政府发挥着比其他国家更大的作用。相比而言，印度和南非的地方政府在递送地方服务时的作用较小，且递送的服务大多为市政服务。在哈萨克斯坦，所有的地方服务都是中央到地方的共享职责，地方政府既无独立预算，也没有财政自治权。而在阿根廷、巴西、智利、印度尼西亚、哈萨克斯坦、波兰和乌干达，教育和健康几乎占到地方政府支出的一半。其中，乌克兰仅教育一项就约占地方支出的40％；在印度和南非，市政服务（如饮用水、污水管和垃圾处理）和市政管理都是重要的地方支出。在中国，教育、市政管理、司法和公安约占地方支出的一半。

（五）地方税收与税收自治

在所列举的国家中，地方政府所筹税款占税收的比重为39.6％，收费占到9.5％，剩下的50.9％都来源于上级政府的转移支付。同OECD国家的数据相比，其49％来源于税收，16.6％来自收费，其余34.4％来自转移支付。财政转移支付的作用在乌克兰尤为重要，占到税收的85.4％，其他国家的比重分别为：波兰76％、巴西65.4％、印度尼西亚62％、中国58％。此外，所列各国的税收结构也各不相同，平均来讲，32％的税收来自财产税、15％来自个人所得税、4％来自公司所得税，其余49％来自大量的小税种和各类收费。对照OECD国家的数据，其中：有54％的地方税收来自财产税、23％来自个人所得税、14％来自公司所得税、另有9％来自各类杂税。因此，OECD国家的地方政府较发展中国家而言，更依赖于财产税和个人所得税。从图1.4可知，中国的财产税仅占地方税收的3％，而印度尼西亚却占到了74％（中央控制的财产税）。

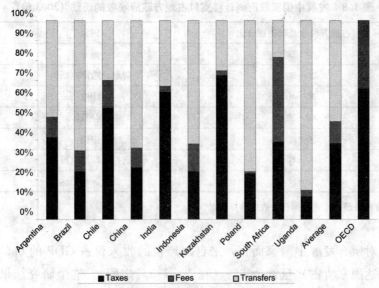

图 1.3 地方政权的税收结构

资料来源：根据《世界发展指标》的在线数据计算得出；政府财政统计资料。

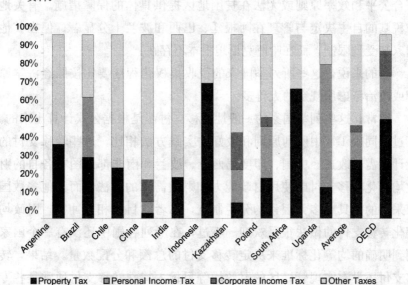

图 1.4 地方税收的构成

资料来源：根据《世界发展指标》的在线数据计算得出；政府财政统计资料。

表 1.8 发展中国家政府间转移支付占地方政府税收的份额（2003 年）

转移支付占地方税收总额的百分比（%）	国家
10 - 20	南非
20 - 30	智利、哈萨克斯坦
30 - 40	印度
40 - 50	阿根廷
50 - 60	中国
60 - 70	巴西、印度尼西亚
70 - 80	波兰、乌干达

资料来源：作者根据相关数据计算而得。

　　对所有发展中国家而言，来自财产税的收入仅占 GDP 的 0.5%，而发达国家所占比重约为 2%（在 1% - 3% 之间）。这个研究结果表明，财产税可能存在未被利用的巨大潜能，值得进一步发掘。使用费也是税收的一项重要来源，不过这种收费通常缺乏设计和监督，也不符合公平和效率原则或无法在贫困地区提供具体的保障措施。有关地方税基的自主决定与管理在阿根廷、巴西和波兰十分显著；但在其他国家却受到限制，而在哈萨克斯坦根本不存在。

　　总的来说，这些所列举国家的税收集权化程度要比按照经济学原理或政治考虑所规定的大得多。

　　通常，这些列举国家的一般性转移支付都是根据公式计算出来的。不过，同表 1.4 中所列原则和较好的实践方法相比，这些转移支付的设计还需要改进。中国、印度尼西亚、波兰和南非都试图在各自的财政均等化转移支付中使用财政能力和财政需求的方法，而其他多数国家采用的是具有多元因素的分税制度，二者的目的相互冲突。财政均等化转移支付的做法很受欢迎。不过，在所列各国中还没有一个国家用到明确的均等化标准来决定转移支付的总额和分配数量。结果，转移支付还没有实现管辖区的财政均等目标。特殊转移支付通常是些专门的安排，而且不会为保证目标的实现产生动力。特别指出的是，没有任何列举国家所实施的财政转移支付方法（以产出作为基础）是为了制定基本服务的国家最低标准，或是为了结果或绩效来提高地方对公民应付责任的。因此，旨在确保地方治理能够公平而负责实施的财政转移支付改革，仍然是项未完成的任务。

（六）简化地方借款

除中国、智利和印度尼西亚外，多数列举国家的地方政府都可以从资本市场借款。不过，中国的中央政府可以代表地方政府借款或发行债券，地方政府的所属企业也能够从资本市场直接借款。在阿根廷、巴西和波兰，地方借款可以同时来自国内和国际资本市场，不过为了确保谨慎理财和借款的持续性，贷款会受到财政法规的限制。在南非，大部分的这类借款都是通过公共代理机构完成的，例如，基础设施金融公司和南非发展银行。南非的中央政府对所有这些借款进行监管，如果某个地方政府无法完成其贷款责任，那么中央政府就有权进行干涉。此外，南非还为各级地方的谨慎理财颁布了一部全面的法律框架，包括声明破产的规定。而在哈萨克斯坦，地方政府只能从中央政府借款。

发展中国家在大规模基础设施方面的匮乏特别需要地方政府参与借款。但是，地方借款要有运作良好的金融市场和信誉卓越的地方政府。在发展中国家，长期贷款市场的不成熟和较差的市政信誉限制了地方进入借款市场。中央政府主导政策的重点是中央调控。结果，很少有国家把注意力放在协助地方政府实现借款上。在一些国家，这种协助是通过专门的制度和中央的保证帮助地方进入借款市场的。但是，这些制度非常脆弱，不但没有连续性，而且很容易受到政治因素的影响。通过这些制度提供的利率补贴还会阻止资本市场替代选择的出现。此外，这些制度也无法实现向以市场为主的资本金融体系的平稳过渡。

因此，发展中国家能够提供给地方政府为资本项目进行融资的选择非常有限，且为这类融资选择的有效办法不利于发展持续的制度环境。这种限制的存在是由于宏观经济的不稳定，以及缺少财政纪律和适当的管理政权，这些因素阻碍了金融市场和资本市场的发展。另外，税收的集中化也限制了地方的税收能力。首先，在地方政府进入借款市场时赋予他们有限的权力，让他们依据商业原则经营市政金融公司，同时鼓励发展市政评级机构，用来协助这类借款的顺利实施。私营部门在向地方政府贷款时会承担一定风险，而税收分权对于建立私营部门的信心起到重要作用，此外税收分权还可以分担贷款风险、共享贷款收益。通过制定关于财政职责和财政无力偿还方面的综合性法律框架，中央政府对于地方借款不再给予任何紧急援助和担保，这一措施已于近期在巴西和南

35

非得到实践。透明度在地方预算和独立的借款评级机构中也是相当重要的，它可以使地方贷款朝着以市场为主的方向顺利过渡。

（七）一些关于发展中国家地方治理的结论

近年来，世人已经目睹了发展中国家在地方治理方面取得的实质性成果。地方政府在公共服务递送方面担负越来越重大的作用。然而，除了巴西、中国和荷兰等少数国家外，地方政府在人民生活中继续发挥着较小的作用。他们尤其受到超越权限规则的限制，只能履行受法令限制的少量职能。在支出决定方面，地方政府享有很少的自主权，而且几乎没有权力决定税收。其自有收入还要被迫来源于一些非生产性税基。地方的官僚和政治领导对于游说上级得到更多的税收权力没有任何兴趣，相反他们把全部的精力都放在上级政府的财政转移支付上。

结果，税收分权无法同政治分权、支出分权保持同步。因此，人们无法找到许多关于税基分享的例子，甚至连地方政府可用的为数不多的现存税基也未被探明。财政转移支付为税收筹措的资金在发展中国家占到60％，这与OECD国家仅占33％的结果形成了鲜明对比。这种明确区分税收和支出的做法损害了地方政府对公民的应尽职责，因为地方领导人不必向选民就地方支出的决定做出任何解释。

在增强地方治理、效率和应负责任时，地方政府的自我融资作用也十分重要。虽然大多数国家倾向于公式化的财政转移支付，不过这些转移支付的设计仍然存在缺陷。在制定国家最低标准或为结果负责时，这些转移支付无法在地方形成任何动力，同时也不能为地区财政公平的目标提供服务。

在雇佣和解雇地方公务员时，地方政府的自主权力也十分有限。在一些分权的国家里，如印度尼西亚和巴基斯坦，上级政府的公务员可以直接调动到下级政府；而地方融资仅仅是为了支付工资。这种方法不仅限制了预算的灵活性，也限制了资源在地方有效分配的机会。

总而言之，发展中国家的地方政府大都沿用老式的地方治理模型，所提供服务的范围也比较窄。而把地方政府假设为服务网络的推进者，用来丰富地方居民生活质量的新想法（本章前文提到的），至今还未在任何发展中国家得以实现。

五、结论

我们已经把有关地方治理的概念文献和制度文献做了简要概述。其中，概念文献提出现代地方政府的职责就是应对市场失灵和政府失灵。这个角色要求地方政府扮演一个地方服务的采购者、政府服务网络以及政府以外实体网络的推动者，并在共享规则区域内作为州和国家的看门人与监督者。地方政府还要在各类实体和网络之间发挥调停者的作用，促进他们更强的协同作用。同时，为改善地方居民的生活质量，还要有效利用更大社区尚未发掘的能量。此外，全球化趋势和信息革命的出现使那些认为地方政府具有催化剂作用的概念观点变得更具说服力。

这个观点是建立在工业国家发展历史以及中国和印度古代文明基础之上的。在战争和占领出现之前地方政府是政府的主要形式，但在那之后，地方政府的职责被转移到了中央和地区政府。尽管全球化和信息革命强调在改善人民生活质量、提高社会产出的过程中，中央集权的规则存在一定缺陷，但权力集中化的趋势仍然未被减弱。这里所描述的有关地方治理的新观点（参见表1.9）指的是地方政府在一个多中心、多指令或多层次体系中的领导作用。这个观点对于创建并维持从公民到中央的治理起着至关重要的作用，在这个体系中公民作为最终的权力统治者，而各级政府在公共治理中只是公民的代理人。在发展中国家，当政府不愿意或无法进行自我改革时，这种赋予公民权利的做法也许是改革公共治理的唯一途径。

表 1.9 新地方治理观点下的地方政府作用

20 世纪的传统观点	21 世纪的新观点
基于剩余性，将地方政府看做是国家的守卫者	基于辅助性和地方自治
遵循超越权限的原则	基于社区治理
基于政府	集中于从公民到中央的地方治理
作为中央政府的代理人	作为公民的主要代理人，共享规则的领导人和看门人
对上级政府负责并做出响应	对地方选民负责并做出响应，假设在改善地方治理时作为领导者
作为地方服务的直接提供者	作为地方服务的购买者
集中于内部服务的提供	作为地方治理网络机制的推动者、政府供应者和政府以外实体的协调者、争端的调停者，以及社会资本开发者

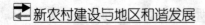

续表

20 世纪的传统观点	21 世纪的新观点
集中于秘密活动	公开活动，实行透明治理
有进入限制	依据结果认定
内部依靠	聚焦外部，强调竞争性；是服务递送替代框架热情的实践者
封闭、迟钝	开放、敏捷和灵活
无法容忍风险	创新，适度的风险承担者
依靠中央指令	在税收、支出、管理和行政决定上有自主权
规则驱动	具有管理的灵活性和为结果应负的责任
官僚政治的，技术专家治国论的	参与性；通过直接民主制度、公民特权和绩效预算增强公民的发言权和决策权
强制的	集中于赢得信任、为公民对话创造空间、服务于公民，以及改善社会产出
不承担财政责任	会计的谨慎性原则；工作效率越来越高，成本开销越来越少
不参与人才的选拔	参与人才选拔
克服市场失灵	克服市场失灵和政府失灵
局限于中央集权的体系内	既同局部往来，也与全球联络

第 二 章
政府间财政改革、财政支出划分及政府治理

Intergovernmental Fiscal Reforms, Expenditure Assignment, and Governance

杜大伟（David Dollar）　郝福满（Bert Hofman）[①]

导言

　　1994 年的分税制改革使中国的政府财税制度进一步向国际惯例靠拢，也使中国摆脱了 20 世纪 90 年代中期险峻的财政形势，政府财政收入占国内生产总值的比重以及中央的财政收入份额快速上升。与此同时，在开始实行分税制的时候以为将会因推进发挥平衡作用的"过渡制度下的转移支付"而逐步缩小的财力不平衡却一直延续到现在。本文的论点是，资源分配不公平是争取实现和谐社会目标的一大障碍。不过，仅仅改善资源分配是不够的，与之并行的应当有各级政府支出责任的明确化，以及针对地方政府支出责任的强有力的问责制。

中国的财税制度

　　中国的财政情况十年来有很大改善，有迹象表明在目前的税务体制下，只要税务管理能跟上经济变革，财政收入将继续增加。政府总财政收入占国内生产总值（新数字）的比重从 20 世纪 90 年代中期的 10% 上升到现在的近 18%。其中还可以加上国内生产总值中大约 2%—2.5% 的社会保障投入——在其他国家是属政府财政收入的，以

[①] 本文资料一部分来自即将发表的世界银行（2006）报告：中央以下财政改革：中国东北的经验教训，作者为 Dana Weist、Roy Bahl、Ines Kudo、Magnus Lindelow、Mei Wang 及 Christine Wong。

及约 3％的正规的预算外财政收入——非正规的则还要更多。

算上国内生产总值中约 2％—3％的可支持赤字，中国的总体财政收入将占到国内生产总值约 25％，与低收入经合发组织国家相当，高于包括东亚新兴工业化国家在内的大多数东亚国家。的确，如果排除占先进的经合发组织国家政府支出一半以上的社会保障和非缴款类转移支付等形式的再分配因素，中国的政府规模就其占国内生产总值的比重而言已经可以与先进的经合发组织国家相比拟。①

与经合发组织国家和中等收入国家相比，中国的分散化非常突出，尤其在支出方面（表 2.1）。这种高度分散的部分原因是国土的辽阔，但政府的架构以及一些独特的支出划分方式也造成了这种支出格局。在中国，社会保障、司法、甚至国家统计数字的编制等工作大体上都是分散进行的，而在大多数其他国家则是统一进行的。

表 2.1   地方政府在全国总数中的比例（％）

	发展中国家	经合发组织国家	转型期国家	中国
政府财政税收中地方政府的比例	9.27	19.13	16.59	40
政府支出中地方政府的比例	13.78	32.41	26.12	73

在中央以下，省以下各级政府的支出占政府总支出 50％以上（表 2.2）。

表 2.2   财政收入与支出的比例变化：各级政府支配的比例

财政收入	1993	1999	2003		1993	1999	2003
中央政府	22％	51％	55％	}	35％	61％	66％
省	13％	10％	12％				
地、市	34％	17％	16％	}	66％	39％	34％
县＋乡	32％	21％	17％				
支出							
中央政府	28％	31％	30％	}	45％	51％	49％
省	17％	19％	19％				
地、市	23％	21％	21％	}	54％	49％	51％
县＋乡	31％	28％	30％				

资料来源：世界银行（2006）。

---

① 中国 1996—2002 年资金流动账目表明，2002 年可供政府消费投资的税收约占国内生产总值 18％。与德国（18.6％）、法国（18.3％）、美国（17.9％）、日本（17.5％）相当。数据来自经合发组织 1994 年国别账目，经 Francois Bourguignon 提供。

中国各地方政府财税收入之间的差距比大多数经合发组织国家都要大。这种差异的出现与各省经济实力差距的拉大是并行的。从 1990 年到 2003 年，最富裕省份与最贫困省份的人均国内生产总值比差从 7.3 扩大到 13。中国最富裕省份的人均支出比最贫困省份多 8 倍以上。在美国，最贫困州的财政收入是州平均数的 65％；在德国，在平均线 95％以下的州会得到补贴"Finanzausgleich"（在 110％以上则要征税）。在巴西，最富州的人均财政收入是最穷州的 2.3 倍（世界银行，2002）。当然也有一些国家的数据表明它们的财政收入差距比中国大。俄罗斯的差距很大：最富 89 个区的人均财政收入大约是最穷区的 40 倍（Martinez-Vazquez 等人，1998）。菲律宾最富的一个省转移支付之后的人均收入还比最穷的那个省多 28 倍，同一类数据在印度尼西亚和越南分别是 10 和 22。[①]

支出不平等在省以下更加严重。县级是对提供服务来说最重要的一个层次，最富的一个县的人均支出水平大约是最穷县的 48 倍（世界银行，2006）。在印度尼西亚，最富区政府的人均支出是最穷区的 30 倍（Hofman 与 Cordeiro，2005）。这些总体支出水平的差距还表现在卫生、教育等职能门类，各县和各省之间有很大的差距（图 2.1）。

由于财政情况纵向和横向的高度不平衡，需要大量动用转移支付机制，这不仅是为了给各级政府提供必要的资源，也是为了缩小巨大的差距。在当前的转移支付机制中，"减免税"是大头，应当把它理解为财政收入的一种分享形式，还有无数专项拨款，一共占全部拨款的 60％。近年来均衡补偿拨款（"过渡制度下的转移支付"）一直在增长，但仍只占给有关地区的所有转移支付的 10％。

已指出中国也有严重的纵向不平衡，但仅此一点并不意味着中央资源向下转移总量不足。的确，在各级政府作用职能没有明确化的情况下，很难断定地方政府是否拿到了行使政府职能所需的充足资源（见下文）。与此同时，有迹象表明给予地方政府的预算资源不足以让它们执行应尽的职责。迹象之一是，地方政府负债情况加剧。尽管理论上地方政府只有得到国务院的批准才能举债，但绕过这条规定并不难，据说许多地方政府都拖欠债务。据估计地方政府欠债总计高达国

---

① 应指出这些国家的行政区划比中国的普通省要小得多，有数据显示一个国家中央以下的区划越小表现出的不公平就越严重。

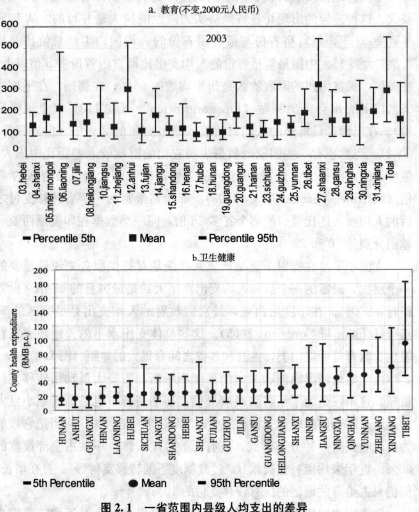

图 2.1　一省范围内县级人均支出的差异

资料来源：世界银行（2006）。

内生产总值的 14％ 之多。①地方政府欠债是所分配的预算资源不足以执行政府职责的一个迹象。

另一个迹象是预算外资源数额庞大，成为公共服务部门资金的重要来源。预算外资源在 20 世纪 90 年代中期达到最高记录，虽然自那时以来进行了整合，但政府系统中各个预算部门还是产生大量非税财

───────────

① 其中半数是欠中央政府的债，因此不能把这 14％ 的国内生产总值全都看做政府总债务增加。

政收入，大部分用于提供服务。①

上文引述的人均支出差距已经显示转移支付机制对横向收支不平衡的影响是有限的。的确，转移支付机制从整体上看没有起到均衡补偿的作用，也就是说对各省的转移支付与人均收入仍然呈现正比例的关系（世界银行，2006）。即使捐税收入转移支付不算在内，转移支付还是呈现出与人均收入的正比关系（Persson 与 Erikson，2006），这显示有均衡补偿以外的一些考虑在支配转移支付机制。

建设和谐社会的政府间财政改革

中国政府财政制度在明显发展变化。1994 年的分税制改革极为成功地扭转了政府财政收入和中央政府财政收入的下跌趋势。随之而来的是政府部门规模的扩大，但中央、省和地方政府之间的财政收支不平衡也在扩大。给省以下各级政府划配的支出有时不够合宜，支出责任不清。贫富地区有很大差距，当前的转移支付机制不足以起到均衡补偿的作用。

一些改革正在进行，如省以下各级分税制改革的继续完成、农村税务改革、支出划分改革、"三奖一贴"计划、预算管理和国库改革。这些改革正在带来根本性的变革，几乎影响到政府财税制度的所有方面。但是，由于这些改革不配套、零散进行，反而造成了复杂因素，没有取得预想的效果。比如，从政策上要求解决好县乡级的财政问题，但农村收费改革和取消农业税等改革措施却减少了财政收入，增加教师工资等政策也使这两层地方政府的负担加重。中央政府的补偿性转移支付只能弥补部分财政收入损失或增加的费用。其他各级政府也应当为这种补偿提供资金，但执行起来往往很不全面。

财政收支制度恢复平衡极为重要，可以把重新划分支出、改善生产效率、开创地方政府的独立财政收入、改造政府转移支付及建立负责任的借款框架等方式结合起来，实现这种平衡。纠正政府现行财政收支制度的机能障碍很可能也会对地方教育和卫生服务的资助和提供起到积极的影响。

中国财政制度为建设和谐社会做贡献的最大挑战，仍然是财力严重不公平。这种财力不公平不仅是贫困地区的问题，也是整个中国的

---

① 国民账目中的政府收支比例比财政账目中的政府收支比例约高 5 个百分点，其中预算外资金是主要原因。

问题：从中央政府的角度，财政制度应当为全体中国人民提供最起码标准的公共产品，但资源分配的严重不公平意味着，整体而言中国所能提供的只是非常低的标准，这越来越不符合中国在国际舞台上的地位。

举例说明，在现行政策下，人均计算最贫困的地区（河南省）全省政府 2004 年人均财政支出仅为 900 元。最富裕的地区（上海）是 8000 元。假如中国要做到的是全国最低标准的公共服务，所需代价可以仅仅是最贫困地区力所能及的（图 2.2 底下的一条线），这样就是 900 元。如果有较高程度的均衡补偿，就可以提高最低标准。如果是人均基础上完全的均衡补偿①，亦即所有各省的资源放在一起，再按人均分配到各省，平均人均支出水平可以差不多达到 1600 元，全国最低标准可以差不多提高一倍。

图 2.2　省级支出和中央最低标准

资料来源：《中国统计年鉴》和工作人员预估数。

所以，为建立全体人民的和谐社会，需要对财政资源进行一次重大的再分配。这除了有技术上的难度，在政治上也会非常艰难，但最

---

①　请注意这种程度的均衡补偿从调动理财积极性的角度也许并不可取，同等的人均数额大概也不一定能均衡支出需求。

终将是必要的。

第一，中国需要把更多的资源用于拨款的均衡化——交换条件是受款地区要有更高的绩效标准。为此将需要明确界定各地区的财政需求，更详细地划分所有各级政府的职责任务，逐步确定可行的最低标准。为明确拨款体制还需要有对财税范围包括预算外资金更清楚的界定。

第二，中国应当考虑把更多收入来源下划的方案，让贫困地区受益。这方面一个极佳的机会是自然资源税，这在中国是分配给区域性政府的一个税种①。中国许多资源（水、能源、土地）不足，往往集中在贫困地区，而资源的消费者却大多数集中在富裕地区。所以，以较高的资源税率更多地对这些不足的资源征税，不仅有利于资源更有效的使用，而且也有助于缓解目前的财力失衡。

第三，中国可以考虑削减向富裕地区的转移支付，同时扩大中央以下各级政府的税收基础。这有利于问责制，还可以把更多财政资源释放出来用于向贫困地区的转移支付。用财产税取代房地产税和土地税，如果设计周到，将是城市地区一个极佳的收入来源，同时还可以促进更有效地利用土地。其他扩大地方税的可选方案有，机动车税以及个人所得附加税。

第四，中央政府可参与省以下资源的分配。如上所述，省以下的不公平程度比各省之间还要严重，中央至少可以对省以下政府之间的差距制定出一种限度。还可以更进一步，考虑确定划分给每一级政府的财政收入，扩大中央政府国库制度，使它能够直接面对县一级，能够使中央政府真正承担起均衡化的任务。

支出划分和问责

政府财政改革是在 20 世纪 80 年代开始的，自那时以来重点一直在财政收入及转移支付这一边。确实，在作为当前政府财政安排基础的预算法中，所规定的中央与地方政府的分工极其笼统，没有触及省以下的责任，由各省政府自行斟酌，各省之间差别很大。一些行业法往往只是象征性地提到职能划分和财政责任的问题。与之形成对照的是，其他财政分散的国家，或者在宪法里（南非、德国），或者在地方

---

① 这本身可能是有争议的，虽然世界上许多国家有这样的安排。见 Hofman 与 Manuelyan，1994，其中对比了中国的做法与国际上的做法。

政府的特别法（菲律宾、印度尼西亚）或行业法里，就有关责任的定义做了详细得多的说明。

缺乏明确的责任划分造成了许多方面的问题：

* 会造成职责重叠、地方政府无工作资金或不能提供重要的社会服务。

* 使各级政府的支出需求没有清楚的说明。这样，由于不清楚地方政府为执行国家政策所需要的支出水平，所以难以确定有效的政府间财政制度。

* 有损于地方政府的述职问责，因为当地人民和上级政府都不清楚期待这一级政府落实的有何种服务。

国际上有文献强调指出，职责明确的重要性不仅仅在于哪一级确切地要做哪些工作。按经济理论的规定是，如果一个层级上的政府与某一职能在效益和成本上形成最佳匹配，这一职能即应划分给这一级政府，而根据"下属原则"，一项职能则应划分给尽可能低的一级。但是，这些考虑都还留有很大的解释余地，各国对职能划分的实践也有很大的不同。

在某些职能方面，中国的做法与理论上的规定和其他国家的做法都不相符。因此，中国应可以考虑把政府服务的某些责任集中起来，或至少是，出于公正或效率的原因集中管理提供这些服务的资金。尤其是，把保证人民收入（养老金、残疾及失业保险）的责任划分给省以下政府看来是不合适的。在中国这样的大国，把这一职能划分给省一级也许是合理的，但像现在这样由地、县来承担责任的做法从长远看来很可能是不可行的。这类职能的重新划分还应当伴随有财政收入的重新划分。

对大部分职能，予以明确化比重新划分更重要。这方面中国首先要做的事是进一步明确地方政府的性质。中国是一个一元化国家，地方政府原则上是中央政府的一种代理，但事实上地方政府有很高的自治权。也许在中国这样的大国这样做是有益的，但同时从财政角度来看，应当对自治的界限加以确定。尤其是，许多中央以下政府在不断从事基本上属私有部门的商品交换生产，这个问题还没有解决。在许多一元化国家，中央政府通过法律——"正面职能清单"，规定地方政府可以从事的活动种类。但即使准许地方政府有很大程度的自治权，中央政府还是可以考虑至少具体明确地方政府必须执行的一些职能，防止财政资源用于不作为国家优先重点的一些事项。

需要根据以往的经验对支出划分和重新划分的财政影响进行详细论证。在做这项分析的时候，将需要测算出在不进行重组的情况下今后五至十年的财政影响（及必要的补救政策）。这不仅是支出划分的问题。职责转换后，财政安排中很可能要重新划分一些财政收入，还要重新划分一些转移支付。

逐步扩大三级财政（预算）体制的试点，改变目前的五级体制，为明确支出责任提供了大好时机。一些乡级或地级的职能将需要上划到县市级或省级，这是一项浩大的工程，进行中如果不能同时仔细地规划职责和支出需求，会严重危及服务的提供和预算秩序。

实行问责制

即便明确了各项职能的责任，中国在实行问责制方面仍然面对着棘手的难题。这是非常令人关切的一个问题，因为如果没有问责制，政府财政制度在效率和再分配方面所能取得的成绩是有限的。具体来说，如果不需要完全对政绩负责，对贫困省份的均衡补偿支出只会导致资源高度浪费，而不能改善为贫困人口提供的服务，创建和谐社会的目标就会无法全面实现。

问责制的要害是地方政府对中央政府负责。这种问责制的关键是地方官员的考评标准。一直到最近，地方官员考评标准中很大程度上侧重于投资和增长成绩。这些标准不难测量，问责制明显取得了较好的效果。但是，现在向"和谐社会"的重心转移说明在中国现在到达的发展阶段里，人民大众和政府更加重视的，是人民健康水平、教育水平、能源效益、环境质量等等一些非增长性政绩。了解地方政府是否在有效地争取实现这么多目标，用所掌握的这种信息做出人事和财政决定，中央政府在这方面将不可避免地遇到更大的困难。

中国可以在几个互为补充的方面尝试强化地方官员对中央的负责。首先，中国在一些具体领域有专项拨款，例如农村教育拨款。在许多国家，这种拨款一部分或全部以达到某种绩效指标为条件。这种指标可以是诸如完成学年学习的学生人数等简单指标，也可以是对政府确定支持目标的较为复杂的测量方法，如通过某一规格考试的在校生百分比。在一些公共政策领域里，根据政绩拨给款项可以是再分配和问责制的有效手段。对中央关注的主要职能领域（卫生、教育、农村基础设施），在统筹门类大块拨款的时候附带均衡补偿因素并以政绩为条件，这样做也可以是不错的中间步骤——比现行的临时性专项拨款多如牛毛、相互冲突的做法要好，但尚无统一的需要更加明确支出责任的无条件均衡拨款。

第二种有帮助的做法是制定衡量各地地方政府治理质量的统一基本标准。世界银行目前手里就有这方面一个很有意思的实例。我们与中国国家统计局一起对中国 120 个城市的 12400 家公司进行了一项投资环境调查。许多问题针对地方政府的治理以及政府治理如何影响到投资环境：例如，公司要花多少时间与官僚机构打交道、是否要贿赂才能拿到国有银行的贷款、货物清关要经过多长时间等。总之，中国各个城市在这些方面的情况很不相同，地方政府较清廉的城市外商投资较多，当地私人投资较高，增长更快。

经过这一轮投资环境调查，我们还收集到一些关于社会问题的数据，如失业率、人均教育支出、医疗保险覆盖率等，也收集到一些环境问题数据，如年空气纯净天数、水处理比例、人均绿化面积等。我们看到有一种明显的格局，投资环境较好的城市也很可能有较好的社会和生态环境条件（图 2.3）。在某种程度上这些指标是地方政府的分数单。我并不认为可以开出一张统一的、科学的分数单。但是，对不同城市的政府治理质量加以测量和公布，能激发有益的讨论，造成各城市提供更好服务的竞争压力。确实，这种基本标准很可能会影响投资者对地点的选择，这种选择反过来又会刺激城市改进投资环境。对中央政府来说，对这样的基本标准情况加以研究，有助于清楚地了解哪些地方政府治理不力，需要采取具体改革措施，否则即使大量增加转移支付也不可能会有成果。

对于公共服务，也有类似的制定基本标准的工作。世界银行同国务院发展研究中心和清华大学一起赞助了一项五个城市的试点居民调查，以明确了解群众对自己城市公共服务的看法。这是在印度、印度尼西亚、菲律宾等国受到欢迎的"公民打分表"的另一种形式。中国人员流动没有资金流动程度高。这种根据人们的看法所做的调查，虽然需要谨慎解释，但显示了居民对公共服务的满意程度，可与类似指标一起作为政府拨款决定和（或）干部提拔决定的参考因素。

改进问责的第三个可选办法是让公民参与预算决策。中国已经在这方面开始了几个试验——公民参与预算、社区推进发展。中国发展基金会正在试点参与中国几个地方政府的预算过程，扶贫领导小组刚

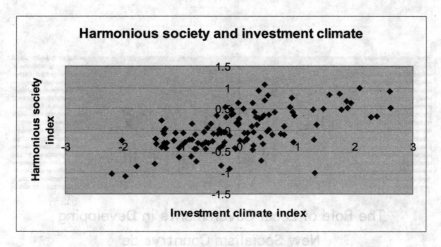

图 2.3　投资环境与和谐社会

资料来源：作者根据 2005 年 120 个城市投资环境调查所做的估测。

开始了社区推进发展在全国 60 个村的试验，让村民们自己而不是政府来决定如何使用中央和县里拨给的款项。

最后，提高各级政府财政透明度也将改进提供服务的问责。各级人大如果能掌握预算支出的更多情况，就能更好地履行监督职能。如果将公共领域更多情况公开，中国就能发挥众多院所高校的科研优势，进行更好的政策分析和论证。即将出台的预算法将是这方面的一个机会，从法律上提高财政透明度和政府间财政事务的透明度。

结论

中国原则上拥有足够的财政资源，可以达到与"和谐社会"相符的支出水平和类别。但要实现这种支出，需要进行重大的再分配，这不仅要在各省之间、而且要在省以下进行。资源的再分配只能逐步进行，而且要与之同时并进的是，必须具体明确各级政府的作用职能并加强问责制，确保贫困地区地方政府妥善地利用下划资源。

第 三 章
地方政府在社会主义
新农村建设中的职能

The Role of Local Governments in Developing
New Socialism Countryside

一、引言

中同共产党十六届五中全会通过的《中共中央关于制定国民经济和社会发展第十一个五年规划的建议》，提出了建设"生产发展、生活宽裕、乡风文明、村容整洁、管理民主"的社会主义新农村。建设社会主义新农村是从国家事业发展的全局出发确定的一项重大历史任务。是对中国共产党长期以来特别是改革开放以来"三农"工作基本方针政策的继承和发展。

在社会主义新农村建设中，政府特别是地方政府应该体现的职能得到了广泛的关注（林毅夫，2005）。地方政府的合适职能是什么？目前的体制是否适于地方政府职能的发挥？在新农村建设中，地方政府职能的改革的重点是什么？这些问题的解决对于新农村建设具有重大的现实意义。由于中国国情的特殊复杂性，目前的经济理论尚不能提供令人满意的解释。本文试图以现代经济理论为分析基准，研究中国制度体制下地方政府的行为特征，在此基础上提出在新农村建设中地方政府合适职能的若干思考。

本文的结构安排如下：第二部分就如何全面理解建设社会主义新农村的历史任务提出补充看法；第三部分简单描述中国地方政府职能现行规定的概况；第四部分在现代经济理论的框架中讨论政府活动的

有效范围以及调节政府行为的机制；第五部分以理论框架为基准，分析中国政府特别是地方政府职能分配的效率特征；第六部分是针对新农村建设中地方政府职能的一些看法。

二、全面理解建设社会主义新农村的历史任务

对建设社会主义新农村，已经有很多理论说明，全面理解这项历史任务，要特别注意以下几个问题：

第一，建设社会主义新农村的历史背景

所谓历史背景涉及中国农村的现状，为什么要建设新农村，能不能建设新农村等基本问题。

建设社会主义新农村既是一个长期的发展方向，又是一项紧迫的现实任务。我国农业和农村的发展虽然取得了重大历史成就，但当前仍然处于艰难的爬坡阶段，一些深层次矛盾没有消除，耕地和水资源不足对农业发展的制约越来越明显，农业科技体系比较薄弱，农业物质技术装备水平比较低，农业抗灾减灾能力不强。改革开放以来，我国城乡居民的收入都在快速增加。但同时城乡居民的收入差距呈现明显的扩大趋势，而农村基础设施建设和教育、卫生、文化等社会事业的发展与城市的差距则更大。

回良玉副总理总结了中国城乡现存的"六个巨大反差"：一是城乡居民收入和消费水平反差（指标有城乡居民收入比，城乡居民收入差等）；二是城乡社会事业发展反差（指标有农村人口占全国义务教育经费的比重，占公共卫生资源的比重等）；三是城乡基础设施反差（指标有不通自来水、汽车、电话等的村所占的比重等）；四是城乡财政支出反差（指标有国家财政用于农业的支出增长率与国家财政支出增长率之差，国家财政用于农业支出占国家财政支出的比重等）；五是城乡信贷反差（指标有农业贷款余额占金融机构贷款余额的比重，乡镇企业贷款余额占金融机构贷款余额的比重等）；六是城乡投资反差（指标有农村固定资产投资增长率与城镇增长率之差，农村与城市投资比，农村投资占总投资的份额等）。

构建社会主义和谐社会，实现社会公平、公正，使经济社会发展成果由全体人民共享，必然要求建设社会主义新农村（陈锡文，2006）。在农业大国地位没有改变的前提下，不仅目前中国改革的最大

问题仍然是农村问题，而且改革动力也源于农村经济社会发展（林毅夫，2005）。城乡之间发展的不协调，不仅制约着农村生产力的发展和农民生活质量的提高，而且也明显制约了国内市场的扩大（陈锡文，2006）。提供改革把更多的资金用来支持农村里跟生活有关的各项基础设施，把中国的农村建设成社会主义新农村，以释放农村的存量购买力。这样既可消化掉制造业的过剩生产能力，也有利于缩小城乡差距（林毅夫，2005）。

胡锦涛指出："综观一些工业化国家的发展历程，在工业化发展初始阶段，农业支持工业，为工业提供积累是带有普遍性趋向；但在工业化达到相当程度后，工业反哺农业、城市支持农村，实现工业与农业、城市与农村协调发展，也是带有普遍性的趋向。"

建设社会主义新农村的可行性表现在中国经济社会已经发生的巨大变化：中国的经济总量上了新台阶；经济结构发生了转折性变化，第一产业比重下降到12.4%，农业劳动力份额1997年下降到50%以下，2004年下降到46.9%；城镇化率已达到43%；国家财政收入突破3万亿元。由此得出的判断是，当前中国总体上正处于转向第二个趋向的拐点上。

第二，建设社会主义新农村与化解城乡二元结构

建设社会主义新农村，绝不是要固化现存的城乡二元结构，不是把农村建好了，就让所有的农民呆在那里安居乐业了，相反，社会主义新农村的建设与中国的城镇化发展、与农村人口的外移是一个统一的过程。建设社会主义新农村，应该相伴着一个中国人口的城乡双向流动。

从农村向外流动有三个主要方向，一是农业富余劳动力向二三产业的流动，可能是向现有城市流动，也可能是向新兴城镇流动；二是通过学历教育和职业教育向城镇流动；三是农村人口从不适于人居的地方向外流动，不能再搞战天斗地的形式。

同时也要有城镇人口向农村方向的流动，也有三个主要方向：一是大城镇把一些不适合继续在大城镇从事的产业转移到小城镇；二是政府应该系统地组织从事教育卫生文化的专业人员轮流到农村和小城镇去工作一段时间，对个人而言只是两三年，一段人生经历，而农村和小城镇而言，则总是有一批专业人士在那里工作和生活；三是大城镇人口到农村和小城镇去修养，可能是大城镇的离退休人口因为空气、

环境、生活成本等因素长期在农村和小城镇生活，也可能是大城镇人口到小城镇和农村去休假。

这种城乡人口的双向流动，对大城镇而言，可以使大城镇需要外移的产业有承接者，也可以使城镇产业得到所需的各种层次的劳动力，对农村而言，也可以使农村富余劳动力有就业岗位，所需的教育卫生文化专业人员能得到补充，自然资源优势能得到发挥，带动对农村的需求。总之是各种生产要素的流动，使供给与需求趋于更高水平的平衡，这是全中国人民的根本利益的实现过程，也是先进文化和先进生产力扩散的过程。

第三，建设社会主义新农村的行为主体

建设社会主义新农村是中央政府发动的，但这绝不意味着，只是政府来建，是送给农民的大礼，建好了农民收着就成了。也不意味着，这只是农村的事，与城里人无关。建设社会主义新农村是全民的事，农村兴衰，人人有责；农村建设，各司其责。

政府应该加快组织农村的基础设施建设，增加教育、卫生等公共产品的提供，应该把重点放在解决贫困地区的贫困人口问题，应该注重建设过程中的体制环境改造，但政府不能包办一切，农业综合生产力的提高，农村二三产业的发展，行为主体还是农民自己。政府不能大包大揽，许诺过多；农民也不能期待过大，坐等依靠。

城里人不能把自己置身于事外，明确了建设社会主义新农村的历史背景，就应该明白：没有农村的发展和建设，不仅城里产业的需求空间不可能根本性扩展，这对城里的就业和收入水平将会是致命的制约；而且，城里已经无力自为的许多第二、三产业所需要的劳动力，无论是数量和质量都会受到限制。更不要说每天与百姓相关的食品安全问题了。可以说，城里人参与新农村建设，在很大程度上属于一种自益行为。

发展是为了人，但也要靠人来发展。只讲共享成果不全面，还要强调共为发展。

三、中国地方政府职能概览

在分析政府活动的有效范围之前，我们首先介绍中国地方政府职能分配的制度结构。根据《中华人民共和国宪法》，县级以上地方各级人民政府依照法律规定的权限，管理本行政区域内的经济、教育、科学、文化、卫生、体育事业、城乡建设事业和财政、民政、公安、民族事务、司法行政、监察、计划生育等行政工作，发布决定和命令，任免、培训、考核和奖惩行政工作人员。乡、民族乡、镇的人民政府执行本级人民代表大会的决议和上级国家行政机关的决定和命令，管理本行政区域内的行政工作。县级以上的地方各级人民政府领导所属各工作部门和下级人民政府的工作，有权改变或者撤销所属各工作部门和下级人民政府的不适当的决定。地方各级人民政府对本级人民代表大会负责并报告工作。县级以上的地方各级人民政府在本级人民代表大会闭会期间，对本级人民代表大会常务委员会负责并报告工作。地方各级人民政府对上一级国家行政机关负责并报告工作。全国地方各级人民政府都是国务院统一领导下的国家行政机关，都服从国务院。

《中华人民共和国地方各级人民代表大会和地方各级人民政府组织法》进一步规定，地方各级人民政府对本级人民代表大会和上一级国家行政机关负责并报告工作。县级以上的地方各级人民政府在本级人民代表大会闭会期间，对本级人民代表大会常务委员会负责并报告工作。全国地方各级人民政府都是国务院统一领导下的国家行政机关，都服从国务院。县级以上的地方各级人民政府行使下列职权：

1. 执行本级人民代表大会及其常务委员会的决议，以及上级国家行政机关的决定和命令，规定行政措施，发布决定和命令；

2. 领导所属各工作部门和下级人民政府的工作；

3. 改变或者撤销所属各工作部门的不适当的命令、指示和下级人民政府的不适当的决定、命令；

4. 依照法律的规定任免、培训、考核和奖惩国家行政机关工作人员；

5. 执行国民经济和社会发展计划、预算，管理本行政区域内的经济、教育、科学、文化、卫生、体育事业、环境和资源保护、城乡建设事业和财政、民政、公安、民族事务、司法行政、监察、计划生育等行政工作；

6. 保护社会主义的全民所有的财产和劳动群众集体所有的财产，保护公民私人所有的合法财产，维护社会秩序，保障公民的人身权利、民主权利和其他权利；

7. 保护各种经济组织的合法权益；

8. 保障少数民族的权利和尊重少数民族的风俗习惯，帮助本行政区域内各少数民族聚居的地方依照宪法和法律实行区域自治，帮助各少数民族发展政治、经济和文化的建设事业；

9. 保障宪法和法律赋予妇女的男女平等、同工同酬和婚姻自由等各项权利；

10. 办理上级国家行政机关交办的其他事项。

《中华人民共和国地方各级人民代表大会和地方各级人民政府组织法》还规定，乡、民族乡、镇的人民政府行使下列职权：

1. 执行本级人民代表大会的决议和上级国家行政机关的决定和命令，发布决定和命令；

2. 执行本行政区域内的经济和社会发展计划、预算，管理本行政区域内的经济、教育、科学、文化、卫生、体育事业和财政、民政、公安、司法行政、计划生育等行政工作；

3. 保护社会主义的全民所有的财产和劳动群众集体所有的财产，保护公民私人所有的合法财产，维护社会秩序，保障公民的人身权利、民主权利和其他权利；

4. 保护各种经济组织的合法权益；

5. 保障少数民族的权利和尊重少数民族的风俗习惯；

6. 保障宪法和法律赋予妇女的男女平等、同工同酬和婚姻自由等各项权利；

7. 办理上级人民政府交办的其他事项。

《国务院关于实行分税制财政管理体制的决定》具体规定了中央与地方事权和支出以及收入的划分。从中央与地方事权和支出的划分看。中央财政主要承担国家安全、外交和中央国家机关运转所需经费，调整国民经济结构、协调地区发展、实施宏观调控所必需的支出以及由中央直接管理的事业发展支出。具体包括：国防费，武警经费，外交和援外支出，中央级行政管理费中央统管的基本建设投资，中央直属企业的技术改造和新产品试制费，地质勘探费，由中央财政安排的支农支出，由中央负担的国内外债务的还本付息支出，以及中央本级负担的公检法支出和文化、教育、卫生、科学等各项事业费支出。地方财政主要承担本地区政权机关运转所需支出以及本地区经济、事业发展所需支出。具体包括：地方行政管理费，公检法支出，部分武警经费，民兵事业费，地方统筹的基本建设投资，地方企业的技术改造和新产品试制经费，支农支出，城市维护和建设经费，地方文化、教育、卫生等各项事业费，价格补贴支出以及其他支出。

从中央与地方收入的划分看，根据事权与财权相结合的原则，按税种划分中央与地方的收入。将维护国家权益、实施宏观调控所必需的税种划为中央税；将同经济发展直接相关的主要税种划为中央与地方共享税；将适合地方征管的税种划为地方税，并充实地方税税种，增加地方税收入。具体划分如下：（1）中央固定收入包括：关税，海关代征消费税和增值税，消费税，中央企业所得税，地方银行和外资银行及非银行金融企业所得税，铁道部门、各银行总行、各保险总公司等集中交纳的收入（包括营业税、所得税、利润和城市维护建设税），中央企业上交利润等。外贸企业出口退税，除1993年地方已经负担的20%部分列入地方上交中央基数外，以后发生的出口退税全部由中央财政负担。（2）地方固定收入包括：营业税（不含铁道部门、各银行总行、各保险总公司集中交纳的营业税），地方企业所得税（不含上述地方银行和外资银行及非银行金融企业所得税），地方企业上交利润，个人所得税，城镇土地使用税，固定资产投资方向调节税，城市维护建设税（不含铁道部门、各银行总行、各保险总公司集中交纳的部分），房产税，车船使用税，印花税，屠宰费，农牧业税，对农业特产收入征收的农业税（简称农业特产税），耕地占用税，契税，遗产或赠予税，土地增值税，国有土地有偿使用收入等。（3）中央与地方共享收入包括：增值税、资源税、证券交易税。增值税中央分享75%，地方分享25%。资源税按不同的资源品种划分，大部分资源税作为地方收入，海洋石油资源税作为中央收入。证券交易税，中央与地方各分享50%。

从上述法律和制度规定可以看出，在中央和上级政府的领导下，地方政府享有相当的自主权，特别是政府事权和支出的自主权。同时，法律和制度规定在界定政府与市场之间，以及不同政府之间关系上不够清晰，尤其体现在地方政府具有广泛的经济职能，同时政府之间事权和支出责任重叠。

四、理论框架：一个分析基准

现代经济思想认为，政府机制也是有所能有所不能的。一方面，政府作为有别于市场的资源分配机制，可以提高社会福利水平。另一方面，在市场机制良好运行的领域，政府干预只会造成社会福利损失，政府不能代替市场。

（一）经济活动中市场失灵部分是合理政府活动的上限

古典经济理论从理论上证明了在满足相应假定的条件下，市场可以是完美的。但是，西方发达国家及一批后发现代化国家市场经济的实际历程和政府职能的演化轨迹表明，市场调节这只"看不见的手"有其能，也有其不能。在现实世界中当这些假定被否定时，市场经济必然产生缺陷，导致市场失灵。典型的被否定的假设主要包括：

1. 公共产品

公共产品的存在给市场机制带来了严重的问题。市场机制不能准确地体现个人对公共产品的需求。特别因为公共产品非排他性和非竞争性的特征，在公共产品消费中人们存在一种"搭便车"动机，多数人愿意不付或少付成本而享受公共产品。

2. 外部经济

当某些市场主体的活动给外部（社会或其他主体）带来经济收益或损失时，市场机制的自发调节不能达到社会资源的有效配置。

3. 规模收益递增

规模收益递增意味着企业的规模越大，收益越高，其必然结果是垄断。垄断必然带来社会福利的损失。

4. 风险与不确定性

在现实的经济活动中，信息不对称普遍存在着。与市场有效性有关的包括"逆向选择"和"道德风险"。

5. 社会均等分配

即使在完美市场的情形下，单纯依靠市场机制的自发作用不能实现均等的收入分配。这里有必要对均等与公平做出分别。均等状况体现的是一种事实，判断均等状况不需要价值评判标准；而对公平的判断体现的是一种观点，带有价值评判标准。市场机制不能实现社会均等分配，但是从某一种价值评判标准出发，它可能是公平的。我们看到的是市场机制不可能实现均等的收入分配，当我们把结论延伸到市场机制不可能实现公平的收入分配时，我们实际上使用了一般的人道价值评判标准。即使我们按照某种价值评判标准，把市场机制理解为可以实现公平收入分配，贫富悬殊会产生各种社会问题，贫困会产生负面的外部经济，这同样是市场机制所不能解决的。

（二）经济活动中市场失灵而且政府有效的部分是合理政府活动的下限

在完全竞争假设的条件下，个人最大化个人偏好，厂商最大化利润，市场机制自动均衡的同时实现社会福利最大化；当完全竞争假设被否定时，政府加入市场机制，如果假定政府目标为社会福利最大化，社会福利会因为政府的加入而提高。在政府有效的条件得到满足时，政府活动的上限和下限重合，社会福利达到可能的最大化。

但是，市场失灵仅仅为政府干预提供了可能性。由于存在"政府失灵"，政府活动的上限和下限很难一致。实际上即使是公共产品领域，至今仍然没有具有说服力的理论框架显示政府在可接受的假定条件下，能够实现社会福利最大化。以布坎南为代表的经济学家认为公共部门代表一种严重的威胁。尽管在布坎南的世界里没有阶级的定义，但是政府可能成为利益集团的工具。布坎南研究了多数主义体制，认为多数主义政治不仅不能保证政府目标与社会福利目标的一致，而且不可避免地会出现多数人联合体促使政府通过财政政策按照自己的利益来重新分配资源。利益集团有掠夺公共资源以谋取自身利益的内在倾向必然导致公共部门破坏性增长，而由此产生的对税基的压力会带来各种各样社会和经济的负面效应。现实世界中表明"政府失灵"的情形比比皆是，观察到的事实至少包括：

1. 政府行为目标的偏差。比如，政府天生具有垄断性，这是由政府作为公共产品提供者的性质决定的。而垄断极易使政府丧失对效率、效益的追求。比如，政府为弥补市场失灵而直接干预的领域往往是那些投资大、收益慢且少的公共产品，其供给一般是以非价格为特征的，即政府不能通过明确价格的交换从供给对象那里直接收取费用，而主要是依靠财政支出维持其生产和经营，很难计较其成本，而其垄断性特征必然造成效率损失。政府还有天然的扩张倾向，特别是其干预社会经济活动的公共部门在数量上和重要性上都具有一种内在的扩大趋势。政府的这种内在扩张性与社会对公共产品日益增长的需求更相契合，极易导致政府干预职能扩展和强化及其机构和人员的增长，由此而造成越来越大的预算规模，成为政府干预的昂贵成本。

2. 政府官员的个人目标偏离政府目标。即使政府目标是合理的，政府官员的个人目标可能偏离政府目标。比如，政府干预为寻租行为的产生提供了可能性。"寻租"活动是维护既得的经济利益或是对既得利益进行再分配的非生产性活动，它本身并不能增加社会的福利，且需耗费社会成本。

另外，信息不完全不仅存在于市场，也同样存在于政府。政府对社会经济活动的干预，实际上是一个涉及面很广、错综复杂的决策过程。正确的决策必须以充分可靠的信息为依据。但由于这种信息是在无数分散的个体行为者之间发生和传递，政府很难完全占有，加之现代社会化市场经济活动的复杂性和多变性，增加了政府对信息的全面掌握和分析处理的难度。此种情况很容易导致政府决策的失误。

（三）调节政府行为目标的机制

西方主流经济理论对于调节地方政府行为目标的研究主要集中在分权机制。分权理论认为，联邦制下的分权会提高社会总体福利水平，其主要机理有以下两点：第一，"用手投票"机制，它涉及到地方政府在满足当地公众需求方面的激励一致，并形成地方政府的信息优势（Hayek，1945）；第二，"用脚投票"机制，即不同的政府根据地方居民的偏好提供不同税收水平和公共产品菜单，居民则根据自己的偏好来选择不同的地方政府，从而选择相应的税收水平和公共产品组合（Tiebout，1956），这一双向选择关系是通过人口流动来实现的。在Tiebout与Oates的俱乐部思想中，由于地方政府比中央政府更了解当地居民的需求，财政分权可以发挥地方政府在提供地方公共产品方面的信息优势，并借此改善社会福利状况。那么，地方政府是如何被激励提供有效率的公共产品，即财政分权是怎样促使地方政府提高地方社会福利水平的？在上述两种机制作用下，不同地方政府之间的竞争将刺激地方政府不断主动采取措施来提高公共产品供给的效率，从而有利于社会整体福利水平的上升。已有的多数关于财政分权利弊的实证研究说明，西方国家的财政分权与地区竞争有利于提高诸如教育、卫生、社会保障等公共产品的支出水平，如美国和部分发展中国家的经验都支持了这一结论（Habibi, et al., 2001）。

当然，分权引起的地方政府间竞争可能对公共服务提供和社会总福利造成负面影响（Keen 和 M. Marchand，1997，Zodrow 和 P. Mieszkowski，1986）。以地区间的税收竞争为例，在分权体制下，如果某地区单独提高资本税税率，则将招致本地区的税基外移，并增加其他地区的税收收益。地方税收的竞争将导致所有地区竞相降低税率，最终导致过低的均衡税率，但单个地方政府在决策过程中并不考虑过低税率的外部性，因此最终的后果是公共产品提供的不足和所有地方的福利遭受损失。成熟市场经济国家往往以政府间协调作为分权的辅助工具，以限制有害财政竞争。

还有，地方政府的官员素质如果整体上低于中央政府官员的素质，就更容易产生官员个人目标偏离政府目标的情形，就会抵消由于分权带来的益处。中央政府和地方政府对不同类的信息掌握的程度是不同的，中央政府对宏观信息和有关长期利益的信息更为关注，掌握得也更为充分，地方政府则对本地信息和有关当期利益的信息更为关注，掌握得也更为充分，这种信息偏好和掌握程度会对分权效果产生不同的影响。

五、对中国地方政府职能实践的分析

上述理论框架为中国政府实践的分析提供了一个基准和参照系。事实上，分权是中国政府改革实践的主要方面。整体来看，分权特别是财政支出分权对于中国的经济增长发挥了显著的作用（Lin 和 Liu，2000，Qiao, Martinez-Vazquez 和 Xu，2002）。但是，中国的分权改革过程和目标并不能归结为 Tiebout 意义上的俱乐部理论。正如作为基准的理论框架要求的，分权发挥作用的前提条件是居民"用脚投票"和"用手投票"两种机制。如果这两种机制不能成立的话，分权在提高社会福利水平这一命题就不一定成立。

就当前情形而言，中国地方政府还不能做到把当地居民对公共产品的偏好和需求放在最优先考虑范围的位置上。

首先，相对于西方国家建立在联邦制基础上的分权实践，中国分权制度是建立在中央与上级政府委任制的框架基础上的。尽管法律规定地方各级人民政府对本级人民代表大会和上一级国家行政机关负责并报告工作，实际上中央与上级政府对于地方政府的行为更具有决定作用。这种体制在可能减少地区间有害竞争的同时，一定程度上限制了地方政府对当地居民需求的重视程度。

其次，"用脚投票"的人口跨区域迁移，尤其对缺少劳动技能的农村劳动力来说，是比较困难的，且当前中国的人口迁移在绝大多数情况下并不能改变户口身份。事实上，对进城打工的农村劳动力来说，他们没有被认为是合法的城市居民，也没有享受到与城市居民同样的义务教育、医疗卫生等公共产品，他们依然是流出地的农民身份。因此，"用脚投票"机制在中国还没有真正形成。

从另一个角度看，分权产生的地方政府间竞争效应十分明显。地方政府间竞争在促进地方经济增长的同时，对公共服务的负面影响是显著的。地方政府从法律上具有的经济职能和不清晰的公共服务职能，为地方政府广泛介入市场领域提供了条件。相对于居民对公共产品的偏好和需求，地方政府更倾向于优先考虑和满足流动生产要素，特别是资本投入的要求。地方政府为了追求经济增长而进行的公共基础设施投资更可能挤占该地区的公共服务，从而降低当地的社会福利水平。因此，我们可以看到地方政府在经济职能上超出合理政府活动的上限，同时在公共服务方面低于合理政府活动的下限。

同时，区域差距进一步影响了落后地区特别是农村的公共服务。无论是从收入水平还是从自然资源条件看，中国大陆地区各省份都呈现出十分巨大的差异。以收入差距为例，改革以来地区之间和城乡之间收入差距的主导趋势是持续不断地上升，在20世纪末中国已成为世界上少数几个收入差距最大的国家之一。同时，中国的财政体制明确规定地方政府拥有地方开支的自主权。它与居民流动性的地区差异结合在一起，导致了富裕与落后地区完全不同的地方政府行为。对富裕地区来说，为了吸引他们所需要的各个层次的高素质劳动力，地方政府有可能改善社会公共服务，如教育、卫生等。但是，改善当地投资环境、增加公共基础设施投资、吸引外来资本处于更优先的地位。但对于落后地区特别是农村来说，地方政府需要比富裕地区更多的努力弥补区域竞争中的不足，改善与其目标不匹配的投资环境，以吸引外来资本，地方政府不可避免地忽视诸如教育、卫生等社会服务需求。而由于流动性较强的、较高素质的那部分劳动力总是向富裕地区流动。

较高素质的劳动力呈现出从贫困到富裕地区单一方向的流动可能进一步促使落后地区政府减少在公共服务方面的努力。从程度上看，落后地区地方政府同时超出合理政府活动上限和低于合理政府活动下限的情形更为严重。

六、针对新农村建设中政府职能定位的若干思考

（一）针对新农村建设中政府职能定位的三点思考

1. 新农村建设应当定位为社会主义市场经济建设的一部分

把新农村建设定位为社会主义市场经济建设的一部分符合中国改革的逻辑。新农村建设需要通过城乡市场一体化推进社会主义市场经济体制建设，而政府的职责应当围绕市场经济建设，特别是构建适合农村市场经济发展的环境。值得提出的是，浙江农村经济发展的过程，应该系统地加以总结和推广，这是一条建设社会主义新农村的实实在在的道路。

2. 地方政府特别是县、乡级政府职能应当集中在提供公共产品和社会服务方面

新农村建设同时包括地方政府特别是县、乡级政府职能的转变。基层特别是农村地方政府要逐步退出经济职能，着重提供公共产品和社会服务，避免政府"越位"。前面的分析表明，目前中国在整体上仍然缺少调节地方政府提供公共产品和社会服务的合适机制，为了避免政府"缺位"，在合理分权的基础上，一方面国家需要建立基本公共产品和社会服务，包括基础教育、医疗、社会保障等的最低标准，保证公共产品和社会服务的合理提供，另一方面，需要逐步建立居民对于公共服务提供决策的参与制度，约束地方政府的行为，提高公共产品提供的效率。

3. 合适的政府间财政关系是新农村建设的关键之一

通过合适的政府间财政关系，明确各级政府的事权和支出责任，建立稳定合理的政府间转移支付制度，从激励的角度转变地方政府的财政观念，从"量入为出"转变为"收入来源服从于支出责任"，从发

展经济增加财政收入转变为提供公共产品和社会服务。

（二）由建设新农村政府职能定位引发的一般性思考

1. 在一个社会中，存在不同的经济主体，即个人、企业、政府、NGO 等，也存在着不同的资源分配机制，即市场机制、政府机制和 NGO 机制等。不同经济主体有不同的位置，不同资源分配机制也有不同的作用有效区域（其反面就是失灵区域），即有其相应的分工。

2. 不同的资源分配机制有其特性，政府机制具备刚性的特点，它的建立与市场机制的自发培育、慢速分成不同，是直接与公权力相联系的，机制建立的速度较快。对政府而言，其作用的"有效"和"失灵"还可以进一步区分为中央政府有效（失灵）和地方政府有效（失灵）。

3. 在市场经济作为基本制度的前提下，市场机制的作用区域应该最为广泛，即个人和企业作为经济主体的主体应该发挥最大的作用，而在市场失灵时，政府机制可以发挥其应有的有限作用，但政府机制不可能弥补市场失灵的全部不足，NGO 机制是在市场机制和政府机制"双失灵"情况下的产物。恐怕 NGO 也不能完全补足这种双失灵，当社会在对机制的需求和能力发展到一定程度时，就将会有新机制产生。

4. 需要思考的是，不同资源分配机制作用区域的边界是绝对清晰的吗？所谓"有效"或"失灵"有没有程度上的区别？由于每种资源分配机制都有其成本和效益，都有其正面作用和负面作用，如果存在这种程度区别的话，就会影响对其总体作用的评价，即影响对机制效率的评价，这样会不会产生对资源分配机制的相机抉择问题？

5. 接下来提出的看法是，不同资源分配机制间的边界是可移动的，就不同国家而言，各机制有效或失灵区域的大小与该社会的发育程度、发展所处的阶段和文化特性等因素相关。

6. 在社会发育程度不高，所处发展阶段较低的情况下，可能会产生机制缺失的问题，这又带来另一种选择：要不要用另一种机制来替代以填补"机制真空"状态？短期的逆向选择是否被认可？实践上，总是慢成机制（市场）被速成机制（政府）替代，而且这种补位往往成为刚性的。由此，选择往往并不是在最优和次优中进行，很多的时候是在最劣与次劣中进行，也就是中国哲人所讲的"两害相权取其轻"。

总之，所谓市场失灵和政府失灵问题还需要更深入的理论思考和实践挖掘，讨论建设社会主义新农村中的政府职能定位，可以提供这样一种机会。

第 四 章
政府间转移支付与
农村地方政府

Intergovernmental Transfers and
Rural Local Governments

梅尔·麦克米伦 (Melville Mcmillan)

　　本文从地理、文化、经济和历史的多角度，对印度、拉脱维亚及加拿大阿尔伯塔三个不同国家的地方政府进行了深入的调查，从中洞察了政府间转移支付为农村地方政府提供财政的课题。对三个国家的案例做了有趣的对比，阐述了一些与许多其他国家具有相同性的重要特征。

国家概要

印度

　　印度大约有75％的人口居住在农村。印度农村地方政府有三级建制：区潘查亚特（Zilla Panchayat）、县潘查亚特（Taluk Panchayat）和村潘查亚特（Gram Panchayat）。至1994年，印度有474个区潘查亚特、5906个县潘查亚特和227698个村潘查亚特。中等规模的区潘查亚特人口有140万人、县潘查亚特114000人、村潘查亚特2700人（Rao and Singh，2005）。

　　印度不同类型的地方机构有着悠久的历史，但直到1993年宪法才确立这些地方的政府地位。印度宪法第73次修正案，规定农村地方政府拥有29项职能，扩大了邦以下机构的能力，并允许邦政府拥有授权给地方政府职责的权力。这项修正案规定了与邦政府同样有效的职责，并授权在各级议会中进行直接选举（包括代表保护妇女权益和各种世袭阶层及部落集团），同时，要求成立邦政府财政委员会，负责给地方政府相关的财政资源转移提出建议，以保证他们能够完成职责，并对授权的职责与拨款进行定期检查。

　　宪法修正案看来并没有获得其拥护者预期那样得到执行。为了达到修正案的要求，各邦对其下属机构职能进行了较大的重新定位，以便给邦以下的地方政府提供服务，同时授权他们负责管理现行的项目与公务员（仍然属于邦政府雇员），提供能够让他们获得专项拨款等资源。这一方法促进了地方政府的积极性。村潘查亚特机构拥有非常有限的税收权；区及县潘查亚特主要根据特定项目提供政府转移支付。这些转移支付资金规定项目的用途，但这些转移支付资金规定项目的用途与当地迫切需要的项目资金并不完全吻合。村潘查亚特拥有相对稍多一点的自主决定权。

　　印度地方政府 1997 年—1998 年度的开支达到 GDP 的 2.2%，相当于自己获得资金的 1/4 的税收。城市政府负担了地方开支的 36%，但城市政府多达 90% 的收入是通过地方征收的。地方政府机构支出占 GDP 1.4%（相当于邦一级政府开支的 10%），但只有 3% 的资金是自收的。在农村政府机构中，只有村潘查亚特获得了相当可观的收入，但那些只占他们总开支的 10% 左右。区和县潘查亚特占了超过 70% 的地方政府经费，但它们却没有称得上是自己的收入。

　　一项对卡尔拿他卡邦地方政府的典型案例的调查，对农村财政体制进行了深入的研究，这是最早实施放权给地方政府的邦（其他如科拉拉、西班加尔及其他几个邦）。卡尔拿他卡农村政府开支大约占 GDP 6.5%（相当于邦政府开支的 20%）。然而，村潘查亚特开支只占 GDP 的 0.4%。这是印度具有代表性的数据，反映了印度全国农村的财政支出状况。区和县潘查亚特支出占农村地方机构支出的 95%，而村潘查亚特只占 5.5%。在卡尔拿他卡邦，村潘查亚特获得的收入几乎占了邦开支的 1/4，同时，占了地方收入的 99%。

　　总之，农村地方政府在邦——地方财政的联合体制中发挥很小的作用。在三级机构中，区与县潘查亚特占支出的主要部分，但却没有自己重要的收入来源，支出主要依靠上一级政府的转移支付。只有村潘查亚特有自己非常可观的收入，但这些收入的多少与他们的支出并没有多大的关联。

　　要评估转移支付，有必要明确受益于转移支付的政府的责任和目的，以及转移支付的分配。表 4.1 反映了 2000 年—2001 年卡尔拿他卡邦政府根据 12 项拨款/支出类别，按人均对三级地方机构转移支付的情况。由于资金关联性及缺乏其他的收入来源，各种转移支付与支出紧密相关。教育、体育、文化几乎占了地方政府全部拨款及支出的一半。除了卫生及公共健康外，没有一项转移支付/支出超过10％。县潘查亚特获得了超过80％的转移支付资金，用于教育、体育和文化事业。为教育提供资金是他们主要的责任，占了他们获得全部资金的70％强。房屋（占全部资金的6.7％）及社会保险和福利（6.3％），是县潘查亚特资金次重要部分。

表4.1 2000—2001年印度卡尔拿他卡农村地方政府转移支付的分项

（人均卢比）

支出分类	区潘查亚特	县潘查亚特	村潘查亚特	总计
教育、体育、文化	119.06	518.69	0	637.76
	(18.70)	(81.30)		(48.37)
卫生和公共卫生	92.40	34.19	0	126.60
	(73.00)	(27.00)	0	(9.60)
水和环境清洁	67.10	4.94	2.92	74.97
	(89.50)	(6.60)	(3.90)	(5.69)
社会保险与福利	38.33	45.54	0	83.88
	(45.70)	(54.30)		(6.36)
住房	8.57	48.46	0	57.03
	(15.00)	(85.00)		(4.33)
农村发展	42.87	26.59	46.18	115.64
	(37.10)	(23.00)	(39.90)	(8.77)
农村就业	20.33	2.75	21.58	44.66
	(45.50)	(6.10)	(48.30)	(3.39)
农业及灌溉	44.89	33.57	0	78.47
	(57.20)	(42.80)	0	(5.95)
电力	0.20	2.08	0	2.28
	(8.80)	(91.20)		0.17
工业	11.67	0.19	0	11.87
	(98.30)	(1.70)		(0.90)
公共事务、道路				
桥梁	78.40	0.78	0	(6.00)
	(99.00)	(1.00)		(0.90)
其他	6.29	0	0	6.29
	(100.00)			(0.48)
总计 （1美元＝ 46.3卢比）	530.13	717.80	70.58	1318.61

注：a. 括弧内的数据是关于农村三级地方机构的支出分配类别的百分比；
　　b. 括弧内的数据农村地方机构总支出的百分比。

资料来源：Rao，Nath，and Vani（2004）。

在资金分类中，潘查亚特的资金来源比较广泛。教育、体育及文化是最大的类别，占大约20％。在农村机构中，区潘查亚特主要负责公共事务（全部农村资金的99％），水、清洁（90％）、卫生及公共健康（73％）。这几项相加起来占区潘查亚特资金的13％—17％。

村潘查亚特只有很少的资金和有限的责任。用于农村发展的转移支付（这些可能还包括一些公共事务），占村潘查亚特全部资金的2/3。村政府机构人员雇佣（通过就业减贫计划）几乎占了村资金的全部剩余部分。这些计划实施的资金来源是由区和县潘查亚特分担的，但后者负担会少一些。（Rao，Nath，and Vani，2004）

在卡尔拿他卡邦，村潘查亚特财政自收入均16.2卢比，或占所有收入的22％。这些收入主要通过财产税（非农业土地）（48.6％）、租金（11.5％）、牌照税（11.4％）、水费（7.4％）和其他来源（21.1％）。财政自收部分充其量也是很有限的。种种情况说明，那里缺少促使他们获得更多自收财源的活力，也许是由于其本身没有足够的能力。

邦财政委员会负责解释新的地方政府层级，并确定使其得到妥善的资金支持。然而，直到现在，这些财政委员会取得的成功非常有限。如卡尔拿他卡邦财政委员会在他们的首次报告中，建议36％的邦自收的资金直接提供给地方政府。该委员会还建议这些资金的31％分配给农村地方机构，其中，40％给区潘查亚特，35％给县潘查亚特，25％给村潘查亚特。然而，这些建议并没有得到执行。实际的情况却是，邦政府负责地方机构的政府部门雇员却被委被派到区和县潘查亚特。这样，从邦政府转移支付的资金却先满足他们的薪资和其他的支出。与印度其他邦一样，卡尔拿他卡，这种广泛实施的向新地方机构委任方式，导致地方政府机构的自治和效率的提高变得更加困难。

由于多种原因，困难越来越多，现有项目、雇员、资金都控制在当地机构的手中。区和县潘查亚特完全依赖邦和中央政府的拨款。几乎所有的拨款都是有明确用途的专款专用资金。由于很少资源可以替代，地方机构难以修订计划，地方对增加或参加可选活动的兴趣也难以得到反映。这种过渡政策还导致拨款和项目的复杂程序：2001年—2002年，在卡尔拿他卡邦就有600项转移支付给地方财政，而只有8项申请是给村潘查亚特。这些庞杂的项目需要邦政府一个高级别的机构来指导和执行，而地方政府的决策权却非常有限。

转移支付项目的另一个难点，是在各级潘查亚特之间缺少一个制度性的资金分配机制。例如，卡尔拿他卡邦财政委员会建议，根据人口、面积、是否落后等因素分配资金，这样可以真正反映当地财政的需求和能力。虽然建议提出了，但资金的分配根本没有考虑这些因素。的确，更多的资金流到了区潘查亚特，而不是给财政收入比较差的地区。他们没有一个清晰的资金分配程序，项目又缺乏透明度，地方政府也缺乏有效的机制去监督和审计那些资金分配是否公平合理。另外，资金序列和项目的安排并不能反映项目的用途。转移支付也没有得到完全的理解，因为，这些转移支付是经常变化和不确定的。如支付给电力部门应得的资金还要从拨给村潘查亚特的资金中扣除。这样做就使拨款制度更加令人费解了。

同时，为了便于过渡，那些被转到农村地方机构的雇员仍然保留邦政府雇员的身份，这些人的薪资仍然由邦政府支付（占卡尔拿他卡邦转移支付的58%），这对地方机构层级发展造成障碍。这些雇员的升迁由邦政府决定，而不是地方政府。这样，从邦政府委派下来的雇员的忠诚度也被有效地划分了。因此，对地方政府来说，这些委派下来的政府雇员的可靠性也就很有限了。

教育受到重视。然而，教师旷课严重，家长和地方代表却没有能力去控制这种局面。这种基础服务出现无效率现象表明问题很严重。地方政府缺乏财政支配能力，还影响到学校建筑物的维护与其他学校资源的有效提供。

主要的问题是地方选举的机构影响力和实力不够强大（地方选举的机构权力有限是主要问题所在）。即使是村潘查亚特这一级，大家都期望加强评议会代表制度（当然希望这样），地方评议会只有有限的权力和影响力。虽然对选举制度进行了改革，而且村评议会也很活跃，但村潘查亚特还不是真正的地方政府（即村潘查亚特还不是一个有效的地方政府）。一个重要原因可能是他们缺少对当地居民的重要事务影响力和管理权，他们没有得到包括职责、资源支配及（也许）财政征收权。从更大的范围看，他们太小了，无法处理有些重大事务。从决策的结构看，政治的声浪还没有取代世袭阶层的力量。

区和县潘查亚特面临更大的困难。所有政府层级对当地选民和他们的代表缺乏透明和可靠性而遭受非难。公共服务工作人员常常对那些能提供信息或对一些议题提供思路的人不够负责任。由于缺乏可靠的信息，需要帮助的群体和他们的代表无从知道，这样就增加了无计划的受益者的项目。与其他制度性的因素结合一起（再加上其他制度性的因素），要让地方机构和受益者去担负基础设施的维护将更困难。一些现象显示，较强的地方政府提供的教育和卫生服务比较好。

印度农村将自己转变为更加有效率的地方政府方面成效甚微，权力的移交方式早已注定了这种改革的进步是非常有限的。正如 Rao，Nath，Vavi（2004）在他们的著作中指出的，这种改革是"将分权的精髓盗走"，同时认为"整个财政分权是对转移支付体系的绑架"。

拉脱维亚

独立后的拉脱维亚对公共服务部门进行了大胆的改革。通过权力下放，使地方政府获得了更多的责任与财政资源，这些改革引人瞩目。至 2004 年，拉脱维亚共有 536 个地方政府：7 个主要城市、56 个镇、453 个村政府和 20 个混合的镇与村政府——诺瓦德斯（Novads）及 26 个区域的政府——拉琼斯（Rajons）。7 个主要都市同时承担地方政府和区政府的职能。

拉脱维亚有 250 万人口，大约 70％居住在城市，其中 32％居住在首都里加。镇平均人口为 6300 人，村平均人口为 1700 人。有相当数量的小城镇在提供市政服务能力方面很有限，这个问题引人关注并将在本章中进一步讨论。

拉脱维亚法律确立了市级政府拥有 17 项永久职能，主要包括：负责幼儿园、初级和中级教育、社会救助、住房、公共设施、公路与街道，以及废弃物收集和处理。市级政府也可能被授权负责临时任务，并主动承担一些职责。

尤其在 1998 年，卫生保健由国民政府——中央政府集中统一管理后，地区政府的职责就少了（基础的公共交通、民防系统及志愿任务，这些通常涉及支持地方政府）。区政府是通过由多个市级政府组成的议事会进行管理的。当地方政府财政需要转移支付时，他们就决定预算的分配。区政府开支占总的公共开支的 2.6％。数据显示，大约 18％的支出用于国民政府以下的机构，它们分布的在大城市以外（即区、镇、村的开支）。由于这些机构发挥的作用相对较小，因此，区级政府的议题就不是要讨论的重点。

从（表 4.2）拉脱维亚预算支出可以看出，市级政府担负的职责已经清楚地体现出来。从表中可以看出教育是地方政府的主要支出，占地方预算的一半。一般性服务占支出的 13.1％，房屋（包括社区环境，如街道照明和环境卫生）占 11.5％。住房的重要性也部分反映了前苏联时代集体住房制度的影响。

1997 年后，卫生方面的资金预算权力集中到中央政府，国民政府以下行政机构用于卫生的预算分配从 1/4 锐减到 1％，但他们的教育经费却增加了。最近（并不完整）的数据显示，这种支出模式在表 4.2 中得到了继续的体现。

从收入方面看，税收大约占总收入的 60％，非税收部分占 20％，拨款占 20％（表 4.3）。虽然税收占了地方收入的主要部分，但市级政府没有纯属于自己的税。

表 4.2　1999 年拉脱维亚地方政府支出

功能	预算百分比	政府综合支出百分比
教育	49.7	65.2
一般支出	13.1	37.6
住房与社区环境	11.5	79.0
社会保险与福利	8.0	1.0
休闲与文化	5.8	43.1
交通与通讯	4.1	18.5
公共秩序与安全	1.8	6.3
卫生	1.2	2.4
其他	12.0	23.4
合计	100.0	20.5
百万拉特　（1 美元＝0.58 拉脱维亚元）	310.2	20.5
占 GDP 百分比	8.0	不清
区域性政府		
10 亿拉特　（1 美元＝0.58 拉脱维亚元）	39.4	2.6
占 GDP 的百分比	1.0	不清

注：地方政府包括市、镇和农村行政机构。地区级的数据在表中分开体现。n. a. 数据不清。

资料来源：经合组织，OECD，2000 年。

表 4.3　1999 年拉脱维亚地方政府收入

收入来源	收入百分比	政府综合支出百分比
税收	60.7	17.1
个人收入税	46.9	—
财产税	11.8	—
物品与服务税	1.0	—
非税种收入	19.8	31.7

收入来源	收入百分比	政府综合支出百分比
企业盈余与财产收入	0.1	—
销售费及罚款	7.7	—
其他	12.0	—
拨款	19.5	76.1
特定的目的	17.4	—
一般目的	1.6	—
总收入	100.0	22.6
百万拉特	365.1	22.6
占 GDP 百分比	9.4	不清
区域性政府		
非税种收入	26.9	11.8
拨款	73.1	23.9
合计	100.0	1.9
百万拉特	30.5	1.9
占 GDP 的百分比	0.8	不清

注：地方政府包括市、镇和农村行政机构。地区级的数据在表中分开体现。n.a. 数据不清。

资料来源：经合组织，OECD，2000 年。

中央政府规定税收的基数和幅度，这让地方政府没有自主决定的任何空间（只有下列的例外）。几乎占了地方政府收入一半的个人所得税是国家税，它与地方政府分享，由赋税居民所在地的地方政府从这个税种中得到 71.6% 的部分。房地产税基数、评估及税率由国民政府制定。财产根据评估的价值按 1.5% 征收。直到 2002 年，这个税率降到 1.0%。从 2004 年开始，非商业用途的房屋开始征收财产税。房产税由地方政府直接征收。市政府有权对某些类型的财产采取减征的政策。财产税征收从 25%、50%、75% 到 90% 不等。房产税直接由市级政府征收，其他税种只占市级政府收入的很少部分。

政府还可以获得非税种的多种收入，包括费、销售税、罚款及其他来源，如规费、牌照税等。如何收取这些费用，则由地方政府决定。另外，没有数据显示，市级政府财产租赁与企业经营的净利润情况。

拨款占总收入的 20%。与此同时，还有一个保持平等发展的机制，那就是向一些政府无条件提供拨款（以下将讨论），几乎所有给地方政府的拨款均有明确使用目的，如教育、文化、规划及地方公共投资项目。

1999 年地方总收入达到 3.651 亿拉特（占 GDP9.4% 及占政府综

合收入的 22.6%)。区政府获得了 300.5 亿拉特（可能印刷错误，应该是 3000 万拉特，译者注），占 GDP 的 0.8%，使国民政府以下机构的收入总额达到 GDP 的 10%。虽然在财政支出方面有一些变化，但这一收入在过去几年一直保持相对的稳定。区政府没有征税的权力，中央政府将他们收入的 3/4，通过政府间的财政转移支付给地方，其余部分则通过非税种的来源获得。

地方与区政府的收入和支出一般不可能完全平衡。地方政府的收入超过支出达到 5500 万拉特。造成这样结果的原因在很大程度上是因为，支出只是体现当前的部分，而没有体现全部。2002 年专项（特定目的）的拨款成为地方收入的主要来源。

1997 年以前，地方政府根据监管与调控的规定，可以通过资本市场对外融资。从那时起，监管更加严厉，而且现在地方借款由财政部统一管理。1996 年后，地方政府有限的对外借款的申请已经很难得到批准了。

一般用途的拨款总体上来说数额不大，平等发展资金的提供对小城镇和农村地区的政府来说非常重要。这些通过转移支付的拨款占了他们 25% 的全部资金来源。平等发展资金最初是为了在政府之间进行再分配而设计。1999 年，大约 80% 的平等发展资金来自"富裕"的政府，其余的 20% 来自国民政府。

平等发展资金是这样运作的：根据预测，当地方政府的预算收入决定后，每个政府的估算的支出需求随后就形成。预估收入能力与支出能力提交给所有的地方政府（地方政府间相互提交）。根据不同的结果决定相应的地方与中央政府对此资金的分配。差距越大（即在预估支出与收入之间的差距越大），从中央政府获得的就更多。对于以上的计算，也存在相当多的协商与谈判，而且财政收支条件可以改变对中央税收的分成。

一旦拟定的支出预算确定，资金将根据前一年的支出方式，安排到所需要的市（45%）及镇、村政府和区政府（55%）。这些数额的资金将根据一项相应需求指标被分配到相应的受益者。这些指标包括 6 项标准：人口、0 岁—6 岁的儿童数、7 岁—15 岁的儿童数、达到工作年龄以上的人数、多子女家庭的儿童数量、在家的老年人数量。这一分类的权重反映了地方政府的责任和财政支出程度。如果他们预计的收入（不包括非税收的收入）超过他们提出方案的 10%，地方政府将支持超出部分的 45％，最多达到总收入的 35％。

相对来说，只有很少的市政府做这样的贡献。城市是主要的缴税者（1999 年 7 个缴税城市中的 5 个），其中首都里加和万茨皮尔斯按人均做出了最大的贡献。大多数地方政府没有贡献；在这些地方政府中，他们的贡献按人均计算的金额非常小。区政府没有税收，因此没有贡献。

资金根据预计的收入和拟订的开支差距而分配。区政府获得 100％的差别。那些城市的实际收入低于预计开支的 95％将获得财政转移支付，并使其增加到 95％的预计支出的水平。镇和村政府的预算收入低于预算支出的 90％也将获得财政转移支付，弥补其达到 90％的水平。收入在 95％—110％及预算支出在 90％—110％的村镇政府将不必上缴，也没有获得转移支付。另外，没有其他类型的城市的完整信息。数据显示，几乎所有的市级政府获得过这样的转移支付。给地方镇和村政府的转移支付是人均 26.2 拉特。结合自身资源收入的平均数 79.6拉特，他们可以在专项拨款前获得人均 105.6 拉特的总收入。这个数额大致与城市人均收入 104.9 拉特相当。

造成地方政府财政收入较大差别的一个原因是，拉脱维亚多数地方小城镇规模太小，这也是实施公平财政的一个原因。这种小的政府建制非同寻常，尤其是在人口密度相对高的国家。即使允许地方政府间的合作，规模小也是服务提供和成本效益的障碍。这个问题对人口少于 1700 人的农村政府机构来说具有特别的意义。

20 世纪 90 年代中期以来，行政区划的改革已经被提到议事日程上来，而且正在谨慎地减少地方行政机构数量。1998 年中央政府通过立法，设立了行政区划改革委员会，负责调查并对相应的改变提出建议。这项议案从 2004 年开始实施，政府对这项议案进行了讨论，提出了多种选择。在区级政府设置方面，方案提出了 5 个计划区取代 26 个区政府机构。在市一级，提出 5 个方案，建议设立 33 个—109 个农村与城镇的混合体——诺瓦德斯（Novads）。目前还没有一项建议能够满足总体要求。而 20 个诺瓦德斯（Novads）已经自动成立了。2004 年农村和区政府的联合报告中没有提到要采取什么样的措施。然而，截至2006 年初，26 个区和 26 个县仍然存在。

地方政府面对社会援助的职责感到问题复杂，这些服务是为了行政区划改革的需要和平等（同时也为了限制）要求而提供的。地方政府负责对穷人提供援助，这项服务由地方直接提供无疑具有优势。在扶持贫困方面，拉脱维亚中央政府提供指导，但不提供财政支持。对贫困人群提供的服务水平一般较低，而且不稳定。很少穷人家庭获得这样的援助，但获得援助者可以收到相当数额的资金，虽然数额的差别很大，数额和地区间的差别也很大。全国有一半地区，给每个穷人援助的数额还不到国家平均收入水平，而另外一半人却获得平均收入的 1.5 倍—7 倍（世界银行，2000）。面对地方政府的其他额外需求，社会援助没能获得成功。而且在优先授予及实施方面也得不到保证。对于平等发展方面的援助，贫穷并不是获得援助而被列入扶持计划的唯一因素，因此，很少为平等而寻求社会援助的开支。另外，平等发展资金是无条件的。社会援助常常在没有游戏规则的情况下与其他需要的人竞争而获得分享。

更大的地方政府帮助减少财政能力方面的差别，但他们不能解决这个问题。要解决这个问题，中央政府需要在社会援助方面的财政支持上发挥更积极的作用——如有条件的拨款或考虑给予服务提供的责任授权。

独立后的地方市镇得到相当大的职权和资源的支配权。大约有85％的地方政府是农村而且人口很少。为了地方的基础设施和建立和谐的环境，中央以下的机构（地方政府和区政府）承担了大量的社会服务，包括学校、社会救助、卫生保健等。地方政府在承担这一揽子责任时经常感到困难。卫生服务的提供一般被认为由中央政府负责提供。这项改革让区行政当局承担很少的责任，而让市级政府负责学校的主要开支。给贫困人群提供援助的任务仍然留给了地方一级的政府。虽然这种援助没有从地方开支中占大的份额，面对单个穷人和地方管辖权的问题，这种服务的提供是不规范的。

拉脱维亚市政府对收入资源的控制很有限，只有那些非税收部分（费/规费/牌照费及市政府的财产和企业投资的回报）的收入，他们有明确的支配权。1999 年这些资金来源占他们收入的 20％。这方面收入的重要性越来越得到重视，因此，扩大这方面的潜力还是有可能的。

其他收入主要由中央政府决定的转移支付——分税或拨款。拉脱维亚有时被认为没有市级政府的税收。个人所得税是中央税，71.6％返还到纳税人的地方政府。这个税收占地方政府收入的一半。房地产税在很大程度上增长潜力很大，但至今这个税种对市政府的支持方面仍然没有什么变化。房地产税的决定权仍然由中央决定。但地方政府有权根据某种财产类别提供不同级别的税收减免。中央政府的这些让步给地方政府在这个收入资源上有一些支配权。这个税收体系给地方政府调整税收的能力很小，这种调整是为了保证地方服务更好地反映当地的优先权或根据当地的税收情况。在受益于税收的成本上，尤其是差别的改变上，关联度很少。

拨款占了地方政府收入的 20%。大多数的拨款是从中央政府通过专项资金拨付的。无条件的拨款的金额通常不大，是特别拨给农村地方政府的。根据"罗宾汉"平等机制，农村地方政府特别获得收益，这些不小的资金是通过政府间转移，从富裕（大都市）政府转移到穷（大多数是小的农村）政府。平等发展转移支付资金平均相当于农村政府自己预算收入的 1/3。

加拿大阿尔伯塔省

加拿大地方政府不拥有立法权，但负责省级事务。因此，每个省的条件都不尽相同。正因为这个缘故，也由于国家有关地方政府财政的数据不能区分农村与城市地方政府，这样，对单个省份的研究就有意义了。

加拿大地方政府主要由市（村、镇、城市及农村地区的县和市的区域），以及地方学校管理机构组成。这一部分着重讨论市级政府，因为，在过去 25 年，加拿大主要的省份承担着学校的财政支出。例如，在阿尔伯塔省，地方选举的学校管理机构（有效的）已经没有收税权力，它们只是根据省政府分配给他们的资金进行管理。这些失去收税权的学校管理机构无意成为省政府的地方代表。

阿尔伯塔省 2001 年人口 296 万。该省有 14 个城市，最大的城市是卡尔加里，人口 876519，爱德蒙顿人口 648284；两个城市均有大都市圈，人口超过 100 万。省内其他城市人口在 11000 到 76000。阿尔伯塔还有 110 个镇（人口在 1000—10000 人，平均人口 3520），103 个村（行政人口 300 人—1000 人，平均人口 395）（2001 年官方人口列表）。该省还有 64 个边远地区（区或县），平均人口 6429。

加拿大农村行政区划并不与村、镇或城市及所属的地方重叠。阿尔伯塔省的农村与城市政府具有不同的特点，具有鲜明的区分，而且为居民提供相类似的服务。此外，还有许多特别的小镇，总数在 359 个，平均人口在 8054 人。另外还有 6 万人居住在混合居住区及印第安人保护区。

阿尔伯塔省的 80％ 是城镇，20％ 是农村。在农村地区，农业就业占 15％—20％；自然资源领域（石油、天然气及其他地区还有森林）就业占 7％；第二产业（建筑和制造业）占 15％ 左右。然而，即使在农村地区，服务领域（消费者、生产、政府服务）占主要部分，提供了大约 60％ 的就业机会。农业和资源领域对于农村地区的政府来说非常重要。在那里第一产业占城市就业不到 6％。幅员广大的农场由家庭经营，而且资金投入也相当充分。经营农场的家庭通常建在自己的农场上，而且在村与村之间分布，并与一些非农场经营的居民生活在同一区域内。在加拿大及阿尔伯塔省，由于自然与社会的因素而出现相当的居民变动。生活在农村农场里的人受到良好的教育，收入也高。在阿尔伯塔省，甚至加拿大，农村居民收入相当于城市居民收入的 80％（2004 年加拿大国家统计数据）。

加拿大法律明确规定了市级政府应承担的责任，典型的服务包括：公路、街道、人行道，街道照明、公共交通，警务、救火、紧急状态，医疗急救服务，水的供应与分配，下水道卫生及处理、垃圾收集及废物处理、公园及娱乐设施建设、休闲与文化设施及项目、公墓、商业规章、动物与种子的控制，游客信息，地方与社会服务等。加拿大绝大多数省份都提供这些服务，差别不大。可以看出，在上述服务序列中，学校、医院及医疗服务及对穷人的社会救助的责任没有被列出。

表 4.4 关于支出水平与分配从更深的层面上，体现了阿尔伯塔省城市所发挥的相对重要作用。该省城市人均支出达到 1729 美元，比加拿大全国人均水平 1545 美元稍高。按照 GDP3.3％ 的水平，阿尔伯塔省的城市支出与加拿大平均 4.3％ 相比要相对低一些。产生这个差别的主要原因是，阿尔伯塔省是加拿大主要的能源供应基地。该省一直是加拿大高收入的省份，而石油和天然气价格的不稳定也很大影响着他们的收入及 GDP 的增长。

主要的支出项目是交通、环境（水、下水道、固体废弃物）、安全保护（警务、火警及医疗急救）、休闲设施等占总支出的 80％。这种支出模式也是其他省典型的支出项目。但安大略省是例外，该省在加拿大是唯一可以授权其市政当局向居民提供相对多的社会服务与责任。

表 4.4　加拿大阿尔伯塔省 2001 年城市政府支出

（以百分比计，除了具体注明外）

职能	边远城市	所有地区
交通	59.0	32.4
环境	12.5	19.9
综合管理	11.2	11.5
安全保护服务	5.8	16.9
计划与发展	5.4	5.1
休闲与文化	4.7	12.2
公共卫生与福利	1.0	1.9
其他	0.4	0.1
总计	100.0	100.0
人均加拿大元（1 美元＝1.55 加元）	1772	1729
占 GDP	不清	3.3

注：加拿大元兑换率最近几年升值很大，但上述表中的体现的兑换率又特别低。2006 年初相对很高，达到 1 美元＝1.16 加元。

资料来源：阿尔伯塔城市财政信息系统。

　　农村政府的人均支出（行政区与县）与省级的平均数大致相同。这种情况在不同层级的城市中并不存在。大城市的人均支出（1884 美元）与农村小城镇（1772 美元）比相对较高。交通（道路）是边远地区政府的主要支出（占总支出的 59％），而城市的这项开支只有其一半左右（包括公共交通）。从列表中可以看出，在其他主要支出项目中，农村地区的支出明显比城市中心要少。这些农村区域对公共环境服务提供（水、下水道及垃圾处理）的需求要少得多。农村安全保护方面在列表中体现出小于 6 个百分点，主要原因是人口在 2500 人以下的警务服务由省政府提供。休闲与文化方面的支出也较低，原因是农村居民使用（有时也是提供）邻近城市中心休闲服务。

　　阿尔伯塔省的城市与加拿大其他地区一样，很大程度上依靠自己的资源收入（税收、规费、收费），2001 年自收占总资金的 86.3％，其余 13.7％通过政府间的财政转移支付方式获得（表 4.5）。

表 4.5　加拿大阿尔伯塔省 2001 年城市政府财政收入

（以百分比计，除了具体注明外）

来源	农村地区	所有区域
自身资源收入来源		
净资产税	57.1	35.8
消费税	5.9	23.8

续表

来源	农村地区	所有区域
投资回报	4.2	4.2
执照、许可与罚款	1.2	3.3
地方改善税	0.3	0.8
发展税	0.3	3.1
交易税	0.0	4.4
其他	8.3	10.3
自给资金收入总计	77.3	86.3
转移支付		
省政府	22.0	13.2
联邦政府	0.7	0.5
人均总收入（美元）	1847	1713

资料来源：阿尔伯塔城市财政信息系统。

　　财产税是阿尔伯塔省城市税收的主要来源，占其城市收入的36％。从多方面的措施来看，多少可以看出财产及相关的税占阿尔伯塔省44.4％的收入，而在加拿大其他所有的城市的这一类别收入是52.3％。《加拿大城市》（麦克米兰，即将出版），商业税——另一个税种，只有在主要城市征收。销售与用户使用费的收入（主要从水、排水设施及休闲设施与服务中征收）提供了几乎占总收入的1/4，也是加拿大其他城市具有特点的税。

　　农村政府则更多地依赖财产税，占总收入的57％。销售与用户使用费只有占5.9％。农村政府依靠自身资源的收入占77.3％，不足部分的22.7％通过财政转移支付。

　　居住、土地及其他修缮（非农场、非居住的实际财产）占阿尔伯塔城市财产总收入的75％，而且占城市政府收入的95％以上（表4.6）。在农村，农场财产只提供9.2％的财产税——少于房产税（17.6％）。在阿尔伯塔省的农村地区，线性财产税（石油与天然气井、管道及电力与通讯设施）占全部财产税的一半。这个省范围广泛的能源工业成为农村地区主要的财产税的来源。

　　给市级政府的转移支付几乎全部来自省政府：2001年联邦政府拨给市级政府的转移支付占其财政收入0.4％。

　　与其他省份一样，在阿尔伯塔省，向市级政府转移支付是针对特定项目而实施的。2001年阿尔伯塔省对一般性项目转移支付占全部13.2％，占省级转移支付的0.9％。其他省份则由一些复杂的平等发展项目而提供相当部分的转移支付时，阿尔伯塔省则要为那些早期项目中留下设施的改造支付。对农村政府的转移支付占财政收入的 22.7％。其中超过 70％直接用于交通，14％用于环境保护。2001 年，阿尔伯塔省政府给市级政府大约 40％的转移支付用于交通，31％用于娱乐项目（由于在卡尔加利市区建造大型的休闲娱乐项目，这一分配制度可能受到扭曲）。与此同时，大约 60％的转移支付给所有市政府。85％的转移支付给农村政府，作为运营及道路建设。这一财政支付是根据道路系统的特点决定的，资金支付是根据项目建设地点而定。

20 世纪 90 年代，阿尔伯塔省（包括其他省）政府给市级财政的转移支付严重下滑。当时，省政府与联邦政府正在减少与消除财政赤字。给市级政府拨款从 20 世纪 90 年代的 20％减少到 2001 年的 13％。现在，该省由于丰富的石油和天然气产量而带来的财政收入，宣布了一项基础设施建设的 5 年计划。根据该计划，省政府将增加政府转移支付 75％的拨款。这笔资金将根据人均进行分配。这样，省政府给市级政府资金在 15 年之内，从 20％降到 13％，又从 13％恢复到 20％。

2001 年农村政府出现财政盈余。在所有市政府中，收入正好可以满足支出。但这并不意味着市级政府没有财政赤字或债务，不少市级政府为了自己的投资而举债。农村政府负债比较适度，达到人均 108 美元。相比之下，城镇举债要高得多，人均达到 730 美元（主要用于公共服务品）。（必要的）借款是允许的，但要用于投资的支出；省政府规定，所有借款必须能够保证偿还债务。省级政府机构还代表市级政府对外借款，然后再贷给市政府。这种规定与省级政府借款代理机构的做法在其他省也存在。

表 4.6　2001 年加拿大阿尔伯塔省财产税收入

（以百分比计）

财产税类型	农村政府	城市政府	所有区域
住房	17.6	56.1	43.5
农地	9.2	0.1	4.7
其他土地和修缮	12.6	39.6	31.4
机械和设备	12.3	0.8	4.8
线性设施	48.0	3.3	15.5
铁路	0.3	—	0.1

资料来源：阿尔伯塔城市财政信息系统。

阿尔伯塔省的市级政府负责相关的财产服务（公路、街道、水、下水道、废弃物处理、公园、救火、物业开发与市政规划），同时，还为居民在都市居住提供当地的服务（休闲、警务、紧急救助、商业规章、公共健康）。对于农村政府来说，公路是主要的服务提供项目。这些服务为当地居民受益，而且，由本地负责提供这样的服务也更有效率。

市政府并不负责社会服务项目。这些服务通常涉及到相当多的再分配与交叉管辖下的过多人口问题。地方政府因此并不适合向他们提供财政支持。省级政府向那些贫困人群提供综合的卫生和其他援助。虽然，阿尔伯塔省依靠经选举的地方学校董事会（没有征税权）管理资金的提供，但除了两个省外，学校已经由省级政府直接负责。

由当地政府提供的惠及当地居民的服务，其财政支出主要由当地政府负担是合理的。许多服务（如水的供应），用户使用费的收入很可观，因为这是生活的必需品，用户愿意因此付费。对于地方政府来说，财产税为服务品提供了足够的财政来源，而这些服务提供给当地的所有受益者而不是特定的个人受益（如道路）。除此之外，执照、费及其他收入来源，也可以为减轻财政预算的负担。

总之，阿尔伯塔省地方政府依靠地方自收向当地居民提供服务成为主要的方式，市政府财政系统提供了很好的利益成本相结合方案，便于让居民对他们要支出的建议的好处进行评估。农村政府则可以从线性财产税中获得可持续性的收益，而这些财产税的收入往往超过相关服务提供的成本支出。税收出超看来是可能的。

转移支付相对比较谨慎，但在农村与城市政府中，转移支付对农村更为重要。有些转移支付是间接的。例如，农村（及小城镇）政府无须为警务提供资金。对小城镇政府（最近开始对 5000 以下人口）财政的突然削减被认为是欠考虑与不公平的。常见的现金转移支付方式几乎全部是为特定项目而支付的。在转移支付与人口过多的重要性之间，很难看出它们有什么必然的联系。更多地依靠程序化手段的无条件资金拨款系统的建立可能是一个进步。

在省级拨款中，阿尔伯塔省内的市政府经历过大的波动。这个问题有助于对建立可靠的转移支付的资金与自身可选择收入来源的讨论。这并不意味着会导致（在阿尔伯塔和加拿大）特别的结果。然而，从省级政府放弃财产税获得的一些援助结果可以看出，这就有助于省级资助的学校（占市级财产税的 2/3），并把这个财产税单独让给市级政府。完全由省级提供资金的学校，常见的省级税收（如，收入与消费税）比依赖地方学校的财产税的转移支付更加合适。

概述与思考

在国家间的对比中，地方政府与地方公共财政的区别是非常明显的。在地方政府之间，这些差别尤其显著（表 4.7）。在印度，政府间转移支付几乎占农村城镇政府收入的 100%，而在加拿大阿尔伯塔省却只占 13% 左右。自有资源的收入——也就是说，地方政府有权征收和设置税率的税收资源——幅度从总收入的 3%（印度）到 77%（阿尔伯塔）。在拉脱维亚，严格意义上的财政自收有限，占所有收入不到25%（大约占农村及小城镇的 10%）。拉脱维亚的分税部分占总收入的60%，这对于城市政府收入来说是非常重要的。对比三个案例，一般来说，农村地方政府自己收入比较少，与城市及区域政府相比，他们更依赖政府的转移支付。

表 4.7 印度、拉脱维亚、阿尔伯塔（加拿大）农村地方政府主要信息指标

项目	印度	拉脱维亚	阿尔伯塔
宪法承认	是	否	否
地方政府开支			
占 GDP（%）	2.2 地方，9.0 农村	8—9	3.30
占政府综合开支	14.2 地方 9.0 农村		
农村人口（%）	75	30（县 50）	20
地方政府规模	区潘查亚特：140 万 县潘查亚特：114000 村潘查亚特：2700	1700 农村 4700 地方	6400 农村 8000 地方
职责	29 项列出	17 项永久	职责广泛但 受省政府限制
核心政府	是	是	是（道路占 60% 农村 开支与 33% 的地方开支）
学校	是	是	否（省政府）
卫生	部分	是	否（省政府）
其他显著的部分	—	社会支援	—
收入来源（%）			
自收	25 地方，3 农村	20	86 地方，77 农村
分税	—	60	—
转移支付	75 地方，97 农村	20 地方， 25+农村	14 地方，23 农村
自收的类型			
财产税	是（不是农业土地）	非常有限	36 地方，57 农村
规费	是	是	25 地方，6 农村

续表

项目	印度	拉脱维亚	阿尔伯塔
政府间转移支付			
无条件		地方收入1.6%，农村收入25%	地方收入0.9%
专项拨款	600项拨款	占地方收入17%	地方13%，农村22%
学校	50%	—	—
卫生	10%	—	—
其他显著的部分	—	—	交通：地方40%，农村70%
借款	是	严格控制，非常少借款	是，省政府授权监管，帮助市区借款

注：信息特别对地方政府的。特别分出的地方，地方的信息代表地方，农村的信息代表农村。

职责对财政产生重要的影响。城市政府的主要职责是给所属的地方政府授予一系列基本的职能。这些授权是为了创造当地的和谐环境，如，交通、水、排水系统、下水道、固体废弃物搜集及处理、公园及娱乐设施建设、休闲与文化设施及项目，商业规章、规划。

在社会服务提供方面，职责还存在明显差别，尤其是学校和卫生保健。在印度和拉脱维亚，学校占地方政府预算的一半左右，地方政府负责小学和中学，虽然级别和范围不同。在阿尔伯塔省，城市政府不负责学校的资金，这种差别是人为的设置，然而，学校的资金由省政府提供，而管理学校的却是经过选举产生的学校董事会，他们独立于城市政府。缺乏（过去曾有的）征税权，学校董事会再也没有被真正认为是地方行政机构了。这样的差别在其他案例的研究中并不存在。作为对比，阿尔伯塔省内学校的机构情况有必要在这里作注解。从某种程度与不同级别上，省级政府和地方机构一直分担学校财政与管理的职责。与阿尔伯塔省级学校资金的情况有许多相同的是，拉脱维亚中央政府希望卫生保健由地方政府承担。

阿尔伯塔地方政府与印度和拉脱维亚不同，实行的是另一种办法。分布在阿尔伯塔省边远农村的城市幅员广阔，但他们没有包括村和镇。相反，印度村和镇却是农村地方政府的一部分。在拉脱维亚，数据没有区分是农村的小城镇还是城市的小城镇。然而，许多城市是农村和城市的结合体，如现存的诺瓦德斯（Novads）——拉脱维亚。城市政府在农村与城市的平衡中的差别导致不同的支出模式的产生。在特征明显的阿尔伯塔省农村政府，这种特征显得更加突出。在那里，交通（即公路）是主要支出，占他们预算的 60％ 左右。

从经济与公共服务角度看，职责对地方政府的财政产生很大的影响。在加拿大，市级政府承担 GDP4.3％ 及 11.1％ 的政府综合支出。如果将学校的支出也加进去，以上的数据就会增加到 7.3％ 和 19％。包括学校在内，在加拿大地方政府的支出（大约 GDP7％—9％ 及政府综合支出的 19％—23％），这与拉脱维亚的情况相似。相反，虽然印度也有类似的职责授权，地方政府支出只占 GDP2.2％，而在卡尔拿他卡邦，地方政府开支相对比较高，达到邦 GDP 的 6.5％。

责任也影响了资金的提供形式。在阿尔伯塔省，市级政府只有核心责任，财产税和用户费占市级收入的 86％。道路是农村地方政府的核心职责，那里的财产税提高到占当地收入的 57％（获得的转移支付资金大部分直接支持了交通服务业）。在印度和拉脱维亚，财产税不是收入的主要来源，尤其是在农村地区，纯粹自己的收入只占预算的很小部分。

靠财产税为学校这样的社会计划提供资金是不合适的。这正是阿尔伯塔省和加拿大其他省正在实施的学校资金全部由省级财政承担的一个原因。其他国家也找到了另外的解决办法。在印度，学校的拨款至少占当地收入的一半。学校完全获得了专项资金的支持。印度给地方卫生保健的特别拨款也是很重要的。

在拉脱维亚，社会保障计划的资金占了个人所得税的 71.6％，但地方政府对分享到的税收没有支配权。然而，他们必须依赖有资金使用支配权的自有收入，同时他们通过直接回答地方选民的要求，以寻求更多的资金。拉脱维亚有一套相当透明的地方财政体系，这样，规模小的城镇与农村政府机构就能因此受益。拉脱维亚所得税与原征收的城市政府进行分享，这样，平等发展机制消除了城市间的财政差距。这些资金从大城市及富裕地区，向贫困地区及小城镇和农村政府转移支付。

在阿尔伯塔和印度，平等的分配有赖于专项拨款的体系是否完备。阿尔伯塔省学校的资金是通过程序进行的，并以每个学生为单元提供，整个过程透明。虽然多数有目标性、程式化和公开性，但阿尔伯塔省给城市政府的特定拨款的多样性可能被认为是缺乏透明度的。资金分配在印度并不明朗，地方机构对资金使用缺乏支配权与影响力。

地方财政体系在多样化的背景下形成。在印度,最近为农村政府设计的体系是从一个高度中央集权的行政架构中发展而来的,而这种行政结构在权力下放时出现抵制现象,拥有权力阶层不太情愿进行权力移交和分享。村一级的农村机构的开支非常有限,(即使可能也非常弱)这些机构是经过选举产生的。印度规模大的(而且重要的)两个高一级的农村地方政府与拉脱维亚与阿尔伯塔的小规模地方政府形成了对比,印度的决策权已下放到地方一级政府。

拉脱维亚众多的地方小政府(尤其在农村)受苏联时代遗留下来的行政体系的影响,但这个体系正在被重组成更大和具有更多功能的机构。

与印度和拉脱维亚的(农村)地方政府相比,阿尔伯塔省的农村地方政府近几年没有经历过大的变动。事实上,它们是经过了 100 年的发展过程才逐步形成今天这种模式的,目的是增加省级政府职能,减少地方政府。10 年前学校财政省级化的改革也是根据那条道路所采取的最新的改革步骤。对资金来源渠道狭窄及承担地方责任的地方政府来说,给他们一个高度独立的地方财政体系,对人口较少地区管理的政府来说将产生效果。

结论

地方政府提供的服务主要分为两个大类:市级政府核心服务和社会计划。核心服务主要指财产;而社会计划则是直接针对个人。用户收费及其他的税(尤其是财产税)在非常宽泛的中心服务领域具有很好的效率与公平性,而且为所需的资金提供充足的来源。这种收入来源是直接让受益者支付服务使用费,这种做法是建立在效率与公平的优点基础上的。与中心服务相关的转移支付主要是为了提高效率(如解决人口过多),但转移支付也常常用于支持经常项目下财政支持和实施一些平等发展的计划。

适合为核心服务提供资金的收入来源并不适合于为社会计划提供资金。然而,一些社会计划,尤其是教育,可以从社区研究中获得成果,而且可以在相对较小的规模运作。因此,让地方政府承担学校的责任就很正常的事情了,或者,如果这种责任是在省级或国家级,也可以获得当地市民的参与和支持。如果教育是地方的责任,社会计划的资金通常是通过上级政府专项资金的转移支付获得的,或地方与上级政府的分税中获得(如消费税和所得税),这些税和税率是上级政府制定和征收的。由于地方政府对分享的收入没有支配权，他们分享到的税收多少与转移支付有紧密的关联，虽然对这种资金的拨付通常很少也不太强加附加条件。偏远地区规模较小的区域在成本与地方政府收入预算方面可能产生财政上的不利因素。

第 五 章
公共财政覆盖农村

Extending Public Finance to Rural China

傅安恒（Achim Fock）　　黄佩华（Christine Wong）

"公共财政覆盖农村"已成为建设小康社会的目标之一。这是一个宏伟的计划，不仅仅是因为城乡公共服务供给存在着巨大的不平等，需要改革来修正，还在于贫困的农村地区诸如清洁饮用水、基础教育、医疗保健、基础设施以及公共卫生服务的供给还远远不够。其中的一个核心问题是需要增加农村公共服务的供给。

这个问题在全世界范围都是一个挑战。大多数国家的农村地方政府都面临着三个相同的问题：税基薄弱，提供服务成本高，管理资源和服务的行政能力薄弱。有些地理位置或人烟稀少的偏远地区，公共服务的供给成本很高，一些地方政府没有足够的税收维持，上述问题就表现得特别明显。例如，在学校里班级规模可能被划分得更小，公共设施利用率低，只能靠更高的福利吸引高水平的教师、医生和行政管理人员到偏远地区工作。[1] 大多数的偏远社区都不能提供大多数所需的公共服务。在 OECD 的工业化国家，为了达到公共服务供给的最低国家标准，基础教育、医疗保健、公共卫生和基础设施服务等项公共服务是由农村地区的地方政府从地方税收、使用费以及转移支付渠道筹集收入。如果它们的收入能力更低而支出需求更高，他们对上级财

---

[1] 在加拿大，城市政府对偏远地区的公共服务支出要远高于其他地区，在 Yukon 地区两者相差 41%，在 Northwest Territories 地区要高出 173%，在 Nunavut（Kitchen and Slack）地区则要高出 171%。

政的转移支付的依赖程度就会强于城市政府。

中国就面临上述挑战。然而，中国农村政府的融资困难不仅仅局限在那些偏远地区，存在的问题还相当普遍。偏远地区的高成本和弱行政能力是很常见的，事实上，所有的农村地方政府都面临着很大的财政缺口，而这根植于财政体制的高度分权和过去25年中国财政体制的演进轨迹。

为了系统地思考公共服务是如何供给的，我们从公共财政的一些基本问题以及与此相关联的政府的角色来开始分析。首要的问题是：在众多的公共服务中提供什么种类（并提供多少），相互竞争的需要如何安排供给的顺序：饮用水或道路？打井还是修建水库？提供怎样的道路？这些道路要通到哪里去？与此相关的问题还有：谁来决策——政府（哪个层次的政府）、社区还是使用者？

谁来提供——由哪一级政府来供给？在中国，公共服务供给主要都是基层政府的责任。然而，这些政府责任可以被分解为三个部分——政策（服务的供给水平）、融资和提供。这些责任不需要由单一政府层级来单独承担，可能被分配给若干不同的政府层级。

这些服务如何来提供——由政府的职能部门、事业单位还是由私人部门来供给？政府应该扮演怎样的角色——是生产还是购买？

这些服务是如何融资的？谁来买单？它们怎样支付——通过税收分成、收费还是转移支付？

农村应该给予补助吗？在中国，从公正与公平的角度考虑，城乡之间巨大的收入差距答案显而易见是肯定的。但从效率的角度看，问题是有多重的。首先，由于资源配置的偏差，补助会存在内在的扭曲。例如，补助可能鼓励大量的农民固守在土地上，或者相当多的基础设施投资安排到那些农民已经迁入城市的地区，而这些地区的人口将逐步下降。另一方面，补助领域具有外溢性，例如，用于农村基础教育和公共卫生的农村补助支出可以改善配置效率，特别是像中国这样的快速城市化的社会，许多今天的农民在将来都会成为城市居民。

什么是使用补助的最有效的方式？在中国的行政架构中，乡村层面的政府是中央政府以下四层地方政府中的基层政府，中央政府的补助通过其他层级的地方政府传送到农村。随之而来的问题是县乡基层政府怎样才能得到这些补助。真的是由这些补助的供给方或需求方在使用这些资金吗？

上述的大多数问题关心的是不同层级政府的责任分配。在本章中，我们将此作为中国农村公共财政的核心问题——过去问题的起源和未来改善的关键——加以讨论。在下一部分，我们考察中国财政体制的典型特征以及它是怎样影响农村公共财政的。接下来，我们从整体上分析过去十年政府的改革对农民、农村公共财政以及政府间体制等的影响。最后一部分我们提出了综合改革的政策建议，即综合改革需要依赖农村公共财政的效率、长期持续性改革，以及政府间财政体制的改革。

中国农村公共财政与政府间财政体制

中国的分权程度较高。中央政府支出仅占全部预算支出的30%——在过去的10多年间这一比率相当的稳定。表5.1显示了中国与其他国家的分权的比较，中国在国际上的分权程度异常地高。

表 5.1 中国的分权程度的比较

	地方预算支出占全部支出的百分比
中国 2004 年	74
发展中国家 20 世纪 90 年代	14
转型国家 20 世纪 90 年代	26
OECD 国家 20 世纪 90 年代	32
其他大国 20 世纪 90 年代	
德国	40
印度	46
日本	61
巴基斯坦	29
俄罗斯	38
美国	46

来源：由 Bahl（2002）与 2005 年预算报告整理得到。

中国不寻常的第二个方面是中国的分权并没有停留在中央与省之间，而是在五级行政构架中进一步向下延伸到了最低层级的政府。在中国的财政体制中，每一个层级都有自己特定的支出责任。如表5.2所示。

表 5.2 政府间支出责任划分（2003 年）

	占全部预算支出	教育支出
中央政府	30.1%	8%
省政府	18.7%	15%
市级政府	21.5%	18%
县级政府	23.3%	42%
乡镇政府	6.3%	17%

中央政府支出比重如此之低是因为在中国许多大额公共服务支出是

由地方政府完成的。最为明显的是市级和县级独立承担辖区的养老、失业保险和社会福利计划等项支出，如最低生活保障计划。基础教育的主要支出安排在最低的政府层级——区、县和乡镇（如表5.2所示）。事实上，县乡承担了农村基础教育的全部支出和55%—60%的卫生部门补助开支。

在农村税费改革之前，中国农村的财政体制主要是20世纪六七十年代计划经济和集体化农业的产物。在整个财政体制中农业部门处于边缘地位——对农业轻税，由此农村获得了更少的政府补贴。在集体化的农业生产中，集体通过集体收入承担了社会服务和基础设施投融资责任。20世纪八九十年代乡村政府一直依赖非税收入来安排大部分的公共支出。例如，在1995年乡镇财政从收费、征税以及其他"自行培植"的渠道获得的收入占总收入的37%。

在中国的财政体制中，涉农的县乡政府在公共职责划分上同城市政府一样。县乡政府负责社会服务、日常的政府管理以及基础设施投资支出。一般而言，倘若它们的收入能力较弱，那么基层政府就会出现收不抵支，这种状况在20世纪八九十年代随着支出责任的转移逐步恶化。1994年实施的具有收入再次集权性质的分税制改革后，并没有对支出责任进行调整，由此在地方政府产生了一个相当大的纵向财政缺口。在本世纪初期，这种财政缺口甚至还在持续地扩大。如表5.3所示，此类问题在县乡政府层面表现得尤为突出。

表5.3 逐步扩大的农村政府纵向财政缺口*

收入比重（占全部的百分比）	1993	1999	2003
中央政府	22%	51%	55%
省级政府	13%	10%	12%
市级政府	34%	17%	16%
县乡政府	32%	21%	17%
支出比重（占全部的百分比）			
中央政府	28%	31%	30%
省级政府	17%	19%	19%
市级政府	23%	21%	21%
县乡政府	31%	28%	30%
县乡政府的财政收支缺口（百分点）	+1%	−7%	−12%

*地方财政缺口稍稍有些夸大，这是因为地方财政收入中没有包括税收返还部分。然而，这种夸大的程度在省级和市级还要大于县级和乡镇级。

就像城市政府一样，农村政府多半是自行筹集资金，从某种程度上讲，中央政府很少有计划地通过转移支付来帮助地方政府融通资金以实现最低的公共服务标准。一个地区公共服务供给的水平（就数量和质量而言）取决于它的财政状况（包括转移支付）。可以通过图 5.1 举例说明，图 5.1 所表示的是省际间人均 GDP 和小学生均经费之间的相关关系。图 5.1 从上海生均 4500 元经费左右一直排列到河南仅 470 元的生均经费，省际间人均预算支出与生均经费的差距基本相同。随着 20 世纪 90 年代中国地区间经济增速上的显著差异，出现了公共开支和公共服务的巨大差距，而且这种差距还在进一步扩大，与此同时也进一步拉大了城乡之间的公共服务供给差距。

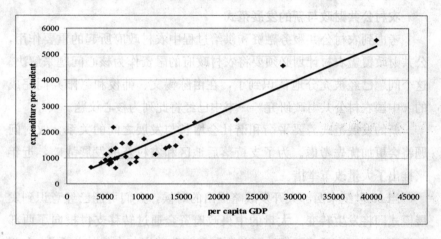

图 5.1 省级小学平均的生均支出（2003 年）

分权化的财政体制同公共服务集权化的决策机制相互矛盾，这是因为地方政府在收入允许的前提下可以自行决策。这种体制可能产生三种结果：

a. 低水平供给——在贫困地区，地方各级政府没有财力提供公共服务，需要中央政府的政策扶持——普及九年制义务教育计划（UCE）就是一个明显的例子。低水平供给还表现在供给质量上，例如学校被安置在废弃的房屋里，教室里没有照明、没有取暖设施，学生没有课桌和椅子等等。

b. 隐性赤字——尽管地方政府不允许借债，但是债务是普遍存在的，有些工资支出和日常支出都是靠借债来维持的。

c. 地方税收、使用者收费和罚款缓慢上移。

20 世纪 90 年代，中央要求农村政府提供新的公共服务或提高原有公共服务的供给标准，这增加了农村政府的支出负担，在此政策的影响下农村部门经常可以看到上述三种结果同时出现。在正常情况下，最经常发生的是 a 类情况。结果是，由于是收入分配的末端，地方公共服务供给经常远低于中央的目标。当中央政策的压力增强时，例如加速实现九年制义务教育实现，地方政府会谋求 b 种或 c 种选择。为了迎合中央政府制定的九年制义务教育目标，许多乡村大大加强了收费的征缴力度，还有许多乡村通过负债来建设或更新改造学校。在中央政策推动下，县乡建设农村公路也是通过收费和借款来筹集资金，同时还要求农民投工投劳。

农村公共财政与新的发展范式

考虑到农村公共服务融资和供给过程中农村政府所起的重要作用，公共财政覆盖农村计划必须要将农村政府的融资作为核心问题来解决。这个问题已经被充分地认识到了，在由陈锡文、韩俊和赵阳共同完成的《中国农村公共财政研究》一书中已经将此列为核心议题。

新的发展范式需要平衡和谐社会增长与发展之间的关系，农村问题将会更加优先考虑。为了支持落后地区和农村新的发展战略，近年来推出了大量改革举措。

当 20 世纪末西部大开发战略提出的时候，人们可能已经意识到发展模式即将发生转变。大量的中央政府资金通过转移支付投向了西部欠发达省份；为了"平衡地区差距"和"改善人与自然的关系"，在西部开工建设了大型基础设施项目和环境项目。

随后，改革进一步深化。其中最受争议的是于本世纪初开始实施并在全国范围推开的农村税费改革。"费"取而代之为"税"，"义务工"和强加给农民的不合理收费被取消，农民有了投票的权利，通过"一事一议"的方式决定投资项目。尽管这项改革的推进正在面临挑战，但是它实实在在地减轻"农民负担"却是毋庸置疑的。

然而，农村税费改革在地方财政能力方面有负面影响。从上级财政来的转移支付仅仅能够弥补部分减少的收入。表 5.4 中的数字表明农村税费改革和税收减少的综合影响导致农村财政减收 1140 亿元—2130 亿元。2004 年，中央转移支付合计仅仅 524 亿元。① 这种补偿要比原来估计的因减税和取消收费、罚款减收的部分少一半，仅仅有原

---

① 政府对"三农"的转移支付总额增加了（见下文），但是这些转移支付的规模同农村基层政府在农村税费改革过程中减少的收入相当，可能还会更少。

来估计总额中的 1/4 涉农 "税收" 得到了补偿，这包括取消 "两工" 的折算现金价值和不合理收费和罚款。

表 5.4 农村税费改革的影响估计（人民币，亿元）

筹集的全部收入	1600	税收减免（2003）	280
其中：农业税	340	允许的收费和罚款	860
城乡统一税	590	加：	
其他收费和罚款	270	"两工"	590
不合理的收费和罚款	400	"不合理" 的收费和罚款	400
收入补偿 中央转移支付（2004）	524	农村税费改革收入减少（1）	1140
		农村税费改革收入减少（2）	2130

注：（1）计算口径仅包括允许的收费和罚款；（2）还包括 "两工" 折算的现金价值和 "不合理" 收费和罚款。

资料来源：农村税费改革前的估计来自中国统计年鉴，税收减免的资料来自陈锡文等（2005）。

部分补偿在不同地区有着截然不同的影响。表 5.5 的例证可以说明，根据农业税在自有收入中所占比例不同，农业税减收对贫困的传统农区县 A 的冲击明显大于 B 县。"一刀切" 的政策要求每个县要通过提高税收努力程度自行消化减收的 20% 部分，在贫困地区这明显不合理，同时财政也难以为继。

表 5.5 税收努力程度对减收的不同影响

（百分比）	A 县		B 县	
	税费改革前	税费改革后	税费改革前	税费改革后
自有收入	50	14	80	44
其中：农业税	36	0	36	0
转移支付	50	50	20	20
农村税费改革转移支付*		28.8		28.8
另外需要补足的自有收入		7.2		7.2
另外需要的税收努力**		51.4%		16.4%

* 省级提供减收部分的 60%，市级承担 20%。

** 由另外需要的收入除以自有收入的比值计算而来。

政府通过减征并最终免征农业税来进一步减轻 "农民负担"，以此推动税费改革。地方政府部分或全部地得到了减收的专项转移支付补偿。这项政策的执行明显快于预期，大多数省份已经停止征收农业税。

农村税费改革和免征农业税关注的是减轻 "农民负担"，主要来自中央层面转移支付资金大幅增长，这对地方政府预算产生了补助效应。转移支付资金的增加大大超过了农村税费这一特殊改革的部分补偿。这包括中央对省以下转移支付全面增加，其中就包括增加对农业和农村发展专项转移支付。中央转移支付资金全面增长如表5.6所示。

表5.6　增加转移支付

	中央财政的转移支付 （人民币，亿元）	转移支付/ 中央财政支出	转移支付占GDP 的百分比
1996	2716	55.8%	4.0%
1997	2854	53.0%	3.8%
1998	3323	51.7%	4.2%
1999	4095	50.0%	5.0%
2000	4668	45.9%	5.2%
2001	6015	51.3%	6.2%
2002	7362	52.1%	7.0%
2003	8261	54.8%	7.1%
2004	10379	58.7%	7.6%

更为重要的是，更多的资金流向了以公平为目的的转移支付（图5.2a）。税收返还在整个转移支付中的比重逐步下降，在转移支付体系中不再占绝大多数。虽然如此，整个转移支付体系仍然不公平，如图5.2b所示。

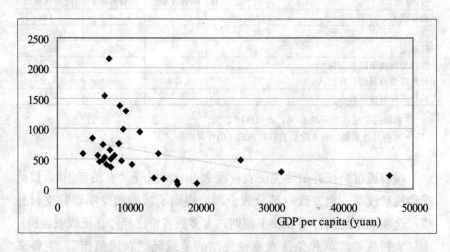

图5.2a　省际间的人均转移支付与人均GDP：包括税收返还（2004年）

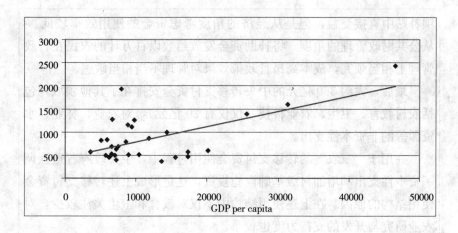

图 5.2b　省际间的人均转移支付与人均 GDP：全部的转移支付（2003 年）

中央资金增长中的一部分是对农村地区政府间转移支付的特殊增长。根据这种定义，中央政府对"三农"的支出从 1995 年的 810 亿元增长到 2004 年的 2630 亿元，主要的增长还是发生在最近几年。下面的专栏概述了中央用于农业和农村发展的资金安排。

专栏 5.1　中央用于农业和农村发展的资金（"三农"）

2004 年，中央政府为"三农"安排支出 2630 亿元，主要的支出科目如下：

政策性转移支付（农村税费改革、"粮食风险金"、其他）	人民币 900 亿元
资本投资	人民币 1250 亿元
粮食直补	人民币 120 亿元
其他（包括农业研究与发展、教育、卫生与其他）	人民币 350 亿元
用于"三农"的全部资金	人民币 2620 亿元

"三农"支出中大约有 900 亿元是中央对地方的政策性补贴。下面对农村税费改革的评价就进一步阐释这一点。

"三农"支出中接近一半是用于资本投资——要么可以归入资本投资，要么以项目切块的形式安排支出，如农业综合开发、减贫、以工代赈等等。

2004 年中央财政安排了种粮直补资金 116 亿元。虽然农民从这

项补贴中直接受益，但是从经济的角度考虑资金的使用效率较低。①从公共财政管理的角度，将补助资金发放给数以百万计的农民在行政管理上相当烦冗，成本高昂且政策效果对管理不当相当敏感。

最后，大约350亿元的中央转移支付资金安排在了其他领域，包括农村教育、卫生、农业科技（仅仅有20亿元），对农业、林业、水资源等的非资本性支出。

在用于"三农"的转移支付资金使用过程中，中央政府着重强调了资本性支出和增加村级基础设施投资，这是形成上述转移支付资金使用结构的原因。在上述使用结构中不仅对教育和卫生关注较少，对农业研究与开发的支持力度也较小。

除了上述的在收入分配领域的显著变化以外，近年来进一步在财政和行政领域推出或深化了相当多的改革。其中有些是最初的农村税费改革的内容，如村级通过投票进行"一事一议"，还有为了提高效率精简政府工作人员。

还有一些其他的努力以增强农村地方政府的运作效率。例如，被称为"以县为主"的措施就将农村学校教师工资发放和其他的大量支出集中到县级来完成。

同时期的国库改革，在县级直接支付工资的改革随后扩展到其他政府工作人员，包括乡镇行政人员。

1994年实施的分税制改革进一步延伸到省以下，也带来了收入与政府责任的大规模重新调整，包括县乡财政。然而，因为这种调整仅仅作用于收入增量，对县乡扶持政策的效果会在较长时间才能体现出来。

还有一些其他的改革包括：乡镇合并或特定部门的改革，如学区

---

① 对农民收入的净效果要小于实际的资金支出，这是因为所选取的补助对象是种植无利可图的粮食作物的农民，而不是种植其他高收入作物的农民。是否一个近一半人口务农的县能够负担得起农业补贴，农业又是一个传统产业，这是一个值得怀疑的问题。许多富裕县对这些成本高昂的补贴有过深刻的教训——还有这些显而易见难以逆转的趋势。这个计划对粮食安全而言也是一个无效的政策。农作物产区劳动生产率的提高，特别是养殖效率，以及对农产品贸易的更大依赖，将会付出更大的代价。

的合并①、农村低保制度试点、合作医疗保险。所有的这些改革对农村公共财政体制可谓意义深远。

影响

罗列出来的这些改革显示出近年来农村已经成为一些最有进取精神改革的主战场。如上所述，这些改革对农民和其他农村居民的影响显而易见是非常积极的，特别是农村税费改革和取消农业税实实在在减轻了农民负担。这种影响不仅仅在于取消正式的税费，更重要的影响来自于取消了大量特定的，有时是"滥收"和"超收"的费、罚款以及义务工。而且，政府对农村支出的增长对农民还有一些积极作用，最重要的是，对基础设施投资的增长相当明显，这就包括造林等生态建设。

实际上这些改革能否持续，它们能否实现政策设计初衷，有赖于其对公共财政体制"健康"的影响程度。时至今日，众多集中在县乡村改革的政策效果体现最多的是综合性的。将大部分的预算外收入纳入预算统一分配是农村税费改革的一个积极的方面。用一个政府官员的话讲："农村税费改革通过财政集中收入提升了财政资金的质量"，而不是像原来收费归口不同的机构和地方政府。

在其他的方面，大规模的收支分配调整增加了中国政府间的财政失衡。上面已经分析了对整个体制的影响，但是对基层政府的影响争论得最为激烈。基层政府提供公共产品和公共服务的能力很大程度上仍然是其经济实力的反映。虽然专项转移支付投向了更为贫困的地区，但是这项政策被不公平转移支付的快速增长，以及富裕地区比贫困地区快得多的自有收入增长所抵消。地方政府自有收入与支出之间出现了巨大的缺口。结果是，基层政府对上级转移支付的依赖性逐渐增强——转移支付占县级预算收入（包括县级市和所辖农村）中的比重从2000年的47%上升到2003年的62%。更有甚者，转移支付占到总收入的比重高达95%或者更多。

尽管高端政府增加了转移支付，县乡财政决算支出有所增加，但是拨付到县乡的大多是专项转移支付。这种安排的目的要么是执行诸如农村税费改革等项政策，弥补地方政府部分减少的收入，要么是根

---

① 许多省份的其他改革试点，包括县级的改革，都是由省级行政管理部门直接主导，而不是由市级部门。

据中央政府对全国公共服务供给优先次序中强调的特定需要给予的补助。因此，"农村"政府特别是农业主产区政府仍旧资金不足。而且，这些特定的转移支付还有一些众所周知的问题，诸如地方配套资金不足，转移支付资金拨付的时效性，由于长时间烦琐的审批过程和实施条件导致的行政管理成本问题。在不同的条管机构和不同的目标、设计、运用与实施要求下，① 专项转移支付产生了相当多的问题。最近国务院要求地方对专项转移支付资金加以协调和整合。这是一种改善，但是地方政府照章行事的能力却是有限的。为了解决资金分配和使用效率等方面的问题，中央政府需要承担改革转移支付和整个政府间体制的责任。

集权改革的益处也令人置疑。许多基层决策都被上移到县或县以上。分配给县的支出在其他层次可能更有效率，例如，将更多的属于社区的投资和服务转移给社区。②

乡村失去了大部分的财政自主权，乡镇财政在县级预算中的比重持续降低。乡镇因农村税费改革减收的损失仅仅部分得到补偿。更重要的是，教师工资和公务员工资等大额支出项目提到县级。现今许多贫困乡镇不再是管理农业，包括林业、渔业等的行政单位，留给乡镇政府这样的功能区域的影响主要是辖区所拥有的大量政府公务员。③

村级财务的独立性也明显减退。村因取消村提留减收部分要大于它们获得的额外转移支付或农业税附加收入。它们只能通过那些不可持续的收入，诸如土地或资产变卖来维持收入。④

总的来说，评价改革对公共财政"健康"程度的影响可以依据三个方面：地方预算规范，按照地方需要安排预算以及支出和服务供给的效率。改革并没有在这三个方面有所改善，甚至是变得更糟，其中对基层预算规范的评价是最困难的。将资金纳入预算是农村税费改革取得的一个相当大的成就，然而，大量的随意性转移支付，持续的人

---

① 例如，河南省的县农业局在2002年和2003年共收到13项不同类型的专项转移支付，2001年更是超过了10项。如果包括2003年一个投资400万元的大型的"良种"项目，这些转移支付项目平均每项仅有15万元。农业局仅仅是众多涉农机构中的一个，其他更多的涉农专项资金分布于畜牧局、扶贫办、农业综合开发办公室以及其他机构。
② 另一方面，诸如社会安全网等公共服务应该清晰界定在县级以上的政府层级。
③ 然而，即使这些区域大多数的资本投资决策都是由县级做出的而不是乡镇级。
④ 此外，有迹象显示村级债务增加是为了完成上级项目的资金配套借款所致。

员臃肿、县乡村大量债务都表明地方政府预算软约束日益刚性。

地方政府根据其偏好分配预算资金取决于众多因素，包括专项资金的增长，高端政府的指令性支出，国家统一的工资标准以及招聘和解聘工作人员的限制。简而言之，中央政府对农村公共财政干预导致基层政府资源分配权缺失，这也加剧了养人过多的矛盾。

最后，尽管改善财政管理付出了相当多的努力，但是预算效率并没有明显的提高。出现这种状况的主要因素是行政成本大幅增加，其中主要是工资的增长。这也是上述几个方面问题的一个反映，这主要是地方缺少自主权加之问责机制有限。

需要进行综合改革

过去几年，中国的公共财政覆盖农村取得了很大的进步。许多变化目的是要纠正过去最有争议的问题：收支分配不匹配，特别是在乡镇；农村资金匮乏；对农民不公平，有时是超额税收负担。改革的作用相当明显。不仅仅表现在农民负担明显减轻，而且许多公共产品和服务供给状况也得到了改善，最显著的是基础设施投资，这也包括村级。

然而，一些领域的成功也凸显深化改革的必要性，而且，这些努力刚刚开始，任重而道远。如前所述，转移支付体制依旧很不公平，地区间财政资金分配不公还相当严重。尽管增加的转移支付资金安排了公共支出、增强了转移支付使用的独立性（从已经非常高的政府层级），但是预算效率、根据当地需要分配预算资金的能力、地方政府可能的预算规范都是呈恶化态势。诸如土地出让收费等新的收费项目、地方负债以及持续的人员臃肿等征兆对中央现行政策的持续性产生了严重的问题，例如在专项转移支付中进一步加大对农业和农村发展中关键领域的投入。事实上，这种策略抵消了其他的一些积极的努力，例如在地方政府加强预算和预算过程或强化村级治理。

因此，我们有必要对中国政府间财政体制进行综合改革，将农村基层政府财政能力建设作为中心工作。需要从以下方面谋求长期的、可持续的解决之道：

第一，要调整支出分配，使之与收入能力（融资、管理）相匹配，改革需要同经济规模和地方政府责任综合考虑。这就需要清楚回答"由谁供给"的问题，在本文开始我们提到过这个问题。具体的决策需要经过认真的、非常详细的分析才能做出，并且要针对当地的实际情况。然而，下面的分析所引发的思考可能会使改革更加广泛。

a. 中央政府投向村级公共产品和服务的专项资金，如经常投向村级道路或学校危房的资金似乎并没有效率。为了在技术或项目管理方面更好地使用转移支付资金，基于个案的做法可能是有道理的，但是随后需要仔细地设计、监督、监测以及评价。中央政府应该关注：（1）确保地方政府有足够的收入实现全国统一的公共服务标准；（2）制定合理的农业和农村发展政策；（3）关注"全国性的公共产品"的资金供给，如农业科技。

b. 省级政府应该负责保障县及县以下有足够的财力实现全国统一的服务标准。社会安全网或社会保障等公共服务应该由省级或中央政府来承担。

第二，需要特别关注地方再调整以及重新分配。例如，适当的政府结构——需要多少个政府层级也是十分重要的。再例如，省直管县试点是值得称道的，它的政策影响应该仔细分析。要考虑公平（筹资）、效率（规模经济和范围经济）同地方情况的敏感性、施政方针之间的关系。决策需要基于当地的实际情况。这包括如下内容：

a. 很明显，县级提供了许多公共产品和公共服务。所承担的社会安全网和社会保障超过了这个层级政府的能力，但是在既定的县级财政能力下，县级政府在基础教育、公共卫生的某些方面、许多支援农业生产的服务以及许多地方基础设施等方面的作用可能被认为是适当的。即便如此，尚在实施中的改革正改变着农村政府的作用，有人会问县级是否远离了许多农村公共服务。在公共服务供给过程中将融资与供给功能更清晰地加以区分，这可能是一种选择，这又与地方政府和事业单位（PUSs）角色转换密切相连。

b. 在乡镇能力有限的条件下，乡财县管可能是有积极效果的。这种发展并没有在政府责任的连贯性、以收定支下的政府能力与支出分配相匹配等方面进行战略性的重新调整，然而这更像是一种为了特定目的的不负责任的改革。① 关于撤乡并镇的许多改革应该认真地加以评估。

---

① 倘若某些地方能力较弱，是否乡镇还有理由作为国家多级政府中独立的政府层级；是否将那些能力最弱的乡镇变为县级政府的附属机构可能更有效率——具有清晰的公共服务供给责任，这些都是有争议的问题。

c. 应该承认村，即社区，在许多地方农村公共产品和服务供给中起到了关键的作用。扶贫项目导向下的村级发展计划就是一个如何提升社区参与的有效例证。但是还有一些其他的途径加强居民在公共服务供给中的参与程度，例如像通过水资源使用者协会或强化公共服务供给的私人参与来提高参与程度。

第三，综合改革需要再调整收入分配，完善激励机制以提升资金使用效率。这其中的一个重要环节是设计更加有效率的转移支付体制以实现预期的结果——安排不同类型的转移支付可以更好地实现公平、供给公共服务以及根据政策目标来分配资源等等。均衡性转移支付和专项转移支付之间的平衡是需要重点思考的。

• 如果地方政府的激励机制和问责机制没有到位，一般性转移支付就不会出现满意的结果。然而，很显然目前就是在走这样的道路。显而易见，由于幅员辽阔，中国应该努力建立一个稳定的、可预测的并且是公式化的转移支付体制，特别是在中央政府层面。

• 用于特定目的的专项转移支付授意于高层政府，在完成其支出意图方面是有效的，但是它们需要有选择的使用。而且，它们在授权设计、监控以及评估方面都需要一定的水平，当前这些方面都是薄弱之处。

• 专项转移支付（不是基于规章制度，而是预先已经确定了额度）的分配受政治压力的支配——农村逐渐失去了强大的、有话语权的利益集团——转移支付的构成偏向城市与公共部门集团。

第四，为了重新调整地方收入分配与支出责任，单独安排转移支付是非常没有效率的。财政"节流"也需要重新构筑基层财政的"开源"。我们意识到从短期看，这些建议在政治上缺乏可行性。然而，我们相信政府需要清晰划定"不合理"的农民负担与税收的界限，这同提供优质公共服务的更有效率的体制密切相关，因此，也是受民众欢迎的。而且，农民仍旧负担着大量的"费"，诸如基础设施建设投资、教育与公共卫生等公共服务，但是它们对效率的影响效果是有争议的。

a. 从这些现有的收费谨慎地过渡到合理的税费，并通过透明的方式同服务供给相连接，将能够确保地方收入净增长。这种增长可能是分阶段实现，并可以用社会公平的方式来设计。中短期来看，如果初始就建立必要的问责机制，使用者收费可能是增加地方财政收入和提高效率的最好机会。长期来看，增加地方税收收入应该是一个主要的目标，对农村而言也是如此。

b. 进一步地改善地方财政收入需要创造一个认真负责的地方债务体系，地方政府可以打捆进行资本投资。至少在一些政府层级允许负债——同强有力的问责机制一起——可以改善财政透明度和减少过度的"非法负债"，这在许多地方似乎已经司空见惯。

第五，迫切需要改善地方的问责机制，即县乡层面的政府。当前，地方官员激励导向仍然过度依赖增长率、计划生育状况、社会稳定等等，很少强调稳健的财政管理和公共服务供给状况。很显然，以现阶段地方政府所面临的约束条件，很难预料其财政运行状况。地方政府的支出选择缺少回旋余地，工资支出是预算首要保证的，补发欠款工资是必要的，但是这并不等于不承担公共服务的供给责任。通过减少专项支出、中央的指令性支出、在职职工的人浮于事以及过去建立的体制等等，可以用来增加地方政府支出安排的回旋余地，这是增加问责的必要条件。仅仅在此背景下地方的计划和预算过程才是真实有效的。然而，这些条件并不是充分条件。与此并行，建立问责机制还需要：

a. 在相对更高的政府层级建立更强的问责机制，包括公共服务的供给以及对居民福利的影响。应该加强财政管理、审计、监督以及监测与评估的能力，还需要更加独立的监督机构。①

b. 最重要的，还需要建立面向当地居民的问责机制。已经开展了许多这方面的工作，包括村民选举、政务公开条例，所提倡的一事一议等等。然而，村在丧失了其大多数的财务自主权后，这些法规条例实施力度被逐渐削弱，其实施力度有待进一步提高。②

上述政策汇集成为一个庞大的综合性的政府间财政体制改革，具体的改革举措必须要经过认真的分析才能得出。在设计任何一项改革过程中需要明确给予地方政府决策权，同时改革的设计要依照当地的实际情况，而中央政府需要在所有的政府层级确保改革的完整。中央政策在中间层次的政府如何传导直接影响着政策的结果。当前分权化

---

① 由地方统计局或环保局来监督、由地方审计局来审计，这些行为依赖于同级财政的资金安排，这是一个缺乏独立性的例子；再如另外一个例子，地方政府的农业局既负责提高农业生产率又负责监测农药的使用情况。

② 为了克服这个问题，还需要给村级做出的投资决定提供更多的资金，或将社会问责机制扩展到县乡层面（使用的方法诸如计分卡、参与式预算等）。

改革的管理体制——省级选择市级改革措施的设计，市级决定县级等等，这种态势使得有效推进改革面临相当大的风险。例如，当农村税费改革和农业税改革急剧地改变农村政府层级间的收入分享时，允许县根据"完善分税制改革"计划来重新界定与乡镇的收入划分，这可能会使过去高层政府攫取收入、向下转移财政赤字的状况重蹈覆辙。

一些国际上的经验教训对中国的改革具有指导意义。首先，显而易见没有最好的模式，但是取得成功的一个关键因素似乎简单，分权体制中的各个部分保持一致并相互融通。第二，每个国家需要选择最适合自己国情的改革模式。高度依赖专项转移支付并不适合中国的行政结构。在地域辽阔、情况复杂的大国，最好将精力集中在建立合适的地方官员激励机制，以动员他们同中央的政策目标保持一致。第三，改革的模式应该具有灵活性。并不是所有的农村政府都像沿海富裕省份，如广东有大量的财政收入，复杂的政府机构，它们的政府可以做很多事，而在云南和贵州山区的农村政府资源很少和能力也很小，不应该把它们同富裕地区一视同仁。第四，要关注改革的结果（毕业学生人数、儿童免疫、交通成本降低等），而不是结构/组织。

更具体的，我们认为中国可以通过以下步骤来实施这些建议：

综合策略。我们想强调的是上面所建议的综合改革不必一步到位。通过清晰界定改革目标，发展的策略应该是更强的政府体系。对这些策略来自于最近改革的主要经验。虽然几乎最近改革中的每一个步骤都在强调具有特殊性的关键问题，但是这些改革并没有出现一个更加"健康"的公共财政体系，也就不能持续地大规模提供公共服务。如果这种策略得以发展，不同的改革步骤可能适得其反，全面的改革也将"逐渐地带有目的性"。

改革试点。中国在将改革推向全国之前，会选择在一个省的若干个县进行快速试点实施改革。这些改革试点的关键因素是在乡、村和社区之间重新调整收支分配。基层政府的地方公共产品和服务供给决策权应该增加，各级政府的角色必须要清晰界定。基层所实施的，即公共产品和公共服务的供给以及对农民福利的影响，必须是改革的最终目标。因此，监督和评价基层改革的绩效，并将其打包计入地方政府和服务提供者的激励系统之中，这是任何综合性改革试点的关键部分。通过测试不同的问责机制，改革试点能够为在全国范围推开改革提供有价值的经验。

　　最后，我们觉得现阶段预算资金增长迅速，进行必要的综合改革和制度上的改革时机已经成熟，公共财政可以完整地覆盖农村。中央政府应该战略性地使用手中的收入增量以建立适合的激励机制，并加强公共财政体制。

第 六 章
破解基层财政难题
为社会主义新农村
建设保驾护航

On Current Local Fiscal Issues

马海涛（Ma Haitao）

一、化解基层财政困难是实现新农村建设目标的重要环节

自古以来，基层政府（本文所述基层政府指县乡两级政府）就一直是我国社会稳定和经济发展的重要推动力量。目前我国共有 2400 多个县，3.6 万多个乡镇，县域范围内集聚了 9 亿人口，占全国总人口的 70% 以上，其中绝大部分为农民，县域经济占全国的比重超过 50%，无论是人口数量还是经济总量，基层政府都具有举足轻重的地位。

作为农村事务的主要管理者，我国县乡两级政府担负着为占全国绝大多数人口的农民提供基本公共产品和服务的职责，这些基本公共产品和服务包括基层行政管理、农村义务教育、农业基础设施、农村公共卫生等各个方面。近年来，在我国的财政总支出中，地方政府负担了大约占全国 70% 的支出（见表 6.1），其中 55% 以上的公共支出又是在省以下发生的，因此基层财政在农村社会经济生活中扮演着重要角色。

当前，为解决改革开放以来形成的巨大的城乡差距问题，提高广大农民生活水平，并为我国经济和社会长期、稳定、健康发展打下坚实的基础，响应中央政府的号召，我国社会主义新农村运动正在神州大地上如火如荼地展开。实践证明，作为政府宏观调控的手段，财政

在化解社会经济结构问题方面拥有比其他经济政策更大的优势。因此，用好、用活财政政策，发挥好财政的作用，对我国社会主义新农村建设目标的实现有着至关重要的意义。

但是，从现实情况看，20世纪90年代以来的经济体制改革，在给中国人民带来巨大的发展机遇和高速经济增长的同时，也给我国社会经济生活带来了许多新的变化，比如非国有经济比重不断提高、文化意识多元化趋势日益明显。这些变化对社会经济的进一步发展提出了新的挑战。在财政方面，比较突出的问题是，在新旧体制转换的过程中，由于旧的体制没有完全退出，新的体制尚未建立起来，基层财政（本文所述基层财政主要是指县乡两级财政）出现严重困难，导致基层政府公共产品供给不足的问题，这对我国新农村建设目标的顺利实现造成了很大的障碍。因此，破解基层财政困难，发挥好基层财政的职能，是实现我国新农村建设目标的重要环节。

表 6.1　中央和地方财政收支总额及比重

年份	收入总额（亿元）		收入比重（%）		支出总额（亿元）		支出比重（%）	
	中央	地方	中央	地方	中央	地方	中央	地方
1978	175.77	956.49	15.5	84.5	532.12	589.97	47.4	52.6
1980	284.45	875.48	24.5	75.5	666.81	562.02	54.3	45.7
1985	769.63	1235.19	38.4	61.6	795.25	1209	39.7	60.3
1989	822.52	1842.38	30.9	69.1	888.77	1935.01	31.5	68.5
1990	992.42	1944.68	33.8	66.2	1004.47	2079.12	32.6	67.4
1991	938.25	2211.23	29.8	70.2	1090.81	2295.81	32.2	67.8
1992	979.51	2503.86	28.1	71.9	1170.44	2571.76	31.3	68.7
1993	957.51	3391.44	22	78	1312.06	3330.24	28.3	71.7
1994	2906.5	2311.6	55.7	44.3	1754.43	4038.19	30.3	69.7
1995	3256.62	2985.58	52.2	47.8	1995.39	4828.33	29.2	70.8
1996	3661.07	3746.92	49.4	50.6	2151.27	5786.28	27.1	72.9
1997	4226.92	4424.22	48.9	51.1	2532.5	6701.06	27.4	72.6
1998	4892	4983.95	49.5	50.5	3125.6	7672.58	28.9	71.1
1999	5849.21	5594.87	51.1	48.9	4152.33	9035.34	31.5	68.5
2000	6989.17	6406.06	52.2	47.8	5519.85	10366.65	34.7	65.3
2001	8582.74	7803.3	52.4	47.6	5768.02	13134.56	30.5	69.5
2002	10388.64	8515	55	45	6771.7	15281.45	30.7	69.3
2003	11865.27	9849.98	54.6	45.4	7420.1	17229.85	30.1	69.9
2004	14503.1	11893.4	54.9	45.1	7894.08	20592.81	27.7	72.3

二、基层财政的现状

仔细考察现阶段我国基层财政的基本情况，不难发现，目前我国基层财政普遍的特点主要有：

（一）基层财政收支缺口大

1994 年财税体制改革以来，我国财政收入已经连续 9 年平均增收千亿以上，财政"两个比重"发生了转折性变化。财政收入占 GDP 的比重由 1995 的 10.7％提高到了 2004 年的 19.3％，中央本级收入占全部财政收入的比重由 1995 年的 52.2％提高到了 2004 年的 54.9％。

但是，在总体财政形势转好的情况下，基层财政形势却令人担忧。基层财政存在严重的财政赤字和财政缺口。全国有 1100 多个县不能正常足额发放工资，乡、村两级净负债达数千亿元。

县乡两级持续的财政缺口导致农村公共产品供给不足，对农业、农村经济和社会的发展产生了一些严重后果；同时县乡两级财税体制的不规范，以及各种缺乏规范的税收来源，也导致了农民负担极为沉重。

（二）债务负担重

关于全国基层财政债务规模，目前尚无一个权威性的统一数据，许多数据都是根据对某一个地区调查后推算出来的。农业部 1998 年的统计表明，1998 年全国乡村债务合计 3259 亿元，平均每个乡镇 298 万元，每个村 20 万元。2004 年财政部科研所的一项研究表明，全国乡村债务总额在 6000 亿元—10000 亿元。上述两个数字有很大的差异，其主要原因是对乡村债务范围的界定不同。很明显，基层财政债务规模大，债务负担重是没有争议的事实。从目前的情况看，基层财政的债务主要来源于财政贷款、金融机构贷款、个人借款、拖欠工程款、拖欠工资、欠交税费等几个方面，而债务资金主要被用于兴建乡镇企业、农村义务教育、修建乡村道路及利息支出。

（三）财政资金使用效率低

财政资金的效率一般涉及两个方面：一是财政运行对市场经济效率的影响，合理界定财政运行范围，培育良好的市场经济环境，是提高财政配置效率的基本要求；二是财政自身的运行效率，主要是指一定的财政支出金额给社会经济带来的产出的多少。

随着我国社会主义市场经济体制改革不断深化，各级政府的行为更加规范，其职能界定也更加符合市场经济的一般要求，政府职能"越位"与"缺位"问题得到了一定程度的解决。但是，由于受长期计划经济的影响，计划经济思维在一定范围内仍然或多或少地存在，无论是中央政府还是地方政府仍然存在某些职能错位问题，这无论是对市场经济还是财政资金的运用都是一种效率的损失。这一点，在基层财政中表现得相当突出。

另外，基层财政资金使用效率不高也是一个不争的事实。比较典型的现象是，在地方政府，机构组织过量、人员臃肿的现象也是普遍存在的。据统计，全国乡镇财政供养人员为1280万人，平均每个乡镇300多人，这对提高支出效率是一个严重的制约。在人员经费占总支出70％甚至更多，地方政府缺乏独立性的情况下，改善地方预算管理的收效并不大。近年来，中央和省级财政在财政绩效管理方面采取了一些重大改革措施，例如政府采购制度、国库集中收付制度、投资项目评审制等，这些支出管理措施的实施对强化财政资金约束，提高财政支出效率起到了良好的作用，但基层政府在财政支出管理方面却没有明显的制度创新，挤占、挪用财政资金的现象时有发生。

基层财政困难的直接后果就是农村公共产品和服务供给不足，这无疑会对我国社会主义新农村建设带来很大障碍。

三、造成目前基层财政困难的原因

（一）经济方面的原因

1. 基层财政收入结构不能适应宏观经济结构的变化

改革开放使我国经济获得了很大发展，同时也带来了经济结构方面的新变化，第一、第二、第三产业的比例从 1978 年的 28.1%、48.2%、23.7%，发展为 2005 年 15.2%、52.9%、31.9%，第一产业在国民经济中的比重大幅度下降。与此同时，农村经济结构也发生了明显变化，农村非农经济成分增长较快，传统产业相对下降，农村非农就业人口增加。

但是基层财政收入体系在改革开放 20 多年里并没有发生重大变革。县级财政收入一般包括预算内收入、预算外收入和自筹资金三部分。预算内收入主要包括预算内的专项税费收入，有消费税、工商营业所得税、契税、农业税、农业特产税、屠宰税等等。预算外收入主要是各种地方性收费、基金、集资、保证金、捐助等。自筹资金普遍比较混乱，"三乱"多属于此。乡级财政的收支结构与县基本类似，也分为预算内、预算外和自筹资金三大块。预算内收入主要是各种税收，包括农业税、农业特产税、屠宰税、工商营业税、所得税等。预算外收入和自筹资金主要有乡统筹、乡镇企业上缴的利润及各种集资款。乡统筹国家有明确规定，即乡统筹和村提留的总和不得超过当年农民人均纯收入的 5%。从中可以看出，在预算内收入方面，基层财政对以农业为基础的收入和乡镇企业上缴利润有较强的依赖性。据统计，2002 年农业类收入占乡镇财政收入的比重达 28.14%，占县乡两级收入总和的 15.16%，而作为基层财政主要收入的营业税、企业所得税和个人所得税占财政收入的比重，县乡均低于省、地级。

在以小型工商业、建筑业和第三产业为代表的农村非农产业和非公有制经济迅速发展的同时，基层财政收入结构没有适时调整，导致基层财政不能很好地分享到经济增长的好处，进而造成了财政收入增长与经济增长的不对称。同时，随着市场经济改革不断深化，居民纳税人意识不断增强，公众关于政府收入的合理性和公开性的要求越来越高，也使政府收入取得受到更多的市场性约束，比如为吸引投资基层政府被迫提供更多的税费优惠，由于是从非公有制经济取得财政收入而不是直接占有公有制经济利润，基层财政取得财政收入又面临着高昂的交易费用，这使基层财政取得收入的成本越来越高。特别是，近年来中央政府采取了一系列措施规范政府收入行为，在这种背景下，基层政府通过预算外收入、自筹资金方式取得收入的渠道逐步收紧。

2. 地方经济发展水平低

农村经济总体上比较落后，税收能力低。农村不仅人口众多，而且经济发展水平远远落后于城市，导致农村地区人均 GDP 远远低于城市。2004 年，农村居民家庭人均纯收入为 2936.4 元，城镇居民家庭人均可支配收入是 9421.6 元，农村仅为城市的 31.1%；农村居民家庭恩格尔系数是 47.2，而城镇为 37.7。

长期看，我国农业经济的发展受到许多客观因素的制约，在短期内很难有大的突破。首先，我国国土面积虽然广阔，但可以利用的耕地面积却是有限的，人地矛盾短期间内无法得到有效解决；其次，农村人口居住相对分散，生产经营规模普遍较小，难以发挥规模经济优势。因此，在农业生产效率较低的情况下，不能期望从农业中获得大量的财政收入。加之，改革开放以来，为了支持城市及工业的发展，农业大量"失血"。现阶段，在城市及工业得到很大发展，城乡差距巨大的情况下，现阶段的任务应该是工业反哺农业、城市反哺乡村。这使基层财政收入增长受到了相当大的制约。

经济发展水平低对基层财政造成的影响至少应该有两个方面：一是由于经济水平低，经济总量小，在相同的税率水平下，基层财政所能取得的财政收入也相应较少；二是虽然农村经济结构发生了很大变化，但与中心城市相比，在农村第一产业仍然占有较大比重，而作为主要税收来源的第二、第三产业比重相对比较低。由于我国对农业一直实行轻税政策，致使城乡人均税收收入差距远远大于人均 GDP 差距，这使基层财政收入相对水平下降，但是在支出方面基层财政却有向中心城市看齐的压力，二者共同作用的结果是基层财政的收入矛盾显得极为突出。

3. "打工经济"对基层财政提出了新的压力

近二十年来，农村特别是中西部地区农村的非农经济发展迅速，非农收入成为农民人均收入提高的重要来源。在农村非农经济主要包括两个方面：一是小农村小型工商业、地方性建筑业和第三产业；另一个就是外出打工。

实际是，在中西部，农民到东部沿海地区打工已经变得极为普遍，目前我国平均每年有一亿多民工跨区就业，约占农村总人口的 10%。由于现行城乡分治的制度，外出打工的农民大部分不会变成城市居民，在到结婚年龄时，一般都会返回流出地。在农民工大量外出的农村，这些农民工也都有自己的一份地，一旦回来还可以继续种地。无法在外地长期安家的结果是这些农民工的打工收入大量汇回农村。这些汇款无疑增加了农民家庭收入，同时由于在外打工增长了见识，这些人当中有一部分回乡后不甘心继续种地，而是选择了创业，带动了地方经济的繁荣。

伴随着农民收入的提高和回乡创业的热潮，农民对地方的公共设施如道路、水电、学校等提出更多、更高的要求，小商业要求提高落后的交通设施，收入提高要求子女上更好的学校，这些都要求基层财政增加公共产品供给的数量，提高公共产品供给质量。但是打工收入的税收却主要归打工地政府所有，与农民工居住地政府没有直接联系。

（二）财税体制方面的原因

1994 的分税制改革是新中国成立以来我国财税史上的重大举措之一，改革力度之大、范围之广前所未有，对社会经济生活各个方面产生了深远影响。不可否认，分税制改革是成功的，实行分税制改革以后，中央掌握了大部分财力，掌握了宏观调控的主动权。根据分税制的政策，地方财政在维持了既得利益的基础上，中央给了地方以充分的活力。从长远来看，地方经济基础有了明确的发展方向，地方各级财政，只要在中央宏观调控下，大力培植财源，增收节支，就能保证地方经济的发展。

但 1994 年的分税制改革也存在两个明显的缺陷：首先，1994 年分税制改革的出发点在于增加中央财政财力，提高中央财政宏观调控能力，这就决定了 1994 年的分税制改革主要集中在收入方面，而对支出责任划分、转移支付问题考虑得相对较少；其次，这次改革也明显地带有过渡性，总体上体现了"存量不动、增量调整"的原则，既有的不合理因素在一定程度上得到了保留。因此，1994 年的分税制改革是不彻底的。由于上述原因，1994 年开始实施的分税制对地方财政特别是基层财政产生了巨大的负面影响。

1. 在基层财政收入体系没有得到完善的情况下，收入大幅度上划

1994 年以前，中央和地方一直实行"财政包干"的做法，中央一级包干到县，县再包干到乡，这在很大程度上刺激了地方政府增收的积极性。出于增加中央财政收入的考虑，分税制改革后，增值税的75％和消费税的全部划归中央，直接减少了地方财政的财力。

值得注意的是，基层财政收入的减少尤其明显。分税制主要调整了中央和地方之间的财政关系，但省以下的财政关系没有得到明显改善。我国现行政府间行政管理体制的一个重要特征是上级政府对下级政府具有绝对的权威。这种制度决定了下级政府对上级政府具有强烈的依附关系，由此导致了财政资源的分配总是有利于上级政府。在这种体制下，上级财政收入减少时，上级政府有极强的将财政负担向下级转嫁的动机。以县乡财政为例，在县财政困难的情况下，县可以通过调整乡镇财政体制而上收一部分财力或直接减少对乡财政的转移支付，把县的财政困难转嫁到乡。按中央集中的增值税增量和消费税部分占乡镇财政预算内资金的 3％—5％，县财政集中财力占乡镇财政的 3％—5％估算，并以 1992 年乡镇预算内收入 472 亿为基数，乡镇一年减少的财力将达到 30 亿—50 亿元（苏明，1995），这无疑加剧了乡镇财政困难。

2. 地方财政支出责任不清，基层财政支出负担过大

按照公共财政理论，政府间财政支出的配置主要取决于：（1）公共产品的服务供给的规模经济；（2）公共产品和服务的外部性，即外溢范围的大小；（3）居民对公共产品和服务的偏好。根据这些原则，基层财政的基本职能应该是：提供适合本地区范围生产和居民需要的公共产品和服务，一般有：（1）具有外部性，但收益和成本不外溢于辖区之外的地方公共产品和服务，如公共安全、乡村道路、防洪、灌溉排水、土地整治等；（2）外部收益或成本溢出，需要与上一级政府或其他辖区进行合作来提供的公共产品和服务，如基础教育、卫生防疫、跨乡镇的公路建设、区域性环境保护等；（3）具有一定规模经济效益、收益可排他的区域性公共产品，如医疗、社区文化等福利项目；（4）辖区行政管理。

但是事实上，基层财政所负担的支出责任与上述一般规则有一定偏离：基层财政超越公共财政的范围，直接参与农村经济活动，发展乡镇企业、调整农村产业结构；承担了部分应该由中央政府承担的公共产品供给责任，如民兵训练、计划生育，民兵训练应该属于国防事务的一部分，这本该由中央政府承担，计划生育则是一项基本国策，应该在全国范围内由中央政府统一提供；在与上一级政府公共财政共同提供某些公共产品时，基层财政负担比例过高，比较典型的项目是农村义务教育及道路修建；迫于上级政府考核的压力，基层财政经常投资兴建一些上级摊派达标、突出地方干部政绩的"形象工程"。

与上级政府拥有收入集中的动机相同，上级政府也具有支出责任下移的动机，把某些事务甩给下级政府，下级政府的支出责任往往超过了其财力承受范围，结果是越是底层的政府，收支矛盾越明显，越需要通过各种制度外收入弥补财政缺口，这也是 20 世纪 90 年代末"三乱"盛行，干群关系紧张的一个重要原因。农村税费改革的实行，基本堵住了乱收费的口子，在没有合法举债权和稳定收入来源的情况下，基层政府失去了最后的收入保障，这使基层财政问题在世纪之交显得极为突出。

3. 转移支付制度不完善

财政缺口可以通过一定途径和办法来弥补，主要有：（1）减少地方政府的支出范围；（2）增加地方政府增加收入的权限；（3）增加上级政府的转移支付规模；（4）在增加收入权限不变的情况下，地方政府通过进一步努力来增加财政收入。

如前所述，在现行体制下，减少基层政府支出责任有一定难度，增加基层政府收入努力又受到地方经济发展水平的制约，而增加基层政府增加收入的权限又存在一定的法律障碍，在法律上没有给基层政府以课税权，基层政府也没有税率、税种调整权和举债权。

近年来中央政府的收入占全部收入的 50％—55％，但是仅仅负担大约 30％的支出，其余的都转给了地方政府。地方支出的 40％依靠转移支付提供资金。省以下的情况也类似，县级支出的 30％左右是由转移支付提供的。对于大多数基层政府来说，上级政府的转移支付构成了财政收入的重要来源，特别是西部地区，基层政府获得了大量的转移支付，但转移支付制度仍然存在许多不完善的地方。

在结构方面，目前的转移支付中，专项转移支付比重较高，而一般转移支付相对较少。专项转移支付的缺点是很明显的。首先，专项转移支付有明确的用途，往往体现着上级政府的意图，下级政府不能随意变更资金使用方向，而这些用途不一定符合受助地区居民的需要；其次，专项转移支付实施过程中，一般都要求受助地区政府提供一定比例的配套资金，在财政状况极为紧张的情况下，基层政府有三个选择：一是尽量压缩其他方面的开支，保证有足够的配套，尽力争取资金；二是放弃该项补助；三是采取其他手段争取到资金后挪为他用。无论是何种情形，都不是最好的。

始于 1995 年的中央对地方的一般转移支付制度是一种以均等化为

目标,按照统一公式进行计算的中央对地方的财政补助形式,其资金来源于中央财政的增量部分。它是根据各地区的标准财力、财政支出、收入努力不足额以及一般转移支付系数确定的,但其绝对规模也相当有限。部分省也建立了对基层财政的转移支付制度,规模也很小。

四、破解基层财政难题的对策

(一) 大力发展地方经济

经济乃税收根源,只有经济发展了,税收才有持续、稳定增长的源泉。各级政府,首先,要在总量上继续增加对农村、农业的投入,确保财政支农支出的稳定增长,使财政支农支出的增长幅度略高于财政支出的增长幅度,不断提高农业综合生产能力,优化农村产业结构。其次,应进一步优化财政支农支出结构,财政应适当收缩生产建设性支出的比例,更多地将资金向农田水利基本建设、农村生态环境建设、农村道路交通、水电供给、农业技术推广等方面转移,保障农村基本公共产品的供给,为农村经济发展提供良好的外部环境。

(二) 加快政府机构改革,简化政权级次,减少财政供养的人口

回顾改革开放以来的历次机构改革,最大的问题在于没有从制度上对机构和人员的膨胀形成强有力的约束,没有实行依法定机构,依法定编制。机构改革始终摆脱不了精简—膨胀—再精简—再膨胀的怪圈。与机构膨胀相对应,基层财政供养的行政干部也是不断增加。作为基层政府支出的大头,对基层政府进行精简使其职能合理化,是减轻基层财政负担的重要途径。

为了达到这一目标,可以结合基层财政管理体制改革,逐步通过撤乡并镇、合理配置政府内部机构布局,避免政府内部不同部门职能的交叉重叠,在此基础上裁减富余人员,逐步实施到位。对于已经精简过的地区和机构,应该严格执行定员定额管理,实行按编制与经费挂钩,对超编人员一律不核拨经费。同时要加强机构编制的立法工作,机构编制一经核定,就应以法律形式固定下来,强化法律约束,控制

机构膨胀，最终实现国家机构组织、职能、编制、工作程序的法定化。

（三）明确基层政府的职能，规范基层财政供给范围

界定政府职能，同时也是明确基层财政支出责任的过程。各级政府特别是省以下政府间职能划分不够清晰，是导致地方政府支出责任层层下移，基层财政困难的重要原因。为此，应以法律法规的形式，明确各级政府的支出责任范围，真正做到"谁家的孩子谁来抱"，消除财政支出责任向下转移的动机。

在界定基层财政支出责任时，要以公共财政的要求为准绳，将财政的职能严格界定在为辖区居民提供公共产品和服务方面，减少基层财政超越公共财政范围直接参与经济活动的行为。对于个别地区，确有必要超越公共财政的一般规则需要扩大财政支出范围的，应把握好尺度。

对于基层政府承担的不合理的公共产品支出责任，应按照产品性质重新划分。这方面，较为突出的是义务教育、医疗、救济等福利性支出。无论是发达国家，还是发展中国家，中央政府都在这方面承担了大部分责任。但受长期以来的"城乡分治"政策的影响，我国基层财政在这些公共产品供给中承担了很大责任，不符合公共财政的一般规则。要进一步减轻基层财政在外溢性较大的公共产品供给中的责任。

（四）完善基层财政筹资体系，保证基层财政有稳定的收入来源

继续完善省以下政府间收入分配体系，将其固定化，减弱上级政府收入上划的动机。探索并建立规范的税、费、债等多样化的基层财政筹资方式，以满足基层财政不同类型的资金需求，但应注意的是，要有必要的监督监管机制，避免筹资权力的滥用。

建立并完善地方税收体系。地方税应该具备以下基本特征：（1）税种不应该具有很大的流动性，收入应相对稳定；（2）采用的税种应该能满足财政支出的需要；（3）税收收入不应轻易转嫁给非居民；（4）纳税人应认为它是公平的；（5）应便于管理；（6）不应具有过分的累进性。

如果用这些标准来衡量基层财政的税收，我们会发现，目前基层财政的各项税收很少是高效的，较为突出的问题是目前基层主要收入来源的流动性很高，收入极不稳定。在西方发达国家，地方税主要是由个人所得税和财产税构成，一些国家的财产税甚至成为地税的唯一来源。由于具有税基固定、收入稳定及与地方政府的努力有密切联系的特点，财产税一般被认为是地方税的首选税种，能够较好地解决目前基层财政收入与宏观经济结构不对称的问题。因此，应积极探索并建立以财产税为主体的地方税体系，建立稳定的地方收入来源。

（五）建立和完善对基层财政的转移支付制度

规范的转移支付制度的目的在于把富裕地区的收入通过政府转移到落后地区，以支持落后地区的开发，具有平衡区域财政收入差距的功能。现行的转移支付制度在这方面还有一定的差距，特别是最能够体现转移支付基本功能的一般转移支付偏少，而且其计算方法也保留了一定的既定不合理因素。因此，应在逐步提高一般转移支付规模的基础上，建立以因素分析为基础的一般转移支付制度，是目前我国财政转移支付制度的重要内容之一。因素分析法的基本内容在于综合考虑各地区的各种客观因素，如人均收入、人均GDP、人口密度、社会发展水平等各项因素，并赋予相应的权数，按标准公式计算上级政府对下级政府的转移支付金额。这样得出的结果比较公正，避免了上下级之间的讨价还价，有较强的预算约束力。

同时，也要逐步建立和完善中央直接对基层及省以下政府间转移支付体系，并以制度的形式规范下来，也使政府间转移支付制度明确化、稳定化，使基层政府能够更加准确地安排各项预算收入。

（六）开展基层财政管理制度创新，提高基层财政资金使用效率

近年来，中央和省级财政在财政管理制度方面有不少新的举措，这对提高中央和省级地方财政资金使用效率起到了良好的作用。基层财政在这方面并没有什么亮点。但这也意味着，基层财政管理制度创新尚有很大的挖掘潜力。

第 七 章
中国农村公共产品和服务问题研究——兼论中国"农村发展预算"的构建

On Rural Public Goods and Public Services:
Building Rural Development Budget

王国华（Wang Guohua）

　　我国农村问题、农业问题和农民问题的核心是农村经济与社会资源的有效配置问题，具体表现在金融资源、土地资源、教育与科技资源、公共投资与社会保障资源等作为公共产品不能有效提供。如农村存在着严重的金融抑制使农村、农民无法有效地配置资金；农村教育严重滞后使农民缺乏继续教育提升其技能素质的机会，造成人力资本的贫困；二元户籍制度阻碍了农民的自由流动；土地制度限制了农民生产要素的有效配置；以及交通、通讯等基础设施的落后使农民失去了享受现代文明的成就和社会主义市场经济的成果，进而也失去了进一步再创造的机会；等等。这些问题的产生又主要缘于资源供给制度这一公共产品提供的城乡偏差与失衡。只有给农村提供有效的金融、土地、教育与科技、公共投资与社会保障等公共产品，农民才会有强大的创造力，他们的境况才能得到根本的转变，农村经济才能发展，农民收入才能增加，国民经济才能得到健康发展。

　　所以，要通过提供有效的公共产品，也就是提供外部环境，利用市场机制，来调动农民的积极性，恢复他们的创造力，激发他们的创造力。

一、我国农村公共产品供给与需求分析

（一）农村公共产品及其特殊性

根据公共经济学理论，社会产品分为公共产品和私人产品，公共产品或劳务具有与私人产品或劳务显著不同的三个特征：效用的不可分割性、消费的非竞争性和受益的非排他性，凡是可以由个别消费者所占有和享用，具有敌对性、排他性和可分性的产品就是私人产品，介于二者之间的产品称为准公共产品。由于存在"市场失灵"，市场机制难以在公共产品供给方面达到"帕累托最优"，难以实现全体社会成员公共利益最大化，这是市场机制本身难以解决的难题，这时就需要政府来出面提供公共产品或劳务。

农村公共产品是公共产品的一个组成部分，是相对于由农民或家庭自己消费的所谓"私人产品"而言的，是由当地农村社区居民参与共享的"产品"，只能满足其特定社会的公共消费欲望的产品或劳务，具有一般公共产品的基本特点，即排他性、非竞争性和不可分割性。但是由于农村社区的特殊性，农村公共产品也有其特殊性。

农村社区具有边缘性和生产分散性，即农村社区处于中国行政区划的最底层以及农村社区内的生产规模较小且经营分散农村的边缘性和生产分散性决定了其公共产品供给的特殊性。

首先，农村的边缘性决定了乡镇以上各级政府提供的全国性或地方性公共产品都有覆盖到农村的可能，有些农村公共产品也是对上级政府提供的公共产品的配套和延伸，因此，农村公共产品还具有多层次性。

其次，农村分散生产经营状况决定了一些在城市中的可以由私人提供的产品，在农村则要由政府来供给，以公共产品的形式提供。比如新技术、新产品，在工业中这可能完全表现为一种企业行为，可是在农村，在一项农业新产品、新技术推广之初由于农民对技术的信任度低，表现为对新产品、新技术的排他性，造成新产品、新技术的市场需求不足，推广者面临市场风险，导致推广的困难但是新产品、新技术对农业生产全局具有战略意义，因此，新产品和新技术的推广，需要国家来提供或者政府给予一定的补贴。

（二）农村公共产品的有效供给可提高私人产品的产出效率

根据公共产品理论，公共产品的供给可有效地提高私人产品的边际投入产出，农民收入的增加、农村社会经济的发展有赖于农村私人产品的产出效率，而农村私人产品有赖于农村公共产品的有效提供。在交通、通讯、信息以及政策等公共产品不能有效供给的条件下，一方面它直接影响和限制了人才、资金等能够创造社会财富的资源的流动，另一方面是公共产品不能有效供给而增加了私人产品产出的边际成本，其结果是私人产品缺乏竞争力，进而限制了私人产品的进一步产出。改革开放以来，我国农村实行家庭联产承包责任制，农民生产私人产品主要是以个人行为为主，其组织形式是以户为单位，单个农民的私人产品对农业产出份额非常微小。所以，农村私人产品的生产具有较强的分散性。在这种分散性的组织形式下个人行为就决定了农民私人产品的生产对农村公共产品的供给有着强烈的需求，而且农村经济市场化程度越高，私人产品生产越多，对农村公共产品的需求就越大。比如在市场化程度不高的条件下，农民对公共产品需求只是基本维护公共秩序，随着市场化程度的提高，对交通、信息、基本技能以及制度安排、政策供给的要求越来越高，这就要求政府提供相应的公共产品，如建设农村市场体系，包括农产品在内的信息网络，以及以提高农民科技文化素质为主的农业教育培训体系等公共产品。此外，农村的单户作业，不可能从事农业的科研，对新产品、新技术的要求也有一个相应的提高，要求政府提供具有世界先进水平的农业科技创新体系、高效率、高效益的转化科研成果的技术推广体系，虽然这些准公共产品私人部门也可以提供，但是对于边际产出率相对较低的农业而言，政府组织提供可能更具有社会效益。所以，随着社会生产和生活水平的提高，农民对农村公共产品的要求也越来越高，要求大量的资金资本来保证公共产品的供给，支撑农村生产的基本要求。

（三）农村公共产品的供给应满足农村、农民的需求

自农村实行承包责任制之后，农民就具有二重性，作为公民，它不同于城市居民，农民既是一般消费者，也是面向市场的独立生产者，面临着小农生产的分散性与统一大市场的矛盾，这就决定了农村公共产品需求具有特殊性，即表现为多层性和复杂性。多层次性体现在两个方面，一是在保障生存需求、生产需求和发展需求上。二是可以划分为对提高农民收入的需求、加速农村工业化的需求、对加速农村城镇化的需求、对实现农业现代化的需求。复杂性体现在众多的单个农民需求偏好不能充分显示。农村和农民需要公共产品，农村和农民需要什么样的公共产品，就要表露出来，让公共产品的提供者获知，这样就要有一个农村公共产品需求的显示机制，这其中就是解决如何使决策者获悉对公共产品需求的信息，让决策者真正知道农民对公共产品的真实需求，农民如何参与公共产品供给的决策，或是农民利益代表者，如民间组织，类似于企业工会的协会参与公共产品的决策。公共产品最优供给理论认为，公共产品的提供并不是通过市场进行的，在消费者和供应者之间存在着信息的不对称性，供应者难以取得消费者的需求信息。无视消费者的需求，就无法达到公共产品供求均衡，无法实现公共产品最优供给。因此，对消费者需求偏好的了解成为这一模型应用于现实经济的亟待解决的问题。经济学家对此采用了一种迂回的解决方式，即在两者之间插入一个媒介，运用民主机制进行公共选择，最大化地显示消费者对公共产品的偏好信息。由于我国农村公共产品自上而下的供给机制忽略了广大农民对公共产品的实际需求，导致现行农村公共产品供应中出现公共产品过剩和不足并存的现象。要解决这一问题，就要从注重农民自身需求出发，其路径是建立公共产品的需求表达机制，给予农民充分的民主权利。

从理论上讲，农村公共产品的需求表达机制和农村公共产品最优供给模型应当能够达到帕累托效率均衡的，而且农村公共产品供给与需求均衡可以降低社会经济发展的运行成本，提高产出效率，二者从理论上应当实现有效的均衡，当然完全均衡是不可能的。这涉及到两个方面的均衡：农村公共产品供给与需求的均衡、城乡公共产品供给

的均衡。研究农村公共产品供给是建立在农村公共产品需求基础之上的，农村公共产品的提供应是以需求为基础，要适应农村、农民的多层次的要求。知道了农村和农民需要什么样的公共产品，有了一个农村公共产品的显示机制，同时，明确了谁来供给如何供给的这样一个供给机制。可是，即便这样，问题也还是存在的，一方面，如何能提供农村和农民所需要的公共产品。另一方面，农村和农民对公共产品的需求可能是无限的，也就是说，农民对公共产品的需求受供给成本的限制，基本限定在基本的公共产品需求方面，但是，由于用于公共产品供给的财力有限，不可能实现完全供给，从而不能满足农村和农民的基本需求。这就需要设计一种制度，来调节供给与需求关系，这就是设计一种价格和选择机制，对不同层次的公共产品给出不同的交易价格，让农民自主地进行选择。

（四）农村公共产品的供给与需求要均衡

与农村公共产品需求相对应，农村公共产品的供给也有多层次性。从农村公共产品供给的主体来看，基本上有中央政府、地方政府、农村社区、农村私人四类主体。农村公共产品供给方式有政府直接供给、政府委托私人供给、政府补贴私人供给、社区集体供给、市场供给等多种形式。农村公共产品的供给决策机制就是解决为谁服务如何服务，按照提高农民收入、加速农村工业化、农村城镇化进程、实现农业现代化的目标，来设计农村公共产品的供给机制，解决农村和农民对农村公共产品的有效需求实现问题。从目前来看，农村公共产品供给与农村经济发展、提高农民收入结合不密切，没有很好地解决为谁服务和怎样服务的问题。我国农民生产、生活的范围普遍局限于村落之中，公共产品的区域性特征更为明显，现在实行的部分地方公共产品由地方政府及村集体组织共同供给可以说是一种有效率的供给方式。其中，乡镇政府应供应涉及全乡镇的公共产品，例如，道路、电网、饮水、通讯、小型水利灌溉等基础设施的建设，农业技术研究与指导，良种培育，市场开发及提供供求信息等。其中，可以确定受益人以及受益程度的，可按受益原则收取使用费，其他的一般性受益产品则通过征收规定比例范围内的农业税进行筹资。村集体组织可以通过集资供应村范围内的道路建设、公共农用固定资产、运输设备、村集体福利、村办集体企业等更小的区域性的公共产品。为了提高这两类公共产品供给的效率，防止无效公共产品的过度供给和农民急需的公共产品供给不足，应该借助公共产品最优供给模型，按照农民的需求来供给。这就需要建立一种民主机制，能够充分反映农民对公共产品的偏好。这里需要说明的是，上述所提及的区域性公共产品，都是直接关系到农民的生产、生活，农民急需因而不愿或较少隐瞒其偏好的产品，在已确定必须缴纳税费的前提下，这样做会增加农民对公共产品偏好显露的真实性。其组织程序是定期召开村民代表大会，分别对村落范围和乡镇范围的公共产品做出一致要求，再由村集体组织代表和选举出的监督员参加乡镇一级的代表大会，讨论乡镇政府在财政许可限度内应供给的公共产品的种类和数量。

二、我国农村公共产品供给制度的演变及特征

新中国成立以来，中国经济体制发生着深刻的变革，从计划经济到有计划的商品经济再到目前的社会主义市场经济体制，由此带来农村公共产品制度的转变。

（一）计划经济时期以集体为主体的农村公共产品供给

新中国成立至改革开放时期，在高度集权的政权组织制度下，农村公共产品的供给也呈现为政府主导下的制度安排。国家在财政较为困难的条件下，在教育方面国家还投入了大量的人力、物力，来支持各个层次的教育发展，提高农民的素质技能；在科技信息方面，建立相应的机构，如农技站、文化站、广播站等；为农民提供尽可能多的科学技术知识，全方位地为农民服务，为农民提供尽可能的公共产品；在土地制度以及公共产品供给方式上，强调劳动者的参与等。

这一时期农村公共产品供给的制度安排中，体现了更多的是人文关怀，教育、科技信息、知识作为一种纯公共产品无偿地提供给农民，使农民的素质技能得到迅速提升；社会保障方面，在人民公社时期办有养老院、敬老院，为失去劳动能力和缺乏生活来源的农民；在这一时期，特别是在人民公社时期，农村公共产品供给的制度安排中资金

的来源主要是农村集体经济组织，而供给的对象则是农业生产。所以，这一时期农村公共产品的供给，包括教育、资金、技术信息等，是集体经济生活中的组成部分。

（二）转轨时期由集体为主向个体为主体的农村公共产品供给

从 20 世纪 70 年代末开始，随着农村联产承包制，农村经济体制发生重大改变，从集体农作制到家庭责任制的转变，对农村公共产品供给制度提出了新的需求。非制度化的、随机性的筹资手段是弥补地方公共财政部门萎缩的一种体制上的创新。虽然由于缺乏规范管理而常常滋生腐败，增加农民负担，但应该承认非规范收入有效地充实了公共财政，改变了改革前公共产品供给单纯依靠国家财政的局面。

在非集体化的农作制度下，除了由当地地方政府集体供给部分公共产品之外，一些小区域范围内的公共产品，可以由私人组织来供给。本着"谁受益，谁出钱"的原则，农村公共产品的供给出现了自建公助、公办民建等多种方式。在经济较发达的地区甚至出现了专门负责公共项目建设的私人团体。在这一时期，农村公共产品供给制度的变迁，是一种诱致性的制度变迁，它不是由中央政府强制推行的，而是对需求的诱导所做的制度反应。

自 20 世纪 70 年代末 80 年代初期以来，由于人民公社制度的解体，我国农村地区公共产品供给主体缺失，但在之后的经济快速发展时期，却始终没有建立起公共产品的正常的供给制度，农村很大程度上实行的是以农民为主的"自给自足"型公共产品供给制度。农民生产、生活所需的公共产品大多都是由农民以上缴税费的方式自己承担，公共产品数量短缺、质量不高是其基本特点。所以，目前我国农村公共产品供给不足，体现在基础设施建设、基础教育提供、公共医疗服务、社会保障等各个方面。

（三）社会主义市场条件下政府作为倡导者的农村公共产品供给

农村制度安排作为社会主义市场的组成部分，受到社会主义市场经济建设大背景的约束，特别是在财政税收制度的变革中，农村制度安排明显体现一种过渡期的特征。政府仍然是制度安排的主导者，但政府主导型供给模式绝不等同于原来的政府垄断型供给模式。其中不乏自下而上的制度变迁，农民自发提供公共产品的可能性和参与供给决策的要求都要增加。农民开始有了自主产权意识，同时参与供给决策的要求逐渐增强。对于农村义务教育的发展，除了依靠政府大量投入以外，还大力发挥市场和社会办学机制的积极性，积极吸收市场和社会资金加入到农村义务教育的发展过程中来。城市化和市场化的冲击带来了许多市场和社会力量，市场和社会力量也纷纷参与到农村义务教育发展过程中来。

总起来看，新中国成立以来，农村公共产品供给呈现出一种较强的阶段性特征，与我国的经济体制变革密切相关，与国家特定时期的意愿相关。计划经济时期尽管国家财力有限，而且也体现国家重点发展工业的意图，并通过以农补工的方式来剥削农村，农村公共产品的供给有限，可是通过政府、集体的供给，与城市差距不大。改革开放以来，在转轨时期，政府、集体基本退出了农村公共产品的供给，使农村公共产品的供给成为"真空"，或有农民自行解决。进入社会主义市场经济时期，政府试图增加农村公共产品的供给，但是供给不足，且供给与需求错位，不能有效地满足农村、农民的需要。

三、我国农村公共产品供给存在的问题

公共产品供给的城市化倾向，弱化了农村公共产品的供给，影响了农村私人产品的产出，是农民增收缓慢、城乡差距增大、二元结构更加突出的根本原因之一。具体来讲，我国农村公共产品供给不足在以下几个方面阻碍着农村经济发展和农民收入提高。

1. 我国现行农村公共产品供给责任划分不合理，供给主体错位且供给存在效率低下。我国现行农村公共产品的供给责任划分不合理，供给主体错位现象严重，本来应该由政府提供的公共产品或由政府与农民共同承担的公共产品成本，却完全由农民承担。农民急需的公共产品供给严重不足，涉及到农村可持续发展的公共产品供给严重短缺。

2. 农村文化教育制度供给严重不足造成农村人力资本贫乏。农村教育公共产品供给滞后于农民的要求，农村教育经费投入不足，缺乏

针对农村经济特点和农民需要的职业培训体系，致使农民技能素质提升不快，农村人力资本贫乏，由此使农民失去了进行创新的基础。

3. 农村金融抑制阻碍着农村经济发展和农民增加收入。由于政府对农村金融的管制，农村存在着严重的金融抑制，农村居民存在较高的金融信贷市场进入壁垒，农村金融市场组织萎缩，农村金融资金供给不足，致使农民缺乏基本的资源配置的基础。

4. 财税制度影响农村经济发展，导致农民负担加重。财政支农资金严重不足，财政支农资金结构不合理，向城市倾斜的财税体制不仅加重了农民负担，而且使农民失去发展的机会和动力。

5. 农村土地制度供给严重限制着土地要素的流转和配置效率。农民承包土地的属性难以明确，农民承包地的功能难以转换，农民承包地流转市场难以运作，农地使用权流转收益难以分配，提高农业用地效益、促进土地流转的动力难以激发，严重限制了土地要素的配置效率。

6. 农民户籍制度有着浓厚的等级观念使农民失去许多发展的机会。二元户籍管理制度减少了农民劳动就业机会，丧失了享受社会福利的权利，阻碍着农民素质的提高，导致其能力或人力资本的贫困。

7. 农村社会保障制度对农村经济发展和农民没有保障。农村社会保障层次低下、范围狭小、覆盖失衡、项目不全、社会化程度不高、保障标准欠科学；农村社会保障法制建设滞后、管理监督不力、基金运作失当、可持续性较差，不能适应农村经济改革与社会发展的需要。

8. 农业科技信息供给制度存在农民和政府之间存在明显的信息不对称状况。农民具有获取科技信息的强烈愿望，农民获取科技信息的满足程度不高，农民在相对封闭的状态下从事生产，其结果是生产效率低下、缺乏创新、创业的基本。

9. 我国农村专业合作组织发展不规范。缺乏规范的运行机制，组织松散，稳定性差，立法滞后，法律地位不明确，缺乏相应的立法和政策支持。这样不能摆脱农民的单体作业状态，实现专业化、规模化生产。

四、我国农村公共产品供给的制度设计

解决我国"三农"问题的根本还在于为农村提供有效的公共产品，

提高农民的技能素质，激发出农民的创造性，使他们拥有配置资源的机会和权利，从根本上解决"三农"问题。农村公共产品供给应主要从以下几个方面进行。

（一）建立健全与农村、农民和农业需求相适应的农村公共产品供给体制

1. 科学划分各级政府在农村公共产品供给方面的责任，明确农村公共产品的供给主体

要明确各级政府的供给职责，科学划分各级政府在农村公共产品供给方面的责任。要明确区分政府与农民各自承担供给责任的公共产品类别、范围，合理划分二者在公共产品成本支出上的责任界限，把应由政府承担供给责任的公共产品，划归政府承担，所需资金、费用纳入规范的财政预算体系。凡属全国性的农村公共产品，由中央政府供给，如义务教育、国防建设和计划生育等；凡属地方性的公共产品，由地方政府承担；跨地区的公共项目以地方政府承担为主，以中央政府参与为辅。为此，一是要建立起中央、省、市、县四位一体的农村公共产品的供给格局，政府应承担起农村公共产品供给的主体地位，应以法律法规的形式确定农村公共产品的供给格局，政府应承担起农村公共产品供给的主体地位，应以法律法规的形式明确农村公共产品供给主体的职责权限。二是各级政府都应建立起相应的负责农村公共产品供给的组织，负责农村公共产品投入资金的筹集和使用，了解和掌握农民对公共产品的需求信息，并对供需信息进行分析，制定科学、合理的农村公共产品供给的规划。

2. 改善不合理的城乡公共产品供给结构，建立城乡一体化公共产品供给体系，向城市和农村提供均衡的公共产品

我国已经建立完备的工业体系，结束提取农业剩余的时机已经成熟。不仅要消除工农产品价格剪刀差，使农产品价格真正反映其价值，而且要使工业应反哺农业，给予农民相应的补偿，为农村公共产品的供给注入有力的财力支撑。改善我国城乡公共产品的供给结构首先在于调整影响农村公共产品供给制度安排。公共支出结构是形成公共产品结构的最直接的表现形式，通过调整我国公共支出结构，来调整农村居民的公共产品消费水平；通过改善公共支出的受益程度及受益归

宿，来改善公共产品结构对农村居民收益的影响。要加快农村经济和社会发展，真正减轻农民负担，就必须要从根本上改变这种非均衡的城乡公共产品供给制度，调整政府公共支出政策，加大对农业和农村的投资力度，建立城乡一体化的公共产品供给体系，向城市和农村提供均衡的公共产品。

3. 建立健全农村公共物品供给主体选择机制和公共物品供给融资机制

农村地区各种层次的公共物品的供给应主要由省以上财政提供，地市级财政适当配套，县乡财政暂时不予考虑。这样做的理由在于：第一，分税制后的省以上财政较为充裕，尤其是中央财政的"两个比重"上升较快；第二，中央、省级机构改革较彻底，财政供养人员大幅下降；第三，县乡机构改革普遍流于形式，改革不够彻底，大多数县乡仍以"吃饭财政"为主，而且，县乡财政普遍负债严重，根本没有足够的财力提供辖区内的农村公共物品，尤以中西部地区为甚；第四，以村落社会为基本特征的农村社区更不能作为社区性公共物品供给的主体，因为过去几十年国家工业化过程中农民为建设国家已经付出得太多，现在该是国家建设农村、回报农民的时候了，而不能再让农民自己出资建设家园。确立了农村公共物品的供给主体和农村、农民对公共物品的需求后，融资问题便接踵而至。尽管原则上公共物品的供给应由政府通过财政予以解决。

通观世界各国对农村公共物品的供给经验，大体上有以下几种融资渠道：其一，完全在公共财政的制度框架内解决，这是首要的也是最重要的供给公共物品的方法；其二，由政府和私人通过谈判的方式联合供给公共物品，这种公共物品通常可以通过清晰界定产权赋予私人部分收益权；其三，由私人提供政府补贴的方式；其四，完全由私人或非营利组织提供。因此，建立以公共财政为主体的、动员社会各方面力量共同参与的农村公共物品融资体制是最终解决我国农村公共物品短缺的必由之路。

4. 建立充分体现农民需求的自上而下的公共产品供给决策机制和自下而上的需求表达机制

现行农村公共产品供给的"自上而下"决策机制是导致农村公共产品供给效率低下的重要原因。因此，必须改变这种由辖区外部变量决定辖区内部公共产品供给的决策机制，建立起由辖区内部需求决定的公共产品供给决策机制。首先，与农村基层民主制度建设相结合，建立需求表达机制，使一个村或一个乡范围内的多数居民对公共产品的需求偏好得以表达。具体做法可在村民委员会和乡镇人民代表大会的基础上，由全体农民或农民代表对本辖区内的公共产品供给进行投票表决，使农民的意见得以充分反映。未经投票表决而动用本辖区公共资源的行为都是违法的。其次，改革现行的乡镇政府领导人产生办法，使乡镇政府领导人和村组织领导人都由本辖区居民民主选举产生。通过选举，约束辖区领导人真正对本地区选民负责，把增进本地选民的利益放在首位。由于长期以来我国经济发展战略上的城市倾向，广大农村、亿万农民对公共物品的需求是显而易见的。但是，由于我国经济发展的不平衡以及地区之间享受公共物品服务的严重非均等，这就需要国家根据区域经济发展水平的差异和各地区农村、农民对各种公共物品需求程度的差别从宏观上建立一套"自下而上"的需求表达机制。这一需求表达机制的建立应采取科学的抽样方法、民主的工作作风、完善的管理体系以及融合各种现代统计调查手段，尽可能形成一套专家系统来动态反映农村、农民对公共物品的真实需求，以做到有的放矢，物尽其用。再次，对于范围涉及到县或地区的较大型农村公共产品供给，应建立专家听证制度，并在此基础上由本级人民代表大会投票决定。

5. 鼓励企业或私人参与公共产品供给，建立多元化的供给主体结构

由于公共产品具有外部效应，私人提供往往缺乏效率。因而，须有政府财政支持。但是，政府支持并不意味着所有的公共产品都由政府提供，也不意味着公共产品的供给只能采取一种模式。从我国农村一些公共产品供给的实际情况来看，个人或企业已成为乡村公共产品供给的一个重要来源。因此，应该制定一些能够鼓励个人或者企业出资参与农村公共产品供给的政策，如对那些参与农村公共产品供给的企业实行一定的税收优惠政策；利用冠名权、建碑立传等形式鼓励个人或企业参与公共产品供给；提高在农村公共产品供给中做出重要贡献的个人或企业领导的社会地位等，以缓解供求矛盾和提高供给效率。这些公共产品是有层次的，在各供给主体财力有限的条件下不可能齐头并进行供给，要依据上述我们分析不同公共产品对农民和农村的影响力大小，以及整个社会福利最大化目标，给出公共产品供给的次序，哪些是优先供给，并加以整合，而不是单项突破。并结合上述我们建立的公共产品供需的价格机制，来确定哪些公共产品应当是低收费或不收费，为现实公共政策的制定提供一个可借鉴的方案来。更为重要的是要培育和壮大其他社会供给主体。毫无疑问，单靠政府供给是无法满足农村公共需求的。因为政府资源是有限的，供给成本又大，而且难于保证所要提供的公共物品适合各地的情况，所以，应积极利用市场力量，农村社区力量和非政府组织来提供公共物品。针对社会供给主体力量薄弱，发展缓慢的特点，政府应提供优惠政策，鼓励经济实体、个人和其他社会力量投资农村公共产品，推动多渠道、竞争性供给格局的形成。这些举措有助于消除乡镇政府的"财政饥渴"，对减轻农民负担起到釜底抽薪的作用。

6. 成立农民协会，确立农民利益体集团的代言人，使它发挥和工会一样的作用，强化政府政策制定过程中农民利益集团的影响力，强化农民集团的利益

从市场主体来看，培育不同形式的农民组织也是一种合理的选择。为什么美国政府能够持续不断地向农业提供支持和补贴？具体而言，是美国农民手中的选票决定美国政府能够持续不断地向农业提供政策支持。毫无疑问，农民是美国农业补贴政策的主要受益者。自新政以来的美国农民属于这种规模小、组织水平高、政治能量大的利益集团。首先，由于人口规模小，政府的农业补贴政策，对每个农民来说，利害重大。例如，2000年美国农业的净收入为464亿美元，其中近半数（229亿美元）来自于联邦政府的直接现金支付。换句话说，两百万农民人均从政府财政支持获得的收入高达11450美元。这些财政补贴大部分最终来自于联邦税收，美国的纳税人总数在2亿人以上，人均农业补贴负担在100美元左右。两者与农业政策的利害关联，自然不可同日而语。美国农民的组织水平之高、之广，政治影响力之大，一直为美国政治经济学者所公认。政治学家杜鲁门于20世纪50年代指出，"显然，一个像全美农业协会那样覆盖众多农业州的团体，能比城市利益集团更容易地影响国会的决策。"这一情况，至今未有本质的变化。有鉴于此，我国发展形式多样的农民组织实是有利无患：一是可以通过农民组织推进农业产业化经营，减少从事农业内部生产的人员，加快农民向非农产业转移的进程；二是可以提高农民之间的合作能力和谈判能力，有效地化解自然风险和市场风险的压力。从长远看，农业的组织制度的建立与发展对今后公共产品供给的集团提供具有重要意义。农村公共产品供给需要什么样的生产组织形式最为合适和经济，是公共经济学亟须从理论上说清楚的问题。所以，在公共政策制定中，要确立农民利益体集团的代言人，成立农民协会，使它发挥和工会一样的作用，强化政府政策制定过程中农民利益集团的影响力，强化农民集团的利益。

（二）建立起以提高农民技能素质为核心的农村文化教育制度

1. 加大农村教育投入，调整并逐步完善农村教育投资体制

一是加大农村基础教育的投入，保证农村教育的校舍、基础设施和师资队伍等，从而保证我国义务教育法在农村的贯彻实施。二是加大对落后地区和贫困人口的教育投入。对农村特殊的低收入群体进行合理的公共教育投资分配，比如，对贫困地区和贫困家庭的学生，实施助学制度，减免其学杂费，以解决贫困家庭无力负担子女上学问题；建立教育专项财政补助制度，以弥补这些地区教育经费的严重短缺，争取使贫困地区做到上小学不花钱，上初中少花钱，从而提高新一代农民的文化素质，堵住新文盲产生的根源，促进这些地区的经济发展。三是应该制定包括农村基础教育在内的教育投资法规，逐步调整并完善农村教育投资体制。建立教师工资由中央、省、市、县几级政府分担的机制，加大中央和省级政府的财政转移支付力度，确保农村教师的工资按时足额发放。然后按照不同地区义务教育生均成本的额度，确定不同地区中央、省、市、县几级政府的分担比例，并以法律形式保证实施。为此，需要从现在就开始着手进行调查研究，确定不同地区义务教育的生均成本，并按不同地区财政收支状况，确定各级政府分担比例，作为制定投资法规的依据。另外，针对我国农村人力资本外流过大的现状，政府应该采取一定的措施，组织具有一定专门知识和技能、具有农村工作经验、由具有服务农村、农业和农民思想和观念的人进驻农村，形成农村的流动人力资本。一方面为农民致富指引方向，另一方面为农民自身素质的提高和生产技能的获得提供机会。比如，采取"三个代表"驻村工作队，科技扶贫队和致富工作队等形式，通过增加农村流动人力资本存量的方法，补充农村固定人力资本

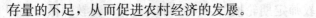

存量的不足，从而促进农村经济的发展。

2. 积极推进教育体制改革，提高教育投资的个人收益率

我国的教育投资收益率低，大多数学校仍按应试教育安排教学内容，难以培养出农民需要的人才，使部分农民认为花钱让孩子读书不值。因此，要吸引农民进行教育投资，必须改革农村教育内容，提高农村人力资本存量。一是大力普及九年义务教育。农村中小学以系统学习文化知识为主，结合劳动教育对中小学生进行农业基本知识教育，使学生初步具备农业生产的基本技能。落后地区用于农村义务教育公共开支的不足部分，应当由财政的转移性支付补足。二是采取多种形式积极发展农村职业技术教育。积极发展农村职业技术教育，使青年农民有机会受到专业技术和技能的培训。农村职业技术教育要根据农村经济发展的需要设置专业课程，为农村经济的发展培养出大批实用型人才。各地应开办一批骨干示范职业技术学校，利用多种形式对农民进行实用技术教育，大力开展"绿色证书"培训，培养一批具有初级和中级生产技能的农民技术员。三是建立和发展农村成人教育体系。针对我国绝大多数农村学生学习的目的就是为了走出农村的状况，只有建构农村的成人教育体系，培养出农村经济发展用得着、留得住的人才，才能加快农村人力资本的提升。农业院校、农业科研机构和各级农业科技站、文化站，应该举办各种形式的专业技术、技能、知识、文化培训班。在成人教育中，要突出"技术"教育。四是为务工农民提供就业培训和职业教育，建立农村教育救助体系，要普及专业技能的培训，不断提高农民的素质和就业竞争力。

3. 加强城乡教育交流与互助，逐步缩小城乡知识差距

城乡知识差距不可能在短期内解决，现在的问题是首先不要继续拉大这种差距，然后逐步创造条件力求缩小差距。跨地区的城乡差距有待于全国经济的均衡发展，而现在需要努力的首先是在一个县域范围内实现教育的均衡发展。据一些成功的地区的经验，一是政府公共教育经费和其他教育资源的分配应该按照公平的原则分配给每一所学校，农村"示范性学校"的建设既要有适当的超前性，更应有现实的可效仿性，即公平的竞争性，而且政府的教育经费不应只集中在个别学校，人为地制造不公平竞争的局面，政府的重点不是"锦上添花"，而是"雪中送炭"，更多地关注农村薄弱学校的建设，对于那些条件好的优质教育资源可以适当放宽政策，让他们增强自我造血的功能。二是建立城市与农村教师定期轮换的制度，可以先从年青教师做起，即规定城市年青教师要有在农村学校任教的经历，才能晋升职务或职称；还可以规定高、中等院校毕业生从事教育工作，要先到农村学校任教。与此相适应，应实行在一个城市和县域范围内城乡教师工资标准统一（包括地方补贴），以便于城乡教师流动，有条件的地方（如江苏省江阴市）实行城市教师到农村学校工作提高工资待遇，并计入退休工资之内的政策，只有这样才能逐步改变农村教师素质低下的状况，为提高农村教育的总体水平提供基本的条件。此外，采取多种形式，鼓励城市学校与农村学校、发达地区的学校与欠发达地区的学校建立合作关系，包括校长、教师之间的交流任职，定期组织专题研讨，有条件的还可进行学生之间的交流，实际上这种做法不仅对农村学校、同时对城市学校都会有帮助。在城乡学校、教师以及东中部与西部的交流方面，不仅是教育资源的合理使用，而且从现代化的进程而言，应该看做是现代教育与现代文明的传播过程。因为农村教育的现代化不仅需要现代校舍和教学设施的建设，更需要现代教育思想与教育模式的传播与实施。因此，人员的交流在某种程度上更为重要。可以在组织青年志愿者活动的基础上，扩大其范围，适当提高其服务期的待遇，让各类高校的毕业研究生到贫困地区的农村学校服务1年—2年，除了从事教育工作外，可以运用自己的专业知识培训教师，提高教师业务水平，因为造就一支高素质的教师队伍是农村教育持续发展的根本条件。

4. 积极推进农村教育创新

农村教育要与农村经济社会发展紧密结合、协调发展，要从新世纪的实际出发，探索不同地区的新思路、新模式。农村教育将扩展其内涵，不仅要增加农业生产与农业教育的科技含量，促进农业生产走向依靠科技进步的轨道，还需要适应农村工业化的发展，培养和培训制造业和服务业需要的劳动者和专业人才，并为农村劳动力向非农产业提供多种教育服务。在有条件的地区，各种教育机构应该逐步成为当地社区文化传播和科技扩散中心，带动地区现代化的发展。适应农村城镇化发展的需要，农村教育在人才培养的素质与规格上要着眼于造就一代具有现代精神的新农民，即促进人的现代化，为改变中国的二元社会结构、实现城乡现代化协调发展准备人力资源。要通过政府拨款、城市支援、银行贷款和社会捐助等多种途径筹集资金，逐步增加信息技术在教育中的应用，并且不断探索与丰富适合农村实际的教育信息化发展模式，把重点放到增强教师和学生的信息意识，学会应用信息技术接受现代文明，学习现代科学文化知识，扩展视野，促进人的现代化，进而推进教育现代化。

（三）加快农村金融深化，促进农村发展、农民增收

农村金融深化的根本还在于制度创新，特别是制度供给只有与制度需求相对应、相吻合，才能确保制度的顺利推行。要改变制度创新方式，将政府供给主导型方式逐步过渡到需求诱发型方式，即鼓励农民和农村金融组织自发进行制度创新，政府事后加以追认并推广，以求农村金融制度创新与市场经济发展内在要求相一致，更好地推动农村经济金融的发展。当然，这其中政府也不是无作为的，应改革目前政府的行为方式，在农村金融深化改革中变强制性制度供给为诱致性供给，在提供必要的政策下，为农村金融深化提供更为宽松的环境和条件，应从以下几个方面进行：

1. 鼓励和培育农村金融市场的有效竞争

一是本着有效竞争的原则，改革国有商业银行，按照行业或地区拆分，形成众多具有行业特点或地域特点的股份制商业银行、区域性商业银行和地方性商业银行。二是在农村信用社明晰产权的改革过程中，产权组织形式的多样化。信用社资本资源的再整合非常重要，既关系到今后其在市场竞争中的生存，也关系到存款人的利益和整个金融体系的稳定。信用社的资本资源再整合分为两个层面：一个是整合内部资源，实行内部股权和治理结构的改革；另一个是纳入外部资源，吸引其他信用社或者金融结构甚至外资金融机构的股权参与，或者信用社之间的相互联合与参与。既可以是一级法人，也可以是二级法人；既可以是农村商业银行，也可以是农村合作银行；既可以在县级信用联社基础上组建农村商业银行或农村合作银行，也可以在地市级信用联社，甚至建立跨县和跨地市的农村商业银行或农村合作银行。总之，应鼓励基层农村信用社根据当在社会经济以及文化状况来安排其组织形式。

2. 放松对农村金融市场的管制，逐步放开农村金融市场准入，实行金融机构多样化

一是鼓励有条件的地方，在严格监管、有效防范金融风险的前提

下，通过吸引社会资本和外资，鼓励各种经济主体积极兴办直接为"三农"服务或者商业取向的多种所有制的金融组织。例如培育民营银行，增强农村金融市场竞争活力；可以在农村信用社产权改革过程中搞股权多样化、建立社区性金融机构等。二是允许有组织的民间借贷在一定的法律框架内开展金融服务，尽量通过发展多元化的正式或准正式金融机构来挤出部分非正规金融活动，尤其是较大规模的、脱离人缘、地缘和血缘纽带约束的非正规金融活动。

3. 创新适应农村特点的金融产品，向农户和农村企业提供多样化的金融服务

一是建立金融机构对农村社区服务的机制；二是农业银行等商业银行要创新金融产品和服务方式，拓宽信贷资金支农渠道；三是农业发展银行等政策性银行要调整职能，合理分工，扩大对农业、农村的服务范围；四是农村信用社应继续完善小额信贷机制，包括放宽贷款利率限制的基础上，扩大农户小额信用贷款和农户联保贷款。

4. 建立健全农户和农村企业的贷款抵押担保机制，完善对担保机构的监管框架

要针对农户和农村中小企业的实际情况，实施多种担保办法，探索实行动产抵押、仓单质押、权益质押等担保形式。应允许多种所有制形式的担保机构并存。鼓励政府出资的各类信用担保机构积极拓展符合农村特点的担保业务，有条件的地方可设立农业担保机构，鼓励现有商业性担保机构开展农村担保业务。担保机构作为一类金融企业，亟须出台监管框架，以防范相关的金融风险。

5. 加快建立政策性农业保险制度

农业生产特别是种养业的风险特点决定了有许多领域需要依赖政策性农业保险支持，也有许多领域可以推行商业性农业保险。应该建立一种政策性农业保险支持和商业性农业保险相结合的格局，选择部分产品和部分地区率先试点建立政策性农业保险支持体系，有条件的地方可对参加种养业保险的农户给予一定的保费补贴。

（四）在取消农业税的同时要增加对农民和农业的补贴

农业是弱质产业，国家应加大对农业的扶持力度，尽快出台"中华人民共和国农业补贴条例"等法律法规，落实农业的基础地位，提高财政支农比例，将农村公共性基础建设纳入国家财政预算，加大中央财政对农村基础教育的投入力度。只有这样，才能真正建立起城乡一体化公共产品供给体系，增加农村公共产品供给，改变农业的生产条件，提高农民的生活水平，推动农村的可持续发展，为减轻农民负担提供最为可靠的经济基础。充分利用世贸组织"绿箱"政策，加大"绿箱"政策范围内的政策措施的保护力度。农业补贴政策要向初级生产要素倾斜，主要向农村基础教育倾斜，向农民提供物美价廉的基础教育是对"三农"最大、最有价值的补贴。要向农业高新技术推广倾斜，加强农业补贴的立法。我国有关农业支持与补贴的规定很少，有规定也是原则性的，更谈不上专门的法律。然而发达国家通过立法，向农业提供了大量的投入、补贴，而我国不仅对农业的投入不足，相反通过"剪刀差"使农业的利益大量流失，削弱了农业的积累能力，农业的发展后劲乏力。因此，要研究如何利用世贸组织规则，采取相应的法律措施，提高农业的竞争力。一是根据农业贸易新的游戏规则，调整农业立法目标，把实现现代农业、农村经济发展和农民增收联系起来。二是利用世贸组织规则允许的"绿箱"政策，增加农业投入，并与加强农业基础设施建设、调整农业产业结构、提高科技水平、提高农产品竞争力联系起来。三是合理利用世贸组织协议，采取法律措施扶持落后地区农业和农村经济发展。具体来说，我国要运用有利的立法空间，抓紧制定相关法律法规体系，例如农业补贴、农业灾害救助、贫困地区援助、农业基础设施保障、农业环境保护以及农民专业合作组织、农产品行业协会和组织建设等方面，应当着手立法。

（五）以激活生产要素为本调整农村产权制度

通过农村土地体制创新，建立现代农村产权制度。一是从法律上赋予农户物权性质的农村土地承包权。二是完善土地流转办法，确保农户在承包期内可依法自由转让、出租、抵押、入股、继承土地承包权，切实保证农民的土地流转收益，土地流转的转包费、转让费和租金等，都应由农户与受让方或承租方协商决定，相关的流转收益归农户所有。三是按照保障农民权益、控制征地规模的原则，改革征地制度，完善征地程序，逐步改变现行一次性征地的办法，探索并推广经营性建设项目吸收农民土地承包权入股的方式，通过股份制让农民分享经营项目长期而稳定的收益。四是积极推进社区股份合作制、合作制。要按照股份制的要求，把村集体经济组织的资产量化为其成员的股份，明晰集体资产的产权，促进集体资产保值、增值，特别是地处城郊区的村集体经济组织应普遍推行这一制度。五是给农民私有和集体所有的房产颁发房地产证，允许上市交易和抵押。推进农村土地合理流转要正确处理稳定农村土地政策、提高农地资源配置效率，以及保护农民的合法权益之间的关系。农村土地流转是有价值的，要根据土地收益进行土地使用权价格评估，然后进入市场流通，制止那种无偿的甚至倒贴的不合理行为。同时，农村土地流转必须有一定的期限，最长不得超过承包期限。农村土地流转应在农民自愿的前提下进行流转，要制止那种政府部门或相关组织强迫农民出让承包地的非法行为。农村土地流转必须有利于农业规模化经营、先进科技的应用和农业效益的提高，不为流转而流转。

农村土地流转必须符合相关法律法规：一是要遵循国家现有的土地管理法律法规；二是要与时俱进，抓紧制定一批与农村土地市场化发展相适应的新的法律法规，使农村土地流转纳入法制化轨道。因此要加快土地流转的立法。应尽快制定和出台农村土地承包法的实施细则，制定有关农村土地流转的法律、法规，对于农民土地权利的界定，使用权流转的补偿标准及收益分配，土地流转的管理，土地纠纷的处理等基层难以解决的问题，通过调查研究加以规定，使农村土地流转纳入法制化轨道。要以法律形式确保农村基本经营制度的长期稳定，保护农民的土地承包权益和农村土地流转的健康、有序发展。

（六）建立起有利于农民自由流动的户籍管理制度

改革我国现行户籍管理制度的取向不是取消户籍登记管理，而是剔除附在户籍上的不合理的制度；既不应该让城镇人口继续维持因为户籍身份而享有的特殊利益，也不应该要求进入城市的农村人口去分享旧城市人的特殊利益，而是进一步剥离与户籍直接联系的福利，让户口只具有标志居住地的意义，实现城乡人口的平等权利。在户口失去特殊福利含义的条件下，打破城乡分割、区域封闭，实行以固定住所和稳定就业、收入为依据申报城镇户口的政策，适应农民工向稳定的城市市民的转变；平等对待新进城落户居民与原城镇居民的权利和义务，逐步实现人口的自由迁徙，建立起城乡一体的户籍管理制度。放开城市户口控制，加快城市化步伐。城市户口限制的放开应统筹规划，分类实施。具体来讲，首先，要把已经确定的放开小城镇户口的政策落到实处，使小城镇不仅对当地农民开放，也对农民开放。其次，大中城市中都有一批进城多年的农民工，在新的人口统计中已经将他们算做城市人口，可以考虑在省会以下的城市，适应经济发展，尊重农民工在就业地定居的选择权，放宽入户条件，对在城市有合法住所（包括在城市规划的居住区中租借房屋）、稳定职业和生活来源的，允许在当地登记户籍，进城定居，并依法享有当地居民应有的权利，承担应尽的义务。起步期，可先对受过高中教育、中专教育，在城镇就业和参加一种社会保险三年以上的，对虽达不到高中文化水平，但企业要求留下并为之参加社会保险承担责任的，对自办企业、雇请员工、纳税五年以上的，准予迁入城市，逐步取消农民工转化为城市产业工人和市民的体制障碍。最后，在特大城市对进城农民的合法地位予以承认和保障，可以像上海市那样试行居住证制度。

（七）建立健全农村社会保障制度，让农民享有社会保障权

尽快建立全民性的社会保障制度，必须把农民纳入社会保障的范围，让农民享有与城镇居民同样的社会保障权。从我国的具体实际出发，从各地经济发展水平出发，充分考虑农业发展和农民生活中亟待解决的问题，切实有效地为农民构建最基本的社会保障制度。

首先，要建立和完善农村养老保障制度。一是在继续实行家庭养老的同时，推行农村老人退休养老制度。以男 65 岁、女 60 岁作为界限，届时免交各种税费。经济条件许可的地方，政府和集体还应给予老人适当的养老补贴。二是由政府为农民独生子女户投养老保险。三是经济发达、有条件的地方应使农村与城市接轨，以村为单位整体纳入当地的社会养老保险体系。四是将长期在城市打工的农民工纳入城

市养老保险体系。

其次，要建立农村基本医疗保障制度。一是建立集资补助式合作医疗保障制度，即在政府的统一组织下，由农民集资、集体扶持、国家补助，建设好村卫生室和乡镇卫生院，给农民提供优惠的就医和医疗保健服务。二是建立医疗救助基金，扶助农村贫困人口就医。最后要建立农村居民最低生活保障制度，使农民享有最低生活保障。原则上这部分资金应该来自于财政，通过各级财政来筹措。但这在经济发达地区好办，而在经济欠发达地区难度很大。因此，国家应通过征收社会保障税的途径，建立最低生活保障专项基金，以保证农村居民的最低生活标准。三是要明确政府在公共卫生中的责任。各级政府应明确在公共卫生中各自的职责和使命，在中央政府的统一指导下，实行分级管理。特别是省级政府应该起到承上启下的枢纽作用，贯彻中央政府制定的公共卫生目标，指导地方政府具体实施。在公共卫生的资金筹集上，也应该秉承分级筹资的原则，三级政府共同筹措资金。其中，中央政府应当负责危害大、波及广的重大公共卫生问题，以及突发事件的防治经费，并对特殊卫生问题和特定地区、特定人群给予特殊的政策倾斜和保护。四是建立动态评估、监测的农村公共卫生信息系统我国农村卫生资源的分配应是一个动态过程，应根据指标的变化定期进行调整。为了及时、准确地了解这些变化及其特征，应在县一级建立公共卫生信息监测体系，定期收集公共卫生服务的提供与需要，以及影响公共卫生服务变化的基本数据，并根据地区的经济、人口发展趋势，适时进行动态的监测和评估，以提供一些有价值的信息和数据，及时对公共卫生服务的提供进行调整，确定该地区的公共卫生补助总额，使得中国农村公共卫生工作健康有序地进行。此外，要进一步巩固和完善农村预防医疗网络建设，特别是加强村级卫生机构的网点建设，改革现行农村疾病预防控制机构的管理体制，充实优化疾病预防控制机构的人才结构，制定切实可行的农村公共卫生服务补助的经济政策。国家应当建立和完善农村卫生专项转移支付制度，加大对农村公共卫生的投入。应以大病防治为重点，在农村建立大病、重病社会统筹机制。对农民生存造成最大威胁的是一些大病和重病，应当尽快纳入社会统筹，让全社会来负担，分散农民遭遇的健康风险。

（八）政府要加强对具有公共物品性质的农业基础设施的投资

政府增加对农业的投资，进行较大规模的农业基础设施建设提升农业的整体水平，不失为一条增加农民收入的有效途径。加强农村基础设施建设，关键是要增加投入。问题是钱从哪里来？我们认为，可以通过五个渠道筹集：一是发行部分国债。政府通过适当发行农业基础设施建设国债的方式，就可以解决部分资金问题。这种做法无论是在国外，还是国内都有成功经验。二是中央财政投资。中央政府在国家财政中可适当增加一部分专项资金或采用转移支付的办法，对一些关系到国计民生的全国性工程，如"天保"工程等国家建设重点工程和跨省工程等给予重点支持，统一规划、统筹修建、综合配套、限期完成。三是地方投资。对一些地区性的农业基础设施建设，要坚持谁投资谁受益的原则，调动社会各方面的积极性，引导和鼓励个人、集体和各种经济主体投资农业基础设施建设。本着中央财政解决一点儿，地方（省、市）解决一点儿，农民自己出一点儿的方式来解决所需资金问题。四是政府的财政贷款。我国的农业经济在整个国民经济中仍处于十分脆弱的地位，是一项投入大、见效慢、收益率低的产业，外资不愿意向这一部门投入。农业基础设施建设又是一项需要大量的资金投入的工程，因此，各级政府应当在财政预算中安排一定的资金作为低息贷款或无息贷款，采取周转金的形式支持一些县、乡（镇）进行农业基础设施建设。五是制定促进农业发展的金融政策。为促进农业生产发展，应引导农业银行、农村信用社等金融机构，制定有利于发展农业的相关金融政策，增加对农业特别是农业基础设施建设的信贷规模，制定激励政策，鼓励农民积极参与农业基础设施建设，引导社会把民间资金转化为民间资本。

（九）增加科技信息有效供给，让农民获得更多的机会

1. 改革农业科技推广与转化体制，畅通农业科技信息渠道

在市场经济条件下，市场机制对农业技术创新和扩散的渗透作用将不断增强，而且农业科技成果的自身特性也决定着农业科技推广应

用运行机制将是市场机制与政府供给相结合的二元复合运行机制。根据农业技术的不同特性以及在农业生产活动中所起的作用分类进行，并依此来确定政府与市场的作用。对于农业私人技术，其推广应用应主要依靠市场机制，借助技术市场通过公平的技术交易，促进农业私人技术的推广应用；对于纯粹的公共技术，其推广应用最有效的机制是政府供给机制，政府应承担起组织此类农业科研活动、进而推广应用的责任，由政府投资来研究、开发、推广这类技术。具体方式上，一是国有国办，二是国有民办，采取经营许可制度；对于准公共技术，其有效的机制是市场机制与政府供给相结合，准公共技术信息在消费中存在外部负效应或外溢成本，为使该类农业技术的推广应用与社会需要相适应，政府应出面对该类技术的外部效应加以校正，将外部效应内部化。具体操作措施是当外溢成本发生时，由政府向农业技术提供部门进行财政补贴，用于农业技术信息供给机构的研究和推广，或者是对技术用户进行补贴，这样外溢效益就转化为内部效益，从而可以刺激这类技术的推广应用，使其达到应有的推广应用水平。

2. 采用先进的信息技术手段，提高农业科技信息传播效率

技术市场信息网络主要包括农产品技术信息系统、农业专家咨询系统、计算机营销网络、农业技术数据处理与系统模拟、农业决策支持系统和农业技术服务等，为传统农业向现代农业转变提供技术信息与促销服务。政府必须加快农业信息网络基础设施建设，加强对农民的信息网络技术培训；尽快建立权威性的农产品市场信息网络，及时准确地发布市场价格信息、供求信息，提供中长期的市场预测分析，引导农民按市场需求组织生产经营活动；借鉴发达国家经验，政府为农业提供市场促销等服务，如美国大陆谷物协会，每年都能够从美国政府得到专门的拨款，用于从世界各地市场收集谷物的供求信息。

3. 完善科技信息推广的政策支持体系

政府应对各种农业技术按产品类型、技术类型、"公益性"程度、技术产权在市场上可保护的程度、技术的发展潜力和投资的经济和社会回报情况进行科学、系统的分类。在此基础上，确定哪些产品中的哪些技术从知识创新到技术创新在目前应当也只能由政府的公共研究部门和技术推广部门承担，哪些产品的哪些技术可以推向市场、由企业承担，而另一些则可以由公共科技部门与企业和社会共同承担。这种分工又是动态和发展的，它随农业科技创新条件的条化而变化，而调整政府的投资政策。具体来讲，第一，税收金融政策。对技术含量高的"三高"农业、创汇农业、种子企业、农业产业化经营中的龙头企业等实行减免税收、提供政策性贷款和公共服务等优惠政策；第二，财政支出政策，增加政府对农业科技信息的投入，完善政府的公共服务职能，提高农业科研投资强度，增加政府对农业技术推广投资强度，建立我国农业科技国家创新体系，建立精干、高水平的科技队伍和国家以至世界一流的科研基地，强化在知识创新体系中起重要作用的国家级研究所的研究能力和研究经费。当然，政府在农业技术推广投资要有所为、有所不为。国家的农业技术推广要根据农业各种技术本身的特性，重点推广企业和私人难以参与的农业技术。许多国家政府支持的农业技术推广主要侧重于农业的产中技术（如农作物的栽培技术、灌溉技术、施肥技术、病虫害防治技术等），而产前和产后技术则大多数被推向市场。第三，补贴政策，为了提高财政支出的使用效率，政府应逐步减少对流通环节的补贴，加大对农民的直接支持与补贴，同时在现有按税收项目减免的基础上按比例减免税收，从而增强农民技术和农业企业应用农业技术的能力。此外，还有其他与农业科技投资相关的政策还包括风险投资机制的建立和完善、培育和壮大国内民营农业企业、明确农业科技公共投资的财政渠道并使其制度化，健全知识产权制度等。

（十）规范农村专业合作经济组织

1. 要加大扶持力度，创造一个宽松的生存发展环境

农村专业经济合作组织既不同于一般的社会团体又不同于工商企业，承担着一定的公共服务职能，而且在我国又处于孕育起步阶段，自我积累和自我发展的能力都比较脆弱，因此，要主动争取当地党委、政府等部门的重视和支持，加大政府有关部门的扶持力度，制定和落实有利于农村专业合作经济组织发展的优惠政策和便利条件；要努力为组织的发展争取更多的投入，对组织的基础建设、产业化经营、科技推广等方面的项目要积极帮助和支持其列入政府相关项目的支持范围内；要保护农村专业经济合作组织的合法权益；要明确各级农业主管部门和农业经管部门对农村专业合作经济组织的组织指导和管理服务职责，为其发展提供业务指导和组织保障，不断提高其经营管理水

平；要积极引导农民建立科学规范的内部运行机制，提高农村专业合作经济组织的自我规范、自我管理、自我积累、自我服务的能力和参与市场竞争的能力；要加大对农村专业合作经济组织开展经营活动的指导力度，使其自觉按经济规律办事，不断提高经营水平，拓展经营领域，减少经营风险，增强经济实力。

2. 坚持民办、民管、民受益的原则，鼓励农村专业合作组织的健康发展

农村专业经济合作组织是由农民因内在需求引发的，在农村土生土长起来的乡村组织，按农民自己的说法，是从土地里长出来的组织，这也是农村专业经济合作组织的生命力所在。因此，在发展农村专业合作经济组织时一定要以民为本，尊重农民的选择，尊重农村专业经济合作组织的民间属性，加以爱护、培育和扶持。对农村专业经济合作组织的管理，一定要坚持农民自愿成立、自主办会、自我发展和民办、民管、民受益的原则，不搞拉郎配，不搞包办代替。对办会的模式，也不能搞一个样式，一刀切，要允许实验，允许农村专业合作经济组织的多样性，农民需要什么样的组织，都可以尝试，既可以搞技术服务型的，也可以搞公益互助型的，等等。允许农民通过实践寻找最适合的模式。对已经成立的组织要充分放手，帮助实行自我选举、自我管理、自我决策、自我监督，做到自主、自立、自律、自强。不能用行政手段去干预组织的内部事务，防止组织成为政府部门的附属机构。只有保持民间性，突出农民在组织中的核心地位，才能保持农村专业合作经济组织的内在发展动力，使组织真正成为联系政府与群众的桥梁，成为农民联系市场的中介组织。

3. 加快立法研究，尽快制定"农村专业合作经济组织法"

市场经济是法制经济，农村专业合作经济组织的发展及其在经济社会中的地位，离不开法律的支撑和保障，其发展必须纳入法制化的轨道。这既是农民组织自身健康发展的要求，也是政府转变职能，维护农村市场经济秩序的需要。目前，我国还没有专门的关于农村专业合作经济组织的法律与条款，农村专业合作经济组织的法律地位还不明确，发展缺乏统一、系统、规范的法律依据，这对其发展与政府扶持引导、规范管理，带来了极大的不便。因此，国家应尽快制定合作组织法，明确合作组织的法人地位，保障其合法权益。

五、我国农村发展预算的构建

（一）构建我国"农村发展预算"的出发点

实施机制——为《农业法》"支农条款"的落实和解决"政出多门"提供有效且具操作性的实施机制。

资金保障——为公共公共产品供给和农村发展提供稳定可靠的资金保障。

（二）构建我国"农村发展预算"的重要性与紧迫性

1. 解决多年来支农资金"政出多门"带来的种种问题

支农项目重复现象严重；"撒胡椒面"方式固有的低效益；支农资金安排与国家支农政策重点与优先性脱节。

2. 解决《农业法》中财政"支农条款"的具体落实问题

3. 解决支农专款大量被挤占挪用问题

（三）我国"农村发展预算"的运作模式和实施步骤

1. 运作模式

财政部门具体负责"农业发展预算"筹建与运作；

资金来源由中央与地方政府共同承担；

专款专用于农村关键性公共产品供应；

各级政府每年按照正常预算程序编制并报各级人大审批后执行。

2. 实施步骤

借财政国库改革之东风，将"政出多门"的支农资金纳入国库单一账户（TSA）；

财政部门单独建立"农村发展预算"账户，用以记录与追踪从TSA流入农村发展预算的资金。

（四）我国"农村发展预算"构建的相关问题

1. 遵循量出为入的政策思路

农村公共产品的需求迫切需要得到国家财政的解决。为了解决这些问题，农村发展预算工作必须要借鉴量出为入的思想，促使政府有意识、有理性地权衡各类支出需要，以明确政府职能为前提，确保公共支出的财力要求。并且在农村公共产品的规模和结构确定方面，促使政府运用科学合理的方法进行有效的资源配置。另一方面，遵循量出为入的思想将促使政府的收入趋向规范化、制度化，防止农村改革陷入"黄宗羲定律"的怪圈。量出为入的思想是在克服政府盲目性及随意性基础上建立起来的。以此为前提，建立农村发展预算必将促使中央和地方政府进行思考，建立起与支出配套的收入机制，防止出现向农村乱收费、乱摊派的问题，防止出现农民负担的起伏波动。值得一提的是，在农村发展预算制度下，选择量出为入的理财思想，并非否认量入为出。实际上，在收支既定的条件下，仍然要本着量入为出的思想厉行节约。

2. 确立供给的最低标准

构建农村发展预算，必须协调好两个方面的问题，一是推进公共服务均等化，另一个是考虑我们的国情和财力状况确立财政支农的最低供给标准。因此，在推进公共服务均等化的过程中，必须确立财政支农的最低供给标准，然后在最低标准的前提下逐渐向均等化标准逼近。对此，当前农村公共产品在确保第一层次的生存需求的基础上，不断完善第二、第三、第四层次需求下最低公共产品的供给，向第五层次、第六层次逼近。农村发展预算必须提供贫困地区农村居民最低生活保障制度，建起整个农村地区最低社会救济、社会医疗保障、社会生活保障等制度，必须提供农民发展所必需的实物形式的基本农村公共设施，以及农民发展所必需的非实物形式的基本农村公共服务。

3. 明确中央地方的支出责任

我国农村发展预算必须明确中央地方供给责任的划分，解决现有体制存在的问题。可以采取如下措施：

首先，理顺农村公共产品供给过程中的中央与地方财政关系，贯彻规范性原则。其次，根据政府职能转换对财政职责范围重新界定，进而重新划分中央与地方农村公共产品的供给的支出职责，改变现存的错位、越位、缺位的状况，形成中央地方职责明确、支出各有侧重的格局。再次，农村转移支付的总目标是使城乡均等化，以保证地方政府能够提供大致相同的基本公共服务。总之，事权与财权相结合，以事权为基础划分各级财政的收支范围以及管理权限，这是建立完善的、规范的、责权明晰的农村发展预算的核心与基础。

4. 调节和引导农民需求

构建农村发展预算，必须以农民的需求为导向，同时政府加以合理的引导，实现"上通下行、上下联动的"的公共产品供给运行机制。对于农村发展预算而言，需要着重以下两个方面的问题：一方面是实现农村公共产品供给的民主化，另一个方面是实现政府要合理引导农民的需求。当然，在建设社会主义新农村的过程中，农民对农村公共产品供给的"非理性需求"将带来巨大的政府支付危机，必将使得财政的发展超出经济发展所能承担的规模。因此，农村发展预算也必须要面对农民非理性的公共服务的诉求。

5. 强化政府权力的约束与规范

在市场经济国家中，政府必须能够有足够的权力创造和保护个人财产权利，并且能够强制执行各种契约但却受到约束而无法剥夺或侵犯私人权利。对于农村发展预算而言，在提供农村公共产品供给的过程中，必须通过民主化的理财机制和政府财经部门的监管"约束公权"。农村供给主体必须受到约束而无法剥夺或侵犯私人的权利，防止和杜绝个人及团体利用"公权"侵犯"私权"的行为，例如防止利用"公权"挪用农村发展资金用于集体福利。

第 八 章
农村教育：问题、挑战与对策

Rural Education: Issues,
Challenges and Policy Options

王蓉 (Wang Rong)

一、农村教育的发展：现状与问题

到 20 世纪末，我国已完成了大规模的基本普及九年义务教育和基本扫除青壮年文盲（简称"两基"）的任务。在 2000 年后，各级政府继续坚持以农村教育为重中之重的原则，农村教育持续快速发展。根据教育部 2005 年 11 月发布的《中国全民教育国家报告》，2004 年全国通过"两基"验收的县（市、区）达到 2774（含其他县级行政区划单位 199 个），"两基"人口覆盖率由 2000 年的 85％提高到 93.6％。2004 年全国小学在校生 1.12 亿人，学龄儿童净入学率达到 98.95％，小学毕业生的升学率达到 98.1％，比 2000 年提高 3.2 个百分点，农村与城市的差距进一步缩小；初中阶段在校生 6528 万人，毛入学率达到 94.1％，比 2000 年提高 5.5 个百分点。

为如此庞大的教育体系提供充足的财政支持，并确保其服务质量是世界性的难题。长期以来，经费投入不足被认为是我国农村教育发展的核心障碍，农村教育财政的机制和体制问题得到持续高度的政策关注，实施义务教育逐渐成为共识。2005 年 12 月 24 日，国务院发出了《国务院关于深化农村义务教育经费保障机制改革的通知》。这一改革的主要内容是：（一）全部免除农村义务教育阶段学生学杂费，对贫困家庭学生免费提供教科书并补助寄宿生生活费。（二）提高农村义务教育阶段中小学公用经费保障水平。（三）建立农村义务教育阶段中小学校舍维修改造长效机制。（四）巩固和完善农村中小学教师工资保障机制。为实施这一改革，2006 年—2010 年国家财政将为农村教育累计新增投入 2182 亿元，其中中央财政提供资金占到近 60%。这一改革意味着，我国农村地区从 2006 年开始将实施真正意义上的免费的义务教育。

当前亟待回答的问题是，在已基本实现"普九"和实施免费义务教育之后，我国农村教育的突出问题是什么？大量的证据表明，虽然义务教育普及率迅速提高，但是我国农村学校存在着严重的教育质量与成效问题。首先，西部地区义务教育的保留率较低，而辍学率持续偏高。根据教育部提供的 2002 年分省数据，西部几个大省小学五年级的保留率在 80% 以下，包括西藏（75.88%），甘肃（77.67%），青海（79.11%），宁夏（73.96%）。这意味着在这些地区，有超过 20% 的小学生没有能完成学业而提前离开学校进入社会。而在初中阶段，全国的初中三年保留率只有 89.58%，其中保留率最低的省份多分布在西部地区，包括西藏、广西、海南、重庆、陕西、四川、青海等。如此之高的辍学率意味着教育系统当中的资源浪费情况十分突出，而教育质量与教育对西部农村儿童的适切性问题也值得高度关注。

表 8.1　2002 年各省各级教育保留率一览表

地区	小学五年保留率（%）	小学毕业升学率（%）	初中三年保留率（%）
合计	98.8	97.02	89.58
北京市	100.07	99.6	98.97
天津市	101.7	97.08	96.59
河北省	102.03	98.06	89.21
山西省	98.03	97.55	93.3
内蒙古	97.71	99.18	88.12
辽宁省	99.76	98.09	89.58
吉林省	98.31	95.03	86.48
黑龙江	99.35	98.35	90.8
上海市	102.57	100.76	97.82
江苏省	100.45	98.25	93.14
浙江省	103.91	101.26	96.23
安徽省	110.58	99.86	91.1
福建省	98.57	97.68	94.06
江西省	97.35	98.91	85.27
山东省	96.83	99.92	94.9
河南省	102.02	100.53	87.95
湖北省	101.81	98.29	85.57
湖南省	102.54	98.74	87.05

续表

地区	小学五年保留率（%）	小学毕业升学率（%）	初中三年保留率（%）
广东省	107.48	96.2	91.15
广西区	104.43	94.95	79.3
海南省	89.5	91.49	82.83
重庆市	98.77	95.11	87.5
四川省	93.89	96.14	85.53
贵州省	88.37	88.21	89.49
云南省	90.9	85.39	91.83
西藏区	75.88	72.13	74.47
陕西省	95.63	93.79	87.53
甘肃省	77.67	92.25	89.81
青海省	79.11	92	87.75
宁夏区	73.96	90.96	90.25
新疆区	91.69	96.83	92.84

资料来源：教育部统计资料。

在教育部教育督导团办公室和中央教育科学研究所在 2003 年对全国 60 个县进行了初中学生辍学情况监测工作。这一监测结果显示我国农村教育存在较为突出的教育质量问题。例如，在所调查的 3532 名有效学生样本中，39.4% 的学生有缺勤行为；61.47% 的被调查学生认为自己上小学时就存在学习困难问题，其中 60.81% 的学生最终辍学。而大量的学生中，严重的厌学心理是重要的辍学动因。

在已基本实现"普九"和实施免费义务教育之后，全面改善农村教育质量的任务更加重要。那么，影响教育质量的核心因素是什么？为完成这一任务，当前必须迫切解决的问题是什么？本文第二部分和第三部分分别从农村教育需求和教育体系内部的激励机制两个方面进行了分析，并在此基础上提出政策建议。

二、农村教育发展的挑战：满足受教育者的需求

哈佛大学经济学家罗德克（Rodrik，2004）指出，"在很长一段时间，政策制定者认为解决低质量的人力资本问题在于改善学校的基础设施——包括更多的学校、更多的老师、更多的课本，以及更多的可以得到这三者的机会。这些干预确实增加了学校的供给。现在现实已经说明，很明显这些并没有带来期待中的生产力增加。原因是简单的。真正的约束条件在于低需求，也就是说，在一个缺乏经济机会、教育

回报低的环境中，人们对于获得学习机会只有较低的兴趣。"应该清醒地认识到，当前制约我国农村教育发展的深层次问题与我国劳动力市场的现状、城市化与现代化进程中日益复杂的农村教育需求和农村教育提供体系的发展滞后有着密切的关系。

在教育需求方面，我国分割性的劳动力市场从根本上影响了农村学龄人口的学习行为，而且直接影响了已就业农村人口的继续教育需求。我国劳动力市场的分隔主要存在于城乡之间。在大量产业结构落后的局部农村劳动力市场中，教育给予个人的经济回报远远低于那些正在向工业化、现代化迈进的地区。相对于城市人群，这些地区的农村人口对于教育收益的信息掌握得相对较少，对于教育收益缺乏直接的、明确的认识。但是，在劳动力流动越来越强烈的现实中，大量的农村劳动者在进入城市后认识到教育对其福利和未来发展的重要性，但是这些"迟到"的教育需求没有相应的供给机制。

与此同时，我国存在着严重的就业压力，大量的劳动者在非正规就业岗位上工作，这是农村进城劳动力就业的主要出路。根据蔡昉（2005）的阐述，非正规就业具有以下几个特点：技能门槛低，就业稳定性低，劳动条件、劳动保护条件和其他权益保护较为恶劣，很多公司属于低技能、低资本投入，工人在非正规就业中的高频率流动。非正规就业的大量存在将是我国长期持续的现象，这是因为非正规部门就业的准入门槛低，工作技能可以从非正规教育部门取得。但是非正规就业的工作特点是强烈的流动性、缺乏来自雇主投资的培训机会以及缺乏劳动者权益的保护。实际上，大量农村进入城市人口在非正规就业岗位上工作，这种就业形态导致了就业的不确定性和流动性，从而决定了其学习需求的特点。

针对这些问题，北京大学《中国教育与人力资源问题研究》课题组联合北京大学光华管理学院的研究者在 2005 年 2 月—4 月在东莞进行了以农民工为主的低技能工人培训需求与供给的调查。结果发现，我国已就业的低技能人口具有强烈的继续教育需求。在培训需求的类型上，调查的农民工具有强烈的对于一般培训的需求，一般培训包括：（1）关于经商、管理、人际沟通方面的培训；（2）常用法律知识的培训；（3）拓宽知识面的培训；（4）关于如何获得谋生方面信息的培训；（5）提高学历文凭的培训。对这些一般培训的需求都高于对本职工作能力和职业技能培训的需求。有超过 75％的调查农民工表示对于上述这些教育和培训感兴趣，而这些被调查者绝大多数是未完成基础教育者。这种对于一般培训的强烈需求实际上是和非正规就业的强烈的流动性密切相关的。

表 8.2 农民工的继续教育需求

	不感兴趣（%）	感兴趣（%）
提高本职工作能力的培训	22	78
提高读写算基本能力的培训	21.7	78.3
关于城市生活的培训（如本地生活常识、当地方言）	51.1	48.9
职业技能培训（如机床操作、缝纫、木工、修理、烹饪等）	22.5	77.5
计算机培训	20.5	79.5
外语培训	37.7	62.3
关于如何获得谋生方面信息的培训（如何找工作等）	21.1	78.9
关于常用法律知识的培训	17.1	82.9
关于经商、管理、人际沟通方面的培训	11.2	88.8
拓宽知识面方面的培训	13	87
农业技能培训	33.3	66.7
提升学历文凭的培训	21.5	78.5

值得注意的是，不同性别和教育背景的农民工显示出培训需求的差异。对于文化类培训（如学历培训、读写基本能力、外语培训），感兴趣的女性比例均显著高于男性。16 岁—25 岁组对学历培训、关于城市生活的培训、计算机培训和外语培训的平均感兴趣程度显著高于 26 岁以上组。而 26 岁以上组对本职工作培训、法律培训和农业技能培训的平均感兴趣程度显著高于 16 岁—25 岁。对于学历培训、本职工作培训和人际沟通培训，高中及以上学历者感兴趣的机会比率均显著高于未完成九年义务教育者。

三、农村教育发展的挑战：构建正确的激励机制

改善农村教育的质量与成效，问题的关键在于构建正确的激励机制。正如著名教育经济学家汉纳谢客曾经指出的，"为了努力地提高学校的教育质量，世界各国政府都显著地增加了投入学校的资源。由于只关注投入而忽视了学校内部的激励，这些资源对提高学生的成绩只产生了微弱的影响"。学校系统的激励问题的根本原因在于其教育服务非市场化的匹配机制。

对于所有的商品和服务，将需求者和供给者进行匹配的共有三种

机制。第一种是市场化的配置机制，而价格是其中最重要的将需求者和供给者连接起来的纽带。需求主要受需求者的偏好和承受能力影响。第二种是半市场化的配置方式。政府对于服务和商品进行价格补贴，而服务的提供者既可以是公共部门组织也可以是非营利组织或营利组织。供给和需求由服务的补贴价格来决定。第三种是非市场化的匹配机制。在这种机制中，由政府将需求者和供给者互相匹配，供给者隶属于公共部门。商品和服务的供给是根据政府政策框架下的服务需求来确定，而不是由需求者的负担能力和偏好来决定。服务的资金基本来源于政府拨付的资金，而资金的分配方式根据公共部门内部的核算办法来确定。不同于其他的商品和服务，非市场化匹配机制在教育领域中占据着重要的地位。由于价格信号不能充分反映教育的社会价值，教育不能仅仅按照价格和支付能力来决定其资源配置，政府干预教育将提高社会福利。特别是在基础教育领域中，由公办机构提供、由税收支持、由政府进行需求者和提供者匹配的安排长期以来是普遍性的主导模式。从理论分析角度讲，这种机制中存在着很多复杂问题，核心的问题在于，在很大程度上政府举办的公办学校没有生存压力。在公共产权的条件下，服务提供者的融资方式由政府拨款取代了私有资本市场，因此造成"公司控制权市场"的缺乏，而这种市场对于服务提供者会产生一系列的影响和压力，最关键的就是兼并或破产带来的激励效应。

在非市场匹配机制下，只要政府继续强制安排受教育者到那些服务质量低下的学校接受服务，并且继续给予这些学校以支持，这些服务组织将继续生存。与市场匹配机制下服务质量低劣的厂商受到竞争压力而可能被淘汰出局的情况不同，在公共服务中往往是需求者选择完全退出消费（如辍学）或另选其他的提供者。对于农村的受教育者，相对于城市学生其辍学的概率更高的部分原因也在于其学校选择极其有限。

在市场压力缺失的情况下，政府主要是依赖内部的行政管理手段和质量监管机制对学校进行管理。这些干预手段又产生了诸多问题。当前，我国的教育质量监管体系和学校问责制度在整体上仍然是以考试为导向、以中学升学考试和高考为核心。这些机制的问题主要有以下几点。

第一，这种考试制度维持了政府对各级教育机构的强力控制。这些机构包括高等学校和基础教育学校，包括公办学校的和民办学校。即使是民办学校，它们虽然没有公办学校那样强地受制于政府权威，但仍然必须遵守中考和高考的规则。由于这个原因，它们的创造空间和更好为教育消费者提供选择的可能性从根本上被限制。

第二，在当前的政策实践中，教育教学的质量评估对象仅仅是整体成果的评价而不是"增加值"的评价，因为评估者并不关心学生入校时的水平如何。这使生源质量不高的学校继续努力的热情和动机受到打击，此外还会导致一开始处于劣势地位的学生个人过早地选择退出这种竞争，从而破坏整个体系的公正和效率。

第三，在资源匮乏的情况下，集中财力、物力和人力发展高等教育和基础教育中的重点学校或示范性学校被当做是在扩展教育机会的背景下保证教育质量的手段。然而，当这种制度把优质教育奉献给那些最有教育资本的社会优势人群的同时，那些得到较少财政支持、在正规的教育质量评估中处于下位的学校担负起了普及教育的任务，这种手段本身带有根本的不平等性。在这样的整体政策环境下，担负不同功能的学校被制度性地垂直分化，那些担负普及教育机会的学校处于最下端，而那些担负传统精英教育的学校得到了更强的政策和物质资源的支持。这样一种教育政策环境形成了系统性的激励机制，促使学校努力在这种"垂直化"的阶梯上向上爬升，将扩展教育机会、满足弱势群体需求的教育任务置于末端。扭曲的政策环境实际上是城乡教育差距和农村内部教育资源分配不均衡的根本原因。

四、初步的政策建议

第一，转变观念，贯彻"以学生为本"的教育理念。具体来说，政府应在教育立法和管理中，完善立法和执行措施，保护学生相对于政府和相对于学校的权利。必须将针对受教育者的信息服务作为政府的核心教育职能；尤其是对于弱势人群，政府应充分地提供关于学校（服务提供者）、教育收益和其他有关信息。同时，必须加强教育管理和学校管理的社会化，使家长和社区的参与制度化、实质化。

第二，加大教育监管力度，彻底改革教育质量保障机制，包括改变目前的以考试为中心的模式。应该指出的是，一个好的质量保障机制应该涵盖教育规划和执行的整个周期，以及有效地指导这个体系和教育机构个体层面的教育供给与财政管理。下面的一些教育环节应包括在这个体系中：（1）根据受教育者的需求和要求制定教育目标；（2）确定教学课程和过程；（3）确定合适的教育学方法和选择教育方法；（4）引导教学；（5）对照在第一阶段定义的目标评价整个过程；并向受教育者提供评价的信息。

所谓教育质量的内涵需要由所有的教育利益相关群体来决定，而不仅仅是由政府和教育机构说了算。所有的利益相关者，尤其是学生、家长和雇主们，应该有权利来确定教育中的质量标准，并且参与到决策过程中来。

在不完全否认高考和中考制度具有合理性的情况下，建议未来应该做出努力来减少高考和中考在教育系统中的垄断作用。应该有多元化的系统来评价学生的表现，要考虑到他们因来自不同的社会经济背景所拥有的不同的社会和教育资本。这个做决定的过程必须有那些教育机构外部的利益相关者的参与。

第三，大力发展针对农村青壮年的公共财政支持的继续教育。继续教育不仅应包括特殊技能的培训，还应包括以一般培训为内容的补偿教育；这些补偿教育不仅应包括学历性教育，也应包括非学历性教育。继续教育应该真正为人们提供"第二次机会"，不仅为人们进入更加理想的工作岗位奠定基础，而且也应该为人们重新进入正规教育体系、寻求更高学历搭建桥梁。应该鼓励城市或乡村的普通教育机构承担这些继续教育任务。

第四，打破以户籍制度为基础的教育需求与供给的匹配限制制度。应该认识到，在城市化大潮涌动、劳动力市场日益整合的现实中，坚持依赖狭隘的户籍制度分割教育供给、限制受教育者选择的制度安排是逆潮流之举。鼓励更多受教育者跨地域、跨城乡进入更加优质的学校的政策，不仅将有助于教育效率和效益的提高，而且将从根本上促进教育公平。这也是彻底打破教育供给的城乡分割、构建完善的国民教育体系的必由之路。

第 九 章
中国农村医疗卫生与
公共财政

Rural Health Care and Finance in China

乔宝云（Qiao Baoyun）

1. 引言

过去二十年，中国在改善农村医疗卫生体制方面做了许多不同的尝试，更多依赖于市场经济机制（相对于过去的计划经济体制）和地方财政，尽管这些改革有所成就，但是，目前的农村医疗卫生体制，似乎无法为农村居民提供有效的医疗卫生服务机制。农村卫生事业体制中所面临的这个根本问题，[①] 已经越来越多的被官方以及其他各界所公认。这些基本问题包括：

首先，重大疾病仍是造成农村地区贫困的一个主要原因。种种调查显示，由于缺乏适当的医疗保障，患病农民不仅要自费看病，有时还被迫向亲戚朋友借钱看病，因此，不可避免地导致因病致贫。[②] 事实上，重大疾病只是造成农民贫困的主要原因之一。一项近期的研究发现，农村地区超过 21％ 的贫困是由疾病造成的，而且这个比例在贫穷的农村地区甚至超过了 50％。

第二，缺乏医疗保障体系，这意味着小病很可能演变成为重大疾病。根据 1993 年—1998 年的全国健康调查结果显示，有 37％ 的农村患病者本应该去医院看病，但却没有去，还有 65％ 的农村患病者本来

---

① 参见 2005 年 7 月 1 日，卫生部部长高强所作关于医疗卫生事业改革与发展报告。

② 参见《新闻快报》第三期，《有关疾病对于中国农村家庭收入和消费影响的研究》，*http://www.cahp.or.cn/view.asp? id=258*。

应该住院治疗，但也没有这样做。该项调查还指出由于经济困难，使得应该住院接受治疗但却没有住院的农村患病人数从 1993 年的 58.8％ 增至 1998 年的 65.25％。而过高的看病成本正是阻碍农村居民享受基本医疗卫生的主要原因之一。

第三，农村健康条件的不断恶化给中国许多地区造成了严重的经济负担，同时也威胁到经济的可持续发展。国家健康调查 1993 年、1998 年和 2003 年的数据表明，在这段期间一些重要的健康指标明显恶化，其中包括：每千人患病人数、每千个工人中的病假人数和每千个学生中的休学人数。与此同时，虽然全国性传染病事件的发生率不断下降，一些传染性疾病，如：肝炎、肺结核、血吸虫和一些地方病，在农村贫困地区却变得越发严重。

分析造成现行农村医疗卫生体制失灵的原因比较复杂，但是从公共财政的角度看，现行各级政府间的支出责任划分不利于改进农村医疗卫生状况。目前医疗卫生服务的职责被划分到下级政府，而贫困地区的地方政府由于缺乏财政能力，无法通过本级卫生服务机构向本地居民提供基本公共服务。另外，即使通过现行的政府间转移支付体制也无法完全弥补这些财政缺口，进一步恶化原本就供给不足的医疗服务。

2. 中国农村医疗卫生体制

a. 医疗卫生的支出责任

首先要关注的是，无论从历史还是依据国际标准来看，中国政府在卫生事业方面从未采取过强硬的支出责任态度。表 9.1 中总结了 2002 年 73 个国家的政府在卫生事业方面的投入，并根据人均 GDP（美元）对这些国家进行分组。结果显示，中国政府在卫生事业方面的支出（占 GDP 的百分比）远远低于那些有着类似人均 GDP 国家的平均水平。实际上，在这些所选国家的样本中，很少有国家像中国那样，政府在卫生事业方面的投入还不到 GDP 的 1％。

表 9.1　样本国家在卫生事业方面的政府支出占 GDP 的百分比（2002 年）

（国家按人均 GDP 分组）　　　　　　　　单位：美元

	人均GDP＞20000	10000—20000	5000—10000	1000—5000	＜1000	中国
最大值	8.56	6.62	6.40	6.71	5.26	
最小值	1.33	3.17	3.46	1.86	0.78	
均值	6.44	5.13	4.80	3.64	2.40	0.82

	人均GDP>20000	10000—20000	5000—10000	1000—5000	<1000	中国
观测量个数	17	6	4	26	20	

资料来源：作者根据财政部数据计算得出。

另外，在使用相关的测量方法，即：政府支出占卫生事业支出总额的比重之后，我们也得到了同样的结果。从表9.2中可以看出，中国的排名位居73个样本国家的底部，也包括那些同中国具有类似人均GDP的国家。

表9.2 样本国家在卫生事业方面的政府支出占卫生支出总额的百分比（2002年）

（国家按人均GDP分组）　　　　　　单位：美元

	人均GDP>20000	10000—20000	5000—10000	1000—5000	<1000	中国
最大值	85.4	77.9	91.4	84.7	92.2	
最小值	30.9	48.6	30.1	36.4	21.3	
均值	72.6	68.4	66.5	59.1	48.8	15.2
观测量个数	17	6	4	26	20	

资料来源：作者根据财政部数据计算得出。

观察表9.3中的数据发现，这种政府部门对卫生事业低水平投入的现象在中国是由来已久的。虽然这些年来政府的支出总额不断提高，但谈到政府在卫生事业方面的支出占政府支出总额以及GDP的比重时，其水平却于1978年中国开始实施市场经济改革时的水平基本持平。例如，1978年中国政府在卫生事业方面的支出占到政府支出总额的3.2%，到2002年这一数据为3.9%；1978年政府在卫生事业方面的支出占GDP比重为0.98%，而到2002年这一比重仅为0.82%。这样看来，20多年的财政改革并没有给公共医疗服务提供一个可以满足其需求的框架。

表9.3 政府在卫生事业方面的各年支出

年份	财政支出总额（十亿元）	卫生事业方面的支出		
		支出总额（十亿元）	占支出总额的百分比	占GDP百分比
1978	112.21	3.54	3.2	0.98
1980	122.88	5.19	4.2	1.15
1985	200.43	10.77	5.4	1.20

年份	财政支出总额（十亿元）	卫生事业方面的支出		
		支出总额（十亿元）	占支出总额的百分比	占 GDP 百分比
1990	308.36	18.73	6.1	1.01
1995	682.37	38.73	5.7	0.66
1996	793.76	46.16	5.8	0.68
1997	923.36	52.36	5.7	0.70
1998	1079.82	59.01	5.5	0.75
1999	1318.77	64.10	4.9	0.78
2000	1588.65	70.95	4.5	0.79
2001	1890.26	80.06	4.2	0.82
2002	2205.32	86.45	3.9	0.82

资料来源：《中国卫生统计年鉴：2004 年》。

以上各表中的数据同中央政府一再做出的、要提高用于公共卫生服务资源水平的承诺形成了鲜明对比。例如，按照 1997 年中共中央和国务院发布的决定要求：中央和地方政府对卫生事业的投入，要随着经济的发展逐年增加，增加幅度不低于财政支出的增长幅度。[①] 虽然卫生事业占政府总支出的比重在 1997 年增至 5.7%，不过 2002 年这一比重又降到 3.9%。

中国公共卫生事业的支出责任相当分散，实际履行支出责任的部门是县、乡两级地方政府。2002 年 10 月，中央政府发布的《关于进一步加强农村卫生工作的决定》有效阐明了农村医疗服务的职责划分。该决定详细规定了各级地方政府间有关农村卫生事业的责任划分。即：中央政府负责制定农村公共卫生的总体规划，省级地方政府负责制定这些计划的实施方案，而县（市）级地方政府就具体组织实施，全面落实农村公共卫生各项任务。

在融资方面，中央政府的职责就是对重大疾病、地方病和职业病的预防和控制工作进行资助，并对一些较贫困地区提供必需的资金。省级地方政府负责为县（市）级的公共卫生事业提供必要的补助，同时还要承担计划内接种疫苗的成本费用。但在其他方面，县（市）级地方政府要负责落实中央对于农村公共卫生事业所制定的各项任务。表 9.4 所示为 2003 年各级政府在公共卫生支出中的构成情况，以及卫生支出在各级政府预算中的百分比。

① 参见 1997 年 1 月发布《中共中央、国务院关于卫生改革与发展的决定》。

表 9.4　2003 年各级政府在公共卫生支出中的构成

	总比重	中央	省	地区（市）	县级和县级以下
政府在卫生事业方面的支出占支出总额的比重	100	2.8	22.3	32.2	42.6
占政府支出的百分比（%）	3.16	0.30	3.81	4.72	4.51

　　资料来源：财政部。

　　中央政府的主要任务是控制医疗服务和药品的价格。早在计划经济时期，所有医疗机构的医疗服务和药品价格都是由中央政府制定的。20 世纪 80 年代初的市场经济改革部分地解除了一些药品的价格限制。现在，新仪器、新设备、最新研制的医疗服务项目，以及新型药品的价格都是由供应商制定的，中央政府只是行使某些控制权力。这样一来，随着新技术和药品的发展，卫生服务的定价也变得越来越自由。

　　2000 年，原国家计委和卫生部发布的《关于改革药品价格管理的意见的通知》，为目前医疗服务和药品的定价政策提供了总体框架。该框架规定，医药定价属于国家基本医疗保险的范畴；不过，这个规定主要适用于非营利的医药商和医疗服务机构。政府定价药品，由价格主管部门制定最高零售价。药品零售单位在不突破政府制定的最高零售价格的前提下，制定实际销售价格。① 总之，目前中央政府在控管医疗服务和医药定价方面的作用已被减弱。

　　b. 农村医疗卫生的融资

　　尽管中国在卫生事业方面的支出水平相当低，从表 9.6 中可知，2002 年的相关支出仅占 GDP 的 0.82%，不过县级政府用于医疗服务的支出却相当高，2002 年占 GDP 的 5.42%（参见表 9.5）。因此，中国卫生事业大量的资金要由市民自己承担并不令人感到意外。从表 9.5中可以看出，私人在卫生支出方面的贡献近年来不断提高，2002 年已经达到了 58.3%，而商业保险机构所占比重只有总支出的 1/4 多一点儿。相比而言，政府用于卫生事业的支出却在逐年递减，到 2002 年仅为卫生支出总额的 15% 多一点儿。也就是说，市民享有的医疗服务水平和质量完全取决于他们的支付能力，以及他们加入的为数不多的医疗保障体系，而这对于农村居民来说无疑是雪上加霜。

　　① 参见 2000 年由原国家计委和卫生部发布的《关于改革药品价格管理的意见的通知》。

表 9.5　中国卫生事业的资金来源

年份	总额	政府支出		商业保险支出		自费		
		数量	占总额百分比（%）	数量	占总额百分比（%）	数量	占总额百分比（%）	占GDP百分比（%）
1990	74739	18728	25.1	29310	39.2	26701	35.7	4.03
1991	89349	20405	22.8	35441	39.7	33503	37.5	4.13
1992	109686	22861	20.8	43155	39.3	43670	39.8	4.12
1993	137778	27206	19.7	52475	38.1	58097	42.2	3.98
1994	176124	34228	19.4	64491	36.6	77405	43.9	3.77
1995	215513	38734	18.0	76781	35.6	99998	46.4	3.69
1996	270942	46161	17.0	87566	32.3	137215	50.6	3.99
1997	319671	52356	16.4	98406	30.8	168909	52.8	4.29
1998	367872	59006	16.0	107103	29.1	201763	54.8	4.70
1999	404750	64096	15.8	114599	28.3	226055	55.9	4.93
2000	458663	70952	15.5	117194	25.6	270517	59.0	5.13
2001	502593	80061	15.9	121143	24.1	301389	60.0	5.16
2002	568463	86449	15.2	150362	26.5	331652	58.3	5.42

资料来源：《中国卫生统计年鉴：2004 年》。

实际上，在中国城镇居民和农村居民采用的是两种不同的医疗卫生体制，而农村医疗体制显得相当不完善。从表 9.6 中可以看出，近年来，农村居民的人均卫生支出还不到城市居民人均支出的 30%。

表 9.6　农村居民和城市居民的人均卫生支出（1990—2002 年）

单位：元

年份	平均值	城市	农村	农村人均支出占城市人均支出的百分比（%）
1990	65.4	158.8	38.8	24.4
1991	77.1	187.6	45.1	24.0
1992	93.6	222	54.7	24.6
1993	116.3	268.6	67.6	25.2
1994	146.9	332.6	86.3	25.9
1995	177.9	401.3	112.9	28.1
1996	221.4	467.4	150.7	32.2
1997	258.6	537.5	177.9	33.1
1998	294.9	643	188.9	29.4
1999	321.8	710.6	200.3	28.2
2000	361.9	828.6	209.4	25.3
2001	393.8	839.1	245.6	29.3
2002	442.6	932.9	268.6	28.8

资料来源：《中国卫生统计年鉴：2004 年》。

计划经济时期执行的合作医疗体制由人民公社来组织安排，20 世纪 90 年代考虑到农村医疗卫生部门的欠佳表现，政府便实施改革对该体制进行修补和重建。在合作医疗体制下，合作医疗服务站（卫生室）的运作资金来源于农村集体公社、农民自愿支付（一些地方以大队为单位征收）、生产队公共福利基金的人均补贴，以及营业税（主要是医药销售利润）。而 1978 年的"家庭联产承包责任制"改革不仅解散了集体经济，也动摇了合作医疗卫生体制。随后，合作医疗体制便丧失了融资的制度根基。与此同时，1980 年开始的财政分权改革，即："为平衡中央和地方预算，对中央政府和地方政府之间事权和财权的有效划分"，也加剧了合作医疗卫生制度的失败。

随着 1984 年镇级财政的建立，镇公共卫生医疗中心由镇政府负责管理。结果，在大多数省份，乡政府减少了对这些公共卫生医疗中心的财政支援，由于面临严重的财政危机，这些中心大都无法正常营业。这样一来，到 1982 年，镇医院的数量已经减少了 16％，医院的床位数减少了 38％，在镇公共卫生医疗中心的雇员数量也减少了 15％。

从 20 世纪 90 年代起，中国政府开始加大对农村卫生事业问题的关注，并在不同时期重申有关农村卫生保障体系的重建目标。1994 年，中国政府同世界卫生组织一起，在 7 个省份的 14 个县（市）开展了"中国农村合作医疗体制改革"的试点工程。该制度在各村的覆盖率达到 17％，有 9.6％的农村居民参加了合作医疗服务。1997 年，中央在《关于卫生改革和发展的决定》中进一步提出要"积极稳妥地发展和完善合作医疗制度"。到 1998 年，有 12.6％的县农村居民获得了不同类型的政府医疗保险。

2002 年，中央起草了有关中国农村初级医疗的发展纲要（2001—2010），提出要完善和发展以大病统筹为主的农村合作医疗服务，逐步建立贫困家庭的医疗救助制度，积极推行多种形式的医疗保障体制。2003 年 1 月，国务院办公厅转发了卫生部、财政部、农业部《关于建立新型农村合作医疗制度的意见》，进一步扩大合作医疗服务的重建工作。而这次"新型农村合作医疗制度"的初步实施，也加大了中央和地方政府在卫生事业方面的责任。具体内容如下：从 2003 年起，中央财政对中西部地区参加新型合作医疗的农民每年按人均 10 元支付合作医疗补助金。此外，地方财政对参加新型合作医疗的农民补助每年不低于人均 10 元。不过，地方政府间的具体补助标准还未明确提出，只是按照省级政府的决定执行。

虽然这些改革措施有助于农村合作医疗制度的建设（重建）工作，不过目前看来结果相对适中。从表 9.7 中可知，尽管农村居民的个人缴费占医疗服务总支出的比重从 1998 年的 87.3％降至 2003 年的 79％，不过所占比例还是很大。另外，合作和其他社会保险占农村医疗支出总额的比重只有 10％多一点。

表 9.7　谁为中国的医疗服务"埋单"（2003 年和 1998 年）

	总额（%）		城市（%）		农村（%）	
	2003	1998	2003	1998	2003	1998
政府支出	1.2	4.9	4.0	16.0	0.2	1.2
基本保险	8.9	0.0	30.4	0.0	1.5	0.0
劳动保险	1.3	6.2	4.6	22.9	0.1	0.5
合作保险	8.8	5.6	6.6	2.7	9.5	6.6
其他社会保险	2.0	5.0	4.0	10.9	1.3	3.0
商业保险	7.6	1.9	5.6	3.3	8.3	1.4
个人缴费	70.3	76.4	44.8	44.1	79.0	87.3
总量	100	100	100	100	100	100

资料来源：2003 年和 1998 年的全国医疗服务调查。

而对于医疗服务的供应商来说，税收的主要来源也是如此。特别是药品的销售收入几乎占到医疗供应商总收入的一半（参见表 9.8）。医院通常用药品销售中的高利润来弥补检查和治疗服务。

表 9.8　各级医院的经营状况（2003 年）

	平均数	国家级医院	省医院	市（地区）级医院	市（县）级医院	县医院
医院数（家）	4779	27	206	965	1343	2238
平均每所医院总收入（千元）	39694.02	512955.8	204416.4	70171.64	25041.27	14473.67
业务收入	36617.32	475160.2	188565.4	64834.31	23127.27	13268.69
医疗收入	18277.18	237652.7	95460.53	32545.24	11332.72	6541.18
药品收入	17338.21	222339.5	88518.54	30741.63	11127.93	6260.42
其他收入	1001.93	15168.07	4586.32	1547.45	666.62	467.1
平均每所医院总支出（千元）	38425.88	508552.8	194269	67397.15	23915.84	14624.52
业务支出	36716.43	482086	186205.5	65590.82	23047.46	13335.69

续表

	平均数	国家级医院	省医院	市（地区）级医院	市（县）级医院	县医院
医疗支出	21292.88	283673.6	107234.3	38327	13293.8	7672.06
药品支出	14973.26	188037.6	77152.82	26573.33	9489.08	5451.13
其他支出	450.35	10374.85	1819.84	690.48	264.57	212.51
职工收入比率	1.03	1.01	1.05	1.04	1.05	0.99
业务收入比率	1.00	0.99	1.01	0.99	1.00	0.99
医疗收入比率	0.86	0.84	0.89	0.85	0.85	0.85
药品收入比率	1.16	1.18	1.15	1.16	1.17	1.15

资料来源：《中国卫生统计年鉴：2004年》。

向医院补贴资金已经成为政府卫生事业支出的主要形式。根据近年来的数据显示，到2001年对医院的补贴已经超过政府卫生支出80%（参见表9.9）。

表9.9 政府在卫生事业方面的支出

政府在卫生事业方面的支出	1990		1995		2000		2001	
	数量	%	数量	%	数量	%	数量	%
医院补贴	57.91	72.93	125.17	69.03	218.16	80.15	251.76	80.30
其他公共卫生支出	21.5	27.07	56.17	30.97	54.02	19.85	61.75	19.70
总计	79.41	100.00	181.34	100.00	272.18	100.00	313.51	100.00

资料来源：《中国卫生统计年鉴：2004年》。

从表9.10中可以看出，政府补贴只占医院收入的很小一部分，2003年约为7.5%，不过较以前相比，其相对重要性已有所上升。

表9.10 医院的业务收入和政府补贴

年份	医院数量（家）	平均收入	财政补贴	
			数量	占总收入的百分比（%）
1998	4052	25947.1	1554.3	6.0
1999	4072	28582.6	1945.6	6.8
2000	4088	32423.8	2041.3	6.3
2001	4112	35379.2	2516.3	7.1
2002	4488	37150.89	2729.804	7.3
2003	4779	39694.02	2974.92	7.5

资料来源：《中国卫生统计年鉴：2004年》。

c. 农村医疗卫生的供给

农村医疗服务主要通过"三级医疗网络"供给到农村地区，该网络是计划经济时期制定的，包括公共卫生、疾病预防和医疗等服务。"三级医疗网络"覆盖了绝大多数的农村地区，并为广大的农村居民提供医疗服务。

县级医疗机构包括县医院、卫生和传染病中心，以及妇幼保健院。此外，还有卫校、中医研究所、药品刻度所等等。这些县级医疗机构一般都是国有的。特别是各县的卫生局，代表县政府指导所有卫生机构的工作。

县医院主要负责提供医疗服务、培训医疗人员、预防传染病，并为初级医疗机构提供实践指导。同时，县卫生和传染病中心、县妇幼保健中心也是主要的公共医疗服务机构。作为县卫生局的下属部门，县卫生传染病中心不仅要听从地区（市）疾病预防中心的指导，还要为农村防疫站提供技术指导。他们的主要任务是控制疫病、制定免疫计划、控制地方病，以及环境卫生等等。县妇幼保健中心（保健办公室或保健站）大量的临床服务主要集中于：妇产科、小儿科和计划生育、培训妇幼保健人员，以及宣传孕妇和儿童卫生的常见科学知识。县级以下的卫生、传染病预防以及妇幼保健工作，由镇公共医疗中心的医疗卫生队以及各村的医疗工作者负责。

在农村的三级医疗网络中，镇公共医疗中心处在连接县医院和村卫生室的关键位置，通常由医疗服务和疾病预防两个主要部门组成。这些中心主要负责疾病的诊断和治疗、卫生和传染病工作、妇幼保健、计划生育，以及村医疗组织的专业技术指导。

医疗服务的三级供给制度从 20 世纪 50 年代便开始实施。大部分县医院都是国有医院，到 2003 年国有县医院的比重差不多占到 87%。相比而言，私营或集体医院的数量就比较少，而联营和其他形式的医院数量就更少了（参见表 9.11）。

表 9.11　县医院的所有制形式（2003 年）

所有制形式	数量（家）	占医院总数的百分比（%）
国有	4860	86.7
私营	300	5.4

续表

所有制形式	数量（家）	占医院总数的百分比（%）
集体	272	4.9
其他	161	2.9
联营	11	0.2
总计	5604	100

资料来源：《中国卫生统计年鉴：2004 年》。

至于乡卫生院，从表 9.12 中可以看出，除了国有卫生院和集体卫生院的数量相当外，其余私有制卫生院的数量非常少。

表 9.12　乡卫生院的所有制形式（2003 年）

所有制形式	乡卫生院总数（家）		卫生部属卫生院		乡卫生院	
	数量	占总数的百分比（%）	数量	占总数的百分比（%）	数量	占总数的百分比（%）
国有	25444	57.5	8569	85.4	16875	49.3
集体	18199	41.1	1406	14.0	16793	49.0
联营	67	0.2	3	0.0	64	0.2
私营	240	0.5	21	0.2	219	0.6
其他	329	0.7	32	0.3	297	0.9
总计	44279	100	10031	100	34248	100

资料来源：《中国卫生统计年鉴：2004 年》。

虽然有独立预算的村不能算作一级政府，但村卫生室却是基本的初级医疗卫生站，它们直属于镇公共医疗中心。村卫生室一般配备 1 个—3 个医疗工作者，负责村民简单的医疗、疾病预防、计划免疫、医疗宣传活动、传染病报告和管理、妇幼保健和计划生育。目前，村卫生室主要以村办卫生室或私营卫生室为主（参见表 9.13）。

表 9.13　村卫生室的所有制形式（2003 年）

所有制形式	数量	占总数的百分比（%）
村有	289091	41
私营	255423	37
联营	92555	13
镇有	44857	6

续表

所有制形式	数量	占总数的百分比（%）
总计	698966	100

资料来源：《中国卫生统计年鉴：2004年》。

农村医疗卫生服务主要由镇级和村级的医疗机构提供，两级医疗工作者占到整个体系的80％。表9.14所示即为三级医疗体系的雇员分布情况。

表9.14 三级医疗卫生体系的雇员分布情况（1990—2001年）

单位：元

	1990	1995	1997	1998	1999	2000	2001
县	22.1	20.1	20.2	20.0	20.1	20.3	20.4
医院	17.6	15.7	15.9	15.7	15.8	15.9	15.9
县妇幼保健中心	1.5	1.6	1.6	1.6	1.5	1.6	1.6
县卫生和疫病预防中心	3.1	2.8	2.8	2.8	2.8	2.8	2.9
乡	32.7	35.3	36.5	36.9	37.3	37.5	37.9
村	45.2	44.6	43.2	43.0	42.6	42.2	41.8
总计	100	100	100	100	100	100	100

资料来源：《中国卫生统计年鉴：2004年》。

另外，从表9.15中可以看出，近年来医疗服务的价格也大幅提高。从1990年—2003年门诊病人的人均医疗费几乎增长了9倍，其中，药费比重从1990年的7.4％上升到2003年的59.2％。住院病人的人均医疗费也是如此，2003年的人均住院医疗费约为1990年的10倍，尽管药费占住院病人医疗费的比重从1990年的55.1％降至2003年的44.7％。这些平均值很好地反映出各类综合医院［包括卫生部属、省属、市属（省辖市属和地辖市属）和县属］的价格变化。

表9.15 各类综合医院门诊和住院病人人均医疗费用（1990—2003年）

		1990	1995	1999	2000	2001	2002	2003
价格指数（1985年为100）		165.2	302.8	329.7	331	333.3	330.6	334.6
医院合计	门诊病人人均医疗费（元）	10.9	39.9	79.0	85.8	93.6	99.6	108.2
	药费占门诊病人医疗费（%）	7.4	25.6	47.4	50.3	54.0	55.2	59.2
	住院病人人均医疗费（元）	473.3	1667.8	2891.1	3083.7	3245.5	3597.7	3910.7
	药费占住院病人医疗费（%）	55.1	52.8	47.2	46.1	45.5	44.4	44.7

续表

		1990	1995	1999	2000	2001	2002	2003
卫生部属	门诊病人人均医疗费（元）	21.6	82.7	163.6	140.9	185.9	221.1	223.2
	药费占门诊病人医疗费（%）	13.7	55.4	99.2	86.3	109.7	128.5	128.6
	住院病人人均医疗费（元）	1321.6	5026.5	7961.4	8584.2	9007.6	11454.5	12269.3
	药费占住院病人医疗费（%）	47.9	55.4	44.6	43.2	42.0	40.6	41.8
省属	门诊病人人均医疗费（元）	16.0	65.8	122.7	134.5	138.1	153.0	164.2
	药费占门诊病人医疗费（%）	10.2	43.1	78.4	84.2	84.7	87.3	92.5
	住院病人人均医疗费（元）	1021.1	3915.9	6024.8	6513.8	6829.7	7947.2	8497.3
	药费占住院病人医疗费（%）	51.7	52.9	47.6	46.7	45.4	43.3	43.4
省辖市属	门诊病人人均医疗费（元）	11.9	43.3	83.3	92.2	98.5	103.7	116.8
	药费占门诊病人医疗费（%）	8.1	27.9	50.8	54.9	57.5	58.1	64.7
	住院病人人均医疗费（元）	624.0	2205.8	3532.2	3718.0	3807.1	4270.9	4679.2
	药费占住院病人医疗费（%）	54.2	51.5	47.0	45.7	45.0	43.9	44.1
地辖市属	门诊病人人均医疗费（元）	10.1	34.6	66.6	68.9	79.4	83.4	90.3
	药费占门诊病人医疗费（%）	7.3	22.2	38.6	38.4	44.6	45.3	48.5
	住院病人人均医疗费（元）	399.8	1291.1	2203.0	2279.6	2451.6	2676.6	2932.6
	药费占住院病人医疗费（%）	55.8	53.2	47.3	46.6	46.8	46.2	46.3
县属	门诊病人人均医疗费（元）	8.1	24.8	49.0	54.9	58.2	63.9	68.6
	药费占门诊病人医疗费（%）	5.5	15.2	26.7	29.3	30.5	33.2	35.1
	住院病人人均医疗费（元）	309.9	880.6	1508.7	1592.3	1643.6	1779.3	1901.1
	药费占住院病人医疗费（%）	58.1	53.7	48.0	47.2	47.1	47.0	47.4

资料来源：《中国卫生统计年鉴：2004 年》和《中国统计年鉴：2004 年》。

与此同时，医疗中心的经营效率在过去的 10 年里似乎并无改善，尤其是各类医院设施使用率都在明显下降（参见表 9.16）。不仅如此，表 9.17 中显示，这一时期卫生人员的使用率也在下降，只是变化规律不太明确。

表 9.16　各类医院的床位使用率（1990—2003 年）

单位：%

年份	卫生部属医院	省属医院	省辖市属医院	地辖市属	县医院	镇医疗服务机构
1990	100.3	97.2	94.7	82.1	83.0	43.4
1995	94.6	87.3	80.2	68.3	63.4	40.2

年份	卫生部属医院	省属医院	省辖市属医院	地辖市属	县医院	镇医疗服务机构
2000	95.5	84.9	74.0	61.3	56.3	33.2
2002	95.5	87.7	77.5	65.8	59.7	34.7
2003	90.6	85.3	78.3	66.1	59.6	36.2

资料来源：《中国卫生统计年鉴：2004 年》。

表 9.17　医生每人每天检查治疗的时间（小时）

年份	卫生部属医院	省属医院	省辖市属医院	地辖市属	县医院	合计
1990	6.4	5.4	5.5	6.2	5.2	5.5
1995	5.2	4.5	4.7	4.5	4.1	4.4
2000	8.5	6.2	5.0	4.7	3.9	4.8
2002	7.8	6.6	5.5	5.3	4.3	5.2
2003	7.5	6.0	5.1	5.1	4.2	5.0

资料来源：《中国卫生统计年鉴：2004 年》。

　　从床铺数量和卫生人员数来看，主要医疗服务机构的设施使用率都很低，尽管农村的医疗服务还不能满足需要。因此，问题显然不是可用医疗服务的供给，而是缺乏对医疗服务的有效需求，高额医疗费、缺乏保险和低水平的卫生资源输送才是主要原因。表 9.21 解答了价格约束同需求之间的关联，即："看病到底有多贵"的问题。对于城镇居民来说，其医疗卫生支出占消费性支出的比重从 1990 年的 2％上升到 2003 年的 7.3％。而对于农村居民，2003 年的医疗卫生支出只占到消费性支出的 6％（参见表 9.18）。

表 9.18　城乡居民医疗卫生支出（1990—2003 年）

单位：元

年份	城镇居民			农村居民		
	人均年消费性支出	人均医疗卫生支出	医疗卫生支出占消费性支出％	人均年消费性支出	人均医疗卫生支出	医疗卫生支出占消费性支出％
1990	1278.9	25.7	2.0	374.7	19	5.1
1995	3537.6	110.1	3.1	859.4	42.5	4.9
1998	4331.61	205.16	4.7	1590.3	68.13	4.3
1999	4651.9	245.6	5.3	1577.4	70	4.4

续表

年份	城镇居民			农村居民		
	人均年消费性支出	人均医疗卫生支出	医疗卫生支出占消费性支出%	人均年消费性支出	人均医疗卫生支出	医疗卫生支出占消费性支出%
2000	4998	318.1	6.4	1670.1	87.6	5.2
2001	5309	343.3	6.5	1741.1	96.6	5.5
2002	6029.88	430.1	7.1	1834.3	103.9	5.7
2003	.6510.9	476	7.3	1943.3	115.8	6.0

资料来源：《中国卫生统计年鉴：2004年》。

以上数据有力地表明，中国几十年来的制度和政策保障，现在却无法提供充足的农村医疗卫生服务。目前的融资安排导致农村的卫生室和医院模仿县私营和公共医疗机构，通过提高医疗服务价格，特别是从药品销售中寻求业务收入。这样一来，便产生两种不同的消极后果。第一，会增加服务供给过程中的无效性；第二，贫困的农村家庭尤其会对这种"高门槛"的医疗服务产生抵触情绪。

越来越多的证据表明，现行的医疗服务融资体制是造成医疗机构行为不规范，并导致严重无效性的主要原因。其中，最普遍的做法就是向病患提供不必要的医疗服务、增开多开药品，来增加医院收入。这一现象也引起了学术界的高度关注。近期在对9个省份进行研究时发现，村卫生室在给病患处方时，总是以增加收入为目的，通常不会按照病人要求进行处方。而在对重庆巫溪县的四个镇卫生所和8个村卫生室以及甘肃省泯县从1998年—1999年的另一项研究中，镇卫生所近2%的药品收入被当做合理收入，这部分收入在村卫生室相对较少。在对一组医生进行调查后发现，有1/3的药费是多余的。

至于这种负面结果对农村贫困家庭的影响，许多研究都表明中国医疗卫生制度的不平衡趋势正在增长。例如，一些研究采用贫困家庭较低医疗状况和使用率的宏观数据，结果发现，与高收入家庭相比，贫困家庭的医疗费用占家庭收入的比重更高。

经过20多年的发展，已逐步形成中国目前的财政分权框架，但从分权体制应具备的基本特征来看，中国的分权体制还不完善，还有个别基本原理没有实现。本文对中国的分权制度不做全面评价，不过简单研究一下这些未能实现的分权原理对中国地方医疗服务供给和业绩的影响，特别是对农村地区，具有重要作用。

第一，虽然各级地方政府在卫生事业方面的事权划分相当明确，但从目前的情况来看，下级地方政府，特别是乡政府的职责过多。以至于一些县，尤其是贫困的农村地区，因为缺乏行政能力而无法实际组织并履行它们的医疗服务责任。此外，现行的责任划分还使得上级政府（中央和省政府）将没有资金保障的职责也划分给了下级政府。

第二，1994年的分税制改革及其后续改革使得中央政府掌握了相当的税收划分权。而近期的一些改革措施，如取消农业税改革，不仅剥夺了地方政府在农业税方面的自主权，[①] 事实上，也断绝了用于医疗服务等事权的资金来源。而转移支付制度已经无法弥补这种地方支出需求与自有可用收入之间不断扩大的财政缺口。[②]

第三，近年来，中央虽然在扩大均等转移支付的数量和范围方面都做了巨大努力，但目前均等转移支付的水平和有效性仍然无法令人满意。中国在人均支出方面的横向财政不平衡居于世界首位，这无疑会对地方政府提供基础服务的能力产生影响。另外，为实现具体目标中央政府还采用大量的条件或专项转移支付，不过，像中国这种高等级体系的政府结构，根本无法保证那些资金可以用于地方的实际需求。事实上，在转移支付资金到达地方政府之前，省和地区这类中间政府，可以提留相当数量的资金，而且它们也是这样做的。

第四，现行分权制度的最大缺陷莫过于地方官员对本地居民缺乏应负的横向责任。目前，还没有适当的机制，能依据当地居民的需求和偏好来规范地方官员的行为。因此，在给予教育和医疗卫生等地方福利优先考虑，并向这些服务提供资金时，地方官员的行为就容易出现偏差。他们可以自由开展各自的目标，特别是优先实现工业化和经济发展。目前，地方官员在优惠投资者方面不惜一切代价，因为从上

---

① 税收自主权指的是地方各级政府对其自有税种的依赖程度，即测量地方税种在总体赋税中的重要程度；对地方政府来说，可以根据这个数值控制各自的税基或税率。

② 虽然目前还没有最佳的方法来度量纵向不平衡，但是可以用自有财政收入（包括各种赋税以及由地方政府自行决定的其他财源）无法为地方支出总额提供资金的百分比，作为纵向不平衡的近似值。不过，在使用这种方法时还要注意，财政收入的统计值是实际收入，而不是地方政府通过本级税收自治权所获得的可能收入。一般而言，生产性税基大多都由中央政府管理。就管理基础深厚的所得税和消费税时所具有的内在优势而言，这一做法显得相当合理。结果，地方政府的支出责任与它们的收入分配之间普遍出现不平衡现象，对于转移支付的依赖也很正常，这有助于缩小纵向的财政缺口。不过，过度依赖转移支付会引发财政浪费方面的问题。

级部门一直到中央，都是根据经济发展成绩来奖励官员的。① 另外，还必须注意到，随着地方政府应负责任的缺失，我们无法预料更大的地方自主权，或者说任何无条件转移支付的增加，会给地方医疗卫生投入带来怎样的影响。不过，当地方政府更加关心的只是经济发展和财政税收的进一步增长，而非社会福利的供给时，增加的地方自主权可能会恶化当地居民的医疗卫生条件。

3. 政策建议

这里的关键问题在于：中国的政府部门是否该为医疗卫生承担更多的财政责任，特别是在农村地区。在探究答案的同时，我们有必要了解，尽管目前要求提高政府投入的合理建议会有一定帮助，但到目前为止，现有的文献研究还无法在政府支出与医疗结果（例如，死亡率）之间建立一种有力的联系。最近的一项研究推测依赖于国家政策的政府支出如果要对医疗结果产生显著影响，那么这种情况只能出现在管理良好的国家。而以往许多这类研究都没有发现政府医疗支出对于改善医疗结果积极而显著的影响。

不过，即使有关医疗结果公共支出的最终效力问题未能明确解决，拿中国与其他国家进行比较也是值得的。最后，政策制定者关心的是用于医疗卫生的支出还应该增加多少，以及这些资金用于何处、如何使用等问题。显然，这些重要问题已经超出这篇报告的范围，而且应该增加多少支出的问题属于政府预算优先权的政治决策，它同样超出了本文的范围。不过，国际比较可以为中国提供一些支出基准，帮助了解各国政策制定者的决策。这也正是我们在本章要说明的。②

为了给中国医疗卫生的公共融资提供一些基准，我们选取了 73 个可用国家 2002 年的全国数据，这些观测量中既有发达国家也有发展中国家。③ 基准用政府医疗支出占 GDP 的比重表示，因为它便于观测，

---

① 目前，地方官员都由上级政府指派，因此，地方官员实际上只向上级部门府门负责，而不对本地居民负责。另外，地方居民影响弱、"呼声"小、受国内人口流动限制和经济要素的影响造成人口流动性差，这些都增加了地方政府忽视当地居民偏好和需求的可能性。结果，地区之间的税收竞争和对资本投资的需求，促使地方政府在税收分配方面给予善变的投资者更多优惠。

② 注意到，我们对于这些额外资金应该用于何处，以及如何使用的问题不作解答，它属于不同且更广泛的研究领域。

③ 数据出自 GDF 和 WDI 的中央数据库。

容易受到国家政策的直接影响。[1] 我们用线性回归方程解释这个全国性变量，即：政府医疗支出占 GDP 的比重，还有两个解释变量为：（1）收入水平或人均 GDP，用来控制普遍的负担程度；（2）税收努力程度或政府税收总额占 GDP 的比重，作为国家一般财政体系的测量方法，它关系到政府部门在经济中的作用等。估计方程如下所示：

$$Government\ Health\ Expenditure\ in\ GDP = constant + a^* \ln (Per\ Capita\ GDP) + b^* Fiscal\ Revenue\ in\ GDP + error\ term$$

估计结果参见表 9.19。和我们估计的一样，随着人均 GDP 的增长、政府部门在国民经济中作用的不断扩大，政府医疗支出占 GDP 的比重也在增加。另外，这个线性方程还对一半以上的全国性变量做了解释。

表 9.19　政府医疗支出占 GDP 比重的回归结果

	系数值
截距	−2.96 （−3.48）
Log（人均 GDP）	0.67 （5.16）
财政税收占 GDP 的比重	0.06 （3.31）
R^2 值	0.59
R^2 调整值	0.58
观测量个数	73

现在，我们可以根据表 9.19 中的结果，用人均 GDP 和政府税收占 GDP 比重的不同假设值，估计政府医疗支出占 GDP 比重的基准。计算结果如表 9.20 所示。

表 9.20　政府医疗支出占 GDP 比重的基准作为人均 GDP 和
政府税收占 GDP 比重的函数

人均 GDP	财政税收占 GDP 的%			
	20	25	30	35
1000	2.92	3.23	3.54	3.84

---

① 另外，人均医疗支出也可以作为基准。不过，该变量必然涉及私人供给和医疗服务支出，可能还会对政府部门增加的医疗支出做出反应，这些都是政府无法控制的。当然，将医疗保健中的私人支出部分排除在基准之外，也会给基准带来一些问题。我们会在本章结尾讨论这些问题。

续表

人均 GDP	财政税收占 GDP 的%			
	20	25	30	35
1100	2.98	3.29	3.60	3.91
1200	3.04	3.35	3.66	3.97
1300	3.10	3.40	3.71	4.02
1400	3.15	3.45	3.76	4.07
1500	3.19	3.50	3.81	4.12
2000	3.39	3.69	4.00	4.31
2500	3.54	3.84	4.15	4.46
3000	3.66	3.97	4.27	4.58
3500	3.76	4.07	4.38	4.69
4000	3.85	4.16	4.47	4.78
4500	3.93	4.24	4.55	4.86
5000	4.00	4.31	4.62	4.93
10000	4.47	4.78	5.08	5.39

按照国际经验，我们还要研究医疗支出总额（公有和私营支出）占 GDP 比重的基准会如何变化。例如，考虑医疗支出总额占 GDP 比重只受到人均 GDP 的影响时，方程式就变成：

$$Health\ Expenditure\ in\ GDP = constant + a^* \ln (Per\ Capita\ GDP) + error$$

采用相同的全国性样本数据，该等式的回归结果如表 9.21 所示。

表 9.21　医疗支出总额占 GDP 比重的回归结果

	系数值
截距	−0.75 (−0.58)
Log（人均 GDP）	0.90 (5.80)
R^2 值	0.32
R^2 调整值	0.31
观测量个数	73

我们可以根据表 9.21 中的结果，用不同水平的人均收入，计算医

疗支出总额占 GDP 的比重。计算结果如表 9.22 所示。

表 9.22　医疗支出总额占 GDP 比重的基准作为人均 GDP 的函数

人均 GDP（美元）	医疗支出总额占 GDP 的比重（%）
1000	5.50
1100	5.58
1200	5.66
1300	5.74
1400	5.80
1500	5.86
2000	6.13
2500	6.33
3000	6.49
3500	6.63
4000	6.75
4500	6.86
5000	6.95
10000	7.58

现在，利用人均 GDP 和政府税收占 GDP 比重的不同假设值，很容易得出政府医疗支出占医疗总支出比重的基准。结果如表 9.23 所示。

表 9.23　政府医疗支出占医疗总支出比重的基准作为
人均 GDP 和政府税收占 GDP 比重的函数

人均 GDP（元）	政府税收占 GDP 的比重（%）			
	20	25	30	35
1000	53.11	58.71	64.31	69.92
1100	53.43	58.95	64.47	69.98
1200	53.72	59.16	64.60	70.04
1300	53.98	59.36	64.73	70.10
1400	54.22	59.53	64.84	70.15
1500	54.43	59.69	64.94	70.19
2000	55.28	60.31	65.34	70.37

续表

人均 GDP（元）	政府税收占 GDP 的比重（%）			
	20	25	30	35
2500	55.89	60.76	65.62	70.49
3000	56.35	61.10	65.85	70.59
3500	56.73	61.38	66.02	70.67
4000	57.05	61.61	66.17	70.74
4500	57.32	61.81	66.30	70.79
5000	57.55	61.98	66.41	70.84
10000	58.94	63.00	67.06	71.13

从这个基准评价可以看出，无论是政府医疗支出占 GDP 的比重，还是政府医疗支出占医疗支出总额的比重，中国的实际水平都比国际标准低。

以上的基准评价可以进一步证明一个事实，即中国政府用于医疗卫生的支出相对分散。也就是说，我们可以另外建立一个类似的省级支出基准。按照 2003 年的数据计算，中央税收占 GDP 的比重为 10%，相当于政府支出总额的 55%，而当时的人均医疗支出约为 30 美元。根据这个结果我们假设，按照中央和地方政府目前的税收共享制度，中央政府要支付 55% 医疗费用，人均约为 16 美元。然后，我们将地方税收占 GDP 比重与中央税收占 GDP 比重之和作为各省税收占 GDP 的比重。在这些假设条件下，我们模拟出期望的政府医疗卫生支出（参见表 9.24）。

表 9.24 中央和地方政府医疗卫生支出的基准评价

单位：元

	税收占 GDP 的比重（%）			人均 GDP	期望的政府医疗支出总额	支出来源		支出总额
	中央	地方	总计			中央	地方	
北京	10	16	26	3049	123	16	107	123
天津	10	8	18	2934	104	16	88	104
河北	10	5	15	1271	35	16	19	35
山西	10	8	18	898	24	16	8	24
内蒙古	10	6	16	1095	30	16	14	30
辽宁	10	7	17	1728	54	16	38	54

续表

	税收占 GDP 的比重（%）			人均GDP	期望的政府医疗支出总额	支出来源		支出总额
	中央	地方	总计			中央	地方	
吉林	10	6	16	1131	31	16	15	31
黑龙江	10	6	16	1408	41	16	25	41
上海	10	14	24	4428	185	16	169	185
江苏	10	6	16	2039	65	16	49	65
浙江	10	8	18	2434	82	16	66	82
安徽	10	6	16	751	18	16	2	18
福建	10	6	16	1818	56	16	40	56
江西	10	6	16	806	20	16	4	20
山东	10	6	16	1652	49	16	33	49
河南	10	5	15	884	22	16	6	22
湖北	10	5	15	1091	29	16	13	29
湖南	10	6	16	844	21	16	5	21
广东	10	10	20	2076	70	16	54	70
广西	10	7	17	683	17	16	1	17
海南	10	8	18	1003	28	16	12	28
重庆	10	7	17	872	23	16	7	23
四川	10	6	16	760	19	16	3	19
贵州	10	9	19	425	10	16		16
云南	10	9	19	683	18	16	2	18
西藏	10	4	14	828	20	16	4	20
陕西	10	7	17	788	20	16	4	20
甘肃	10	7	17	607	14	16		16
青海	10	6	16	886	23	16	7	23
宁夏	10	8	18	805	21	16	5	21
新疆	10	7	17	1177	33	16	17	33

　　从表 9.24 的结果可以看出，中央和各级地方政府的医疗支出水平也低于国际标准。

　　总之，以上分析清楚地表明，中国医疗服务的公共支出低于国际标准，应当根据这一结论，为政府的政策方向提供了一些实践指导。不过，在我们谨慎地做出有力结论之前，即更多的公共医疗支出才是解决问题的办法，我们先要认真研究并解答两个问题。第一，明确区分公有和私营部分在医疗卫生供给中的作用，尤其要认真分析私有制医疗服务中各种类型的市场失灵，为政府最终介入医疗服务提出正当的理由。第二，中国农村以及普遍的医疗服务问题，也许无法用更多的钱或资金来解决，也许这才是唯一的解决办法。问题在于这些问题，至少是其中的几个问题能否通过更好的政策设计得到有效解决。不过，这些问题已经超出了本文的范围；其中的一些问题可以参见世界银行的研究。

中国医疗卫生体制所面临的一些严峻挑战。虽然农村居民缺乏享有医疗卫生服务的权利，而且造成服务供给效率低下的复杂根源又有很多，不过，本文将可能的根源归结为以下两点。一是公共部门相对较低的医疗支出水平，纵使区分公有和私营部分在医疗卫生供给中的作用很重要，不过，由于市场失灵等原因，政策地位的重要性，不仅仅表现在支出水平。第二个原因可能是公共医疗服务过高的地方分权，尤其是在一个缺乏横向责任机制的分权制度框架中。

为了解决这两个问题，我们应该采取一种协调的方式，并在一个全面的医疗改革战略框架内开展。如果更多的公共资金用于改善地方医疗服务的可用性和质量，那么随着时间的推移，问题就变成：供给公共医疗服务的责任是否应该由上级政府承担，也就是说，这些服务中的一部分是否应该由中央政府承担。虽然国际经验表明，地方分权提高了用于社会服务事业的预算支出，其中也包括医疗服务，不过，这种情况在中国还未出现。

规定地方政府责任的制度如果没有较大改变，由中央再次承担公共医疗服务的支出责任，有助于提高公共医疗卫生的绩效。只要地方政府继续缺少对当地居民的直接责任，那些额外的财政资源仍会被用于吸引流动生产要素（例如，资本投资），而不是用来实现地方居民的社会福利事业。公共物品的本质及其正外部性不仅关系到许多公共医疗服务，也有助于向高级政府重新分配提供医疗服务的责任。

在中央和省级政府之间划分主要卫生事业的支出责任，是个值得考虑的选择，它不但为现行治理体系以及辖区间的外部性带来更多的动力，也符合目前更为集中化的收入划分体制。按照这种做法，公共医疗服务的支出责任可能没有改变，但融资责任转移到中央和省级政府，实现了将层级补贴制度直接落实到实际供给医疗服务的地方政府。

这样一来，改革后的政府间转移支付体制将成为支持各级政府有关医疗卫生支出责任的关键组成部分。

附录：能够进行模拟测算包括的国家

阿尔及利亚	危地马拉	巴基斯坦
阿根廷	匈牙利	巴布亚新几内亚
澳大利亚	冰岛	巴拉圭
奥地利	印度	秘鲁
巴哈马	伊朗伊斯兰共和国	菲律宾
巴林	以色列	波兰
孟加拉共和国	牙买加	俄罗斯联邦
白俄罗斯	约旦	圣马力诺
比利时	哈萨克斯坦	塞尔维亚和黑山共和国
不丹	拉脱维亚	塞舌尔群岛
玻利维亚	黎巴嫩	新加坡
保加利亚	莱索托	斯洛文尼亚
加拿大	立陶宛	南非
哥伦比亚	卢森堡	西班牙
刚果民主共和国	马达加斯加	斯里兰卡
刚果共和国	马来西亚	瑞典
哥斯达黎加	马尔代夫	突尼斯
捷克共和国	毛里求斯	乌干达
丹麦	摩尔多瓦亚	乌克兰
多米尼加共和国	纳米比亚	英国
萨尔瓦多	尼泊尔	美国
芬兰	荷兰	委内瑞拉
法国	新西兰	越南
美国佐治亚州	尼加拉瓜	
德国	挪威	

第 十 章
准确领会和把握中央精神
积极稳妥地推进社会主义
新农村建设

On Building New Socialist Countryside

王建国 （Wang Jianguo）

建设社会主义新农村，中央决心大，部门积极性高，地方各级党委、政府高度重视、动作迅速，农民热切期盼。积极稳妥地推进新农村建设，必须要准确领会和把握中央精神，深入思考一些根本问题，比如：什么是建设新农村（内涵与任务）、为什么要建设新农村（背景与意义）、如何建设新农村（条件与措施）？建设新农村与解决"三农"问题的关系？我希望围绕这些问题，将自己的一些学习体会与大家一起分享。

一、建设社会主义新农村是以胡锦涛同志为总书记的党中央下决心解决"三农"问题的重大战略部署

（一）建设社会主义新农村的提出

"社会主义新农村建设"不是一个新的提法。现在提出来，和以前既有联系又有区别。20世纪二三十年代，以晏阳初、梁漱溟为代表，一些有识之士探索乡村建设的道路。新中国成立之后，我们党在不同时期曾多次提出过建设社会主义新农村的任务和要求，比如20世纪50年代提出过建设社会主义新农村，着眼点是进行农村的社会主义改造。

1998年10月党的十五届三中全会较为系统地提出了到2010年建

设有中国特色社会主义新农村的目标，包括经济、政治、文化三个方面。但并未提出具体措施。

2005 年 10 月党的十六届五中全会明确提出建设社会主义新农村是我国现代化进程中的重大历史任务。要求按照生产发展、生活宽裕、乡风文明、村容整洁、管理民主的要求，扎实稳步地加以推进。要统筹城乡经济社会发展，推进现代农业建设，全面深化农村改革，大力发展农村公共事业，千方百计增加农民收入。

2006 年《中共中央国务院关于推进社会主义新农村建设的若干意见》对新农村建设进行了具体部署：该意见 8 个方面共 32 条，关于新农村建设的主要任务、目标和必须把握的基本原则，可以概括成"六个五"，包括五项任务、五大建设等，这里不一一展开了。

（二）建设社会主义新农村是新阶段中央指导"三农"工作新理念、新举措的集成和发展

2002 年，党的十六大以来，以胡锦涛同志为总书记的新一届中央领导集体，以科学发展观统领经济和社会发展全局，按照建设社会主义和谐社会的要求，形成了一系列指导"三农"工作的新理念、新认识，出台了许多符合我国国情、符合农村实际的新政策、新举措。在此基础上，顺势而为地提出了建设社会主义新农村的重大历史任务。

党的十六大以来，中央指导"三农"工作的新理念、新举措、新任务，可以概括为"五个基本"：一是提出了"重中之重"的基本要求。2003 年初中央农村工作会议上，胡锦涛总书记明确提出，要把解决好"三农"问题作为全党工作重中之重。二是谋划了"统筹城乡发展"的基本方略。党的十六大首次提出统筹城乡发展，2003 年 10 月召开的十六届三中全会又把统筹城乡发展作为科学发展观的重要组成部分，并且摆在"五个统筹"之首的位置。三是做出了"两个趋向"的重要论断和我国现在总体上已经到了以工促农、以城带乡发展阶段的基本判断。四是制定了"多予少取放活"和"工业反哺农业、城市支持农村"的基本方针。五是明确了"建设社会主义新农村"这个基本任务。

党的十六大以来，在一系列新理念的指引下，中央采取了一系列更直接、更有力、更有效的支农惠农政策。包括：全面取消农业税、

牧业税和除烟叶以外的农业特产税，对种粮农民和购买良种、购买农机具实行补贴，增加农业农村基础设施建设投入，发展农村基础教育和基本医疗等社会事业，推进农村综合改革，维护进城务工农民的合法权益，扩大公共财政覆盖农村的范围等。这些政策措施力度之大、含金量之高、受益范围之广，是多年来未有的。广大农民群众衷心拥护党和政府的惠农政策。我国"三农"工作开创了一个崭新的局面。

（三）新农村建设具有鲜明的时代特征和深远的历史意义

这次强调建设社会主义新农村，有着更加鲜明的时代特征。2006年2月14日，胡锦涛总书记在省部级主要领导干部建设社会主义新农村专题研究班上，从思路、背景、目标和方式四个方面进行了强调，这里如果用一句话来概括，党中央之所以在十六届五中全会上做出建设社会主义新农村的决定，就是要下决心（并且是必须的也是可能的）逐步全面彻底地解决好"三农"问题，并以此作为统揽"三农"工作的重大战略措施和"抓手"。

我认为，建设社会主义新农村是中央在新的历史时期统揽全局、着眼长远、与时俱进做出的重大决策，是对我国经济社会发展规律、发展阶段和发展任务的科学把握，是新阶段"三农"工作指导思想的深化、发展和升华。这充分表明了中央统筹城乡发展、解决"三农"问题的坚强决心，集中体现了亿万农民群众的强烈愿望。这对于实现全面小康社会建设的宏伟目标，推进社会主义现代化建设，具有重大的现实意义和深远的历史意义。

二、正确认识建设社会主义新农村面临的形势和主要任务

建设新农村的总体形势是非常有利的。但是必须清醒地看到，目前我国农业农村发展仍然处在艰难的爬坡阶段，新农村建设还面临着许多困难和问题。

（一）主要问题

1. 国家粮食安全问题。十几亿人的吃饭问题，始终是国民经济的头等大事。我国作为一个大国，必须立足国内，保证粮食的基本自给。尽管粮食生产连续两年大幅度增长，但是目前粮棉油等重要农产品都仍然是产不足需，粮食安全存在隐患。我国 13 亿人口，每年粮食需求近 1 万亿斤。与此形成鲜明反差的是，人口仍然将呈刚性增长，每年净增加人口近 800 万，粮食供给将长期处于紧缺状态。影响粮食安全的因素，主要包括耕地、水资源、生态环境、农业基础设施等。

（1）耕地数量逐年减少，质量下降。从数量上看，2005 年我国耕地面积为 18.31 亿亩，人均耕地 1.4 亩，不到世界人均耕地面积的40％，且在逐年减少。从质量上看，现有耕地总体质量低，高产稳产田只占耕地总面积的 35％，中低产田占 65％。

（2）水资源紧缺。我国人均水资源近 2200 立方米，相当于世界平均水平的 28％，水资源短缺比耕地短缺的局面还要严峻。降水的时空分布极不均衡，季节性、区域性干旱缺水问题十分突出。

（3）生态环境脆弱。土地沙漠化总面积已达 160.7 万平方公里，并且以每年 2460 平方公里的速度在扩展。工业废气、废水、废渣排放量加大，化肥、农药施用量偏高，水土流失、土壤沙化和土壤有机质含量下降严重，农业生态环境非常脆弱。

（4）农业基础设施薄弱。一是农田水利设施建设滞后，总体上仍未摆脱"靠天吃饭"的局面。二是农业物质和技术装备水平还比较低，农业综合生产能力不高。三是农产品检测检验和动植物防疫体系不健全，影响食品安全。近年来，高致病性禽流感的流行，就是一个突出的例证。

2. 农民收入低、增长慢的问题。2005 年全国农民人均纯收入是3255 元，城镇居民的人均可支配收入是 10493 元，绝对差距达到了7238 元，相对比例是 3.22：1。值得关注的是，这个差距和改革之初相比（1978 年为 2.57：1），是扩大了而不是缩小了。而且，由于城镇居民人均可支配收入的增幅（2005 年为 9.6％）远远高于农民人均纯收入的增幅（2005 年为 6.2％），如果不从根本上采取措施进行扭转，城乡居民的收入差距还会进一步拉大。

农民收入低、增长慢，造成农村消费不旺。农村消费品零售额占全社会消费品零售额的比重，由 1980 年的 65.7% 下降到 2005 年的 32.9%。从长远来看，这势必影响扩大内需政策的执行，进而影响到整个国民经济持续快速平稳的发展。

3. 农村公共事业发展滞后问题。我国经济社会发展不平衡，在农村表现尤为突出，社会事业成为一条"短腿"。农村上学难、看病难、饮水难、行路难、养老难等问题相当突出。

4. 其他问题。农村基层民主政治和政权建设需要进一步加强；一些乡村因征地、环境污染、干群关系等问题引发的人民内部矛盾比较突出；农业社会化服务体系、农产品市场体系和对农业的支持保护体系不健全，统筹城乡发展的体制、机制没有完全建立起来，深化农村改革的任务还很繁重。

（二）主要任务

针对存在的问题，新农村建设主要有六项任务：

1. 发展农村生产力。这是建设社会主义新农村的根本任务。主要有三个关键环节：一是加强粮食综合生产能力建设，确保国家粮食长期安全。二是加强农村基础设施建设，重点突出农田水利建设，切实抓好农民急需的饮水、道路、能源、电力和环境卫生等基础设施建设。三是加快农业科技进步，推进现代农业建设，发展高产、优质、高效、生态、安全农业和节约型农业。

2. 着力促进农民增收。这是建设新农村的根本目的。主要有四个关键环节：一是要挖掘农业内部增收潜力。二是要广辟农村富余劳动力就近转移就业的途径。三是要拓展农村富余劳动力进城务工经商的渠道。四是要完善和强化对农民的直接补贴政策。

3. 发展农村社会事业。这是新农村建设中的薄弱环节。有四个工作重点：一是发展农村义务教育，"让每个农民子女都能上得起学"。二是发展农村卫生事业，"争取让患病的农民都能看得起病、得到治疗"。三是繁荣农村文化事业。四是保障农村困难群众的基本生活。

4. 全面深化农村改革。这是新农村建设的体制保障，也是增强"三农"内在发展活力的源泉。主要是四项改革：一是农村综合改革。围绕巩固农村税费改革的成果，切实推进以乡镇机构、农村义务教育和县乡财政管理体制为主要内容的综合改革，逐步建立精干高效的农村基层行政管理体制和覆盖城乡的公共财政制度。二是农村金融改革。三是征地制度改革。四是粮食流通体制改革。

5. 培养造就新型农民。这是新农村建设的关键环节。下大力气培养造就有文化、懂技术、会经营的新型农民，才能把农村巨大的人力资源转化为丰富的人力资本。

6. 搞好农村民主政治建设。落实党的农村政策要靠农村基层组织，推进新农村建设也必须靠农村基层组织。新农村建设搞得比较好的地方，基层组织都有战斗力，村集体经济都有一定实力。因此，新农村建设中要多支持一些班子团结务实、真心带领群众致富的村子，扶持其壮大集体经济，促进共同富裕。

三、以科学发展观为指导，正确处理好五个关系，积极稳妥地推进社会主义新农村建设

（一）正确处理好政府扶持和农民主体的关系，共同承担起建设新农村的投入责任

目前，在实际工作中，有两种倾向值得注意，一种倾向是过分强调政府的支持，而忽视了调动农民和社会各方面的积极性，忽视了农民的主体地位；另一种倾向是过分强调农民的主体作用，忽视了政府的支持和引导作用，以农民是新农村建设的主体为借口，回避政府应当承担的职责。

针对前一种倾向，要讲清两个道理。一是要组织和引导农民对直接受益的公益设施建设投工投劳，与加重农民负担是两回事，要严格区分农民自愿出资投劳与加重农民负担的政策界限。二是新农村建设，并不意味政府应该包揽一切，把所有与农村有关的问题全部纳入政府扶持范围。

针对第二种倾向，也要讲清两个道理。一是贯彻落实"两个趋向"重要论断，政府特别是财政加大新农村建设投入是职责所在。二是不能简单按照一般经济学原理，划分财政与市场和农民的投入责任，把投入责任推给市场和农民。道理很简单，13亿人口每天一睁眼就得要吃要穿，这个责任完全交给市场和农民，是承担不起的。

正确处理好政府扶持和农民主体的关系，一是要进一步明确政府在新农村建设中的职责定位和财政的支出范围，将政府和农民的投入责任明细化。二是要全面建立以民办公助为核心的财政投入新机制，大力推行"农民先建设政府后补助，农民边建设政府边补助"的补助申报机制，实行以奖代补，多建多补，不建不补。三是要探索财政通过农产品加工企业，带动农民建设农田基础设施的组织形式。运用市场机制，以利益为纽带，实现国家要提高粮食综合生产能力、农民要增加收入、企业要保证优质原材料来源三个利益主体的共赢。

（二）正确处理好试点示范和全面推进的关系，以点带面推进新农村建设

中国有320多万个村庄，其中63万多个行政村、257万多个自然村，有7.45亿农村常住人口（截至2004年年底），各地自然条件和经济文化状况差别很大，改变农村面貌绝不是朝夕之功，不可能一蹴而就。建设新农村的过程是一个与现代化建设同步的过程，需要经过几十年，有的地方甚至需要上百年的艰苦努力。面对新农村建设的长期性、艰巨性和复杂性，难免出现两种极端的思想，一种是等待观望，另一种是急于求成。等待观望者认为，新农村建设千头万绪，无从下手。于是，就把现有的工作计划和安排罗列起来，在文字表述上与新农村建设挂上钩，就算支持新农村建设了。急于求成者简单地把新农村建设理解为新村庄建设，急于在改变村容村貌上寻求突破，搞几个样板工程，就算建设新农村了。

因此，推进新农村建设，既要防止急于求成，更要防止等待观望。实践证明，先试点，再示范推广，是党和政府领导农村工作行之有效的科学方法。新农村建设，没有现存的模式可循，需要在实践中积累经验，探索路子。坚持试点先行，是少走弯路、节约成本的好办法。

开展新农村建设试点，必须把握好几个方向。一是政府主导，农民主体，就是政府不搞包办代替，不能用钱来堆样板；二是科学规划，合理安排，就是要选择当地最有代表性的村子为试点，科学制定发展目标和实施步骤；三是因地制宜，分类指导，就是要区别情况，坚持从实际情况和现有条件出发，立足当地资源优势，做强当地产业支撑；四是基础先行，务求实效，就是从加强基础建设入手，改善农村生产发展的

物质条件，夯实农民增收的经济基础；五是先易后难，循序渐进，就是要区分轻重缓急，切实办好农民群众最关心、要求最迫切的事情。

（三）正确处理好发展农村生产和发展农村社会事业、促进村容整洁、乡风文明和管理民主的关系

新农村建设，发展农村生产是第一位的任务。只有经济的发展和农民收入水平的持续提高，农村教育、卫生、文化等社会事业发展，才不会成为无源之水、无本之木，农村人居环境和村容村貌才能得到根本改善，农村健康文明和谐的新风尚才能持久，农村民主政治建设才能进步。

正确处理好发展农村生产与其他方面的关系，一是要将工作有机结合起来，做到"硬件"和"软件"建设配套。如为了农村有一个健康的生活环境，既要建设饮水安全工程，推广沼气等清洁能源，带动农村改圈、改厕、改厨，又要加快推进新型农村合作医疗制度试点工作，加强农村公共卫生服务体系建设。二是要把推进现代农业建设作为支持农村经济和社会发展的切入点。三是合理安排"三农"支出比例，兼顾支持农村经济和社会发展。在新农村建设进程中，要逐步提高国家支持"三农"投入中的生产性支出比重，特别是要提高用于农田水利等农村公共基础设施建设的支出比重。

（四）正确处理好稳定发展粮食生产和积极调整农业结构的关系，全面促进农村生产力发展

推进新农村建设，既要稳定发展粮食生产，又要积极推进农业结构调整。两者之间，是一对矛盾的两个方面，处理好了是相互促进的关系，处理不好则是互相制约的关系。

正确处理好稳定发展粮食生产和积极调整农业结构的关系，一是集中投入，打造"中国粮食生产的核心区"。粮食生产核心区，就是粮食主产区的核心区。从全国范围内看，共有 13 个粮食主产省（区），13 个粮食主产省（区）耕地面积占全国的 65%，粮食产量占全国的70% 以上，粮食商品率达到 42%，近 3 年平均每年提供的商品粮约占全国总量的 80% 以上。在新农村建设进程中，国家支持农业的生产性

185

资金，要集中投入在粮食生产核心区。二是要加强农业科技推广，提高粮食单产。如果粮食单产都能过千斤，实现一万亿斤的粮食总产目标，有10亿亩耕地就够了。三是要因地制宜，促进农业结构调整。

（五）正确处理好明确职责分工和搞好配合协作的关系，建立推进新农村建设的工作协调机制

目前政府涉及"三农工作的部门多，统筹协调难"。在各部门内部，又分别有多个司局负责分配和管理支农投资。这种管理格局，影响了工作效率和投资效益。

从长远看，整合支农资金要着眼于体制机制创新，要合理界定政府支农投资范围，改革政府支农投资分配与管理体制，适当归并各类政府支农支出，创新支农资金管理体制和运行机制。

在部门职责分工不变的情况下，整合支农资金的现实做法，是加强部门间的协调配合，逐步建立有效的工作机制。各级财政部门首先要在内部形成协调统一的制度和机制，统筹安排支农资金，避免一个项目多渠道安排资金。其次要加强与各涉农部门之间的沟通交流和协调配合，"渠道不乱、用途不变、优势互补、各记其功、形成合力"，做到部门之间达成共识，资金之间形成合力，切实提高资金使用效益。

权宜之计，可以先通过搭建生产性资金整合平台的方式，合力支持农村经济发展。一是以提高农业综合生产能力为目标，以县级为基础，搭建农业基础设施建设资金整合平台。二是以促进农民持续增收为目标，以龙头企业为基础，搭建农村产业经济发展资金整合平台。整合农村产业经济发展资金，应当区别不同地区的农业产业优势，围绕支持当地产业化龙头企业发展，将资金投入到同一产业组织链的各个环节。

四、大力推进农业综合开发，支持和促进社会主义新农村建设

（一）近二十年农业综合开发的简要回顾

1. 农业综合开发作为党中央、国务院加强农业的一项重大决策，为我国农业生产实现总量基本平衡、丰年有余的历史性转变做出了重

要贡献

1988 年—2005 年，农业综合开发新增粮食生产能力 1650 亿斤，为我国粮食产量连续迈过 9000 亿斤、10000 亿斤大关，为推动我国主要农产品实现由长期短缺到总量基本平衡、丰年有余的历史性转变，做出了重要贡献，促进了农业发展新阶段的到来。

2. 农业综合开发开辟了一条符合中国国情的建设现代农业、发展农村经济的崭新道路

第一，坚持在指导思想上与时俱进。开发初期，农业综合开发以改造中低产田为重点，主要是解决粮食供给不足的问题。从 1994 年起，农业综合开发安排部分资金扶持农产品加工龙头企业和高效种植养殖基地建设，尝试把农业增产和农民增收结合起来。1998 年我国农业发展进入新阶段后，适应农业发展新阶段的要求，农业综合开发在指导思想和工作思路上做了重大调整，即实行"两个转变"，努力实现"两个着力、两个提高"（着力加强农业基础设施和生态环境建设，提高农业综合生产能力；着力推进农业和农村经济结构的战略性调整，提高农业综合效益，增加农民收入）。由于在指导思想上能够做到与时俱进，农业综合开发就能及时抓住我国农业农村经济发展的突出矛盾。

第二，坚持综合性的开发方式。农业综合开发，贵在"综合"。所谓综合，就是针对特定区域，遵循自然和经济规律，突出解决制约当地农业生产的主要阻碍因素，实行山水田林路综合治理，采取水利、农业、林业和科技等综合配套措施，将中央财政资金、地方财政资金、农民群众自筹和信贷资金进行综合投入，有效地发挥财政、农业、林业、水利、国土、金融、科研等部门的技术和人才优势，集中力量打歼灭战，力争治理一片，成效一片，巩固一片，实现经济效益、社会效益和生态效益的整体提高。这种"集中资金、重点投入，连片开发"的区域规模开发模式，是农业综合开发区别于常规农业的一个显著特色。纳入农业综合开发范围的县（市、区），一般都能获得连续、稳定的投入，对县域经济发展起到举足轻重的作用。

第三，坚持"国家引导，配套投入，民办公助，滚动开发"的投入机制。1988—2005 年，投入农业综合开发的资金达到 2493.22 亿元，其中：中央财政资金 758.28 亿元，地方财政配套资金 611.35 亿元，与财政资金配套使用的银行贷款 280.2 亿元，乡村集体、农民群众以及企业自筹资金 843.49 亿元。这是个什么概念呢？就是中央财政资金每投入 1 元，就至少能带动 2.3 元的其他资金投入，从而实现了投资渠道的多元化。稳定、良好的资金供给，保障了农业综合开发的顺利运行和不断壮大。

第四，坚持"集中资金办大事，突出重点抓关键"。主要体现在三个方面：一是始终坚持以农业主产区特别是粮食主产区为投入的重点。二是始终坚持以提高农业综合生产能力特别是粮食生产能力为根本任务。三是始终坚持将粮食增产与农民增收紧密结合。这三个方面，都是我国农业和农村经济发展关键环节。

第五，坚持科学的资金和项目管理。农业综合开发始终坚持加强规范资金和项目管理，不断提高资金使用效益。在资金管理方面，形成了一整套好的做法和经验，确保资金全部用在项目建设上。在项目管理方面，借鉴世界银行管理项目的经验，对每一个项目从申报、审批、实施到验收，都按照规定程序进行严格的管理。

第六，坚持合力开发。国务院建立了国家农业综合开发联席会议制度，地方各级党委、政府统一领导，从上到下形成了由有关部门参加的领导体制和办事机构，具体组织指导农业综合开发工作。

应该说，农业综合开发既坚持政府行为，又发挥市场导向；既保证粮食稳定发展，又促进农民持续增收；既考虑短期内增加农产品产量，又为增强农业发展后劲打基础。这是 19 年来农业综合开发取得成就的重要原因。

农业综合开发赢得了党中央、国务院领导的充分肯定和基层广大干部群众的广泛好评。

（二）农业综合开发在推进新农村建设中能够发挥重要作用

1. 农业综合开发是加强农业基础设施建设，推进农村生产发展的一个有效手段。1988—2005 年，农业综合开发累计改造中低产田 4.7 亿亩，新增粮食生产能力 1650 亿斤，农业综合开发新增粮食生产能力，大约占到全国粮食生产能力的 10% 左右。

"十一五"期间农业综合开发计划改造中低产田 1.94 亿亩，改造中型灌区近 200 个，使全国平原地区 60% 以上的耕地实现旱涝保收、高产稳产、节水增效，丘陵山区人均达到 0.6 亩旱涝保收、高产稳产、节水增效的高标准基本农田。

2. 农业综合开发是促进农民增收，逐步实现农村生活宽裕的一条重要途径。1988—2005 年，农业综合开发累计扶持农业产业化经营项目 6200 个，其中建设优质高效农业种植基地 2024.5 万亩，发展水产养殖 710.5 万亩。农业综合开发项目区农民人均纯收入高于非项目区 300 元左右。"十一五"期间，农业综合开发计划扶持重点产业化经营项目 1500 个，建设高效种植基地 550 万亩、高效水产养殖基地 180 万亩，扶持农副产品储藏保鲜、产地批发市场等流通设施项目 554 个。

3. 农业综合开发大力推广先进适用农业技术，努力培育新型农民，促进新农村建设乡风文明目标的实现。1988—2005 年，农业综合开发共安排中央财政资金 10.5 亿元，扶持了 166 个农业科技示范和现代化示范项目，扶持了近 3 万个基层农技服务组织，开展农民技术培训 1 亿多人次。同时，通过实施农业综合开发，解决了容易引起农民纠纷的灌溉用水、机耕用道等问题。农业综合开发已成为推动农业科技进步，提高农民科学文化素质，实现乡风文明的一项重要措施。"十一五"期间，农业综合开发计划培训农民 1.5 亿人次以上。

4. 农业综合开发保护和改善农业生态环境，建设环境优美的新农村，促进新农村建设村容整洁目标的实现。1988—2005 年，农业综合开发累计造林 1.56 亿亩，建设草原 4435 万亩，治理沙化土地面积 250 万亩，改善和增加农田林网防护面积 3.04 亿亩。"十一五"期间，农业综合开发计划营造农田防护林 3500 万亩，增加农田林网防护面积 1.31 亿亩，建设草原（场）1215 万亩，治理沙化土地 115 万亩，支持小流域治理 420 万亩。

5. 农业综合开发是实现"管理民主"的重要方式。农业综合开发把尊重农民意愿作为立项开发的前提，强调农民群众自愿搞开发。以"农民要办"为前提，采用民主的方法，多与农民商量，努力把一家一户农民想办但办不了、办不好的事情，办实办好。同时，农业综合开发实行项目和资金管理公示制，自觉接受项目区农民群众监督。农业综合开发已成为让农民当家做主，实现农村民主管理的一个重要方式。

今年是社会主义新农村建设的起步之年。各地在贯彻实施中央关于推进新农村建设的总体部署时，普遍认为农业综合开发多年来做的事就是建设新农村要做的事，把农业综合开发作为推进新农村建设的重要举措。

（三）农业综合开发支持和促进新农村建设的总体思路

为了便于表述，我概括为"一、二、三、四"，就是：围绕一个目标，做好两篇文章，实施三项战略举措，实现四个方面的新突破。

1. 围绕一个目标

所谓一个目标，就是农业综合开发要成为新农村建设的先锋队和生力军。先锋队，就是冲锋在前，敢打硬仗；就是不但要做提高农业综合生产能力、确保粮食稳定发展的先锋，更要做推进产业化经营、促进农民增收的先锋。所谓生力军，就是来之能战，战之能胜，战斗力绝对强。长期以来，农业综合开发用实实在在的工作悄然改变着项目区农村的生产、生活条件和农民群众的精神面貌，已经渐进式地朝着建设社会主义新农村的方向努力。在新的形势下，农业综合开发会更加有所作为。

2. 做好两篇文章

第一篇文章，做好粮食稳定发展这篇大文章。确保国家粮食安全，是一项长期而又艰巨的任务，基于我国人多地少、水资源紧缺、农业基础薄弱的基本国情。为做好这篇文章，农业综合开发要坚定不移地加强农业基础设施和生态建设，提高农业综合生产能力。一要切实将中低产田改造作为农业综合开发的重中之重。二要进一步加强中型灌区节水配套改造项目建设。三要兼顾生态综合治理项目建设。

第二篇文章，做好农民持续增收这篇大文章。推进新农村建设，一个核心目标是持续增加农民收入。这是一篇更难的文章。为此，农业综合开发，一要更加直接、显著地带动农民增收。把推进农业产业化经营作为重点，大力支持竞争力、带动力强的龙头企业和企业集群示范基地，推广龙头企业、合作组织与农户有机结合的组织形式，让农民从产业化经营中得到更多的实惠。二要着力打造一批真正的农业产业化"龙头"。要严把立项关，坚持扶优扶大扶强，突出将对农民的带动作用作为首要目标，选准需要扶持的产业化龙头企业。进一步完善多元化的扶持方式，大力推进投资参股试点。三要进一步加大对农民专业合作经济组织的扶持。农业综合开发准备进一步明确对合作组织扶持政策，适当加大扶持力度。

3. 实施三项战略举措

第一项战略举措，集中资金办大事，着力打造"中国粮食生产的核心区"。中国未来的粮食安全主要靠粮食生产核心区数亿亩高标准基本农田来保障。适应新农村建设的新形势和新要求，农业综合开发要将提高农业综合生产能力、保障国家粮食安全的目标进一步聚焦到具有资源优势、比较优势的产粮大县上，着力"打造中国粮食生产的核心区"。在各省（区、市）特别是 13 个粮食主产省（区）中，选择一批国家级农业综合开发的重点县（市），在资金和项目上重点扶持，从根本上解除制约当地农业发展和粮食生产的最主要障碍因素，扶持一批能够大量转化、加工粮食的龙头企业，培育壮大粮食产业，促进种粮农民增加收入，帮助产粮大县卸掉"包袱"，让产粮大县觉得种粮不吃亏，农民能够安心种粮食。农业综合开发的目标是，力争用 5—10 年时间，将核心区这些粮食大县、财政穷县建设成为粮食强县、农业强县，成为全国稳定可靠的"大粮仓"。这是农业综合开发立足根本任务、结合新形势支持新农村建设的一个重要战略性举措。

第二项战略举措，不断为财政支农探索新路子，让农业综合开发成为"公共财政照耀农村最灿烂的一束阳光"。应该说，1988 年开始的农业综合开发，就是公共财政很早照耀到农村的一束阳光。在新形势下，农业综合开发必须要在公共财政管理体制中定好位，不断提高效益，提升水平。当前主要应该在两个方面做出努力：一是在机制创新、探索新路上下功夫。比如：保障国家安全的长效机制，财政支持产业化经营的新路子，支农资金统筹安排、配合使用的新路子。二要在提高资金使用效益上下功夫。新阶段支持"三农"的财政资金总量很大，而且会越来越大。面对如此可观的一大笔资金，如何提高资金的使用效益，把钱花得让全国人民明白、放心，是一个很重要的问题。农业综合开发要不断努力，始终成为支农资金的管理和使用的一个标杆。

第三项战略举措，不断完善以农民为主体的运行机制，让农业综合开发真正成为"管理民主"的典范。建设社会主义新农村，农民是主体。一直以来，农业综合开发在尊重农民意愿、发挥农民主体地位方面，做出了不懈的努力，农业综合开发日益成为亿万农民自觉自愿的伟大实践。在新农村建设中，农业综合开发要努力成为"管理民主"的典范。一是让农民群众在开发中唱主角。主动让农民参与项目规划、建设和运行的全过程，让农民有知情权、参与权、选择权和监督权。

191

二是切实做到政府在为农民配套。要发挥好国家投入的引导作用，更多地采用补贴和补助的方式进行投入，群众有积极性的优先扶持，真正体现政府在为农民配套。三是要主动教给农民监督的方法。不仅把监督权交给农民，而且把监督的方法交给农民，调动广大农民建工程、管工程、用工程的主人翁意识。

4. 实现四个方面的新突破

第一个新突破，就是开发理念要有新突破。大力倡导"效益开发、民主开发、科学开发"的新理念。

第二个新突破，就是开发领域要有新拓展。适应新农村建设的需要，农业综合开发要积极拓展新的开发领域。比如，对农民专业合作经济组织、食品安全就要逐步纳入扶持范围。

第三个新突破，就是要提出明确有力的新措施。要在突出重点、形成亮点上下功夫；在增加投入上下功夫；在推进试点上下功夫；在机制创新上下功夫；在科学管理上下功夫。

第四个新突破，就是为新农村建设服务的能力要有新提高。在能力建设上，要大力推动立法工作，开展基础性、前瞻性研究，切实加强基础工作，积极营造全社会理解、支持和重视开发工作的良好氛围，努力加强部门配合、形成开发的合力，特别是要全面加强队伍建设，踏踏实实地为农民办好事、办实事。

在财政部党组的正确领导下，农业综合开发要自觉服从和服务于新农村建设的大局，牢牢把握住新农村建设的历史机遇，勇敢地应对各种挑战，努力开创一个崭新的工作局面，时刻准备承担党中央、国务院赋予农业综合开发的更加光荣和艰巨的任务！

第二篇
地区和谐发展

第十一章
政府间财政转移指南

A Practitioner's Guide to
Intergovernmental Fiscal Transfers

沙安文（Anwar Shah）

政府间财政转移支付占发展中国家和经济转型国家的地方政府支出约 60%，在经合组织成员国约占 1/3（北欧国家为 29%，其他欧洲国家为 46%）。除了为地方政府支出提供资金来源以外，这些转移支付还形成奖励和问责机制，它影响到财政管理效率，公共服务的公平性以及政府对公民的责任。

本文回顾了政府间资金转移的原则和措施，目的在于总结发展中国家和经济转型国家的决策者及相关从业人员相关联的经验教训。文章对政府间的转移资金进行了分类，并阐述了这些资金对地方性财政行为的可能影响，以及对资金获得者对政府和公民的捐助责任的可能影响。第一部分描述了政府间财政转移的工具。第二部分讨论了以绩效为导向，或者以产出为基础的转移支付，这是根据基于结果问责（results-based accountability）的一项重要工具。第三部分描述了世界各国财政转移支付的目标和计划。它表明，在发展中国家和经济转型国家，财政转移支付主要集中在收入分享转移，而很少注意国家目标服务。这里列举了一个简单但富有创意的资金转移设计实例，这项设计既可以达到资金让渡者的目的，同时有利于维护地方自治，也为有效、负责、公正的公共管理创造有利环境。第四部分描述了决定这些转移支付的制度安排。最后一部分强调了目前存在于发展中国家和经济转型国家的政策争论相关的一些经验教训，同时列出了应该避免的做法以及在设计和实施资金转移项目时可以仿效的措施。

一、政府间财政工具

从广义上讲，政府间转移支付或拨款可以分为两类：一般性（无条件）转移支付和专项（有条件或指定用途）转移支付。

（一）一般性转移支付

一般性转移支付由一般预算支持，无附加条件，这些转移通常由法律授权，这样的转移支付是为了维持地方自治并加强司法的公正性。偶尔仍会有特殊情况或可自行决定。这就是为什么关于地方自治的欧洲宪法第九章指出的：尽可能的不要将地方政府的拨款用于资助具体项目。提供拨款不得剥夺地方政府在自己管辖范围内行使政策的基本自由权（Barati and Szalai，2000）。

当一般性转移支付为国内很多领域的支出（例如教育）提供广泛支持时，资金获得者被允许自由决定资金的具体用途。由于一般性转移支付广泛的在地方政府支出的特定领域提供无附加条件的预算支持，因此它们落入了一般性转移支出和专项支出之间的灰色地带。

一般性转移支付增加了接受者的资源。它们仅仅只产生了收入效应。如图 11.1 所示，接受者的预算线（AB）向上和向右移动，移动距离为所接受的资金量（AC＝BD），从而产生了新的预算线（CD）。由于拨款可以用在公共物品或服务的所有组合上，或者用于向居民提供减免税，因此一般性非匹配的资助不影响相对价格（不产生替代效应）。它也最不能刺激地方性消费，增加的任一美金的无条件资助所带来的消费的增加不到 0.5 美金。其余资金可作为对当地居民消费私人物品和服务的税收减免。

理论上，居民的收入每增加一美元，其对地方性支出所产生的影响应该与获得一美元转移性支付所产生的影响完全一样：使得预算线相同的向外移动。而事实上，所有的实证研究都表明：获得一美元的转移性支付所引起的地方性公共支出的增加大于当地居民获得一美元的收入所引起的支出的增加——即用于地方性支出的拨款比例会超过当地政府对居民收入所征收的有效税率（Rosen，2005；Qates，1999；

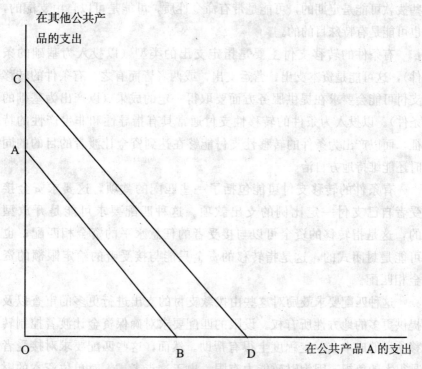

图 11.1　无条件非匹配拨款的效应

资料来源：Shah（1994）。

Gramlich，1977）。拨款倾向于滞留在其首先到达的地方，这种现象被称为"粘蝇纸效应"（flypaper effect）。其含义是，由于政治和官僚体制的原因，向地方政府拨款所引起的地方性支出的增加会超过直接向当地居民拨款所引起的地方性支出的增加（McMillan，Shah and Gillen，1980）。对这种影响的一个可能的解释是政府官僚追求预算规模最大化，因为这样做会给他们带来更多的权力和影响（Filimon，Romer，and Rosenthal，1982）。

以公式为基础的一般性转移支付非常普遍，巴西的联邦政府和州政府对自治市的转移支付就是这样的例子。有证据表明，这类转移支付会导致各自治市不能充分利用它们各自的税基（Shah，1991）。

（二）专项转移支付

专项或有条件的转移支付会刺激政府实施具体的项目或活动。这些拨款可能是定期的，可能是带有命令性质，可能是可以自由支配的，也可能是有特殊目的的。

有条件的转移支付主要是指定支出的类型（以投入为基础的条件），这可能是资本支出、营运支出，或两者皆而有之。有条件的转移支付可能会要求在提供服务方面要取得一定的成果（以产出为基础的条件）。以投入为条件的转移性支付通常具有指导性和非生产性的特征，而以产出为条件的转移性支付能够在达到资金让渡者的目的的同时还能维持地方自治。

有条件的转移支付可能包括了一些匹配的款项，这要求资金接受者自己支付一定比例的支出款项。这种匹配要求可能是开放型的，这是指转移的资金可以与接受者的任意水平的资金相匹配；也可能是封闭式的，这是指转移的资金只能与接受者的给定限额的资金相匹配。

这种匹配要求鼓励对这些由拨款支付的支出进行更多的审查以及提供更多的地方性所有权。设限的匹配要求对确保资金让渡者控制转移项目的成本在一定程度上很有帮助。然而，这些匹配要求对接受者是很大的负担，因为财政能力有限。出于这点考虑，对单位资本的财政能力设定一个成比例的匹配率是很有必要的，这样能够使较贫困的地方政府参与到拨款资助的项目中来。

1. 非匹配转移支付

条件性非匹配转移支付为特定目标提供一定水平的资金，而不需要地方性资金的匹配。如图所示，由于拨款的增加（AC），图 11.2 中的预算线从 AB 移动至 ACD，其中要求为辅助公共物品花费的支出不能低于 OE（＝AC）。

条件性非匹配转移支付适宜于补贴更高级别政府优先考虑而地方政府不作优先考虑的行为。当一个项目在一定水平上会产生大量的溢出效益，而超过这一水平时，外部利益会突然中止，这种情形就可能发生。

一般而言，接受者更喜欢无条件的非匹配转移资金，因为这会使他们在完成目标的过程中获得最大的灵活性。这样的拨款既增加了接受者的资源，又不会影响到他们的支出方式，从而使得接受者的福利最大化。然而，资金让渡者可能无法让接受者的意愿完全得到满足，因为他们必须确保这些资金直接用于他们优先考虑的支出，尤其是

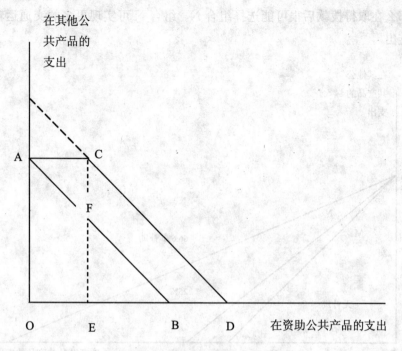

图 11.2　条件性非匹配拨款效应

资料来源：Shah（1994）。

当一些分支机构或部门来完成这些联邦目标时，而不是通过有更多控制权的中央机构，例如财政部。联邦部门不希望地方政府将他们的项目基金用于其他领域，在这种情形下，条件性（选择性）非匹配（集团性）拨款被用于指定的领域（例如，保健），这样既不会破坏地方政府优先考虑的选择，也不会使这些资金在目标领域的分配无效。

2. 匹配性转移支付

条件性匹配拨款，或成本分享项目，要求那些资金用于特定项目并且要求接受者自己支付一定比例的款项。图 11.3 表明了向交通运输提供25％的资金资助后对地方政府预算所产生的影响。AB 是无资金资助的预算线：它是一个城市在预算 OA 等于 OB 内的交通运输和其他公共物品的组合。当联邦政府资助 25％的交通运输支出时（即在交通运输上的支出由 1 美元拨款和 3 美元地方性资金共同组成），可实现的支出组合的预算线移动至 AC。在任何其他商品及服务的所达到的水平上，地方可多获得 1/3 的交通运输服务。如果在拨款前选择组合 M，那么在取得拨款后很可能选择组合 N。组合 N 可实现更多的交通运输支出。

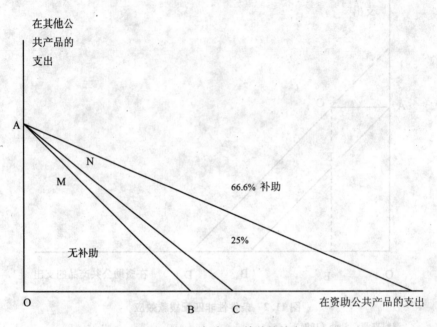

图 11.3　开放型匹配拨款的效应

资料来源：Shah and McMillan (1994)，Shah and Gillen (1980)。

这项资助会产生两种效应：收入效应和替代效应。这项资助使地方政府拥有更多的资金，其中一些资金则会被用来增加交通运输支出（收入效应）；由于这项资助使交通运输服务的相对价格降低，这就会使政府在一定预算条件下选择更多的交通运输服务（替代效应）。这两种效应都会使政府在交通运输上的支出增加。

虽然拨款是用于交通运输的，但依然需要获得更多的其他公共物品和服务，尽管这些物品和服务的价格会因为替代效应而相对升高。如果收入效应足够大，那么它会起主导作用，并且增加对其他商品和服务的消费。对这类拨款的许多研究发现：在某一特定领域所增加的支出会少于拨款总额，其他资金则被用于公共产品和服务或减税。这就是所谓的"拨款互换效应"。条件性拨款的互换性取决于辅助性公共服务的支出水平以及这些支出的相对优先性。例如，当接受者自己在辅助项目上的支出超过条件性拨款时，那么这项拨款的条件就不一定会对接受者的支出行为产生影响——拨款资金可能部分或者

200

根本不用于辅助职能。Shah（1985，1988b，1989）发现，加拿大的阿尔伯塔省政府在公交运输方面给市政府提供的资助部分被用于购买其他服务，而类似的用于改善公路运输的资金则没有被用于其他方面。

对于开放型的匹配拨款，匹配条款规定对可获得的资助没有限制，这有利于改善公共物品的利益外溢或外部性导致的无效率。利益外溢指的是本地政府筹资提供的服务被对这项服务没有任何贡献的其他地方政府享受。由于当地政府要承担所有的成本，却只能获得部分利益，于是它们倾向于提供不足的产品。如果其他受益的政府不愿意提供补偿，那么就需要通过提供更多的政府资助来改善这种情况，并且以外溢利益的多少来决定资助量或匹配比率。

匹配拨款可以改善利益外溢而导致的无效性，但不能改善州政府及地方政府不均衡或不充分的财政能力。资源丰富的地方政府可以达到匹配要求并且获得大量的资助；财政能力有限的州政府可能无法达到匹配要求，因此无法获得更多的资助，即使它们所需的支出可能等于甚至大于那些富裕的政府（Shah，1991）。这就需要一些其他类型的资助来平衡这种财政能力的差异。

资金让渡者通常更喜欢封闭型转移支付，因为这样的转移支付会使他们拥有预算的控制权，并且只需提供一定限额的资金。图 11.4 表明了封闭型转移支付对地方预算的影响。AB 是最初的预算线。当用 1 美元资助资金和 3 美元地方性资金相匹配时，花销的预设上限就是预算线 ACD。最初，成本分摊按照 1∶2 的比例，直到达到资助限制的上限 CG（＝CE）。超过 OF 的支出没有资金资助，因此预算线的斜率又回到 1∶1，而不是有资金资助时的预算线 AC 的斜率 1∶3。

实证研究发现，封闭型的拨款比开放性的拨款更容易刺激在资助活动上的支出（Gramlich，1997；Shah，1994b；chapter8 of this volume）。1 美元这样的拨款会带来 1.5 美元的支出。制度因素可以解释这样的现象。

在工业国家，当公共物品的提供出现问题和无效率而得不到解决时，这种条件性封闭型匹配拨款就会变得很普遍。其原因就在于改善无效性似乎不是唯一的或者最主要的目标。事实上，拨款是为了促使地方政府在资金让渡者优先考虑的活动上支出而提供财政支持。限定

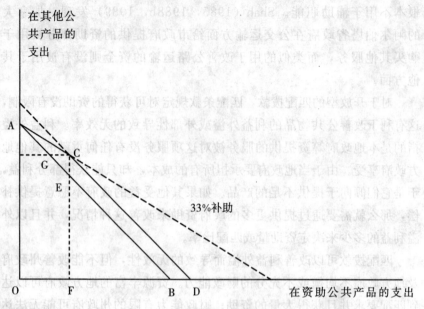

图 11.4 封闭型匹配拨款的效应

资料来源：Shah（1994）。

领域（有选择的）的支出或是有附带条件的支出是为了确保资金被直接用于资金让渡者所期望的活动上。然而由于资金潜在的互换性，这可能只是一些假象。地方性匹配或成本分享为资金让渡者提供一定程度的控制，要求接受者负有一定程度的财政责任，并且让拨款政府知晓成本。

有条件的、资本额固定的匹配拨款对拨款人来说有利也有弊。这种资助通常只用于少数几种活动，因而可能会导致在有资助的活动中资金支出过多，而其他活动资金不足。同时又由于这种拨款的结果是资源的大量转移，因此可能使产出反常并导致效率低下。如果资本方面的支出得到资助，而执行成本得不到资助，拨款就更可能被用在资本密集型的用途上。

有条件的、资本额不固定的匹配拨款则是吸引低级政府在辅助功能方面增加支出的最适合的手段（表 11.1）。如果目标仅是提高地方居民福利水平，那么一般性目标非匹配转移支付将是更可取的，因为它保留了地方自治的权利。

表 11.1　补助及其影响

补助类型	收入效应			价格（替换）效应			总效应			∂A/∂G	根据目标函数的排名		
	a₁	A	U	a₁	A	U	a₁	A	U		支出增加	基于结果的问责	社会福利
条件（基于投入）匹配													
开放式	↑	↑	↑	↑	↑	↓	↑↑	↑↑	↑↓	＞1	1	3（none）	3
封闭式													
限制	↑	↑	↑	↑	↑	↓	↑↑	↑↑	↑↓	≥1	2 or 3	3（none）	4
无限制	↑	↑	↑	n.a.	n.a.	n.a.	↑	↑	↑	≤1	3	3（none）	2
条件 非匹配	↑	↑	↑	↑	↑	↑	↑	↑	↑	≤1	3	3（none）	2
条件 非匹配（基于产出）	↑	↑	↑	↑	↑	↑	↑	↑	↑	≤1	3	1（high）	1
一般非匹配	n.a.	↑	↑	n.a.	↑	↑	n.a.	↑	↑	＜1	3	3（none）	1

　　注：1＝高分；4＝低分；↑＝正向影响；↓＝负向影响；a₁＝资助辅助功能；A＝资助功能；U＝非资助功能；G＝补助；n.a.＝不适于。

　　资料来源：根据 Shah（1994b）。

　　为确保有人对结果负责，基于产出的、有条件的非匹配转移支付比其他种类的转移支付更可取。基于产出的转移支付提供激励和责任机制以提高服务提供的绩效，同时还注重地方的自治权和预算的灵活性。下一部分将讨论这种转移支付的设计。

二、通过绩效导向的转移支付达成基于结果的责任机制

　　基于产出的拨款（在本文中与"以绩效为导向的转移支付"等同）的经济学理论依据来源于以下两个方面：新公共管理框架下强调基于契约的管理；新制度经济学观点也有更强烈的需求让政府减少公民获得公共服务的交易成本。新公共管理框架旨在加强结果的责任机制将公共部门的管理模式从终身制转为契约制，从对雇佣主体的持续性雇佣转为到服务提供契约完成时即结束雇佣。它为政府及非政府公共服务提供者提供相同的条件来获得资金支持，旨在创造一个竞争性的公共服务提供环境。

　　新制度经济学观点认为：政府公共部门运转不良是由于政府官员

的投机行为，而公民又没有权利或是将面临付出巨大的成本来让政府官员为其不履行责任或是腐败行为负责。在这一框架下，公民被视为委托人，政府官员被视为代理人。委托人具有有限的理性——他们基于自己获得的不完全信息理性地行动，获得和处理公共部门运作的信息需要很高的成本；代理人（政府官员）比委托人拥有更多信息，他们的自身利益驱使他们对公众隐藏一些信息，而同时发布另一些信息让公众觉得他们很可靠。这种信息不对称使得代理人肆意进行投机行为，而由于委托人面临的高成本以及政府责任机制的相应机构的不健全，致使投机行为未能被制止。基于结果的责任机制通过基于产出的拨款使得公民增加了信息来源，也降低了需求行为中的交易成本。

基于产出的转移支付将拨款和服务提供绩效联系起来。这些转移支付对所要达成的结果有一些要求条件，同时又为旨在达成这些目标的项目和相应支出水平的设计提供了完全的自由度。这种转移支付有助于款项接受者集中注意力于基于结果的链条（表 11.2）和服务提供框架（提供公共服务的竞争性框架）来达成那些目标。为达到拨款的初衷，款项接收者政府的公共管理者应对照基于结果的链条来检查项目活动，以确定其是否能达到预期的目标。这样，他或她必须监督项目活动和投入，包括中期投入（用以生产产出的资源）、产出（所生产的公共物品和服务的数量和质量，以及这种物品和服务的获得途径）、结果（对公共服务提供的消费者及纳税人的中长期影响或达成项目目标的进展情况）、影响（项目目标或公共服务提供在相当长期内的影响），以及影响范围（从项目中受益或利益被项目损害的人群）。这种管理层的关注点通过强调相互信任加强了委托人和代理人在达成共同目标时的归属感和责任感。因而，内部和外部报告将关注点从传统的"投入"转为产出、影响范围和结果——尤其是能导致结果的产出；从对投入的严格监督转为对执行结果和测度方法的监督。这种重点的转换使得项目的定义和执行都具有灵活性。期望结果的进展情况由服务提供者和资金提供者协商的指标来衡量。这种共同目标的设定及报告程序，有助于确保委托人对正在进行中的项目保持满意，同时也在项目中建立了合作关系和归属关系（Shah，2005b）。

表 11.2　基于结果的链条在教育领域的应用

项目目标 →	投入 →	中期投入 →	产出 →	结果 →	影响 →	影响范围
提高教育服务的数量、质量和可获得性	按年龄、性别、城市/农村划分的教育支出；按年级、教师、员工数量、设备、工具、书本划分的支出	招生、学生—教师比率、班级规模	学业成绩、毕业率、退学率	非文盲率、技术专业人员的供给	有知识的市民、市政参与、提升国际竞争力	政府项目的受益者及利益受损者

　　基于产出的拨款必须对产出而不是对结果有条件限制，因为结果受到公共管理者控制之外的因素的影响，而公共管理者仅应对受其控制的因素负责。基于结果的拨款条件减弱了对结果负责的执行力度。既然拨款条件与服务提供的产出质量和可获得性有关，管理者就可以自由选择能达成结果的项目及投入。为达成那些结果，他或她面对拨款条件的正向激励就会鼓励多种可供选择的服务提供机制，如合同外包，资源外包，或鼓励政府及非政府服务提供者之间进行竞争。可以通过平价资金支持建立分级机制，可以通过竞标提供特许权，或通过有一定标准的竞争提供奖励。这种激励环境将会产生一种强调对代理人负责的基于结果的管理模式，它包含以下共同因素：

　　•　契约或工作项目合约是基于事前说明的产出和执行目标以及预算内资金分配

　　•　用以任务为基础的契约代替终身雇佣制度

　　•　管理灵活但要对结果负责

　　•　对公共部门角色的重新定义：是购买者，而不一定是公共服务的提供者

　　•　采取一种补助的原则，即公共部门的决定由最贴近人民的一级政府来下达，除非有更令人信服的例子可以说明没必要这样做

　　•　提供激励使成本支出更有效率

　　•　提供激励使服务提供更透明，更具竞争性

　　•　对纳税人负责

　　在这种负责任的政府管理框架下，由拨款资金提供的预算分配可用于支持契约和工作项目合约，它们都基于事前说明的产出和执行目

标。拨款接受者在投入的选择上的自由（包括人员的雇佣、解雇以及项目的执行）被充分尊重，但是对达成结果有严格的责任制要求。基于产出的转移支付所创造的激励和责任机制将会创造一种响应迅速、负责可靠、责任明确的管理机制，同时还不会损害地方自治权。相反，传统的条件性拨款对投入进行限制，会损害地方自治权和预算的灵活性，同时使投机和寻租的现象变得严重（表11.3）。

表 11.3　传统有条件拨款和基于产出有条件拨款的特点

	传统有条件拨款	基于产出有条件拨款
拨款目标	支出水平	公共服务的质量和可获得性
拨款设计及管理	复杂	简单、明晰
适用范围	接收款项的政府部门/机构	接收款项的政府将资金分配给政府和非政府公共服务提供者
条件	支出限定在指定的功能及目标上	公共服务提供的产出结果
分配标准	含支出细节的项目提议及批复	潜在委托人的人口统计数据
资格确认	更高级别的检查和审计	委托人反馈及调整，基线的比较，以及质量和可获得性的拨款后数据
惩罚	对财务资格进行审计监察	公众责难、竞争压力、委托人的意见及退出选择
管理灵活性	很少或没有。对风险没有承受力且对失败没有责任	绝对灵活。对风险有奖励但对持续失败有惩罚
地方政府自治及预算灵活性	几乎没有	绝对灵活
透明度	几乎没有	绝对透明
关注点	内部	外部，竞争，创新和基准
责任	对层级中的高层政府负责；控制投入和过程，几乎或从不关心结果	基于结果，由下而上，委托人驱动

　　基于产出的拨款创造了一种激励机制，这种激励机制促进了基于结果的责任制文化。考虑这样一个例子：国家政府旨在提高教育对贫困人口的可获得性，并提高这种教育的质量。通常的做法是通过有条件的拨款为公立学校提供资金，这些拨款规定了款项可用于的支出种类（书、电脑、教辅用品等等），也提出了财务报告和审计要求。这种对投入提出的条件要求既损害了自主性和灵活性，也不能对结果的达

成有任何保证。而且，由于有很多可以变换资金存在形式的机会，这种拨款在实际操作中很难执行。经验表明，公共支出的增长和服务提供绩效的提高之间没有一一对应的关系（Huther，Roberts，Shah，1997）。

这种基于产出的拨款设计有助于达成对结果负责的机制。按这种方式，国家政府对地方政府的拨款应以学龄儿童人口的数量为基础；地方政府则以入学人数为基础，转而将这些资金分配给政府和非政府教育服务提供者。如果非政府教育服务提供者能以成绩为标准录取学生，并为付不起学费的学生提供资助，那么他们也可以获得拨款；所有教育服务提供者将会提高或至少保持标准化考试的基本分数线，将会提高毕业率，降低退学率。如果不能做到这些，将会引来公众责难，在极端情况下甚至停止拨款。与此同时，与不良表现相伴随的名誉风险将降低入学率，从而减少能接收到的拨款数量。学校在拨款资金的使用方面有充分的自主性，也有权保留未使用的资金。

这种拨款方式将为公立和非公立学校创造一种激励环境，让他们在竞争中赢得学生，并以高质量教育来赢得声誉，因为家长的选择决定了拨款资金的流向。这种激励环境对公立学校尤其重要，因为公立学校的雇员有终身制合同，资金的支持也不与绩效挂钩。灵活的预算以及可以保留下来的多余资金将会鼓励学校创新，从而提供高质量教育服务。

综上所述，基于产出的拨款保留了自治权，鼓励竞争及创新，并严格要求结果对公众负责。这一责任机制通过消费者（此例中的家长）选择而自我强化。

三、设计财政转移支付：瓜分战利品，还是创造一个负责且公平的管理体制框架

财政转移支付的设计对确保地方公共服务提供的效率和公平，以及确保地方财政健康发展有着重要意义（有关政府间转移支付的经济学原理的全面讨论，见下文 Boadway 和 Shah）。设计转移支付时，以下这些指导方针不无裨益：

1. 拨款目标明确。应清晰并准确地描述拨款目标从而指导拨款设计。

2. 保留自治权。地方政府在决定项目优先权时应享有完全的独立性及灵活性，而不应受制于项目的种类结构以及中央政府决策的不确定性。税基共享（允许地方政府在国家税制、基于公式的收入共享或一般拨款的基础上追加不同税率）与这一目标相一致。

3. 收入充足。地方政府应享有充足的收入以履行指定的职责。

4. 响应迅速。拨款项目应足够灵活，以适应接受款项者财政状况中不可预见的变化。

5. 公平（公正）。资金的分配应与财政需求的因素成正比，与各地税收能力成反比。

6. 可预见性。拨款机制应公布资金在 5 年内的可获得性以确保地方政府资金的可预见性；拨款的公式应说明每年浮动的上下限；任何拨款方案的显著变动都应伴随有后备方案以确保对地方政府不构成损害。

7. 透明。拨款公式及分配方式都应广泛发布，以使项目目标及运行得到尽可能广泛的一致认可。

8. 有效率。拨款的设计对于地方政府为不同部门或不同活动配置资源的选择应持中立态度。

9. 简明。拨款分配应基于目标因素，使个人无法控制；方案应浅显易懂，以避免资金都落在精于获得拨款者的手里。

10. 具有激励作用。拨款设计应激励良好的财政管理，而不鼓励无效率行为；为地方政府赤字提供财政支持的专项转移支付不应被发放。

11. 影响范围。所有拨款项目都有受益者和利益被损害者，在考虑受益者的同时也要充分考虑到利益被损害者，以此决定项目整体的有用性及可持续性。

12. 确保拨款者目标的实现。实现拨款者目标的最好方式是通过拨款条件说明要达到的结果（基于产出的拨款），或是通过给予款项的接受者在资金使用上的灵活性。

13. 可承受性。拨款项目必须清楚捐资者的预算约束，这表明匹配项目必须是资本额固定的。

14. 单一关注点。每个拨款项目仅应关注于一个目标。

15. 对结果负责。拨款者必须对项目的设计和执行负责；款项接受者必须在财务真实性和结果方面（即提高服务提供的质量方面）对拨款者及其公民负责；拨款设计中公民的意见及退出选择要有助于推动由下而上的责任目标。

以上各项标准有相互冲突的可能。因而拨款者在比较不同设计时需考虑不同因素的优先次序（Shah，1994b；Canada，2006）。

为加强政府对投票者的责任，最好将收入途径（从自有资源取得收入的能力）尽可能与各级政府的支出需求相联系。但是，应当赋予较高一级政府一种权利，使其除了满足该级政府自己的直接社会服务义务的需要外，还能更大程度地支配收入，这样它们才能凭借自己的转移支付能力来实现国家和地方效率与公平的目标。

国家财政转移支付的主要目标可以分为六种，每一种目标在不同的国家里实现的程度可能会有所不同，每一种都要求有具体的转移支付设计方案。对特定目标的设计方案的忽视会导致对这些拨款的负面理解（专栏11.1）。

缩短纵向财政差距

在近期关于财政权力下放的文献中，"纵向财政差距"和"纵向财政失衡"被误用为可以互换的。

纵向财政差距是指由于收入手段和支出需求之间不匹配导致的收入匮乏。这种情况典型地存在于低一级的政府当中。国家政府拥有的财政收入可能比保证其直接和间接支出责任的量多，而地方政府的收入则可能会比保证它们的支出责任的量要少。

纵向财政失衡出现在责任再分配或是财政转移支付及其他方法没有妥当解决财政纵向差距的时候。Boardway（2002b）提出纵向财政失衡与不同级政府对支出的标准的或最佳的理解有关，因此很难去衡量。

以下四种情况会产生纵向财政差距：不适当的责任分配；税收权力集中；州及地方政府对乞讨邻居税收政策（一种浪费的税收竞争）的热衷；以及由于中央政府过重的税负而导致的州及地方政府税收空间不足。缩小纵向财政差距，关键在于采用综合的政策来解决产生纵向财政差距的源头，例如责任的再分配，税收权利下放或中央减税和税基共享（通过允许州及地方政府在国家税基上征收附加税率来实现）。只有在最不得已的情况下，收入分享或无条件的基于公式的转移支出，以及其他一切削弱地方纳税人应付责任的方式才会被考虑用于解决纵向财政差距。中国和印度共享税的征收是特别不受欢迎的，因为比起收缴可以全部保留的税款来，征税者会投入更少的精力去收缴共享的税款。在工业发达的国家，纵向财政差距通常是通过税收权利下放或税基共享的方法来解决的。通过允许中央政府减税和州及地方政府对国家税基课征附加税，加拿大和北欧国家已经实现了一致的个人和企业所得税体系。在发展中国家和转型国家，税收共享和一般收入共享都被典型地用来缩小财政差距。

在过去，一些国家（包括中国、印度、马来西亚、巴基斯坦、南非以及斯里兰卡）的低一级的政府都曾增加赤字来拨款，以缩减各州及地方间的财政差距，其结果却是造成州及地方财政赤字的迅速蔓延。现在，这类拨款仍然流行于中国、匈牙利和南非。

专栏 11.1　关于政府间融资的根深蒂固的负面观点

人们对政府间融资的认识通常都是负面的。许多联邦官员认为，赋予州及地方政府钱和权力就如同给未成年人威士忌和车钥匙一样，他们相信政府拨款会促使州及地方政府放纵支出，其不顾后果的支出行为的残局将留给中央政府去收拾。省及地方官员过去的花费行为也说明"政府拨款不能买到任何东西"，政府拨款通常被看做是一笔意外的收获而被浪费，很少交付于对公共服务的改进。公民们则认为政府间财政资金转移是一种不可思议的事情，钱从一个政府转移到另一个政府，最后眼看着消失在空气中。

这些观点都是以发展中国家的现实为坚实基础。在发展中国家，财政转移支付最主要的焦点是分配利益。在发展中（以及非发展中）国家，有四种普遍的转移形式：

• 推卸责任的转移支付。这种普遍的收入共享计划运用多种要素实现不同目的，阿根廷、巴西、印度、菲律宾，和许多其他国家已在进行这类计划。

• 惹上更多麻烦的政府拨款。这类拨款是为了给州及地方政府财政赤字筹集资金，在此过程中会导致越来越高的财政赤字。中国、匈牙利及印度就提供这种政府拨款。

• 为争取选票而进行的政府转移。在过去。政治机会主义的政府拨款在巴西和巴基斯坦是很普遍的。而今，这类政府拨款在印度和西方国家流行，尤其是在美国。

为了实现支配和控制的政府转移，这类政府拨款会附加一些条件，通常会微调和干预地方政府的决策。这类政府转移被广泛应用于大多数工业发达国家和发展中国家。

资料来源：1997 年 11 月 3 日"澳洲人"。

通过平等化转移支付缩小财政收入差距

我们提倡使用财政平等化转移支付来处理地区财政公平的关系，从政治和经济的角度都可以证明这种转移是正确的。

过大的地区财政差距能造成政治上的分裂甚至会产生州脱离联邦的威胁。这种威胁是真实存在的，1975 年后有大约有 40 个新成立的国家是由这种原已存在的政治联盟中分裂而成的。财政平等化转移支付可以对这种威胁进行事前处理，还能创造政治参与的感觉，加拿大魁北克的独立运动就受到了这种支付的影响。

地区居民净财政收益（等于从政府开支得到的好处减去税务负担）取决于地方财政融资能力，分散权力的决议导致在不同居住地区的人们享有不同的净财政收益，这就会在资源配置上出现财政不公和财政无效。所谓财政不公是指相同收入的居民因为他们居住地区的不同而享有不同的待遇；资源配置的财政无效则是由于人们通过比较一个新的地区的总收入与现有收入之后做出迁移决定而导致的，而经济效率只是保证考虑私人收入减去迁移成本，却没有考虑公共领域的收益。一个重视水平平等和财政有效的国家需要修正因政权分散而导致的财政不公和财政无效。如果依据各州相对的税收能力以及相对的公共服务需求和支出费来进行转移支付，中央政府对州及地方政府的让渡就能够消除净财政收益的差距。税收系统越分散，对财政平等化转移支付的需求越大。

要消除净财政收益的差距需要一个复杂的财政收入平等计划，这个计划能使地方财政能力等于国家平均的标准，还要对不同的支出需求与成本（指上届支出费用的缺口而不是那些反映不同政策的支出的差额）提供补偿。一些经济学家主张说如果将对公共部门的税收负担和公共服务收益都资本化为私有财产，那么财政平等转移支付的效用就会减弱，因为富裕的州的居民会支付更多的私人服务和更少的公共服务，反之亦然。根据这种观点（Oates，1982），财政平等化其实是一个关于政治品味的问题。这种观点已经被美国当局获悉并用来解释为什么没有联邦财政平等化计划。相对的，美国地方财政平等化对地方政府提供很大程度的帮助，特别是对学校的资助（专栏11.2）。

专栏 11.2　美国各州对学校的资金支持

美国各州采用多种方式解决学校资金来源问题，夏威夷、爱达荷州和华盛顿给初等和中等教育提供全额财政支持，而新罕布什尔州只解决9％的教育资金。

特拉华州和北卡罗来纳州通过集团拨款的方式对教育提供资金。集团拨款是与人口、GDP和通货膨胀率挂钩的，按照每单位补助相同数量可以得出拨款总金额，根据学生、老师、教室、课程、班级和其他因素的不同的尺度进行标准化，比如说班级大小和老师学生比。根据不同的需求，对学生可以使用多样化的衡量方式，包括注册人数、平均日出勤率、分年级的注册人数、课程的类型等。

其他的州使用平等化的拨款，包括基础拨款、比例相等拨款和学校财政能力平等化拨款。基础拨款与学校董事会的财力呈反向变动。拨款的分配是基于使校内每个学生得到平等化的财政补助的典型税收体系的应用。基础拨款采用下面的公式：

基础拨款＝每个学生的最大拨款额－学校自由用于每个学生的数额（对单位学生根据法定最低税率确定的税基征收的数额）

有42个州采用这一方法的各种不同形式，其中22个州明确指出了法定最低税率。计算注册人数的方式也各有不同，可以依据具体某天的注册学生数，依据平均日出勤率以及依据一段时间的平均出勤率，36个州用注册人数的组合来计算，包括年级、教学课程和学生。罗德岛采用的是比例平等化拨款，这种拨款是为了实现学校支出的匹配和平等，所依据的公式是：

单位学生拨款水平＝［1－匹配率＊（学校税收总额/州内学校平均税收总额）］＊学校支出总额

印第安那州和华盛顿采用的学校财政能力平等化拨款包括对税收增长行为的激励措施。这类拨款采用的公式是：

拨款额＝（平均财政能力总额－学校财政能力总额）＊学校的税率

资料来源：Vaillancourt（1998）。

理论上讲，完全的资本化要求居民能在一个小的开放的区域内无成本的转移。而事实上大多数联邦政府，甚至大国中的州都不满足这个条件。因此，使用资本化的想法来批评财政平等化转移支付少了经验支持。

原则上说，通过对州际间净财政收益的平等化能修正可能导致财政性移民的歪曲。在不同的州，对成本与收益的合理估计是衡量净收益的基础。对不同的州的财政收入能力和提供公共服务的需求与成本上升的衡量必须得到发展。那么，对财政净收益的平等化就能尝试采用一个平等化标准，并建立起对需要转移支付的州提供资金支持的方式。

衡量财政能力

衡量财政能力（政府机关从自有收入来源中增加收入的能力）无论从概念上还是经验上都是很难的。最常用的两种衡量方式就是使用宏观指标和典型税收体系。

衡量收入与支出的多种变量可以作为一个州的居民承受税收能力的指标，广为人知的有以下几种：

州GDP。州GDP代表一个州内产出的产品与服务的总价值。因为相当大一部分收入的产生是由非本地居民拥有的要素生产的，所以GDP也不是一个州政府获取税收能力的很好的指针。举例来说，澳大利亚北部地区拥有最高的人均总收入，但在整个联邦财政关系中却被赋予最低的管辖权限。

州内要素收入。州内要素收入包括使用州内所有要素（包括资金和人力）所获得的收入。居民的工资收入与居民的已持有收入不作任何区分。

州内居民提供要素收入。这是一种更有效的衡量量，使州政府能对所有要素征税。

州内个人收入。一个州居民的所有收入是对这个州承受赋税能力的合理衡量，但它只能部分衡量政府施加税收负担的能力，并不完美。事实上，没有一种能满足对所有的财政能力进行衡量的量。

个人可支配收入。个人可支配收入等于个人收入减去直接、间接税收与转移支付之和。这个概念与个人收入有相同的局限。

一般来讲，宏观的衡量不能反映州及地方政府从自有收入来源增加收入的能力。反对在平等化公式中使用宏观指标，是因为宏观公式忽略了这样一个事实，即财政无效率和财政不公是省级政府选择税收组合的产物（Boardway，2002a，第12页）。这种疏漏会带来违反平等化原则的风险。使用宏观指标的另一个主要的难点是州及地方政府提供数据的准确性和时间性。这些数据的提供会显著延迟，而且准确性也是个问题，因此使用这种数据最后可能会带来矛盾（参见2001年Aubut和Vaillancourt用加拿大为例对此观点的证明）。虽然存在这么些问题，但巴西和印度还是在它们的中央—地方收入共享计划中使用宏观指标。

　　典型税收体系是通过政府增加的收入来衡量一个州的财政能力，这里的收入是指如果政府雇佣所有的标准收入来源，并采用国家平均的使用强度所能增加的收入。用典型税收体系来估计平等化拨款要求知道税基和各州的税收收入。财政能力不足的州的收入可以通过拨款增加到中等或平均或其他的标准程度。用所有州的平均收入作为标准，州的收入来源平等化拨款由下面的公式决定：

$$Ei_x = (POP)_x \{ [(PCTB) i_{na} * ti_{na}] - [(PCTB) i_x * ti_{na}] \},$$

　　Ei 是 x 州从税收来源 i 中得到的平等化拨款，POP 是人口，PCTBi 是基于收入来源 i 的单位税额，ti 是地税收入来源 i 的全国平均税率，脚标 na 表示国家平均，脚标 x 表示 x 州。对一个州的特定的税收来源的平等化拨款可以为正，可以为负，也可以是零。这些值的总和可以指出一个州从州际共享收入中是得到正的拨款还是负的。因为典型税收体系实施要求的主要税基和征集税收的数据通常会由各级政府定期披露，那典型税收体系就没有新的数据要求，就能在税收责任下放到州及地方政府的国家里顺利的实施，就像大多数转型经济做的那样。当然，在税收分权受限（具有非常大的纵向财政差额）或者课税管理较差的国家推行这样一种体系是行不通的。

衡量支出需求

　　各州之间净财政津贴存在着差异，这种差异引起了诱发性的财政转移。实现财政平衡有赖于消除各州之间的这种净财政津贴的差异。课税分权制以及公共支出的权利下放可能会造成这种差异。跨权限的人口组成的不同将会导致对于分权的公共服务例如教育、卫生、社会福利的不同需求。不同的年龄分布对于学校、医疗以及娱乐设施的需求有影响；贫穷与疾病影响范围的差异可能对教育、培训、卫生、社会服务以及转移支付的需求有影响；具有较高需求要素的地区需要更多的收入来提供与税收水平相适应的公共服务水平。这些需求差异可能引起公共物品提供的水平以及组成上的跨权限的持续变动，结果导致不同的净财政津贴。在效率与公平的基础上确立一个有价值的财政平衡情况，可以抵消引起净财政津贴差异的需求差异。

　　财政联邦主义文献把成本的差异看成与需求差异是同义的，但是一些成本的差异可能是来自于子成员国政府的故意决策而不是来自于需求的差异。Boadway（2004）论及即使对于内在的成本缺陷（诸如城乡差异），更公平的服务提供所带来的净好处一定可以盖过效率成本。如果乡村地区提供公共服务的成本比城市的成本大，那么中和这些成本差异的平衡规划就是低效率的。即使在单独的一个州，偏远地区、农村或山区的公共服务水平通常比人口密集的城市要低。在财政分权体系下，必须围绕最低标准来选择政策。但是，没有理由像澳大利亚财政需求平衡规划那样对偏远地区与城市提供相同水平的服务。相反，正如 Boadway 所建议的，可以根据成本在所有的区域内分层定位，并且使不同区域的相当水平层的公共服务提供相等。不考虑反映故意决策的成本差异或资源使用的效率差异，平衡津贴应该可以部分抵消仅有的内在缺陷。

从业人员对于政府间财政转移支付的指导

在实践当中，支出需求比财政能力更难定义与推导。这些困难包括：如何定义平衡标准；对于人口统计学、服务区域、人口、地方需求以及政策方面理解上的差异；如何理解接受津贴地区的战略行为。尽管存在这些难以克服的困难，人们还是无数次地尝试着去衡量支出需求。广义上讲，衡量方法可以分为三大类：支出需求的随机确定，采用直接归咎法的代表性支出体系，基于理论的代表性支出体系。

（1）支出需求的随机确定，是在通常意义上的转移支付中使用简单的支出需求衡量标准。其使用的要素以及要素的相对权重是任意确定的，例如，德国使用人口规模及人口密度理算，中国使用公职人员的数量，印度使用落后的衡量标准。

加拿大各省对于常规意义上对自治市的转移支付使用简单的支出需求衡量标准。这些标准包括人口规模、人口密度、人口增长要素、道路长度、住所数量、区位要素（例如北方地区）、都市化要素（主要为城市人口与城市/乡村阶层）以及社会协助支付（Shah，1994b）这些方法中最复杂的就是萨斯喀彻温省所采用的将一类自治市的标准市级支出看成是这类自治市总人口的函数，根据总人口使用回归分析推导出一个累进的标准人均支出项目表。

应用这种方法的一个有趣的例子就是南非在对省的平衡份额转移中使用了这种方法（South Africa，2006）。应用于 2006—2008 年的平衡份额公式几乎全部集中关注要素需求，仅仅有1‰的权重分配给了负需求（人均国内生产总值）。公式使用了如下份额：

- 基本份额（14％的权重）来自于每个省占全国人口的份额；
- 教育份额（51％）基于学龄人口（5—17岁）的规模以及过去三年公立普通学校注册学生（年级R—12）的平均数量；
- 卫生份额（26％）基于具有和不具有医疗补助金的人口比例；
- 公共机构的构成（5％）在省之间平等地划分；
- 贫穷组分（3％）基于贫穷的影响范围；
- 经济产出组分（1％）基于区域的国内生产总值的数据。

（2）使用直接归咎法的代表性支出体系，是从支出的角度寻求创立一种与代表性税收体系相平行的体系，并通过以下方法来实现：将子成员国的支出分成各种各样的函数，根据每一种函数的每一个权限决定总支出，确定相对的需求/成本要素；使用直接归咎法或回归分析分配给要素相应的权重，根据每一个函数各个权限的相对成本和需求在权限之间分配每一个函数所有权限的总支出。（见表11.3）

这种方法的优点在于：避免了将既定水平上的服务提供量化所需要的精确计算和假设；用真实的总支出的总和作为衡量支出需求的出发点，将问题归结为根据选定的需求指数（如果需要的话可以包括需求代理）在子成员国之间分配总需求。这种方法的缺点在于：它并不一定排除了任何一个超出合理水平的公共服务的省所支付的费用。然而，从考虑哪种需求将被分配出发，我们可以调整这种方法使其从总支出中排除可以确定的超出额（例如一些服务的金本位制或者一些富裕的州所提供的相对难以负担的津贴）。

澳洲联邦拨款委员会使用了这种方法论的一个复杂变体。把支出定义为现存的州—地方的项目组成提供平均业绩水平的成本，然后用直接归咎法经验性地确定41个州—地方支出的相对支出需求。接下来假定的例子证明了原始方法对福利支出的处理与澳洲联邦津贴委员会在代表性支出体系中确定支出需求的方法相似。

假定有10个州接受津贴，福利的单位成本在所有的州是相等的，并且福利需求根据达到工作年龄但失业的人口比例，未达到工作年龄的人口比例以及单亲家庭的比例变化。独立的津贴委员会分配40％的权重给达到工作年龄但失业的人口比例，分配5％的权重给未达到工作年龄的人口比例，分配25％的权重给单亲家庭的比例。假定所有州的福利支出总计 50 亿美元并且 A 州的第一要素占了 10 个州总数的 4.8%，第二要素占了 3.0%，第三要素占了 2.2%。A 州的福利支出标准水平的估计需求将等于：

$5 亿 × (0.048×0.40) + (0.03×0.35) + (0.022×0.25) = $176 百万

或者所有州支出的 3.2%。

表 11.3　加拿大州—地方支出函数的要素权重

支出类别	需求/成本要素	相对权重
运输及交通	降雪量（厘米/每年）(SNOW) 公路建设费用指数（HCPI） 每平方米的铺路及街道面积（RSPR） 非耕种面积占总面积的比重（NCAR） 总指数＝ (0.10×iSNOW+0.66×iHCPI+0.0005×iRSPR+0.24×iNCAR)×iRSPR	0.1020 0.6580 0.0005 0.2357 1.0000
高中教育	全日制（PSS） 以小语种为母语的人口比例（ML） 州失业率（UR） 教育费用指数（EPI） 帮助需求指数（HWI） 外国高中学生（FPS） 总指数＝ (0.18×iPSS+0.70×iML+0.08×iUR+0.04×iFPS)	0.048 0.19 0.018 0.717 0.010 0.017 1.000
初级及中级教育	18 岁以下人口（P017） 人口密度（PD） 教育费用指数（EPI） 总指数＝ (0.02×iPD+0.98×iEPI)×iP017	0.014 0.017 0.969 1.000
卫生	酒精中毒（酒精相关病例的住院者）(ALCO) 城市人口（PU） 总指数＝ (0.123×iALCO+0.877×iPU)	0.123 0.877 1.000
社会服务	单亲家庭（SPF）	1.00
治安保护	罪犯（CCO） 大城市人口比例（PMAR） 总指数＝ (0.39×iCCO+0.61×iPMAR)	0.39 0.61 1.00
一般性服务	私人部门工资（工业构成）(AMW) 以小语种为母语的人口比例（ML） 人口密度（PD） 人口（POPF） 降雪量（厘米/年）(SNOW) 总指数＝ (0.001×ML+0.175×iSNOW+0.80×iAMW+0.024×iPD)×iPOPF	0.769 0.001 0.023 0.339 0.168 1.000

注：计算是根据回归的系数得来的，标有前缀 i 的变量表明使用的是这个变量的相对指数。

资料来源：Shah, 1994a。

Shah（1994a）提供了一个加拿大使用州—地方支出函数方法应用。这种方法中在选择要素及要素分配权重上使用了定量分析。这种方法具有高度的主观性并且因此具有潜在的争议性。正如我们下一章节所要谈到的近来澳大利亚的经验生动地证明了实践当中使用这种方法所产生的问题。正如 Shah（1994a）所建议的，在选择要素及其权重时使用量化分析可以消除一些主观性与不精确性。

（3）理论基础上的代表性支出体系提供了改进代表性支出体系的方法，它使用一个概念性的框架将近似定义的财政需求概念具体化，恰当描述支出函数，采用目标定量分析，如沙安文（Shah，1996）向加拿大政府的建议。使用这种精确的方法，i 类支出的均等化权利等于在拥有国家平均财政能力的前提下，基于自身需求因素的 A 州 i 类别人均潜在支出减去在拥有国家平均需求要素和国家平均财政能力的前提下的 A 州 i 类别人均潜在支出。

这种方法实现起来要比其他不太精确的方法困难许多，但它具有客观性的优势，并且它使得分析源于对实际行为观察的测量而非对特殊价值的判断。各需求要素所分配的相对权重，以及它们对补助基金分配的影响取决于计量经济学分析。进一步讲，使用这种方法我们可以得到总资金量和各接受单位间财政需求均衡补助的配额。这种方法需要详细说明各类服务的决定性因素，包括相对财政需求能力、公共服务需求变量等。一个恰当明晰的回归方程可以对每种要素在决定某一类公共服务支出水平的影响得到定量的估计。这个信息可用来分析并决定如果一州拥有国家平均财政能力和实际需求要素，那么该州的实际支出将是多少。然后这个结果又可与各项服务的标准支出做比较。而标准支出则是基于同一方程在一州拥有国家平均财政能力和国家平均需求要素的前提下对该州需要支出所做的估计。所有种类支出的两种不同表达方式之差的总和就决定了该州是高于平均需求水平（如果和为正）还是低于平均需求水平（如果和为负）（见 Shah1996 年在加拿大对这种方法的应用）。

基于 x 州 i 类支出的公式可以表达为如下形式：
$$EE_x^i = (POP)_x \left[(PCSE)_x^i - (PCSE)_{na}^i \right]$$
其中 EE_x^i 表示 x 州 i 类支出的均衡化权利，$(POP)_x$ 是 x 州的人口数量，$(PCSE)_x^i$ 表示 x 州 i 类人均标准化支出（或对一州拥有国家平均财政能力情况下为满足实际需求的支出的估计量），$(PCSE)_{na}^i$ 表示 i 类项目的国家平均人均标准化支出。这就是根据国家平均财政能力和平均财政需求所做出的对所有州支出的估计。对某一特定支出类别的均等化权利可能为正、负，或 0。全部支出类别中的所有权利一般认为是均衡的。

一个更广泛全面的均衡系统，通过从代表税制和代表性支出体系中考虑各自分离的权利，决定着一州的全部权利。只有拥有正的净权利的州才有资格对总量的全部或一部分做转移支付，具体比例由中央政府根据可供资金的情况来决定。

支出需求均衡的实际困难：澳大利亚的经验

澳大利亚联邦拨款委员会发现以理论为依据的代表性支出体系方法难以实现，从而选择了另一种代表性支出体系：使用直接归因法简单地将各州平均实际支出均等化。澳大利亚的系统追求的是 41 个州地方性服务的绝对的可比较性，而并非仅限于优质产品的比较（有些人也许会问这样是否值得）。

澳大利亚的方法产生了许多问题。边远地区所有服务在所有成本上都是理想的吗？如果一个富裕州决定为它的官员购买豪华轿车，并对当地土著居民支付更高的福利，为什么贫穷的州的均衡支出水平要随之上升？这样一种方法使得各州的注意力转而去表示它们理应"多拿少干"，或呼吁"钱买不了什么"，而与"多干少拿"正好相反。因为均衡补贴公式鼓励更高的支出，不鼓励在实现改进服务过程中节约成本。这样一种体系助长了许多不良行为，包括对一些特殊种类服务的过度使用，各州支出税款用于吸引资本和劳动力，各州对于各种不确定的和确定的债务的假设。

除了概念上的困难以外，澳大利亚计划还受到测量问题的困扰。各种类支出需求的决定性因素的得到要基于广泛的判断。我们使用随机过程来得到要素权重和合并各种因素成为函数形式。州面对各种因素的多样性显得无能为力。对于高度相关的因素，这种能力的欠缺通过重复计算和增值被人为的扩大了。澳大利亚的经验使得实现财政需求补偿作为一个更广泛的财政均衡方法的一部分的实践困难更加显著了（Shah，2004）。

关于财政需求均衡实践的结论

一旦一个（潜在的）决策是在均衡的标准下做出的，那么财政能力均衡相对直观容易理解并且也是可实现的（虽然会有些困难）。财政需求均衡是一个更加复杂并且存在潜在争议的主张，因为根据它最基础的特点，需要做出主观的判断并使用不精确的分析方法。当根本结构受到科技和其他动态因素影响而发生改变时，诸如利用历史数据做回归分析这样的分析方法并不适用。详细说明各项服务的决定性因素时要倍加小心。

澳大利亚联邦拨款委员会所做的计算使用了广泛的判断和采样。有一个地区例外，那就是北部地区，那里居住着大量的土著居民，并且几乎没有支出需求的州间变化。一项对该地区的特殊补助将帮助我们简化步骤实现均衡目标。

很少有国家采取了更加广泛的财政均衡项目。相比之下，几个工业国家采用了财政能力均衡项目，既有联邦—州一级的（加拿大、瑞士）也有州—地方级别的（加拿大、瑞典、瑞士、丹麦）。财政需求补偿十分重要，但为求简便和客观，相比作为财政均衡项目的一部分去实现一个财政需求均衡的方法，可能还是通过基于产出的国家最低标准补助达到服务基础上的财政需求补偿更好。南非没有使用基于产出的转移支付，而以基于服务的财政需求补偿代替，用于决定中央对省级一般用途补助的权利。

不断增长的对均衡转移支付设计的关注

关于如何定义均衡化标准的关注越来越多，包括是否需要包括税收条款，确保稳定性和预先采取战略行动以符合更高水平的转移支付的要求。平衡净财政利润需要一个明晰的均衡标准——每个州被授权的可与其他州相比较的提高提供公共部门人均净收益的水平。简单而言，可以选择政府机构所包含的均值或中值作为标准，均值提供了一个很好的数据代表。如果样本值范围变动很大，中值或均值是更加理想的样本代表；在消去边界线后，对于简化计算来说均值一般要好于中值。

一种理想的财政均衡项目是自筹资金，联邦的各成员政府被评价为正的或者负的权利，权利的总和为0，联邦政府起渠道的作用（这种模式被运用于德国）。如果州之间均衡总资金引起管理性困难，均衡项目可以从联邦政府收入之外融资，比如来源于州均衡收入的一部分（如同在加拿大的模式）。

学术界有一个一致的看法，即认为如果政府强调在它的配置基础上的标准税收水平的话，均衡体系应使州政府能够提供一个标准的一揽子公共服务项目。州政府和公民应允许以低税率代替低水平服务。在这些情况下，均衡支付应采取只带来收入效应的无条件补贴的形式。通过基于产出的有条件补贴和成本共享项目，那些有充足理由设定最低国家标准的服务领域能够得到更好的运作。通过提高一个州的财政能力，无条件财政补助使得贫穷的州更容易加入到成本共享计划中来。

将税务工作合并到决定均衡的公式当中去，需要将均衡权利设为一个一州实际税收和该州税基之比的函数。潜在不易接受的州可能会希望看到一种要素并入计划中来阻止一州在征收均衡支付的某个地区拥有正的财政缺失，即使在这一地区可能没有征税。潜在可能接受的州则希望看到税收合并进去，因为如果没有税收这一项，它们这一部分的额外税收与富裕的州相比将没有什么利益。

合并税收进入项目存在的几个问题：

• 税收的内容将导致项目偏离它无条件的本质，一个州将不花费任何成本替换补贴基金为自己的资源获取收入。

• 如果一州提高税收来提供一揽子服务的话，成本将比标准情况下高得多，这样做将不利于达到均衡。因为如果其他州决定走自己的路，它们就没有必要支付这些成本。

• 税收合并将联邦政府和各州的支出哲学套在一起。

• 一些州的所有地区都没有税基。

• 税收合并将鼓励一州的策略性就业。

• 鉴于不同州会有不同的出口税，税收的测量将会比较粗糙。

• 合并税收将会引起一些贫穷州的税负上升。

鉴于这些考虑，包含税收将不会有助于均衡支付这个项目。

如果均衡支付是以财政能力的相对测量为基础的，那么它必定会有一个稳定各州收入的效果，支付水平将向州收入增长相反方向移动。州地方收入的稳定峰值将在当支付基于所有收入资源时发生，此时国

222

家平均均衡水平被使用，省经济的循环起伏波动较小，计算补贴的时间延迟也相对较短。当总基础中的某个大的部分（如自然资源收入）是可变的，不稳定效果会加剧，在这种情况下我们将使用一些平均公式来减小在面临不确定性的省级预算时遇到的困难。

策略提及省/州政府可通过活动影响它们获得的支付水平。一个使得一州出现策略性就业的项目是不可取的，因为大致上说额外支付不会与实际的不一致有什么关系。比如，一个雇佣税收征管的项目，将使一州通过加重一些地区的税负而提高它们的权利，同时使得这些地区拥有低于国家平均水平的税基。这个问题在实际中不会太严重，只有一种情况除外，那就是从没有得到很好补助的贫穷的州征收额外税金的空间实在是非常有限。

财政均衡转移支付的比较实践的反映

数量很小但在增长的工业国家和转型中的经济体引入了财政均衡支付项目，其中包括澳大利亚、加拿大、中国、丹麦、德国、印度尼西亚、拉脱维亚、波兰、俄罗斯、瑞典、瑞士和英国。所有的均衡项目都着重于司法权间的均衡或水平财政均衡，而不是人与人之间的（垂直的）均衡。政府融资，执行一个均衡项目的水平取决于宪法（如在加拿大、德国、瑞士）或者立法机关（如在澳大利亚）。

表 11.4 各国财政均衡转移支付的特点

特点	澳大利亚	加拿大	德国	瑞士
目的	建立一种能在同样收入水平和运作效率条件下，以同样标准提供服务的能力	在相当可比较的省级税收水平之上达到相当可比较的公共服务水平	均衡各州的财政能力	在不对小行政区征收更多税负的前提下，提供最低限度可接受的特种公共服务
法律状况	联邦法律	宪法	宪法	宪法
立法	联邦议会	联邦议会	联邦议会（由上议院发起）	联邦议会
家长式或兄弟式	家长式	家长式	兄弟式	混合式
总量的决定	特殊的	公式	公式	特殊的
均衡标准是否决定总量和分配	否	是	是	否

续表

特点	澳大利亚	加拿大	德国	瑞士
分配	公式	公式	公式	公式
是否财政能力均衡	是（代表性税制体系）	是（代表性税制体系）	是（实际收入）	是（主要宏观税基）
是否财政需求均衡	是	否	否（仅限于人口数量和密度）	部分
项目复杂性	高	低	低	中等
是否具有政见一致性	否	是	是	是
谁在推广	独立机构	政府间委员会	地方政府组织	联邦政府
日落条款	无	有（5年）	无	无
争议解决	最高法院	最高法院	最高法院	最高法院

家长式管理型项目，上级政府通过向下级政府征收来达到均衡司空见惯（包括澳大利亚，加拿大）。兄弟般的或罗宾汉式项目（罗宾汉总是劫富济贫），同级政府建立共同基金，富裕的向外贡献，贫穷的从中取得。这种模式比较少见（仅存在于德国的（Lander）州级别和丹麦的地方一级）。罗宾汉型项目被采用是因为它代表了一种开放的政治折中方案，平衡了联邦和做出贡献州的利益，正如德国地方政府组织所做的。这种项目增进了国家团结，由于贫穷州的人民清晰地看到自身的良好状态有赖于其他州居民的贡献。家长式管理型项目缺乏兄弟式的纪律，由于奉宪法为神明（比如在加拿大），它们更多的是被国家政治以及联邦、州/省级（为地方均衡）政府的预算状况所左右。

一些国家将罗宾汉型和家长式管理型的内容合从而形成它们自己的补贴项目。在瑞士，预期在 2007 年由联邦政府出资该项目的 2/3，剩下 1/3 由比较富裕的州承担，成本均衡部分由联邦政府独资承担。这个项目以要素收入为基础，具有财政能力均衡的内容。德国的均衡项目有一点小的补充，即由政府单独出资。丹麦的地方水平均衡中不论是财政能力还是财政需求的均衡，使用的都是"罗宾汉型模式"：对县级使用国家平均标准的 85％；对大的城市使用国家平均财政能力标准的 90％，国家平均财政需求的 60％；对更小的自治市，使用家长式的财政能力平衡方式（以 50％的国家平均标准作为平衡标准）和 Robin Hood 的财政需要平衡方式（以 35％的国家平均标准作为平衡标准）。

　　财政平衡项目也依据投入到其中的总量资源是如何决定的而变化。在加拿大和德国的项目中，总量资源和分配到省/州的资源二者都是依靠程序推动的；在澳大利亚和瑞士的项目中，总量资源由联邦政府通过国会的一项法案专断地决定。

　　财政平衡的方式也因项目的不同而变化。澳大利亚、加拿大和德国通过代表税收系统平衡按人口计算的财政能力；瑞士则使用宏观税基。财政能力平衡的19％被投入到成本平衡中，主要有以下八个因素：人口规模、地区、人口密度、80岁以上人口数量、大城市的数量、居住满10年的外国成人居民的数量、失业率、各州申请社会救济的人数。在德国，使用实际收入而非潜在收入完成这些计算，因为联邦法律关于国家税基和税率是一致的，因而实际收入和潜在收入是相同的。德国以人口规模、密度和一个城市是否是港口为基础对简单支出需要进行调整。加拿大的项目不包括财政需要补偿。澳大利亚则采用综合财政平衡项目，对所有州的支出的财政能力和需要进行平衡。支出需要补偿的引入导致了复杂性和争议性，并且降低了政治共识。因此，澳大利亚的项目是所有项目中最为复杂和最具争议性的，获得了最低的政治共识。

　　大多数国家的财政平衡项目是作为永久项目引入的，加拿大是一个例外。加拿大有每五年修订一次的"日落"条款，修订工作由国家议会负责，这样的条款有利于提供定期的评估和调节系统往好的方面发展。几乎所有的成熟联邦国家的项目都明确了关于这些转移支付项目的正式的争端解决机制。

　　总体说来，成熟联邦国家的财政平衡经验表明：对简单、透明和责任的关注有利于这些财政项目通过一个明确的标准，从而将精力集中于财政能力平衡上，明确的标准决定了总量和分配下去的数量。通过对价值商品明确目的的转移支付，财政需要补偿能问题够得到很好的处理，大多数工业国家正是这样做的。

　　大多数转型经济体在给地方政府的补偿项目中包含平衡部分。中国、拉脱维亚、立陶宛、波兰、罗马尼亚、俄罗斯和乌克兰都已经采用了转移支付方案，这些方案明确地体现了对财政能力、支出需要平衡或是二者共同的关注。为达到地方财政平衡的目的，这些国家对不同类型的地方政府采取"一刀切"的方式，由此产生了公平问题。

　　除印度尼西亚之外，发展中国家还没有建立明确的财政平衡标准以实施财政转移项目，尽管平衡的目标已经隐含地体现在阿根廷、巴西、哥伦比亚、印度、尼日利亚、墨西哥、巴基斯坦和南非等国采用的总收入—分配机制中。这些机制基本上都把多样的和冲突的目标放在一个框架之下，并且严重偏离了个体目标。因为这些框架缺少明确的财政平衡标准，所以它们无法很好地处理地区公平的目标。在印度尼西亚的财政项目中，甚至总量也不是由一个明确的标准决定的。相反，财政平衡标准含蓄地由可得到的用于财政平衡目标的总量资金来决定的。

制定国家最低标准

在地区—地方公共服务方面制定国家最低标准的重要性大致体现在两个方面：第一，国家作为一个整体，制定这样的标准是有益的。它可以促进商品、服务、劳动力和资金的自由流动；同时也减少支出竞争所造成的浪费；增加内部共同市场贸易的收入。第二，这样的标准有助于实现国家的公平目标。很多由地方政府提供的公共服务，如教育、医疗和社会福利，将按照地方政府的意图进行再分配，并将这种再分配提供给居民。在一个联邦体系中，低水平的公共服务提供（同时追求效率，优先配置和责任）使得联邦政府的公平目标难以实现。要素流动和税收竞争给地方政府强大动力从而少提供公共服务，限制那些最需要的人得到公共服务，如穷人和老年人。为排除那些最有需要的人的动机进行辩护的理由是：这些最有需要的人对疾病更为敏感，并且潜在地对成本削减造成了更大的风险。如此违反常情的激励可以通过有条件的不对称补偿得到减少，这些条件反映了国家对效率和公平的关注，一旦不符合这些条件中的任何条件，随之而来的将是财政处罚。因此这些条件不是强加在补偿资金的特殊用途上而是在公共服务提供的质量、接受的权利和水准方面的标准的获得上。虽然这种以产出为基准的补偿对地方政府成本效率的激励没有影响，但它们确实鼓励了地方政府做到符合国家对公共服务的权利和水准方面的明确标准。恰当地运用有条件的不对称的基于产出的转移支付有利于为创造性和竞争性的方式提供激励，进而改进公共服务的分配。以投入为基准的补偿机制不能创造一个这样有责任的环境。

除少数例外国家（如下所示），发达国家和发展中国家的地区性财政需要转移补偿中基本上都不采用以产出为基准的转移支付制度。尽管如此，工业化国家通过利用相对简单的人口统计学因素，一直保持了以投入为基准的有条件的地区性转移补偿制度的简单明了。相反，发展中国家选择了复杂的制度，采用现代的数量经济技术。（表11.5）

表 11.5 选定国家对医疗服务转移支付所考虑的因素

国家	因素
总体转移支付中以需要为基础对医疗服务的追加转移	
比利时	年龄，性别，失业率，残疾率
芬兰（至地方政府）	年龄，残疾率，偏僻性，地方税基
德国	年龄，性别
荷兰	年龄，性别，城市化，收入基础
瑞士	年龄，性别，地区，收入
以需求为基础对核心医疗服务的特殊目标转移	
丹麦	年龄，单亲儿童
英格兰	年龄，性别，寿命，失业率，孤寡老人
法国	年龄
意大利（66.66%）	年龄，性别，寿命
北爱尔兰	年龄，性别，寿命，低婴儿出生重量
挪威（50%）	年龄，性别，寿命，孤寡老人
葡萄牙（15%）	疾病负担（糖尿病、高血压、艾滋病、结核病）
苏格兰	年龄，性别，寿命，农村成本
西班牙	跨境流动
瑞典	年龄，独居，就业状态，房屋
威尔士	年龄，性别，寿命，农村成本
使用以主要成分分析为基础的合成指数的医疗转移支付	
巴西	婴儿寿命（1—64月寿命，65＋月寿命），传染病和寄生虫病的存活率，肿瘤的存活率，心血管病的存活例，少年妈妈比例，文盲比例，没有卫生设备的房子比例，没有自来水的房子比例，没有垃圾处理的房子的比例
南非	女性的比率；5岁以下儿童比例；农村居民比例；25岁以上没上过学人口比例；失业率；住在传统房屋、棚屋和帐篷的人口比例；房屋或居住点没有自来水的比例；没有垃圾处理系统的比例；没有电话的比例；没有电的比例；妇女主导家庭的比例

资料来源：World Bank，2006。

以产出为基准的转移支付体系简单有效，一个好的说明例子是加拿大联邦政府的医疗转移支付项目。该项目促使加拿大各省保证所有居民广泛地得到高质量的医疗服务，不论他们的收入水平或居住地。在该项目下，联邦政府为各省提供人均医疗转移支付，转移支付数量的增长率和 GDP 的增长率挂钩。对支出的使用没有限制条件，但对接受医疗服务的权利有很强的条件限制。作为接受联邦政府转移支付协议的一部分，各省基于以下五个权利相关条件进行操作：

1. 广泛性：所有居民享受相同的待遇。

2. 移动性：搬到另外一个省的居民在过渡时期保留原省的医疗待遇；居民和非居民有相同的权利。

3. 公共保险—公共/私人提供：省级政府承诺对所有人提供广泛的保险；通过使用相同的由省级医疗协会协商确定的清算日程，公共和私人提供者将从公共保险系统获得补偿。

4. 选择加入和选择退出：参与该系统的提供者不能直接收取病人的钱，而是从各省获得补偿；所有的医疗服务提供者都可以选择退出该系统，直接收取病人的费用并不必遵循诊疗费用日程；此类医疗机构的病人可以依据政府的清算日程申请补偿。

5. 无额外收费：系统中的医疗机构不允许收取超过诊疗日程安排的费用。违反以上条件将会导致惩罚。如果违反前四个条件之一，补偿资金将被终止。

发展中国家和转型经济体很少采用以有条件不对称的以产量为基准的转移支付制度来确保在价值商品或财政需要补偿方面的国家最低标准，但还是有一些将公平和补偿分配中的政绩导向结合在一起的转移支付项目成为耀眼的例子。这些例子包括印度尼西亚中央政府转移支付给省级和地方政府用于小学教育和交通（该计划 2001 年中止）；在智利，每一个学生的补贴发放到所有学校，25％的额外补贴作为工资奖金发给状况最好学校里的老师（Gonzalez，2005），中央政府补偿是政府用于补贴穷人使用的自来水和管道（Gomez-Lobo，2002）；在哥伦比亚和南非，中央政府给每人的转移支付用于教育；在巴西，联邦政府转移支付给州政府用于中学教育，转移支付给市政府用于小学教育（Gordon and Vegas，2004）。

在 2001 年以前，印度尼西亚增幅转移教育和道路维护补偿支出到地方是转移支付制度设计的好例子。当时的印度尼西亚，对学校运营的转移支付是以学校年龄人口（7—12 岁）作为准则将资金分配到区镇政府。与之配套的是对学校建设资金的转移支付（地方政府以土地的形式为之配套），使其达到小学学校准入的最低标准（每一个社区在步行范围之内拥有一所小学）。正是这些转移支付让印度尼西亚全国范围内在提高识字率和实现小学教育最低标准方面取得了显著的成功。

在 2001 年之前，印度尼西亚对区/镇道路改善的转移支付是以道路的长度、路况、密度（交通用途）和单位成本为准则来分配资金的。这个转移支付项目帮助管理了路网在一个持续的基础上的健康运行，并在大多数地区保持了道路良好的通车条件（Shah，1998）。

在智利和美国密执安州，对学校的转移支付用于补贴适龄上学儿童的监护人，父母有权选择将他们的孩子送到公立、私立或者教会学校上学。一种 25％附加的对教育质量的补助是用来提供给那些教育质量最好的智利学校用于教师工资奖金。在智利，给市政府的用于穷人供水和地下管道铺设的转移支付占到了家庭用水（超过 15 立方米每月）和地下管道费用的 25％—85％，剩下的部分由消费者自己承担（Gomez-Lobo，2002）。

巴西有两种值得指出的分别给予基础教育和医疗卫生的国家最低补助项目。根据第十四次修改的宪法规定，州和市级政府必须拿出两个主要税收收入的 15％给基础教育特别基金（FUNDEF），这两种税分别是州增值税和给州政府的联邦税收共享转移支付，以及服务税和给市政府的州税收共享转移支付。要求州和市级政府交纳的基金总额除以初等学校学生总人数得到每个学生所分配到的平均基金数，如果这个平均数仍小于国家制定的标准，则差额部分由联邦政府补足。基础教育基金按学校的注册人数在州和市级学校之间分配。

对巴西统一医疗卫生系统的财政转移支付由一个叫做年度预算限制的联邦项目来负责执行（巴西统一医疗卫生系统是根据宪法规定的公民享有免费医疗服务的普遍权利而设立的）。这个项目有两个要点：第一，联邦政府为了弥补基本医疗津贴而发放的人均转移支付应该相等。第二，联邦政府为医院和非卧床性医疗提供补助，所有注册的医疗机构——无论是州立的、市级的，还是私立的——都有通过它们所在的市政府获得联邦政府补助的权利。在这种转移支付方式下，为新建医院和高成本的非卧床性治疗筹资经常会遭到为各种不同疗法所设的最高限制。

在加拿大的阿尔伯塔省，地方政府采用了一种新的方法来分配纳税人为学校财政所交纳的税款。这就是由纳税人自己来决定他们财产税中教育税部分是给公立学校还是地方性学校（地区性、私立学校）。这种方法也就决定了公立学校和地方性学校从财产税中所得到的税收收入总额。学校按学生的人数获得政府转移支付，而学生家长有权选择自己孩子读书的学校，而不管所选学校是不是获得他们的税收所指定的学校。这种方法鼓励学校为得到好学生而展开竞争，并且这也能解释为什么阿尔伯塔省和其他那些采用了这种方法的省份的政府学校表现更为突出。安大略省根据不同专业注册人数的比重来分配教育基金，医学和工程学教育能够获得比人类学更多的教育基金。

总之，虽然以教学质量为向导的转移支付更能反映纳税人的目的，并且与传统的以投入为向导的转移支付相比当权者也更为省事，但是这种方法却很难被采用。其中的原因与政治家和官僚所面临的激励机制有很大的关系，因为这种转移支付方式在赋予纳税人更大的权力的同时却削减了机会主义者和政治恩惠策略的范围。这种方式所建立的激励机制增加了政治和官僚阶层对广大市民的责任，而且削弱了他们的政治影响力和建立官僚霸权的能力，他们对金钱价值的关注会暴露腐败、无效率以及浪费等政治问题。因此，这种转移支付的方式会遭到潜在利益损失者的阻碍也就不足为奇了。

对利益溢出的补偿

对利益溢出的补偿是一个关于提供相匹配的受限制的转移支付方法的古老话题了。地区和地方政府不会面临建立一种适当的机制来提供适当水平的公共服务的问题，这种适当水平的公共服务会使溢出的利益转移到其他行政区的居民那里。一种基于给利益损失者增加支出的公开的匹配性的转移支付体系将无疑会产生增加开支的动机，因为利益损失的程度通常是很难计算的，所以匹配的程度也会或多或少存在一定的任意性。

尽管收益—成本溢出问题在很多国家都存在，但在除南非以外的其他发展中国家中，这种转移支付还没有实行。南非提供了一种秘密的匹配性的转移支付给教学医院。这种转移支付是基于联合非本地学生的注册人数和不住在工作地点的人对医院设施的利用程度来估计利益的溢出。

230

对地方的优先配给

在一个联邦政府中，各级政府所建立的优先配给原则总会在一定程度上存在差异，有一种引导地方政府按上级政府建立的优先配给原则行事的方法，那就是上级政府以提供匹配性转移支付来行使它们的财政支出权利，上级政府可以以一种与接受者财政能力成反比的不同的匹配率来提供匹配性转移支付。利用特别补助和公开的匹配性转移支付是不可取的，因为特别补助不太可能产生那种与补助者目的相一致的行为反应，而公开的补助可能会给补助者造成预算上的困难。

印度、马来西亚和巴基斯坦有一些保密的受限制性匹配项目。因为给省级税收提供公开的匹配性转移支付，使得巴基斯坦在 20 世纪 90 年代初期陷入了严重的财政危机。由于事实证明不能够承担该项目所要求的义务，中央政府不得不中途停止了该项目。

解决不发达地区基础设施不足和宏观经济稳定性问题

财政转移支付可以服务于中央政府关于地区稳定性的目标。对于这个目标，财政补助是个不错的选择，为公共设施的维护提供资金也是行之有效的。为了增强普遍的经济联合，财政补助还能够解决相对贫困地区的基础设施不完善的问题。

财政补助通常由工程的组成成分来决定。印度尼西亚采取了一个关于这种补助的规划观点，即为面向全国的初等教育学校（在所服务社区的步行范围内）的准入建立一个最低的国家标准。中央政府给学校的建设提供资金，地方政府提供土地。

南非已经实行了一种以方案为基础的财政补助方法，以此来解决公共基础设施缺乏的问题。市政基础设施补助方案由垂直和水平两个部分组成：垂直部分把资源分配给部门和其他一些优先配给地区；水平部分由一个综合考虑贫困程度、积蓄以及市政权力和功能的方案来决定。这个方案包括四个组成部分：

1. 基本居住设施，包括新建设施和更新已有设施（比重为 75%）。水的供应、公共卫生、电力、交通以及其他（包括街道照明和固态垃坂回收）都按比例来分配。

2. 公共市政服务设施，包括新建设施和更新已有设施（比重为15%）。

3. 社会公共事业单位和微观企业设施（比重为5%）。

4. 结节市政（比重为5%）。

最终调整是基于各市政府与补助情况相关的过去表现做出的向下调整或者结束。

过去的财政补助经验表明，它们常常会被用于建设一些地方政府无法维持的设施。而地方政府或者仍然怀疑这些设施的有用性，或者无法为它们的正常维护筹措资金。

财政补助在发展中国家和经济转型国家中非常普遍，大多数国家对资本项目融资申请的审批都有一套很复杂的程序，这些程序对游说、政治压力和申请都非常敏感，并且喜欢那些给中央政府更大清晰度的项目。有些项目经常缺乏市民和资金管理者的参与，并且由于缺乏当地所有权、利益以及被忽略而以失败告终。由于存在这些困难，必须限制那些由于接受者要求匹配性资金（与接受单位的财政能力成反比）和由于有政治和政策风险担保的鼓励私人部门参与而对资本金的使用。为了促进私人部门的参与，公共管理者必须尽量保证私人部门没有搭便车行为。

从州/省政府到地方政府的转移支付存在的特殊问题

对地方政府的一般性转移支付需要特别对待，因为各地方政府在人口总数、规模大小、管辖区域和提供的服务类型方面存在很大的区别。正是基于此种考虑，按人口总数、市的类型和城市/农村比例的特征对地方政府进行分类，然后对不同类型的市制订不同的方案是非常有效的。基于财政能力同等化系统和对每一不同类型，市政府制定一个最低补助标准，上级政府可以采用一个分税制系统。在那些由于缺乏税收地方分权或者缺乏税收管理部门而使得分税制系统无法实行的地方，可以采用一种更加实用但可能并不那么科学的一般性转移支付的方法。这些转移支付方案中非常有用的部分有：平均每市相等原则部分、平均每人相等原则部分、服务地区原则部分和财政收入能力原则部分。转移支付的数目应该与服务地区数目正相关，与财政收入能力负相关（参考 shah 1994b 的关于澳大利亚、巴西和加拿大的州—地方转移支付的例子）。南非已经实行了关于中央政府转移支付的各种方法（专栏 11.3）。

专栏 11.3　南非中央—地方财政转移支付的公平共享方案

南非采用了一种公平共享方案来提供由中央政府给地方政府的转移支付，转移支付的大小由以下公式给出：

$$G=(BS+D+I-R)+C$$

其中，BS 表示基本服务部分，D 表示增长部分，I 表示社会事业性支出部分，R 是财政收入筹集能力修正，C 代表修正和稳定因子。

基本服务部分

基本服务是给市政府用于提供基本服务（如水的供给、公共卫生、电力、垃圾回收和其他基本服务），包括对月收入不足 111 美元的家庭提供免费的基本服务。从 2006 年 4 月 1 日起环境治理也被归入到基本服务中，因为从本质上来说，环境状况与每个市民都息息相关，所以这部分在计算时不应只包括穷人，而应该包括全体市民。对于每个受到补助的基本服务项目，都存在两种不同水平的补助：对那些实际从市政府得到补助的家庭实行全部补助和不接受服务的家庭实行部分补助。目前，大约有 1/3 的补助服务于家庭。这个部分的计算方法如下：

BS=（供水补助 1×有水的贫困户＋供水补助 2×无水的贫困户）＋（公共卫生补助 1×用公共卫生服务的贫困户＋公共卫生补助 2×无公共卫生补助的贫困户）＋（垃圾回收补助 1×有垃圾回收服务的贫困户＋垃圾回收补助 2×无垃圾回收服务的贫困户）＋（供电补助 1×有电的贫困户＋供电补助 2×无电的贫困户）＋（环境状况治理补助×家庭总数）

社会事业性补助部分对于贫困市来说特别重要，因为这些贫困市经常不能够为政府的行政管理支出筹措足够的资金，这也就决定了这些政府不能给所有居民、客户、商业提供基本的公共服务。这个部分的补助能够补充政府行政管理支出的不足，但不能够提供市政府所需的所有行政管理支出，这仍然是每个市政府的首要责任。

社会事业性支持部分包括两个方面：行政能力和选举责任。这个部分补助的计算方法如下：

I＝基本分配＋（行政支持×人口总数）＋（地方议会支持×议会席位数）

"基本分配"是分配到每个市政机构的数量（地方管理区除外）；方程的第 2 项表明成本随着人口的增加而上升；第 3 项表示为维持议员行使立法及监督职责的成本，其中"席位"的数量是由省及地方政府部门负责人决定的。

增长部分

由于正在调查如何确定方程式的最优因子，2005 年 4 月 1 日建立现行方程时增长部分被设定为零。

收入筹集能力修正

收入筹集能力修正筹集用于基本服务和行政基础设施的额外资金。基本的方法是利用已公布的市财政收入筹集能力的信息。市可取得的收入通过加上 5％的"税率"而得到"修正"。在地区服务委员会征收替代津贴时，应根据各市实际转移支付进行修正。

资料来源：South Africa（2006）。

为市政间的团结、联合、合并而制定一个正式公开的、可争论的和可协商的程序，是在财金转移支付中采用平均每市相等原则的先决条件。正如巴西的经验所证明的，如果缺少这种程序，就会产生一种反向的激励机制，从而会分散目前的管辖权，并使额外的补助成为可能。

四、政府间财政关系的制度安排

联邦—州—地方政府的财政关系体系应由谁来制定？有多个主体可供选择（参见 Shah 2005a 评估系统框架以及对应安排的相关反响）。

最普遍实行的方式是联邦/中央政府自行制定这一体系。做出这一安排的背景是联邦/中央政府有责任完成通过财政安排公布的国家既定目标。在以这一原则为标准的许多国家，中央政府的一个或多个部门专门负责财政转移支付的设计和分配。使用这种方法可能存在的一个问题是联邦/中央政府自然地趋向于过度参与州政策的制定，并且无法使分权化的优势得以充分发挥。这导致即使这些转移支付的初衷是促进分散决策的制定，但最终分配结果仍将偏向于中央。如果在宪法中限制联邦政府凌驾于州及地方政府做出的决定的能力，则可在一定程度上克服这个问题。中国中央政府部门独立承担转移支付的制定及分配职责，而不接受任何立法监督（Shah and Shen，2006），印度联邦政府仅对计划委员会转移支付和中央扶持计划负责。由于可能损害州及地方政府的自主权，这些转移支付具有极强的投入限制条件。1988 年巴西将转移支付方程的因子写入其宪法，为避免联邦政府干扰地方决策而提供了有力的防护措施。这些防护措施较为极端，因为它通过牺牲财政安排的灵活性来达到适应经济情况变化的目的。

　　另一种选择是一个独立的机构从事财政安排的改革和执行。这将是一个公正的独立机构或者是一个由联邦及州代表共同组成的机构；它既可以是一个拥有实际决策权的机构，也可以是一个纯粹的顾问机构。不论该机构起何种作用，它只有具有协调中央及地方两个层次的政策制定的能力才能有效运作。三种普遍的实施方式是：独立的转移支付委员会，政府间事务论坛以及政府暨民间论坛。

　　一些国家建立了准独立机构设计和改革财政体系，如转移支付委员会。该委员会可以永久存在，比如澳大利亚和南非；也可以仅在一段时间内存在，并为今后 5 年的工作提出意见，比如印度。印度在州一级也设立了独立的转移支付委员会，以此作为州及地方财政转移支付的顾问机构。在一些国家，这样的委员会被证明是无效率的。有一些国家是因为委员会提出的很多建议都被政府忽略了而没有得到执行，南非即为这种情况；还有一些国家政府采纳了委员会的建议并付诸实施，但由于自身的限制使得这些体制改革的措施失效，印度即属于这种情况；有的时候，这种委员会提出的方法显得过于苛刻且不切实际，从而导致了过于复杂的政府转移体制的出现，澳大利亚的共同体委员会就是这种情况。

　　一些国家利用政府间讨论会、行政联邦制或联邦—省委员会商讨体制的内容，加拿大和德国即属于此种情况。在德国，这一体制通过让州政府代表进入国会上议院而得到强化。这种体制使得明确的根据管辖权确定投入，并试图建立起共识成为可能。这种讨论会常选择简便的设计，使得体制清晰和在政治上能被接受。

一种相似的方式是由政府、立法部门、民间团体等比例派出代表组成委员会，在联邦政府的主持下，讨论改变现行的联邦—省财政安排，巴基斯坦的财政委员会即为此例。该委员会定期组建以决定今后5年的财政分配。巴基斯坦也利用省级财政委员会设计和分配地方财政转移。这种方法的优点是：所有利害关系方都出现在委员会里，包括供给方、接受者、民间人士和专家，保证了体制的简洁和透明。其主要缺点是：根据一致同意的原则，委员会可能一直处于僵持局面（巴基斯坦联邦政府最近的表现就反映了这一缺点）。

五、国际实践的经验教训

纵观国际实践，我们发现了一些需要避免的问题和一批值得模仿的成功案例，同时也出现了一些重要的教训（表11.6）。

表 11.6　补助设计的原则与范例

目标	设计	成功案例	失败案例
弥补财政缺口	重新安排税收负担、减税、税基共享	减税和税基共享（加拿大）	赤字财政、工资津贴（中国）、分级税收（中国、印度）
缩小地区财政差距	一般非匹配财政能力等量转移支付	用明确的标准确定总量及分配（加拿大、丹麦、德国）	多因素共享一般收入（巴西、印度）、固定总量下财政均衡（澳大利亚、中国）
对收益外部性的补偿	开放性的转移支付，且与收益外溢的程度相一致	对具有医疗知识外溢性的医院给予补助（南非）	封闭性的转移支付
设立国家最低标准	以公共服务的标准为条件的不以产出多少为依据的转移支付，以地方政府财政收入能力为前提的资本性补助	道路建设及小学教育补助（印尼 2000 年前）、教育补助（巴西、智利、哥伦比亚），医疗性补助（巴西、加拿大），学校建设资本性补助（印尼），高速公路建设补助（美国）	仅仅以支出多少为条件的转移支付（多数国家），地方建设经费转移支付（美国），不与任何条件匹配的资本性补助以及对补助后没有要求的补助
影响那些地方优先权低的地区	开放性匹配转移支付	对于社会保障的补助（加拿大 2004 年前）	无条件的专项补助
提供稳定性和帮助解决基础设施的不足	可持续的资本性补助	以地方政府财政收入能力相对应的资本性补助	对补助后结果无要求的稳定补助

反面经验：应尽量避免的转移支付方式

政策制定者应该尽量避免设计出以下这些政府间转移支付方式：

1. 对具体目标的详细叙述模糊的转移补助。

2. 财政收入共享体制。这种制度安排中的各个主体间利益关系不一致，使得责任划分与承担不明确，不利于提高财政效率和实现财政公平目标的实现。而税权的下放和税基共享是比财政收入共享更好的选择，这样的制度安排在留给中央以下政府自主权的同时还加强了政府的责任的承担。

3. 为了弥补地方财政赤字而给予地方政府的补助。其不可取是因为这会使地方政府不受约束而有意去长期维持财政赤字。

4. 可能会刺激地方政府想方设法提高自身财政收入的无条件转移支付。用低成本并且改进公共服务的提供才应该是公共服务部门的目标。

5. 以投入为依据或者说目的非常单一的专项转移支付。其不可取是因为它会削弱地方的自主权、灵活性、财政效率以及财政均衡目标的实现。

6. 没有资金保障的资本性转移支付。其不可取是因为它很可能会造成政府的累赘。

7. 联邦体制下的经协商后的可以随意使用的补助。其不可取是因为它可能会导致政府间的争吵与不团结。

8. 对所有的地方政府都实行统一的转移支付方式与数额。这会造成极大的不公平。

9. 从转移支付占财政收入的比例和其分配两方面看，变化不连续的转移支付不可取。

正面经验：转移支付应该采取的原则

政策制定者在设计和实施政府间转移支付体制的时候应该竭尽全力遵循以下各项原则：

1. 制度的设计要避繁就简。在对财政转移支付的设计中，要使其可以被广泛地接受和持续，因为在一定范围内的公平可能要好于过分追求全面公平。

2. 一个具体转移支付项目的目标最好单一而明确，要确保该项目的设计与这一目标保持一致。多目标的制度安排往往会导致一个目标也无法很好实现。

3. 引入转移支付数额的上限（与宏观经济指标相联系）和下限，以确保转移支付资金的稳定性与可预测性。

4. 引入"日落条款"。对转移支付的制度安排定期进行回顾与更新（如果合适）是很有必要的，例如每五年一次。在这五年当中，已经实行的转移支付制度安排不应该有所变化，这样可以使所有政府的财政预算有一个确定性的前提。

5. 按照一定的标准使单位资本的财政能力均等化，以达到财政均等化的目的。这一标准应能决定总体共有量和在不同领受者间的分配。财政能力均等化所要求的计算采用一种用于主要税基计算的典型的税收系统，这种计算方法对于大部分国家来说都是切实可行的。相反，支出需求的均等化则要求困难而复杂的分析，因此引起了颇多的争议和讨论。出于这种实际困难的考虑，通过以产量为基础的部门让渡来处理财政需求的均等化无疑是更好的选择，且这种以产量为基础的部门让渡同样能提高以结果为基础所应负有的责任。在全国范围内，一致采用同一种均等化标准对任何一项均等化项目的可持续性都是至关重要的。均等化项目不能够从更宽泛的财政系统中脱离出来而孤立地看待，特别是对带有条件的转移支付。均等化项目应该具有一套"日落条款"以应付正式的审查和更新。对于地方的财政均等化，一种模式不一定适合所有的地方。

6. 在特殊目的让渡项目中，应把制约性强加于产量或进入标准和服务质量上，而不是强加于投入量和过程中。这使得让渡者能够在不损害地方政府的前提下，选择最优方法来提供这些服务，从而达到它们的目标。大多数国家需要建立整个国家基础服务的最小标准，以增强国内的共同市场和经济联合。

7. 在确定对地方政府的让渡时，应区分服务的人口阶层、地方适从、城市/农村的性质。对不同类型的市政或地方政府应建立不同的分配原则。

8. 建立利益维护或者"父爱条款"以确保所有受益政府至少能够得到在改革前的一般转移支付下能得到的数量。并且随着经济的增长，这一条款不会阻碍改革整体框架的逐步推行。

9. 确保所有的股东都能听到改革的声音，确保均等化原则的适当政治紧密性和均等化标准的实行。政治必须内化在这些制度安排之中。诸如独立授予委员会等不亲密的机构是没有帮助的，因为它们不允许政治意见的提供，从而趋向于选择复杂和非透明的解决方法。

从一个由公共部门主导的划分"战利品"的文化转向一种能够对话、可信赖、公平的、负责任的管理环境是至关重要的。这样做首先需要研究发掘所有可行的税权分散方式，实施以产出（GDP）为基础的制度安排和资本性转移支付；其次要建立一个常态的各个地方财政公平的制度安排。这个安排需要明确公平的标准是什么，以确保有一个可以担负起责任的渠道让政府借贷。

第十二章
联邦制和地区均衡：建设合作关系还是培养转移支付依赖性

Federalism and Regional Equity: Building
Partnership or Transfer Dependencies

沙安文（Anwar Shah）

1. 前言

　　幅员辽阔的国家各地区间在人口、资源、经济构成、地理等诸方面各有不同，这些差异造成了经济发展和收入水平的参差不齐。大多数国家，无论是联邦制还是单一制，都采取各种措施，来缓解这种不均衡，从而保证一国的政治和经济稳定。在单一制国家，中央政府在制定区域经济均衡发展政策时相对而言不受什么约束；但在联邦制国家，下属的行政个体可以采取一些政策措施来抵消联邦政府政策的努力。如图 12.1 所示，解决地区差异是一项让人望而生畏的任务，即使从长远来看也很难判断哪些举措会成功。本文发现有些专门针对区域差异的政策在一定条件下反而使得落后地区受到长期的不利影响。

　　全球化更复杂化了这项挑战。在全球化的大背景下，信息科技而不是自然资源决定一个国家的竞争力。同样道理，对于一国，教育落后、信息科技不发达的地区处于劣势，很有可能掉队。

　　本文讨论了联邦制国家如何应对地区均衡化发展的挑战。本文第二部分列举了各种可能有用的举措；第三部分探讨了一些举措的负面效应；最后部分根据上述分析得出政策建议。

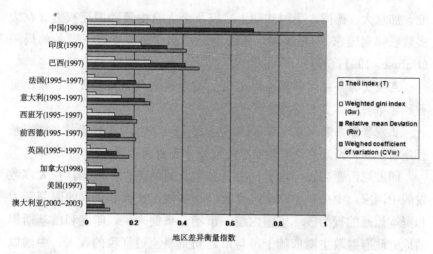

图 12.1　地区差异的国际比较

资料来源：Shankar and Shah. 2001. "Bridging the Economic Divide within Nations". Policy Research Working Paper 2717. Washington，D. C.：The World Bank.

2. 联邦制和地区均衡：建设合作关系，保障经济和谐发展

虽然大多数用于促进地区均衡的政策有争议，越来越多的人同意生产要素和贸易的自由流通和科技的推广是促进地区均衡发展的核心因素，这解释了为什么俄罗斯和中国的地区差异越演越烈，这两个国家的中央政策阻碍流通和科技推广。对联邦制国家，促进区域均衡发展是其首要政策任务之一，主要举措总结如下：

i. 保护国内统一市场

对于大多数推行分权改革的国家，维持并保护国内统一市场非常重要。地方政府为了吸引劳动力和资本，从自身利益出发可能会制造贸易障碍，同时阻止人力资源的自由分配。因此，政府立法责任的分权很有可能带来地方行政区域之间经济关系上的摩擦，这就是为什么最好由联邦/中央政府制定宏观经济政策，例如贸易和投资政策。应该指出的是，中央政府本身推行的政策也有可能破坏国内统一市场。所以，Boadway（1992）建议，不把立法责任完全交于中央政府的最好出路是用宪法保障国内贸易服务的自由流通。

成熟的联邦制国家在宪法里通常包含：自由贸易条款（例如澳大利亚、加拿大和瑞士）；联邦立法权力高于省际贸易法规（如澳大利

亚、加拿大、德国、美国和瑞士)以及个人自由流动搬迁权力(在大多数联邦制国家)。在美国,宪法规定州的立法权受以下两条的局限(Rafuse,1991:3):

商业贸易条款(条款1和8):"议会具有规范对外贸易、州际贸易和印第安部落贸易的立法权力。"

正规程序条款(修改案 XIV 和条例1):"没有通过正规立法审核程序前,任何州政府没有剥夺个人生命、自由或财产的权力。"

印度尼西亚宪法包含了自由贸易和流通的条款。但是,在大多数发展中国家,中央和地方政府政策以及其他正式或非正式的限制劳力和资本流通的行为破坏了国内统一市场。举例来说,印度和巴基斯坦的地方政府财政主要依赖于市与市之间贸易流通征税的收入;中国以往采用户口登记制度来决定粮食分配、就业、住房和医疗方面的补贴,这项政策极大地限制了人口的流通。

ii. 税收调和与协作

行政区域之间的税收竞争可以具有积极的影响:鼓励成本优化,促进州政府的财政负责状况,可能带来一定程度的税收调和。但同时,税收政策的分权也会造成效益降低、不平等的恶化、行政成本的升高。税收调和政策致力于在保护税收分权益处的同时规避其带来的不利影响。

政策的分权所带来的效益降低表现在诸多方面,例如州政府可能采取政策保护其管辖范围内的居民和商业,可能制定损人利己的政策来吸引其他州的经济资源。效益降低也可能只是由于州政府在缺乏总体宏观认知的状况下独立选择的不同税收框架。效益降低或许源自各地区对跨区的商业(和居民)对待相异,这会造成重复征税或是税收漏洞。州税体制可能会加剧社会不公平,因为政府担忧富裕的居民会搬到其他地方而向他们少征税,这就破坏了税收制度的累进性。在税收制度各异的状况下,行政成本很可能过高(Boadway,Roberts and Shah,1994)。因此,税收协作可以提高国内共同市场的效益,降低征收和监控成本,有利于社会公平。

欧盟对税收协作非常关注。加拿大采用了税收征收协议、税收抵免和税基共享来协调税收系统。在德国,只有联邦政府被赋予税收立法权，这样保证全国一致的税基标准。发展中国家大部分是税收中央集权，只有对那些较大的联邦制国家如印度和巴西，税收协作才具有意义。巴西采用 ICMS 来吸引资本的流入（ICMS 是对三项税收的总称包括商品流通税、跨州跨市交通服务税和电信通讯税，该税的征收适用来源地准则），这引起了州政府之间的矛盾。尽管议会努力协调ICMS的税基和税率的规定，但是许多州政府仍有税收转让的行为，这是议会不准许的；有些州政府甚至还减少税基或是延期支付税款（Longo，1994）。举例来说，一些东北地区的州提供 ICMS 税款的 15年延期支付的优惠政策，在巴西通货膨胀的宏观经济下，这样的延期付税会极大地诱惑资本的流入（Shah，1991）。

iii. 政府财政转移支付

联邦向州提供财政转移支付有多重目的：缓解结构性不平衡（地方财政缺口问题），纠正财政效益的降低和不公平，补偿积极的界外效应和实现财政协调。最重要的是转移支付的设计要为其目标服务。

发达国家主要使用两种转移支付：条件性的转移支付，用来实现最低全国公共产品和服务标准；均衡性转移支付，用来解决地区差异。还可以设立第三种转移支付来保障地区稳定，这种暂时性的补贴用来缓解经济行为的浮动，不考虑经济水平。

在发展中国家，条件性转移支付多用来顾及个别集体的利益需要，均衡性转移支付缺乏明确的均衡标准，只有少数例外。个别集体利益需要的转移支付最常使用的方式是某些税种的共享或是多项附加条件的财政收入共享。在没有或很有限的税收分权的情况下，这种条件性转移支付为地方政府提供了主要的收入来源。经年累月，这种转移支付体制造成了地方政府的依赖性，并损害了政府对居民要求的回应性和责任感（Shah，1997）。Ehdaie（1994）为这个观点提供了实证分析，他归结道：中央政府同时进行税收和职责分权，把公共服务的成本和受益直接联系起来，这会减小公共部本的规模；而只进行职责分权，税收权力不下放，而只是采用共享的方式，这只会将政府职责和负责机制分离开，却不会缩小公共部门的规模。

一般来讲，这些考虑个别集体利益的条件转移支付，只会造成地方政府采取与它们长期经济利益相悖的行为，阻碍自然调节规律，从而形成落后地区长期处在劣势的恶性循环。

发达国家的经验表明，没有设计完善的财政转移支付制度，分权改革就不可能成功。转移支付的设计必须简洁、透明、为目标服务。合理的转移支付结构可以促进公共服务提供的竞争、财政体制的负责性和财政的协调，而一般性的财政收入共享只会适得其反。印度尼西亚和巴基斯坦的经验为我们提供了转移支付设计方面有用的经验教训。举例来说，印度尼西亚的教育和卫生医疗转移支付采用简单和目标量化的指标来分配，是否继续有权收到补贴取决于这些服务是否达到目标标准。而印度尼西亚用来保证公务员工资水平的转移支付本身就设计不良，这造成了地方政府冗员的问题。巴基斯坦为促进资源流通而设立的搭配补贴仅仅是奖励了那些富裕省份的税收努力。

财政转移支付能够提高公共产品供给的竞争，这一作用不可忽视。举例来说，向基础医疗卫生服务和小学教育所提供的转移支付就可以平等面向公共部门和非营利的私有部门，采用服务标准、人口构成情况、学龄人口和学生入学人口等参数来决定资金如何合理分配。这一举措可以促进竞争和创新，因为公共部门和私有部门会同时竞争资金来源。智利就允许天主教学校（私立）得到公共的教育资金。加拿大各省允许居民自主选择要把他（她）交的税给公立学校还是私立学校，这项政策极大地刺激了公立和私立学校的服务水平，提升了它们的竞争性。这项政策带来的教育资金方面的创新，对如何为扩大农村地区公共服务很有吸引力。

均衡转移支付

如前所述，地区差异是财政分权制国家的一个非常关心的问题，大多数国家尝试利用中央政府的支出或通过各种家长制的政策行为来改善地区差异。相较而言，成熟的联邦国家如澳大利亚、加拿大和德国则采用正式的均衡转移支付项目来解决地区差异问题。对于分权改革需要均衡转移支付来缓解改革所带来的区域差异这一特点，发展中国家在制度上还未引起足够的重视。大多数发展中国家面临严峻的地区差异，但是它们没有设立明确的均衡转移支付项目，尽管有些国家在一般性收入共享安排中暗含了均衡化的目标，例如巴西、哥伦比亚、印度、墨西哥、奈及利亚和巴基斯坦。这些收入共享安排往往是把多个甚至是相矛盾的目标糅合到一个分配公式里，由于缺乏明确的均衡标准，这些举措无法满足均衡地区差异的目的。

iv. 促进地方政府信贷的获得

地方信贷的获得要求有运作良好的金融市场和具有信贷能力的地方政府。这些前提要求在发达国家是很容易满足的，但即使如此，上级政府支援下级政府的传统仍是根深蒂固的。美国有一个有趣的、专门帮助州和地方政府借债的政策，这些政府发债券所得的利息收入是免联邦税的。但是，这个补贴政策有诸多扭曲影响：有利于相对较富的地区和收入较高的居民；歧视非债券形式的融资方式，如储备和权益；它有利于地方政府而不是自主投资，并且压抑了私有部门以转让等形式参与进来。美国许多州政府通过成立地方债券银行来协助规模小的地方政府举债。地方债券银行作为独立自主的州立机构，发行可免税的证券，购买由多个地方政府联合发行的债券。将小比的债券发行集中到一起，而且使用较优的州信贷排名，地方债券银行降低了小社区政府的举债成本。

在加拿大，大多数省都协助地方政府进行项目设计、融资和经济分析方面的帮助。省级政府还会向地方政府提供减少债务的资助。在西欧和日本，独立的机构根据商业标准帮助地方政府举债。在丹麦，地方政府联合成立了一个地方协作银行。在英国，公共设施债务委员会负责分配中央的资金用到地方公共设施。

从发达国家得出的一个重要经验是，地方政府金融公司在商业标准制约下，参与竞争来获取资本和债权人，能够运行良好。在这样的环境下，这些地方金融公司允许合并风险，更好地运用经济规模的原理，依赖它们对地方政府的了解及其融资的潜力，从而为地方政府提供更优惠条款的商业信贷（McMillan，1996）。

在发展中国家，由于长期信贷市场的落后以及地方政府的信贷价值不足，地方政府举债的空间很小；中央政府也将政策重点主要放在控制地方政府上，对如何支持地方举债重视不足。在一些国家，这样的中央帮助是存在的，主要通过专门的机构和中央保证来帮助地方政府获得信贷。厄瓜多尔、印度尼西亚、乔丹、摩洛哥、菲律宾就创建了地方发展银行/基金/机构来帮助地方政府借债。但这些机构非常不稳定，不大可能长期存在，而且受到政治因素的影响。这些机构提供的利率补贴阻碍了新兴资本市场的发展。哥伦比亚和捷克提供了重贴现机构来帮助地方政府获得商业信贷。泰国建立了一个保证基金来帮助地方政府和私有机构对基础设施的投资（Gouarne，1996）。

总而言之，发展中国家地方政府资助资本投资项目的渠道有限，现存的举措对建设一个融资稳定的制度环境有害无益，这是因为宏观经济的动荡、财政纪律和合理法规体系的缺乏阻碍了金融资本市场的发展。此外，由于税收集权，地方政府的收入能力有限。为地方政府提供一定程度的信贷机会，改革的第一步可以建立地方金融公司，采用商业标准来运作，鼓励发展评估地方举债能力的机构来帮助地方政府举债。税收分权也非常重要，这会让私有部门建立向地方政府施债的信心、分担举债带来的风险和收益。

iv. 通过政府补贴和社会保险进行社会风险控制

政府支出除了提供公共产品和服务之外，还主要用于补贴个人和企业（尤其是在发达国家）。这些补贴从一般意义上讲具有再分配的目的，为工业政策或是地区发展服务；有些是从社会保险的角度具有再分配的作用，例如失业保险、医疗保险和养老金。在政府层级间如何合理分配制定补贴政策的职能，有几点注意事项。关于企业补贴，许多经济学家认为这本身就是不合理的政策行为，但是如果企业补贴政策已存在，联邦政府比省级政府更适合制定该政策，这样带来的不合理行为会较少，因为企业补贴主要是为了鼓励他们的资本投资，而资本投资在省与省之间是流通的。对于政府向个人提供的补贴，主要是有收入再分配的功能，该政策主要由哪级政府来制定取决于该国联邦政府肩负均衡职责的程度。从经济学的角度，补贴是一种负的直接税收，所以有人认为某补贴政策的制定应由控制税收的那级政府来制定，这样公平和效益都可兼顾。有时中央政府更适合制定补贴政策，特别是在多项补贴同时存在，为社会公平或保险的多方面服务的情况下。把失业保险与所得税系统联系起来，或把养老金和贫困补助协调起来的做法是有利的。把个人补贴的政策权力下放到省级政府可能会造成国内统一市场的效益降低、地区间财力差异和行政区间损人利己的政策行为。

vi. 缓解全球化带来的负面影响

全球化给联邦制国家带来特殊的挑战。随着全球化进程，越来越明显的是国家这个单位太小无法解决一些宏观的事情，另一方面国家这个单位又太大无法解决一些微观的事情。

当世界经济日趋跨越国界时，人们的国民利益与消费者利益常会抵触。为了保障自己的消费者利益，人们越来越诉诸地方化和区域化的政策决定。由于资本的自由流通以及对国外直接投资的法规环境日益放松，地方政府作为基础设施及相关服务的提供者，比中央政府更适合扮演吸引相关投资的角色。随着国家边界概念的模糊，城市可能会代理国家在多元经济中结盟，生活在欧盟的人们已经发现中央政府与他们生活的关联在弱化，他们越来越倾向于把个人身份与居住城市或所在地区联系起来。

由于资本和其他投入的自由流通，技术取代了资源成为决定一国竞争能力的首要因素。教育和培训在大多数国家是地方政府的职能，因此有必要让中央政府在技术发展方面起到更大的作用。新的经济发展环境也会分化收入分配，有技术的人受益更大，从而加剧收入的不公平和区域差异。由于中央政府可能没有办法独立解决这些新出现的社会危机，地方政府应该与中央政府协作，共同面对新出现的社会问题。

家长制与地区均衡：培养转移支付依赖性？

家长制政策观点利用强硬的中央财政政策法规来缓解地区差异，对贫穷地区采取保护政策，抑制这些地区资源的外流，保护地方工业不受其他地区竞争的威胁，这样的政策包括针对某地区的税收假日和优惠条款、不同地区的社会补助不同、地区工业的保护、中央政府补助地方财政支出或者中央政府直接支付某些地方开支等。前一节讲到的建设合作关系的政策策略主要致力于创建一个有助于自由流通、竞争、科技推广的环境；而家长制政策的做法是树立各项保护措施来滋养那些初步发展的区域，这反而只会减缓甚至阻碍自然调节的规律，这样的政策环境影响了落后地区的长期发展潜力，这样的结果被命名为"转移支付依赖症"（Courchene，1995）。"转移支付依赖症"指的不是地方政府对中央财力的依赖，虽然这也是造成该症的因素之一。

247

"转移支付依赖症"具体是指由于中央政府的区域政策，刺激了地方政府和个人采取了与它们长期利益相悖的行为。地区还有别的转移支付政策同样也影响了人们居住地的决定。举例说，收到转移支付的州/省能够提供高于它们生产力水平的公务员工资，这些州/省还可以维持与其他州/省的持续的贸易赤字，这赤字影响州内的工资或物价水平的程度很小，因为中央政府的政策会补贴这个贸易赤字。结果这些中央政府的家长制行为阻碍市场调节，导致现存收入和就业差异的持续甚至恶化。"转移支付依赖症"的存在应满足以下条件：

(a) 地区的失业率始终比全国平均水平高；

(b) 工资水平要比与劳动生产率匹配的工资高；

(c) 或在较极端的情况下，个人总收入高于国内生产总值。

加拿大的大西洋岸、巴西的北部和东北部和意大利的南部都不同程度上受到转移支付依赖症的不利影响。因此，中央政府慷慨的地区政策会只会不利于那些州，阻碍它们长期发展的潜力。

纵观那些地区发展均衡的国家经验，我们明显可以得出家长制的方法行不通，而建设合作关系的方法可取得一定成功，美国的经验有指导意义。Blanchard and Katz（1992）发现遭受需求下降冲击的州会面对居民商业的外流。Lester Throw（1981）在分析美国新英格兰地区的案例时强调了美国对区域不平衡所采取的合作制政策策略，他认为新英格兰之所以有今日的辉煌，是因为它曾经经历了一段痛苦的从衰败旧工业向新兴工业过渡的历程。如果当时美国联邦政府不是坐视不理新英格兰传统工业的衰败，而是采取家长制的保护行为，那么该区可能久病难愈，仍然落后。

小结

对于发展经济学家来讲，解决地区差异是一项让人望而生畏的任务。至于什么举措是有益的，什么是无益的，尚无定论。根据以往经验，最有效的地区协调发展的政策是采取建设合作制的方式，通过全国最低服务标准的确立和国内贸易障碍的瓦解来实现生产要素的自由流通，并且广泛推广信息科技。

第十三章
完善财政转移支付制度
实现社会和谐均衡发展

The Reform of the Intergovernmental Transfer System:
To Achieve a Harmonious Society and a Level Playing
Field for Regional Development in China

沙安文（**Anwar Shah**）　沈春丽（**Chunli Shen**）[①]

引言

中央对省及省对地方的财政转移支付，是中国各省及地方政府的一项主要收入来源。2003 年，省级政府支出的 67%，县政府支出的 57%以及县以下政府支出的 66%都是由转移支付资金承担的（Qiao and Shah，2006）。在中国，主要由地方政府承担公共服务供给的职责，而出于对税收管理效率的考虑，中央政府筹集的财政收入远远超过其支出需要。中央政府在 2003 年筹集了全部财政收入的 70%，但仅承担了 30%的支出责任。中央政府的财政盈余使其拥有强大的支出权，从而可以为地方提供资金，实现国家目标，并影响地方支出项目的优先顺序。本文研究了政府间转移支付的激励机制及框架设计、服务供给效率与公平以及地方政府的受托责任。本文写作框架如下：第一部分描述了中央—省财政转移支付体系；第二部分总结了现有的省—地

---

① 本文作者为项目负责人、公共部门管理者和顾问。感谢乔宝云教授的评论和修改意见。文中观点仅代表作者本人，与世行无关。如有问题，请与 Anwar Shah（ashah @worldbank . org）联系。

方转移支付体系；第三部分实证分析了这些转移支付项目的经济影响；第四部分强调了在设计财政转移支付时应考虑的因素，包括理论的和实际操作两方面；第五部分对中国现行的政府间转移支付体系进行了评论；第六部分列明了重构政府间转移支付制度应考虑的主要问题；最后，第七部分提出了一些改革中国现行的财政转移支付制度政策建议，促进社会目标的实现。

1. 现行的中央—省转移支付体系

中国的财政体制是建立在一个多层蛋糕模式的基础上，在不同层级的政府间有着严格的纵向等级关系。因此，中央政府仅决定对省级政府的转移支付①，而没有直接的中央对地级市、县和乡镇政府的转移支付。值得一提的是，安徽、福建、黑龙江、海南、湖北、宁夏和浙江7个省级单位和4个直辖市（北京、天津、上海、重庆）的县级单位可以从省级政府直接得到转移支付，同样情况还有2005年年底前实行"省管县"模式的5个计划单列市政府（见图13.1）。省以下转移支付体系的设计与中央对省的转移支付十分相似，但是由于地区财源差异导致各省间转移支付的内容差别很大。

中国中央转移支付可以归为两大类：一般目的的转移支付和特殊目的的转移支付。一般目的转移支付包括：收入分享形式的转移支付；税收返还转移支付，即返还一小部分税收收入给筹集财政收入的省份；均等化转移支付，这种形式的转移支付建立于1995年，目的在于减缓日渐拉大的地区间不平等。均等化转移支付在2001年之前被称之为"过渡期转移支付"，而从2002年开始更名为"一般目的转移支付"。2004年，这三种形式的转移支付占全部中央财政转移支付的63.8%。均等化转移支付在规模上增长迅速，1995年仅20.7亿元，2004年已达745亿元。

特殊目的的转移支付包括：调整工资转移支付，农村税费改革转移支付，民族地区转移支付以及体制补助（弥补1994年分税制改革以前收支差额的转移支付或分税制补差）及其他特殊的转移支付。大约20%以上的其他特殊转移支付，财政部称之为"专项转移支付"（又称"专项拨款"），通常被广泛用于资助省会建设、社会赈灾等项目。2004

---

① 大连、青岛、深圳、厦门和宁波5个计划单列市政府在财政上被看成是省级政府。

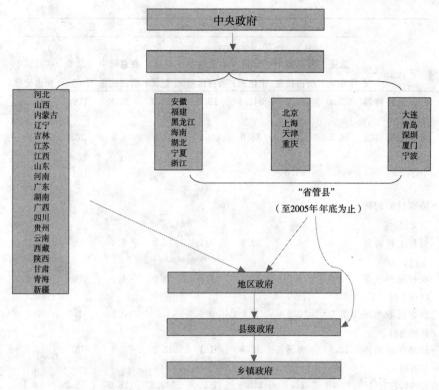

图 13.1 中国政府间转移支付流程（2006 年）

年，收入分享形式的转移支付位居中央—省财政转移支付资金额首位，约 4695 亿元，位于第二位的是税收返还转移支付，约 4049.7 亿元，而专项转移支付约 3223.3 亿元。这三种类型的转移支付占全部中央—省财政转移支付的 80% 强。2004 年的均等化转移支付为 745 亿元，仅占全部中央—省财政转移支付的 5%（见表 13.1）。

表 13.1 中国政府间转移支付

	中央—省		省—县		省/县—乡[1]	
	2004		2003		2003		2003	
	总量 （十亿元）	在总量中 所占比重	总量 （十亿元）	在总量中 所占比重	总量 （十亿元）	在总量中 所占比重	总量 （十亿元）	在总量中 所占比重
一般目的的转移支付								
收入分享转移支付[2]	469.5	31.6	355.6	30.6	231.0	28.8	111.4	20.6

续表

	中央—省		省—县		省/县—乡[1]			
	2004		2003		2003		2003	
	总量 (十亿元)	在总量中 所占比重	总量 (十亿元)	在总量中 所占比重	总量 (十亿元)	在总量中 所占比重	总量 (十亿元)	在总量中 所占比重
税收返还转移支付	405.0	27.2	342.4	29.5	166.7	20.8	126.2	23.3
均等化转移支付[3]	74.5	5.0	38.0	3.3	39.6	4.9	30.5	5.6
小计	949.0	63.8						
特殊目的的转移支付								
调整工资转移支付	91.9	6.2	89.9	7.7	79.2	9.9	68.5	12.7
农村税费改革转移支付	52.3	3.5	30.5	2.6	33.0	4.1	33.8	6.3
少数民族地区转移支付	7.7	0.5	5.8	0.5	1.7	0.2	1.7	0.3
1994年前的体制补贴	12.6	0.8	12.4	1.1	18.2	2.3	16.5	3.0
特殊转移支付[4]	322.3	21.7	242.6	20.9	149.3	18.6	98.2	18.1
其他[5]	51.4	3.5	43.7	3.8	84.2	10.4	54.4	10.1
小计	538.2	36.2						
总计	1487.2	100.0	1160.8	100.0	802.7	100.0	541.2	100.0
占地方政府支出的比重			67		57		66	

注：1. 乡级政府是否能够得到省级或县级政府的转移支付取决于其所在的省份是否实行了"省管县"改革。

2. 收入分享转移支付从2002年起包括以下共享税：增值税、企业所得税、个人所得税；而在2002年前收入分享转移支付仅反映地方增值税收入。

3. 均等化转移支付是指从1995年建立起来的过渡期转移支付。

4. 特殊转移支付是指财政部提供的数据中所列的专项转移支付。

5. "其他"中包括各种"清账"的转移支付（结算补助），行政单位改革补贴和其他财政部提供的数据中没有归类的转移支付。

表 13.2　中国中央财政转移支付的地区分布情况（2004 年）

单位：元/人

	全国			东部			中部			西部		
最低	最高	平均	最低	最高	平均	最低	最高	平均	最低	最高	平均	
人均GDP	4078(贵州)	42768(上海)	12614	9405(海南)	42768(上海)	19351	7449(安徽)	13893(黑龙江)	9376	4078(贵州)	11376(内蒙古)	7430
一般目的转移支付：												
收入共享转移支付	81(西藏)	2830(上海)	330	179(海南)	2830(上海)	610	119(江西)	324(山西)	164	81(西藏)	237(新疆)	152
税收返还转移支付	126(江西)	2123(上海)	313	172(海南)	2123(上海)	523	126(江西)	276(吉林)	175	139(贵州)	359(云南)	194
均等化转移支付	(北京、广东、江苏、上海、天津、浙江)	705(西藏)	3	0	108(海南)	14	54(河南)	125(吉林)	71	41(云南)	705(西藏)	100
特殊目的转移支付：												
专项转移支付	31(广东)	1657(西藏)	249	31(广东)	413(辽宁)	127	166(河南)	612(吉林)	288	180(广西)	1657(西藏)	366
中央财政转移支付总量	646(河南)	5079(上海)	1117	745(山东)	5079(上海)	1352	646(河南)	1506(吉林)	883	739(四川)	4950(西藏)	1075

注：各省的收入共享转移支付也包含在中央财政转移支付总量中，具体包括 25% 的增值税和 40% 的个人所得税、企业所得税。

本表数据由作者计算得到。

　　表 13.2 及图 13.2 全面显示了 2004 年中央财政转移支付在中国各地区和省份的分配情况①。从所有中央转移支付看，最富的上海是人均接受转移支付最多的地区，人均 5079 元；而河南则是人均接受转移支付最少的省份，人均仅 646 元；全国平均水平为人均 1117 元。但就收入分享形式的转移支付而言，上海得到了人均转移支付 2830 元的最高水平；海南省则是东部地区接受这种转移支付最少的省份（人均 179 元）；山西和新疆分别是中西部地区中获得人均转移支付额最高的两个

---

　　①　中国东部包括 11 个省份，分别是北京、福建、广东、海南、河北、江苏、辽宁、山东、上海、天津和浙江；中部包括 8 个省份，分别是安徽、黑龙江、河南、湖北、湖南、江西、吉林和山西；其余的 12 个省份属于西部。

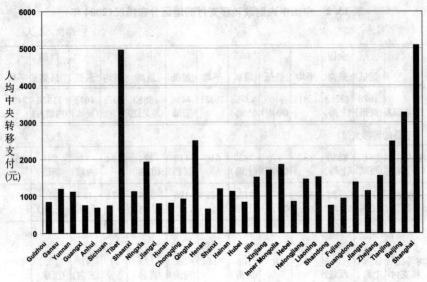

人均国民生产总值 (按从低到高排序)

图 13.2   2004 年全部中央转移支付的分配情况

注：数据由作者计算得到。

资料来源：全部中央转移支付也包括各省的收入分享转移支付、具体包括 25% 的增值税和 40% 的个人所得税和企业所得税。

图中，纵轴代表人均中央转移支付额（以元为单位），横轴代表各省份，按省人均 GDP 从低到高排列依次为：贵州、甘肃、云南、广西、安徽、四川、西藏、陕西、宁夏、江西、湖南、重庆、青海、河南、山西、海南、湖北、吉林、新疆、内蒙古、河北、黑龙江、辽宁、山东、福建、广东、江苏、浙江、天津、北京、上海。

省份；西藏不管是从西部地区还是全国来看，都是接受转移支付最少的地区。而就税收返还转移支付而言，上海、吉林和云南分别是东部、中部和西部地区中获得这种转移支付额最高的省份。6 个沿海省市（北京、广东、江苏、上海、天津和浙江）没有从中央获得均等化转移支付资金，原因不言而喻；西藏地区则获得了人均最高额的均等化转移支付资金——人均 705 元。

一般目的的转移支付

（1）收入分享转移支付

中国地方政府从中央政府获得增值税（VAT）收入的 25%，及企业所得税和个人所得税收入的 40%。由于中央政府决定税基、税率，而且负责征收增值税和大部分的所得税，因此按照公共财政文献的一般惯例，将这种形式的转移支付归类为一般目的的转移支付更合适些。

（2）税收返还转移支付

1994 年的税制改革将增值税和消费税纳入中央政府征收管理，与此同时设立了增值税和消费税的税收返还项目，以返还一小部分的增值税和消费税税收收入给征收这两种税的省份。从而确保了在中央统一征税的情况下，各省至少能够保持它们在 1993 年的增值税和消费税收入水平。当年的增值税和消费税税收返还额是在上年税收返还额的基础上，再加上当年增值税和消费税收入增长的 30％。公式为：

$$TR_t = TR_{t-1} \left[1 + 0.3 \left(\frac{VAT_t - VAT_{t-1} + ET_t - ET_{t-1}}{VAT_{t-1} + ET_{t-1}} \right) \right]$$

其中：

TR_t——t 年对某省的税收返还转移支付

VAT——增值税

ET——消费税

2002 年，个人所得税和企业所得税也被纳入中央管理，同时建立了一个类似于增值税返还的税收返还项目。所有的企业所得税[①]和个人所得税由中央和省级政府按 50∶50 的比例共享，这一规定自 2002 年 1 月 1 日起正式生效。从 2003 年开始，中央政府的共享比例又提高到了 60％。为了保证省级财政收入的稳定性，又建立了所得税返还项目，以使所有省份取得的所得税收入都不低于它们在 2001 年的水平。

（3）均等化转移支付

为了缩小地区财政间的不平等现象，1995 年，中国政府首次建立了以公式为基础的均等化转移支付方式（2001 年前称之为"过渡期转移支付"）。在这一方式下，i 省的均等化转移支付金额由三个因素决定：该省的标准财政收入，标准财政支出，以及该省的标准财政收支缺口占全国财政收支缺口的比重。公式为：

$$ET_i = TET * \frac{SE_i - SR_i}{SE - SR}$$

---

① 下列企业所得税不包括在这一共享政策中：铁路运输、国家邮政、中国工商银行、中国农业银行、中国银行、中国建设银行、国家开发银行、中国农业发展银行、中国进出口银行、海洋石油天然气企业、中国石油天然气股份有限公司、中国石油化工股份有限公司。

其中：

ET_i——i 省的均等化转移支付金额

TET——预算年度可用的均等化转移支付资金总规模

SE_i——i 省的标准财政支出数

SR_i——i 省的标准财政收入数

SE ——全国标准财政支出数

SR ——全国标准财政收入数

均等化转移支付资金总规模（TET）由中央政府灵活掌握，受年度可用财力的影响。

标准财政收入等于标准地方税和共享税收入加上税收返还，再加上各种形式的转移支付，减去地方应向中央财政上解的部分。其中，税收返还和各种转移支付减去地方向中央的上解，是由中央政府实际支付的金额。每种税的标准税收收入由标准税基乘以标准税率决定。对于个人所得税而言，标准税基包括工资薪金所得和个体工商户生产经营所得，而从其他项目实际征得的所得税被直接作为标准财政收入的一部分。工资薪金所得用扣除免征额部分的人均应税工资薪金净额，乘以职工数来估计。工资薪金税率按经地区系数调整后的地方实际平均税率计算。标准财政支出由 7 个方面的经费支出来估计，其中每个方面都涵盖了人员经费支出（工资和奖金）和办公经费支出（车辆、取暖及其他）。

虽然均等化转移支付增长迅速（从 1995 年的 20.7 亿元增长到 2004 年的 745 亿元），但特殊目的的转移支付增长速度远远超过均等化转移支付的增长速度。图 13.3 描绘了 1995—2004 年间，收入分享转移支付、均等化转移支付、税收返还转移支付、专项转移支付和全部转移支付资金的分配趋势。

特殊目的的转移支付

（1）调整工资转移支付

中央分别于 1999 年和 2001 年两次提高了公务员的工资水平，为支持这一政策在中西部地区的顺利实施，一项特殊的转移支付在 1999 年被建立起来。因此，这项转移支付的目的就是为了填补由于中央政策实施引起的财政缺口。1999 年 7 月 1 日开始，人均月工资水平提高了 120 元；然后在 2001 年 1 月 1 日，人均月工资水平又提高了 100 元；2001 年 10 月 1 日，人均月工资水平又增长了 80 元。在工资增长的同

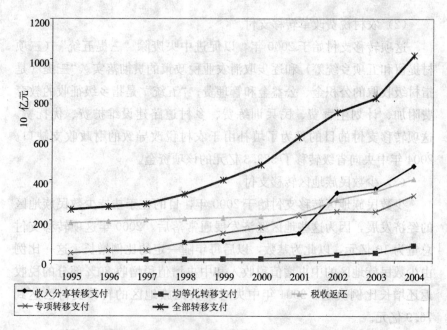

图 13.3 1995—2004 年间中央—省转移支付

1. 收入分享转移支付只搜集到 1998 年后的数据。

2. 特殊转移支付，财政部称之为专项转移支付，占特殊目的转移支付的主要部分。

时，2001 年设立了公务员的奖金制度（与一个月工资增长水平大体相当），边远地区还建立了津贴制度。700 多个县符合获得这项转移支付的条件。除此之外，支付农村中小学教师工资有困难的省份也通过这项转移支付获得补偿（Zhang，2003）。

这项转移支付的分配可用下列公式表示：

$$WG_i = EpI_i * BER_i$$

其中：

WG_i——i 省获得的调整工资转移支付

EpI_i——由于中央涨工资政策导致的省级预算支出的增长

BER_i——i 省人员经费和办公经费支出占全部可支配收入的比重

公式中，i 省获得的转移支付量由两个因素决定：一是由于工资政策的实施导致的该省财政支出增长；二是基本财政支出（包括人员经费支出和办公经费支出）占该省全部可支配财政收入的比重。财政支出增长也由两方面决定：一是 i 省的公务员数量；二是中央政府工资增长的标准。2004 年这项转移支付达到了 919.4 亿元。

（2）农村税费改革转移支付

这项转移支付始于 2000 年，以促进中央废除"三提五统"（三项村提留和五项乡统筹）和逐步取消农业税政策的贯彻落实。"三提"是指村级收取的公积金、公益金和管理费；"五统"是指乡级征收的教育费附加、计划生育费、民兵训练费、乡村道路建设维护费、优抚费。这项转移支付的目的是为了填补由于农村税改导致的财政收支缺口。2004 年中央向省级转移了 523.3 亿元的该项资金。

（3）少数民族地区转移支付

少数民族地区转移支付始于 2000 年，目的在于扶持少数民族地区的经济发展，因为这些地区经济发展通常落后。2000 年这项转移支付总量为 10 亿元，以此为基数，以后每年随一定的比例增长，这一比例由少数民族地区的中央增值税收入和中央增值税增收 80% 部分的税收返还增长比例决定。2004 年中央对少数民族地区的转移支付已达到76.9 亿元。

（4）体制补助（弥补 1994 年分税制改革以前收支差额的转移支付或分税制补差）

体制补助是中国在 1988—1993 年间实行的财政包干体制下一种固定包干的转移支付形式。从 1994 年开始，依照 1993 年仍有效的地方政府与中央政府间的财政合约，地方政府一直向中央上解收入或者从中央获得补助。转移支付的数额大约相当于基期年估计的财政赤字（财政收入与财政支出间的差额）。包括内蒙古、吉林、福建、江西、山东、广西、海南、四川、贵州、云南、西藏、陕西、甘肃、青海、宁夏和新疆在内的 16 个省份目前仍从中央取得这种形式的转移支付。2003 年和 2004 年这种形式的转移支付资金额均为 126 亿元。

（5）特殊转移支付

财政部将特殊转移支付归类为"专项转移支付"。过去的几年中，为各种项目提供资金的各种名目的特殊转移支付不论在数量上还是规模上都在不断增长。当前有大约 200 个项目的特殊转移支付，占全部中央转移支付的 20% 强。这种转移支付以项目为基础，并规定了专门的用途，如资助农业发展、支持基础设施建设、援助落后地区及提供自然灾害的应急资金等。2004 年，这项转移支付资金已经增加到 3223亿元。

2. 现行的省—地方财政转移支付体系

在中国，所有中央对省以下政府的转移支付资金都要通过省级政府。因此，省如何处理它们与下级政府的关系，决定了省以下转移支付的模式。当前，省与省以下政府的关系主要有两种不同的模式：

(1) "市管县"模式。这是一种传统模式，截至 2005 年年底，仍有 20 个省份实行这种模式。在这种模式下，省级政府在财政事务上仅与市级政府有来往，依此类推，市级政府才与县级政府有来往。

(2) "省管县"模式。有些省级政府越过市级政府，直接与县级政府有财政事务关系，而市级和县级之间完全没有财政关系。这种模式已经在 11 个省市实行，包括安徽、福建、黑龙江、海南、湖北、宁夏、浙江和 4 个直辖市（北京、上海、天津和重庆），5 个计划单列市（大连、宁波、青岛、深圳、厦门）也在 2005 年年底实行了这种模式。

"省管县"模式在全国广受欢迎，可以预计将来会有更多的省级政府采取这种模式。很多情况下，较低级次的县级政府也向最低基层的乡级政府提供转移支付资金。对于一些贫困地区，中央政府鼓励"乡财县管"模式，在这一模式下，乡级政府不再作为一级独立的预算单位。随着政府级次的减少，政府工作效率有望得到改善。

省以下转移支付与中央对省转移支付在构成和分配标准上都基本一致。同样地，它也可以分为两大类：一般目的的转移支付和特殊目的的转移支付。一般目的的转移支付包括收入分享转移支付、税收返还转移支付和均等化转移支付。特殊目的的转移支付包括调整工资转移支付、农村税费改革转移支付、少数民族地区转移支付、体制补助（分税制补差）和其他特殊转移支付。均等化转移支付和税收返还转移支付由中央统一管理，并按照中央对省级转移支付相同的公式计算。政府间转移支付在省级、市级和县级的构成情况如图 13.4 所示，表 13.1 也依次列示了这些转移支付的构成情况。在从中央获得的全部转移支付资金中，省级政府保留了 29.2％的部分，其余 70.8％转移给了市级政府。相应的，市级政府将从省级获得的转移支付的 75.4％转移给了县级政府。

中央—省（总量：11608 亿元）

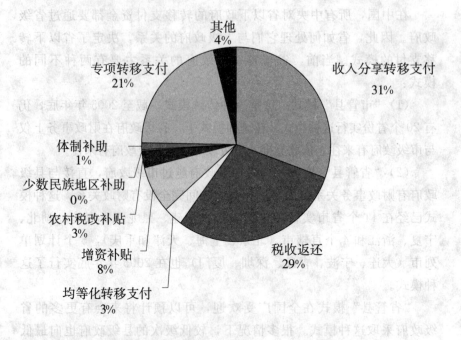

省—市（总量：8027 亿元）

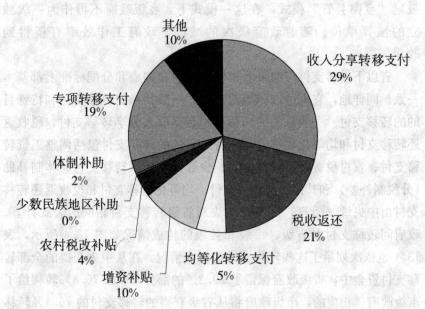

省/市—县（总量：5412 亿元）

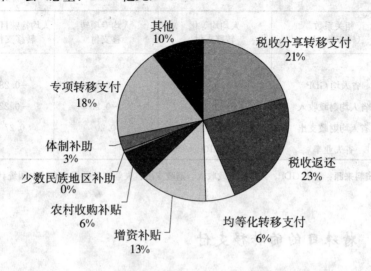

图 13.4　2003 年中国不同级次政府间转移支付构成比较

3. 现行财政转移支付制度效应的实证分析

对现行转移支付制度进行实证分析，有助于我们判断转移支付是否在实践中已经实现了其既定目标。以下我们着重分析主要转移支付项目的均等化效应。

均等化转移支付

表 13.3 显示了在省级层次上，人均均等化转移支付与反映省级财政能力和财政需要的指标之间的相关性。人均转移支付与省人均国内生产总值（经济增加值）、省人均财政收入呈现出负相关关系，人均转移支付与省人均财政支出、省失业率呈现出正相关关系，但数值较低，说明相关性不强。表 13.3 清楚地描述了人均均等化转移支付与各个选定经济变量之间的相关性。表 13.4 列示了反映分配不平等的基尼系数（Gini），该指标显示，转移支付对省级财政收入的均等化效果并不明显（基尼系数仅从 0.365 减少到 0.351）。均等化效应不强主要应该归结于均等化转移支付的量小，均等化转移支付仅占全部中央转移支付的7.3%，全国人均均等化转移支付仅为 3 元。因此，均等化转移支付的再分配效应并不显著。

表 13.3　2004 年中国各项转移支付与经济指标的关系

相关系数 （样本数 31）	人均均等化 转移支付	人均专项转 移支付	人均特殊目的 转移支付
省人均 GDP	−0.38	−0.36	−0.28
省人均财政收入	−0.31	−0.28	−0.22
省人均财政支出	0.18	0.20	0.27
省失业率	0.10		

资料来源：各省 GDP、人口、财政收入、财政支出、失业率等数据来自《中国统计年鉴 2005》。

特殊目的的转移支付

特殊目的的转移支付包括少数民族地区补助、贫困边远地区补助、公务员增资补贴、农村税改补贴、体制补助（分税制补差）及其他特殊目的的转移支付，这类转移支付的配置与省人均国内生产总值（经济增加值）、省人均财政收入呈现出负相关关系（见表 13.3）。特殊目的的转移支付使省级财政收入（未接受中央转移支付前的省财政收入）的基尼系数从 0.365 降低到 0.295（见表 13.4）。因此这种转移支付对省级财政收入有均等化效应。

表 13.4　2004 年中国中央财政转移支付的均等化效应

省级政府数量（N＝31）	均值（元/人）	加权基尼（Gini）系数
省级财政收入	904	0.365
＋ 均等化转移支付	906	0.351
＋ 专项转移支付	1153	0.283
＋ 特殊目的的转移支付	1070	0.295

注：加权基尼系数，用各省人口数量作为权重计算各省人均财政收入而得出，公式如下：

$$G= (\frac{1}{2R})\sum_{i}^{n}\sum_{j}^{n} | R_i - R_j | \frac{p_i p_j}{p^2}$$

其中，R 是全国人均财政收入；p_i 和 p_j 分别代表 i 省和 j 省的人口数；P 代表全国人口；n 代表省份数；G 取值在 0 和 $(1-\frac{p_i}{p})$ 之间，0 代表完全平等，后者代表完全的不平等。

特殊转移支付（专项转移支付）

观察专项转移支付与选定的经济指标的关系可发现，专项转移支付一般与省人均 GDP（经济增加值）和省人均财政收入之间具有负相关关系（见表 13.3）。表 13.4 所示的基尼系数表明，这种形式的转移支付对省级财政收入具有均等化效应。在将专项转移支付加入省人均财政收入后，基尼系数从 0.365 降至 0.283。令人惊讶的是，专项转移支付的均等化效果甚至比均等化转移支付的均等化效果还强。部分原因可能在于人均均等化转移支付资金非常少，仅相当于人均专项转移支付的 1%。虽然从某种意义上说，专项转移支付促进了省份间的公平，但这种转移支付的设计在很多标准上评价不高，如透明度、可预测性、简化程度及客观性等。

4. 构建和谐社会及地区均衡发展下的财政转移支付：理论与实践探讨

（1）政府间转移支付的基本经济原理

政府间转移支付是中国地方政府的主要财政收入来源。政府间转移支付的设计对地方服务供给的效率与公平，及地方政府的财政健康运转是至关重要的。从增强各级政府的财政责任考虑，理想的状态应该是使各级政府的财政手段（增加自身财政收入的能力）与支出需要尽可能相匹配。但必须允许较高层级政府获得更多的财政收入（超出它们履行自身的、直接职责的支出需要），从而较高层级的政府能够利用支出权，通过财政转移支付来实现国家和地区公平、效率目标。国家财政转移支付的目标可以归纳为 6 个主要方面（见表 13.5）在中国，实现各个目标的优先顺序可能有所不同，而且每个目标都要求财政转移支付为之特别设计。

表 13.5 转移支付设计的基本原理和成功经验

转移支付目标	转移支付设计	成功经验	应避免的做法
弥补财政缺口	重新设计职责 减税 税基共享	加拿大的减税和税基共享	赤字转移支付（直接弥补赤字的转移支付）；税收分成征收

续表

转移支付目标	转移支付设计	成功经验	应避免的做法
缩小地区财政差异	一般的、非匹配财政能力的均等化转移支付	加拿大和德国的财政均等化项目	多种因素决定的一般收入分成
补偿效益外溢	不设限匹配转移支付，匹配率与效益溢出相一致	南非共和国对医学院的转移支付	
设定国家最低均等化标准	在满足服务和进入标准条件下的、非匹配的一般目的转移支付	印度尼西亚2000年前公路建设和基础教育转移支付；哥伦比亚和智利的教育转移支付；加拿大卫生转移支付；巴西的SUDS项目	单独列支的条件转移支付；特殊转移支付
对地方决策施加影响，使全国目标优先于地方目标	不设限匹配转移支付，随地方财力反向调节支付率	加拿大用于社会救助的转移支付	特殊转移支付
转移支付项目的稳定性	尽可能维护现存状况的资本性转移支付	有限度地使用资本性转移支付，通过提供政治和政策风险担保、鼓励私人部门的参与	今后不再需要的稳定的转移支付

资料来源：Shah（1994，1998，2004，2005）。

（2）设计政府间财政转移支付的标准

在进行单个转移支付项目设计时，除了需要考虑与转移支付设计目标相一致的一些基本经济原理外，还应考虑许多原则（Shah，1994）。

• 自主权　地方政府在安排支出优先权时应具有完全的独立性和灵活性，而不应受到中央政府支出项目的结构和不确定性的影响。税基分享形式的转移支付与这一目标相一致，包括允许地方政府在中央征税的基础上再按地方税率征税、以公式为基础的收入分成以及一般目的的转移支付。

• 收入充足　地方政府应具有充足的财政收入，足以履行其应尽的职责。

• 公平　拨款数额应随财政需要的变化而变化，也应与每一辖区的赋税能力呈反向变化。

• 可预测性　应及时公布可用资金的5年规划，以确保地方政府对收入的可预测性。

• 效率　转移支付设计应保持中性，不能妨碍地方政府在不同部门和不同活动中的资源配置决策。

•　简化　转移支付资金的分配应按照客观因素来确定，避免人为因素的干扰。转移支付的公式应尽可能简化，防止出现寻租现象。

•　激励　转移支付的设计应提供合理的财政管理激励机制，阻碍低效行为的发生。不应为解决地方政府财政赤字设立特殊目的的转移支付。

•　维护转移支付的既定目标——对结果负责　这一原则可通过如下两方面得到很好的实现：一是给转移支付设定条件，说明其应达到的目标；二是给转移支付接受者使用资金的自由，但让接受者对结果负责。

•　盯住单一目标　每种转移支付的设计应集中在单一的目标上。

以上所列的各种标准可能相互间会有矛盾，因此在权衡不同的设计方案时，资金转移支付者可能会有所侧重。

（3）国际经验借鉴

Shah（2003）提供了许多重要的政府间转移支付的国际经验。以下逐条列出，我们可以逐一对中国的财政体制进行反思。

反面经验：应避免的做法

•　为解决纵向财政缺口，分成共享收入的转移支付是不可取的，因为这种类型的转移支付不利于明确接受者的受托责任，不利于实现效率与公平目标。共享税也不可取，因为它可能会在分配共享收入的过程中带来腐败问题。税收分权或者税基分享不失为一种收入分享的较好方式，因为它们增强了地方政府的责任感而且也能给地方政府留有自主权。

•　转移支付不应以弥补财政赤字为目的，因为它容易导致未来会有更大的财政赤字需要弥补。

•　公共部门不应以获得无条件转移支付为目标，改善公共服务的供给、降低税收成本才是其目标。

•　以投入和过程为基础的转移支付及专项转移支付弱化了地方的自主权、灵活性，不利于实现效率与公平目标。

•　没有后续资金支持的资本性转移支付应尽可能减少，因为这些项目有可能变成没有实际价值的负担。

•　在分权财政体制中，不能根据谈判结果来确定转移支付，转移支付体制也不能是随意的，因为可能会存在争议性且无法统一。

•　不应设立独立于政府的转移支付机构，这些机构只会选择复杂的处理问题方式。

正面经验：应争取的做法

• 简化。在财政转移支付设计中，大致公平可能比完全公平更能保持制度的简化和透明，从而具有广泛的可接受性。

• 一个转移支付项目只盯住一个目标，转移支付的设计也应与这一目标相吻合。一个转移支付项目设计多重目标可能适得其反——一个目标也无法实现。

• 引入"日落条款"。定期（比如每隔5年）对转移支付项目进行评价与更新是可取的，其间不应对转移支付项目进行任何更改，以保证所有级次政府的预算规划的确定性。

• 使人均财政能力同等化至指定的水平，这样的转移支付项目能够很好地实现财政均等化。采用标准税收体系来计算财政能力均等化，是一种相对直接的方法，对数据和经验的要求都不高。另一方面，财政支出也要尽可能的实现均等化，但是均等化的计算方法复杂且常带有主观性，因此易引起各种争议。通过以产出为基础的人均（每个服务人口）国家最低标准转移支付较容易计算财政支出需要的均等化水平。

• 特殊目的的转移支付，约束条件最好加在产出、进入标准或者服务质量方面，而不是投入和过程。这有助于转移支付目标的实现，同时又不会影响地方政府提供服务的最优决策。简单的以产出为基础的转移支付有助于实现国家最低均等化标准。

• 在制度安排上，没有一种模式是最优的。但重要的是，要考虑所有利益相关者的呼声，而且要在一定的客观标准下达成能够被各方接受的适当的妥协。全体公民对均等化标准的一致同意对转移支付的可持续性是至关重要的。政府间的研讨会在很多国家都带来很好效果，如加拿大和德国。

5. 中国现行政府间转移支付体系评价

下文将对个别转移支付项目进行评价，之后将针对中国政府间转移支付整体进行总结。

一般目的转移支付

收入分享转移支付（税收共享转移支付）

增值税（VAT）及个人所得税（PIT）和企业所得税（EIT），分别于 1994 年和 2002 年划归中央政府管理。与此同时，中国建立了分税制税收管理体制，目前有 25％的增值税及 40％的个人所得税和企业所得税收入被中央政府返还给征税地省级政府。这种中央集权的税收管理体制确保了全国税基和征税的统一性，这种特征尤其适合对增值税的管理。对于居住地管辖的个人所得税和企业所得税而言，统一的税基是可取的；但在追逐更大的省级自主权和灵活性的情况下，统一的税率是行不通的。虽然个人所得税实行居住地管辖可行，但企业所得税必须奉行收入来源地管辖，并且应有正式的收入归属原则以使收入归属不同的地区。居住地管辖的企业所得税有可能使贫困地区丧失主要收入来源，因为公司总部通常位于较富的省份；另外，居住地管辖的企业所得税容易鼓励无效税收竞争和损人利己政策的推行。现行的分税制税收管理体制弱化了省级财政的灵活性和责任感，省级政府不再有调整税率的权利，也不能够向其居民证明本省的税收方案是最优的。现行具有分税性质的税收安排也不可取，从理论上说，它可能使中央财政不惜一切手段努力从非共享税基中增加收入。但是在中国，没有证据表明这种情况确实存在。

税收返还转移支付

如前所述，税收返还主要是为了减少中央统一征税带给地方的负面影响，各省至少能够保持它们在 1994 年的增值税和 2001 年个人所得税、企业所得税的收入水平。但这只是一种暂时维护地方收入水平的手段，它必将会在以后几年中被取消。增值税收入增长的 30％作为税收返还额返还给地方，这是一个动态过程，而对于那些因为分税制的实施"未受到伤害"的省份来说，并不能得到税收返还。有些学者认为，税收返还只是为那些富裕省份提供了激励机制，加大了地区间的不平等（Tsui, 2005）。

均等化转移支付

对于幅员辽阔的分权制国家来说，财政均等化体制有助于维护国家的统一。1995 年，中国本着促进地区间财力均等的原则，采用了客观综合均等化体制（即澳大利亚模式），希望能够平衡地方财政能力和支出需求。但是，这一体制在理论上是完美的，而实际操作中，其复杂的设计导致了地区均等化目标难以实现。均等化标准。同澳大利亚一样，中国在一个财政年度内的均等化转移支付资金总量是固定的，只是各年有所变化，但这一总量与普遍认可的均等化标准无关。固定的均等化资金总量使得中央承诺在全国范围内以合理、可比的财政负担提供合理、可比的公共服务成为一句空话。

集权化财政体制对于均等化的含义

标准税收体系通常适用于分权的财政体制下各地收入能力不同、税基不同的情况。中国的财政体制是集权化的，所有动态的、税收收入多的税基都归中央控制。这样就限制了财政均等化体制的效果发挥。与澳大利亚类似的一点是省以下地方政府的收入基础很小，而与之不同之处是地方政府根本没有权力决定其税基和税率，国家税务局对省以下税务系统实施垂直管理。

解决财力均衡问题的标准税收体系（RTS）

标准税收体系在理论上是可行的，但是在中国的集权财政体制下，运用标准税收体系来计算潜在收入会使计算变得更为复杂，但是却不可能得出与实际收入不同的结果。潜在收入与实际收入的差额源自于国税机构在各地方征税的绩效和合规性。请注意，计算潜在收入主要是为了避免在进行均等化转移支付时以实际收入为分配基础会出现妨碍税收征管的因素。中国与德国的财政体制相似，都是全国统一贯彻中央的税收政策，地方没有决定税基和税率的自主权。德国的均等化体制解决了这一难题，它们在采用标准税收体系时均衡了实际财政收入而不是潜在收入，从而保持了体制的简化性。

标准支出体系（RES）

中国和澳大利亚都使用标准支出体系来计算支出需求，而且中国的计算方法比澳大利亚更加严格一些。虽然这种方法在理论上是可行的，可实践中有很大的局限性。比如，在计算人员经费支出时，这种方法维护原有管理体制，阻碍了引入以结果为导向的管理体制，不利于构建更有效的服务供给体制和采取竞争性供应或外包等先进方式。在一些富裕省市，这种计算方法形成了浪费的支出政策。同样，一些支出项目如燃料支出也存在浪费现象。采用计量经济学方法计算标准支出体系，所做的函数不变、供给模式不变以及系数稳定的假设不符合像中国这样的动态经济。这也是澳大利亚于20世纪90年代放弃继续使用计量经济学方法计算标准支出体系的原因，虽然它们现在所采取的计算支出需要的方法也是非常复杂、有争议的，而且也是人们对当前均等化体制不满的主要原因。

概括地讲，财政支出需要的均等化虽然是大家所期望的，但需要复杂的分析及许多的探讨和争论。但是，除了少数核心人物外，大多数人对这一均等化体制非常陌生。鉴于此，财政支出的补偿可通过以产出为基础的、对优效品（merit goods）的转移支付来得到最佳实现。

总之，中国的财政均等化体制是非常复杂的，它缺少成功体制的一些必要要素，比如没有明确的、统一的均等化标准等，因此也就不能明确转移支付的总量和对未达到全国平均标准的省份的转移支付规模。而且，均等化标准的测算应该建立在大量真实数据的基础之上，所形成的体制应尽可能简化，以便于公众能够普遍接受。

特殊目的的转移支付

中国有大量特殊目的的转移支付用以优先贯彻国家政策，下面内容将详细论述。

调整工资转移支付

这项转移支付用于弥补各省（市、自治区）贯彻国家 1999—2001 年间统一增加工资所带来的财力缺口。最初，这项转移支付有其存在的道理，但从长远来讲，其合理性受到质疑。这种做法代表中央政府已经承认省以下财政体制存在着财权、事权不匹配的问题，这个问题应该通过税收分权和税收分享体制来解决，而为工资调整提供转移支付只会鼓励省以下政府继续增加工资。其他国家（例如巴西）引入了事权法案，规定了各级政府工资支出的最高限额，这样有助于激励政府机构更好的提供服务，而不是为了工作而工作。

农村税费改革转移支付

这项转移支付用于弥补 2000 年农村税费改革后基层政府的财力缺口。同样，这种转移支付也只能暂时弥补财力缺口，并不是解决县乡财政困难的一个长远之策。根本解决方案要求重新审视基层政府的财权和事权，并建立以产出为基础的财政转移支付。

民族地区转移支付

中国政府的一个重要目标就是保持民族文化的多样性。2000 年中央对民族省的转移支付达到 10 亿元，以后的转移支付规模以此为基数，每年按一定比例增长，这一比例由少数民族地区的中央增值税收入和中央增值税增收 80％部分的税收返还增长比例决定。虽然这种形式转移支付的存在是必要的，可是其设计却需要进一步考虑。

体制补助

体制补助是以前包干财政体制的延续，这种转移支付在规模上相当于某些省在 1993 年的财政收支缺口。这种补助持续了十几年，是不合理的。

其他专项转移支付

在中国，直属部门的转移支付共有 200 多种形式，有些转移支付无据可查，所以在此不做评论。

6. 政府转移支付制度当前面临的主要挑战

中国的政府转移体制采用客观的标准，把大量的资金转移支付给地方政府，保证了省及以下各级政府在质和量上提供比大多数发展中国家更好的公共服务，这是值得引以为傲的。但是，当前该体制还存在一些明显的弊端。

（1）繁复和不透明：均衡转移支付的计算复杂，许多专项转移支付是为短期内解决新冒出的问题而设立，但一直延留下来，没有严谨的论证其继续存在的必要性。转移支付体系不透明，只有极少数的专家了解所有的设立项目和分配标准或方法。

（2）改善财政缺口的缝缝补补举措：省及省以下各级政府的税收和支出分配造成了很大的地方财政缺口（见表 13.5），许多转移支付项目的设立本质上是为了填充这些缺口，比如说中央地方共享税、税收返还、调整工资转移支付补助、农村税费改革转移支付补助、农业税降率转移支付补助等从本质上是为了部分填补地方政府的财力缺口。这样的体制设计只治标不治本。

表 13.5　中国纵向财政缺口（2003 年）

政府层级	财政收入占总收入的比例（%）	财政支出占总支出的比例（%）	财政盈余（或缺口）
中央	71.0	30.1	40.9
省级	5.7	18.5	(12.8)
省以下	23.3	51.4	(28.1)
全部	100.0	100.0	0.0

注：本文把地方与中央共享所得的增值税、企业和个人所得税归类为中央的一般性转移支付，因为根据国际标准，增值税、企业和个人所得税的税基、税率和征收都由中央决定和执行，因此这是中央对地方的转移支付，而不能理解为地方收入。

（3）中央的协调和透明度不够：由于中国自下而上进行审核合并预算，转移支付的金额一直到全国的合总预算通过审批后才能确定下来，这就造成了地方政府除非等到中央预算开始执行才能合理估算转移支付所得。2003 年审计署的审计报告发现在被审计的 17 个省中，只有 22.5％的政府间转移支付在省账户中有记录。不仅如此，中央级别有多个部门有独立决定转移支付项目的权力，它们之间没有正式的集中审核与协作。

（4）转移支付制度缺乏法制框架：中国所有的转移支付项目的设定都是通过行政命令的形式，而没有正式的人民代表大会的立法程序，所有的项目也没有终结条款和恢复执行的审核规定。这种非法制的操作造成了兵来将挡、水来土掩的局面，问题出现了就建立新的转移支付项目来灭火，而没有考虑各项目之间的协和及转移支付体制的宏观统筹。

（5）缺少目标设定和系统统筹：几乎所有的转移支付项目都没有考虑到激励和责任机制来确保项目目标的达到。均衡转移支付（即一般性转移支付）在设计上是超前的，但是没有明确设立该项转移支付的目标（均衡到什么程度），没有标准（到底要均衡什么），也没有固定的资金来源。这就不能保证按照大众意见一致的标准来改善财政不均衡的状况。

（6）只重投入、忽视绩效：所有特定目标的转移支付项目只着重投入控制，而没有明确预期的目标及为达到该目标配套的责任机制。现存的转移支付没有一个是采用绩效（结果）作为衡量标准的，也没有哪个转移支付项目是为了确保全国最低服务标准而设立的。

（7）管理模式与中国当代的角色不一致：政府转移支付的管理模式落后于中国在日趋国际化和地方化的世界中所起的领头羊角色。

（8）一概论之、缺乏多样化：省以下的转移支付设计与中央的转移支付采用几乎相同的方法。此举保证对所有地方政府的一致对待，不管它们的人口大小或是城市/农村的区别，但是也造成了农村公共服务财力严重匮乏的局面。

7. 改革建议

我们的改革意见主要依据有关的经济学原理、转移支付的设计要素及实际的经验教训（本章第四部分）和中国财政体系面临的主要问题（本章的第五、六部分）。以下阐述了解决现存弊端的可行政策选择。

（1）通过税基共享或税收分权来解决财政缺口：一个可行的办法是取消企业和个人所得税的税收共享（现在是中央 60％，地方 40％），准许省及以下各级政府追加不同的税率。此外，可以赋予省及以下各级政府在给定的税率区间内选择不同税率的自主权。对于企业所得税，采用税源标准非常重要，根据收入归属原则，通过附加值、就业、和销售等变量把收入回归到各税源地，这样西部省份就会分得更多的企业所得税，也有利于抵制地区间的税收竞争。税基共享或税收分权有可能缓解财政缺口，提升政府对地方居民的负责程度。

（2）确立法制框架、设立核心负责机构：发达国家以及越来越多的发展中国家规定转移支付项目的设定须通过项目立法（如财政安排法令）、执行法规和指派的核心负责机构（通常是财政部）。中国可以考虑建立转移支付项目的立法程序，指派国务院或是财政部肩负核心控制的职责。此外可以成立一个转移支付委员会，由中央、省、地方政府代表组成，财政部部长为主席，主要负责中央转移支付项目的设立和研究讨论。

（3）建立财政透明、责任和负责机制：在可预期的未来，中央政府仍将控制提供地方公共服务的主要财力，尤其是西部地区和广大农村。长期来看，中国可以赋予地方政府更大的自主权，因此在各级政府建立统一的财政透明、责任和负责机制来预期财政风险，显得尤为重要。这个机制应该确立财政谨慎和财政纪律的原则和规定，负责的融资市场体制、地方政府破产机制、财政透明和信息共享。中国可借鉴最近巴西和南非在这方面的立法。

（4）合理化和简单化均衡转移支付：引入明确的均衡标准来决定转移支付的资金来源和分配方法，如全国平均财力标准或这个标准的部分。简化标准税收系统（representative tax system）的计算方法，根据八项税基来计算地方财政能力：增值税、企业所得税、个人所得税、营业税、城市维护建设税、城镇土地使用税、车辆购置税和其他各税的综合，各项征收费用不应该包含在计算中。取消用标准支出系统（representative expenditure system）的方法来计算财政需求，转而采用以个人平均服务标准核算的转移支付来代替（以下具体讨论）。

（5）设立全国最低服务标准的转移支付：对于教育、健康卫生、基础设施等重要的公共服务，引入以绩效（结果目标）为标准核算的转移支付，确保全国最低服务标准的落实。这些转移支付可以根据公共服务针对的人口来分配（教育转移支付的例子在专栏 13.1）。由于广大农村面临严重的自有财力不足，中央政府必须肩负更多资助农村公共服务的责任。

专栏 13.1　**一个以绩效为衡量标准的转移支付——确保教育最低服务标准，同时鼓励竞争和创新**

分配基础：学龄人口

分配方法：对政府和私有学校采用相同的学生个人平均转移支付

条件：无论家长的收入，小学和中学的普及教育；教育质量的提高；对转移支付的具体使用没有限制

对未达标的惩罚：大众监督，所得转移支付的减少

成本激励机制：允许保留剩余的金额

资料来源：Shah（2002）。

（6）省—地方转移支付必须区分对待城市和农村，区分对待大小不同的地方政府：一般性转移支付需要考虑到地方政府的管辖人口、区域面积、提供什么样的公共服务（例如是城市服务还是农村服务）。所以，可根据人口多少、地方政府类型、城市还是农村，对地方政府进行归类，对不同的类别采用不同的分配公式，尤其对农村服务应该给予特殊考虑。

引入资本转移支付和合理的借款制度，解决基础设施的匮乏：针对基础设施的短缺，各省可能需要引入不同的资本转移支付和借款制度组合。中央政府可以考虑向地方政府提供项目设计和评估的帮助及信贷市场的进入。

第十四章
中国的财政均等化：
困局与选择

Fiscal Equalization Transfers: Challenges and Options

王雍君（Wang Yongjun）

引言

在过去1/4个世纪中，改革开放和经济高速成长大大提高中国在国际舞台上的影响力和人民的生活水准，使绝大多数中国人迅速摆脱了贫困并开始向"小康"社会迈进。与此同时，在确保超过全球人口总量1/5的人口公平分享日益增大的"经济蛋糕"和"财政蛋糕"方面，中国仍然需要克服一系列困难和障碍。研究表明，中国各地区间的经济差距和基本公共服务差距在总体上呈现逐步扩大的趋势，而且差距之大已超过世界上各主要发达国家和发展中国家。近年来，政府已经意识到问题的严重性并采取了一系列措施，但迄今为止，经济差距、财政能力差距和公共服务差距不断拉大的趋势并未发生逆转。

在中国这样一个幅员辽阔、人口众多、资源相对贫乏、地区差异极大的低收入大国里，确保13亿人口都能获得国家最低标准的基本公共服务，其困难和复杂程度大概超过了世界上其他任何一个国家。中国国情的特殊性意味着财政均等不仅需要花费很多钱，也需要付出长期艰苦的努力。然而，要想保持健康的经济发展并使经济发展的成果惠及全体人民，必须把财政均等置于政府政策议程的优先位置。

中国有着追求均等的悠久历史和文化传统。早在两千多年前，伟大的思想家孔子就提出了"不患寡而患不均"这一充满人文主义精神和人道主义色彩的光辉思想，成为照亮中国历史和文化的明灯，对中国社会产生了深远的影响。通观历史不难发现，虽然均等化思想深深嵌入了中国传统文化的基因中，但中国社会往往又是一个容易滑向两极分化境地的社会。在这个时候，均等的理想和信念就会再次成为推动中国社会前进的引擎。经济财富和公共支出受益分配方面的两极分化，往往成为引发社会动荡、点燃农民起义并最终埋葬一个封建王朝的导火索。中国封建时代很多次波澜壮阔的农民起义，都把"均贫富、等贵贱"或类似的均等思想作为最响亮和最具感召力的口号提出来，就是生动而有力的例证。

孔子虽然生活在两千多年前的春秋战国时期，但他的均等化思想在今天仍然具有重要的指导意义。今天，虽然人们对均等的理解并不完全一致，但没有哪个国家不需要某种程度上的均等化，中国也不例外。历经20多年的高速经济成长，目前中国已经成为一个在经济财富和基本公共服务分配方面存在严重不平等的国家。包括基础教育、基本卫生保健在内的基本公共服务分配方面的不平等程度，甚至超出了经济财富和收入分配的不平等程度。证据显示，目前这两个方面的不平等仍在加深。财政均等的目的，就是要通过促进地方政府财政能力的均等化，确保即便是经济贫困人口也能获得国家最低标准的基本公共服务。这不仅是一个文明社会的基本要求，也是中国社会实现可持续发展的保证。

虽然人们通常关注和担忧的是经济财富的两极分化，但严峻的现实是：目前中国地区间财政能力和基本公共服务同样出现了两极分化的局面，而且其影响和后果丝毫也不亚于经济财富的两极分化。因此，仅仅致力缩小经济差距和消除经济贫困的政策是不够的，消除财政能力贫困和公共服务贫困，需要被置于政府战略和国家政策层面更为优先的位置。如果没有"财政蛋糕"和"公共服务蛋糕"的公平分配，"经济蛋糕"的公平分配是不可能的。中央和地方政府已经清醒地认识到，财政均等与平等的收入分配一样，既是建设"和谐社会"的重要内容，也是建设"和谐社会"的前提条件。

在本文中，"财政均等化"这一术语包括两个层面：（1）财政能力均等化——定义为一国内部各辖区为其支出融资的能力大体均等；（2）基本公共服务的均等化——定义为一国内部即便是贫困人口也有机会享受国家最低标准的基本公共服务。简言之，财政均等包括"能力均等"与"服务均等"两个方面。其中，服务均等的范围严格限定为涉及公民"基本权利"的公共服务。由于经济实力、政治与文化以及其他方面的差距，各国财政均等化的范围、程度和方式不可能千篇一律。

系统地推进财政均等目标将给中国社会带来广泛而长期的收益，因而是一个值得大力追求的国家政策目标。促进财政均等要求建立基本公共服务的国家最低标准，这有助于要素与商品的自由流动，减少辖区间无益的支出竞争，这将同时提高共同市场内部贸易的收益。另外，标准也有助于促进国家层面关注的平等目标，包括教育卫生和社会福利。[1] 当然，政府需要确保对财政均等目标的追求不会损害整体经济增长的活力和潜力，并使均等目标与其他目标（包括弥补纵向财政缺口、确保服务供应的效率和征税积极性）协调一致。

考虑到问题的复杂性和艰巨性，财政均等化也是对各级政府施政能力的重大考验。中央和地方政府需要努力克服和清除种种困难和障碍。这些困难和障碍不仅存在于当前的转移支付体制中，也广泛存在于政府间财政安排的其他要素中，包括支出责任（职责）划分、税收划分和辖区间税基分配。从整体上看，目前偏重控制功能的（弥补纵向财政平衡）的政府间财政安排无助于财政均等功能。由于缺乏对辖区间税收竞争、税负输出和税收潜力的调节机制，特别是由于缺乏关于辖区间税基分配的正式框架，这一安排在很大程度上加剧了辖区间财政能力和公共服务的差距。地方管理能力和中央监管能力的不足以及地方治理结构的缺陷，也在很大程度上阻碍和削弱了财政均等化。

旨在推进财政均等目标的政策改革要点包括：（1）重组政府间财政安排；（2）提高地方政府的管理能力（特别是预算能力和支出管理能力）；（3）加强对地方政府服务绩效的监管与报告系统；（4）改进地方治理结构。此外，有必要建立一个清晰的、在政策层面具有高度可操作性的"财政均等"概念。

考虑到国情的制约，现阶段中国作为政策目标的财政均等只能是一种"有限的均等"，即消除境况最差的那部分地方辖区的财政贫困——在提供国家最低标准的公共服务方面存在显著的财力缺口，以及消除境况最差的那部分社会成员的基本服务贫困——无法获得国家最低标准的关键性公共服务。关于财政均等的流行看法是：一国内部

① 安瓦尔·沙阿：《政府间财政约定》，国际应用经验教训，2003；中国财政部、世界银行和加拿大国际开发署 2004 年 8 月 9—12 日联合举办，会议论文。

276

的所有公民无论身居何处，亦无论其贫富状况如何，均应享受大体均等的公共服务。这种理想化的均等概念虽然富有吸引力，但并不适合中国国情。

本文结构如下：

一、财政均等化：理想与现实

二、财政均等化的国情约束

三、政府间转移支付体制的结构性缺陷

四、政府间财政安排与财政均等目标的冲突

五、关于征税努力程度

六、脆弱的治理安排和监督能力的不足

七、结论与政策含义

一、均等化：理想与现实

中国宪法和相关法律（包括《义务教育法》《农业法》《计划生育法》）都包含了财政均等化思想。在大约 30 年的中央计划经济体制下，中国甚至不惜以牺牲经济效率为巨大代价而追求近乎极端的均等化，在经济（人均收入）和基本公共服务（尤其是教育和基本卫生保健）方面创造了世界上少有的"均等奇迹"。在那个年代里，占中国人口总数 80％的农民也能获得基础教育、基本医疗保健、社会保障甚至基础设施等关键性的、最低标准的公共服务。它带给我们的启示是：一个国家即便是在相当贫困的状态下，实现最低标准财政均等化也是可能的。财政困难不能作为解释社会弱势群体无法获得最低标准服务的适当理由。

改革开放以来的 20 多年中，中国的经济发展走上了快车道，GDP 以令人晕眩的速度（9％—10％）的速度增长。经济的迅速崛起带来了各级政府财政实力的急剧扩张。考虑到过去 10 年里中国物价稳定这个因素，财政收支的超高速增长（大约相当于 GDP 速度的两倍）尤其给人以深刻的印象。

财政收支的高速增长大体上始于 1993—1994 年中央与地方财政关系的改革。这次被称为"建立分税制财政体制"在收入划分和转移支付方面彻底改变了中央与地方的财政关系：在"财政蛋糕"的初次分配中，地方政府由原来在财政包干体制下的"得大头"转变为"得小头"，收入比重从改革前（1993 年）的 78％迅速下降到改革后（1994

年）的 44％；相应地，中央政府由 22％跃升到 56％。在此前形成的
"中央政府对地方政府的财政依赖"局面，已然发生了根本性的逆转。
此后，通过一系列的、旨在进一步集中财力的调整措施（包括从 2002
年开始参与分享原本属于地方收入的所得税），中央政府进一步巩固和
强化了在财政收入分配中的主导地位。

在大幅度集中财力的同时，中央政府在此次改革中建立了庞大的
针对地方的转移支付体制。从国际比较的角度看，中国转移支付的相
对规模之大几乎超过了世界上绝大多数国家（只有日本等极少数国家
能够相提并论）。在联邦制国家中，联邦对州与地方的转移支付通常不
超过联邦支出的 1/3，但在中国，中央对地方的转移支付占中央支出的
比重高得多（2005 年为 57％）。不妨做个简单比较：2005 年，美国联
邦、州与地方三级政府的总支出为 38590 亿美元，其中联邦政府支出
约为 24720 亿美元，联邦政府对州与地方政府的补助总额为 4260 亿美
元，约占联邦政府支出的 17％，约占州与地方支出总额的 31％，① 分
别比中国同期数据低 40 和 14 个百分点。此外，与加拿大、澳大利亚
和其他绝大多数发达国家与发展中国家相比，中国政府间转移支付的
相对规模也要大得多。

不仅相对规模十分庞大，转移支付增长也非常迅速。1994 年，
中央对地方的转移支付（包括税收返还）总额为 2389 亿元，到 2005
年增加到 11474 亿元，② 后者相当于前者的 4.8 倍。引人注目的是，
虽然相对规模非常大，但初步证据显示无论在财政能力均等化还是基
本公共服务均等化方面，目前转移支付体制的均等化效果可能是逆向
的，即倾向于加剧而不是缩小财政能力与服务差距。

表 14.1　转移支付前后 10 个人均财政收入最低省级辖区排序（2004 年）

	人均收入排序	人均支出排序	位次跃升	均等化效果
西藏	31	3	28	正面
贵州	30	26	4	正面
甘肃	29	20	9	正面

① 雷蒙德·C. 斯哥帕驰：《美国政府间预算框架》，中国政府间财政关系国际研
讨会，中国人民大学财政金融学院、美国中美关系学会联合举办（北京），2006 年 7 月
10—11 日。

② 中华人民共和国财政部：《关于 2005 年中央和地方预算执行情况与 2006 年中央
和地方预算草案的报告》，2006 年 3 月 5 日在第十届全国人民代表大会第四次会议上。

续表

	人均收入排序	人均支出排序	位次跃升	均等化效果
安徽	28	30	−2	负面
河南	27	31	−4	负面
四川	26	29	−3	负面
湖南	25	25	0	中性
江西	24	27	−3	负面
广西	23	28	−5	负面
青海	22	5	17	正面

　　表 14.1 显示，在中国大陆 31 个省级辖区中，按照转移支付前人均地方财政收入排序的 10 个最低省级辖区在获得中央政府的转移支付（含税收返还）后，只有西藏、贵州、甘肃和青海的人均地方支出排名比原来靠前了——表明具有正面的均等化效果；相比之下，安徽、河南、四川、江西和广西五个辖区的排名反而比原来更靠后——表明具有负面（逆向）的均等化效果；另外，湖南的排名与原来没有变化——显示中性的均等化效果。也就是讲，由于转移支付总额中大部分被分配给了财政能力较高的富裕辖区，境况最差（财政能力最低）的 10 个辖区中，相对地位趋于恶化或没有改善的辖区占了 6 个，只有 4 个辖区的相对地位在转移支付后有所改善，表明政府间转移支付体制的财政能力均等化效果严重不佳。

　　其他证据显示了类似的结果。按照 2004 年的数据测算，在中国 31 个省级辖区中，5 个人均财政支出（含中央的转移支付与税收返还）最高的省级辖区的人均支出，相当于 5 个人均支出最低辖区的人均支出的 7.7 倍。其中，人均支出最高辖区（上海 8008 元）相当于最低辖区（河南 908 元）的 8.8 倍（参见表 14.2）。

表 14.2　地区间经济差距、财政能力差距和公共服务差距

	计量指标	比值
经济差距	城乡人均收入（2005）	3.2∶1
财政能力差距	5 个最高辖区/5 个最低辖区（2004）	7.7∶1
	最高辖区/最低辖区（2004）	8.8∶1
公共服务差距	城乡医疗卫生资源	7.4∶1
	城乡小学生均财政支出（2000）	4.5∶1

　　表 14.2 显示中国的地区差距非常大。首先是经济差距。地区间经济差距一直呈扩大趋势。2005 年，中国城乡居民人均可支配收入之比

为 10493 元：3255 元 = 3.22：1，比前些年进一步扩大（参见图
14.1）。①

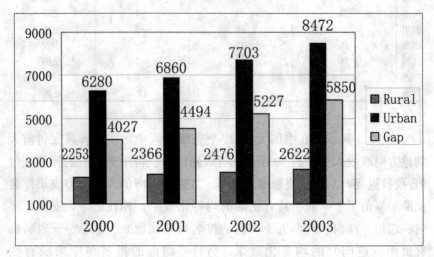

图 14.1　中国城乡人均收入差距

令人不安的是：与地区间经济差距相比，中国地区间基本公共服
务差距似乎更大。由于存在巨大的公共服务不平等，贫困地区居民获
得教育与卫生保健的机会显著地低于发达地区。中国卫生资源（医疗、
护士、医疗设施与设备等）的大约 80％分布在占全国人口 35％的城
市，其余 20％分布在占全国人口 65％的农村。据此计算，城乡居民人
均享受的医疗卫生资源之比为（80％/35％）：（20％/65％）= 7.4：1
（表 14.2）。

2003 年 10 月第三次国家卫生服务调查显示：无任何医疗保障的农
村人口高达 79％，比城市 45％高出 3/4。② 在工业化国家里，国家承
担 73％的卫生系统费用；在转型国家里，国家承担的费用占 70％；而
在中国，国家只承担不到 40％的费用。另外，中国只有 25％的城镇居
民和 10％的农村居民拥有某种形式的医疗保障；将近一半的人口在生
病时无力接受医疗救助。中国卫生部对 116 个农村地区进行的调查显
示，因疾病死亡的 5 岁以下农村儿童中，约一半的人没有到医院接受

---

① 根据《中国统计年鉴》（2004 年）汇制。
② 《中国农民医疗现状与对策》，《参考消息》，2005 年 10 月 27 日。

救治，其中 25% 的人源于无力预支医药费用而被医院拒绝收治。① 另据 2000 年世界卫生组织（WHO）对 191 个成员进行卫生体系绩效评价中，中国卫生业绩综合评价列第 144 位，总体健康水平列第 81 位，人均卫生费用占有量列第 139 位，社会内部卫生费用分配的公平程度列第 188 位，属于世界上最不公平的国家之列。②

教育资源的城乡不平等分布情况也十分严重。农村税费改革前的 2000 年，全国用于小学教育的政府支出为 849 亿元，其中用于农村的为 497 亿元，用于城市小学为 352 亿元。当年城市小学生在校人数为 1680.9 万人，县镇和农村则多达 10862.6 万人，后者是前者的 6 倍多。折算下来，城市与农村（包括县镇）小学生均教育支出之比为 4.5∶1。③ 与教育和卫生保健相比，养老保障方面的城乡差距更为明显。虽然政府正在采取措施扩大社会保障体系的覆盖面，但目前绝大多数农民几乎没有保障可言，城市人口享受养老保障的人口比率比农村高得多。另外，在基础设施、干净饮用水和能源供应以及互联网普及率等方面，农村与城市也完全不在一个档次上。至少从"硬件"上看，中国城市与发达国家城市相比，其繁荣程度没有太大的差别；但中国农村与发达国家农村相比，差距似乎不是几十年，简直就是世纪之差！

大量证据显示，经济贫困人口通常也是服务贫困的人口——那些需求强度最高的弱势群体——恰恰无法得到最低标准的基本公共服务。按照中国年收入 625 元为贫困线标准，中国（截止 2004 年年底）还有 3000 万人生活在贫困当中，根据世界银行的标准甚至还要再多 2000 万人，④ 他们大多是生活在山区和偏远地区、西部农村的农民和少数民族。2004 年卫生部网站公布的数据显示，1/3 以上的患者因为根本负担不起医疗费用而不去看病，2003 年住院费平均为 7606 元，这个数字高于河北、山西等许多城市的居民收入。⑤

贫困人口尤其难以获得最低标准的公共服务与如下事实相关：与城乡相比，农村的服务贫困经常是一个在政策上无法受到同等重视的

① 《中国百姓看病难看病贵症结何在》，《参考消息》2005 年 11 月 3 日。
② 《中国农民医疗现状与对策》，《参考消息》2005 年 10 月 27 日。
③ 根据《中国统计年鉴 2002》计算。
④ 《中国的贫困人口与贫困线》，《参考消息》2004 年 12 月 2 日。
⑤ 《中国医疗保健凸现隐患》，《参考消息》2005 年 2 月 16 日。

领域。社会保障体系是一个众所周知的例子，另一个例子是环境与生态保护。中国已经开始整治主要城市的污染问题。相比之下，2/3 中国人生活的农村地区正日益成为垃圾场。地方官员为了增加就业和税收而庇护那些常年造成污染的工厂，被赶出城市的炼油厂和冶炼厂也迁到了农村地区。

与许多国家不同，中国巨大的财政差距（和经济差距）和恶化趋势是在经济高速成长、国家财政实力大增的背景下出现的。在最近 20 年中，中国的年均经济增长率超过 9％，而财政收支增长速度更是这个速度的两倍。世界几乎没有哪个国家能够在物价总水平相当稳定的背景下，实现如此高速而持续的经济增长和财政增长。到 2006 年，中国的预算支出规模已经超过 38000 亿元人民币，加上大约相当于预算规模 1/3 的预算外资金，政府的财政规模已经超过 50000 亿元人民币，相当于 GDP 总量的 25％。如果将这个数目分摊到 13 亿人口上，相当于每个中国人平均每年为政府负担近 4000 元，超过 2005 年农民人均纯收入（3255 元），相当于城镇居民人均收入（10493 元）的 40％，这个负担水平在世界上是非常高的。

中国的案例有力地表明，成功的经济发展和由此带来的相对充足的财政实力，并不会自动地带来财政均等化，在某些情况下甚至还会加剧财政不均等。面对"政府越来越有钱，但财政差距越来越大"的事实，我们需要深刻反思。在计划经济时期，中国大部分地区都建立了一种相当有力的照顾弱势群体的体制，但最近 20 多年来这一体制逐步瓦解，而新的体制却没有相应建立起来。可以预料，如果没有强有力的行动来扭转局面，越来越多的低收入群体还将继续为日益加剧的公共服务差距付出代价——甚至是健康和生命的代价！

当前政策制定者面对的问题是：需要在哪些方面采取旨在促进财政均等化的行动？为了正确鉴别行动的方向，我们首先需要了解财政均等化进程的威胁因素。在这个方面，多数文献注意到了目前的转移支付体系存在的结构性障碍。本文认为，威胁财政均等化的远不只是有缺陷的转移支付制度；转移支付制度以外的其他因素在加剧中国辖区间财政差距和服务差距方面，起了更大的作用。所有这些因素的综合作用导致中国的财政均等深陷困局而难以自拔，其中包括：

- 财政均等化的国情约束
- 政府间转移支付体制的结构性缺陷

- 支出划分和税收划分不当
- 缺乏关于辖区间税基分配的正式框架
- 缺乏对辖区间税负输出和税收竞争的调节机制
- 制度外（非正式框架下）的财政分化
- 管理监督与地方治理结构的缺陷

二、中国财政均等化的国情约束

每个国家的财政均等莫不受本国国情的影响。与大多数国家相比，中国的国情对财政均等化施加了更多的约束。作为幅员辽阔、人口众多、人均资源贫乏、地区差异（经济、地理、气候、文化、人口、偏好等）极大并快速步入老龄化社会的低收入国家，中国在财政均等化方面面临的困难大得多。最近 20 年来，中国经济虽然持续高速增长，但目前中国依然是个低收入国家。2005 年，中国的 GDP 相当于美国当年 GDP 总量的 1/17.8，但人口却是美国的 4 倍多。财政实力的差别也非常大：2005 年，美国联邦、州、地方三级政府的财政支出为 38590 亿美元，按 8.3 的汇率换算，大约等于 320297 亿元人民币，这个数目为中国当年财政支出 33708 亿元的 9.5 倍。[①]

中国经济崛起的光环在某种程度上遮蔽了一个严酷的事实：人均资源的极度贫乏。中国在 960 万平方公里的陆地面积中，耕地面积 10%；美国的陆地面积为 937 万平方公里，与中国相差无几，但其耕地面积占 20%，比中国大得多。中国目前的人均耕地不足 1.3 亩，只及世界平均水平的 1/4，不到美国的 1/8；即使按照比较乐观的 20 亿亩的估计数字计算，人均耕地也不过 1.8 亩，仅及世界平均水平的 2/5，而且随着快速扩展的工业化和城市化，人均耕地面积还在不断减少。中国的人均土地面积只有世界人均水平的 1/3；人均可利用草原面积只有世界平均水平的 33.3%；人均森林面积只有世界人均的 1/7；平均每年人均供水量不足 400 立方米，只有美国的 1/5；人均占有河川径流量近 2400 立方米，只相当于世界人均的 1/4，排在世界第 109 位。

---

① 雷蒙德·C. 斯哥帕驰：《美国政府间预算框架》，中国政府间财政关系国际研讨会，中国人民大学财政金融学院、美国中美关系学会联合举办（北京），2006 年 7 月 10—11 日。

在过去 20 多年中，中国在消除经济贫困方面取得了举世瞩目的成就，但目前还有数目可观的贫困人口，他们大多集中在中、西部的 18 个集中连片贫困地区，这些地区大多是深山区、石山区、高寒区、黄土高原区和地方病高发区，地处偏远、交通不便，生态失调、自然条件恶劣。这些连片的贫困地区大致分为两大片：一片是"三西"：甘肃中部的河西、定西宁夏南部西海固，位于黄土高原干旱区，面积 38 万平方公里；另一片位于滇、桂、黔喀斯特（KARST）地貌区，面积约 45 万平方公里，多年的过度开垦、樵采导致植被破坏十分严重，岩石裸露，降水很快就流失和蒸发，无法涵养水分，加上干旱严重，水利设施不足，人畜饮水极为困难。在这样的环境下，为贫困人口提供国家最低标准的公共服务不仅成本高昂，而且面临着极大的管理和实施难题。

中国国情的另一个因素是资源地理分布的极不平衡，包括各省级辖区之间和省级辖区内部之间的极不平衡。大体上讲，中国东南部七个最富裕的省级辖区集中了全国经济总量（GDP）和财政资源总量的 70％；人均收入最高（人均 GDP31550—55307 元）辖区高度集中于东南沿海一条狭长的地带。

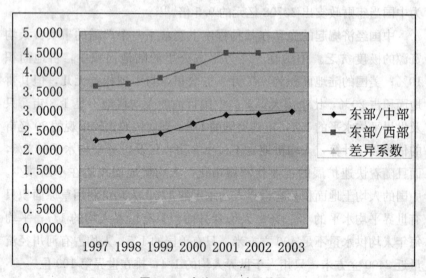

图 14.2 人均 GDP 地区差异

与经济资源分布地理差异相对应，中国各地区间财政资源地理分布差异极为显著。2004 年，人均地方财政收入（不含转移支付和税收返还）最高辖区（上海）与最低辖区（西藏）之比高达 17.4：1，五个人均财政收入最高省级辖区人均财政收入与最低辖区之比为 8.5：1。

　　财政资源地理分布的极度不平衡也反映在东部、中部和西部三大经济地带中。按照 2003 年数据计算，东部地区集中了全国财政资源总量的 60% 以上，中部约为 22%，西部则不到 15%。20 世纪 90 年代以来，三个主要经济地带财政资源的地理分布继续呈扩大趋势：相对差异系数由 1997 年的 0.66 上升到 2003 年 0.81（参见表 14.3）。[1]

表 14.3　东中西部财政资源地理分布差异

	东部：中部	东部：西部	相对差异系数
1997	2.2：1	3.6：1	0.66
2003	3.0：1	4.5：1	0.81

资料来源：《中国统计年鉴》（2004）。

　　财政资源地理分布差异及其扩大趋势可从图 14.2 中直观地表反映出来：

　　如同其他国家一样，中国财政均等必须是与特定国情相适应的财政均等。考虑到特殊的国情以及经济发展水平和财政实力，中国现阶段只能在有限的范围内和在较低的程度上考虑财政均等问题。确切地讲，政策目标只应锁定社会成员中那些处境相对最差的人群，确保他们也有机会享受国家最低标准的基本公共服务。就财政能力而言，财政均等目标针对的是财政能力最差的地方辖区，确保它们具有向当地居民提供最低标准基本公共服务所需要的财力。这意味着，中国的财政均等化并不意味着"拉平差距"，而是消除特定辖区的"财政贫困"（fiscal poverty）和弱势群体的"服务贫困"（service poverty），也就是"有限的财政均等化"，这是由不利的国情因素决定的，它意味着中国需要付出比多数国家更多和更长期的努力来促进财政均等。

　　国情因素的不利方面构成了财政均等的约束条件，但将地区间巨大并逐步加剧的财政不均等归咎于不利国情却是错误的。计划经济时代和改革开放早期的例子非常富有说服力：当时中国在有限的财政均等化方面有上佳的表现，其成就举世瞩目，因为包括农民在内的弱势

---

　　① 相对差异系数指统计学中的标准差指标。这里的财政资源指地方政府的预算内收入、预算外收入和来自中央政府的税收返还，但不包括中央对地方的财政补助。

群体，也有机会获得基础教育和基本卫生保健等基本公共服务。在 20
世纪 60 年代，中国的医疗卫生方面比印度等其他发展中国家出色得
多，成为最早根治所有传染性病症的发展中国家之一。当时 80% 的中
国农民都能享受到一种由地方财政资助的初级但很有效的医疗卫生网
络的服务。1993 年，世界银行在名为《投资于健康》的年度发展报告
中称："直到最近，中国一直是低收入国家的一个重要例外……到 70
年代末，医疗保险几乎覆盖了所有城市人口和 85% 的农村人口，这是
低收入国家中举世无双的成就。"在农村人口占 80% 的 80 年代初，中
国人均预期寿命由建国初的 36 岁提高到了 68 岁。

中国改革开放前后的经历表明：不利的国情因素加剧了财政均等
化的困难，但将日益加剧的地区差距简单地归咎于不利的国情背景却
是错误的。与不利的国情因素相比，其他因素在加剧财政能力和服务
差距方面起着更大的作用，这些因素主要包括政府间转移支付、政府
间财政安排、地方治理安排，以及中央对地方支出行为与绩效的监督
能力。

三、政府间转移支付体制的结构性缺陷

许多国家都把政府间转移支付作为促进一系列重要政策目标的工
具，这些目标包括弥补纵向财政不平衡，促进财政均等（弥补横向财
政不平衡），鼓励下级政府提供具有外溢的公共服务，缓和经济波动以
及促进国家内聚力等非经济目标。把这么多经常相互冲突的目标整合
到一个统一的转移支付体制中，并确保每个目标通过设计良好的转移
支付体制得到促进，对每个国家都并不是一件容易的事情，但有些国
家在用转移支付促进财政均等这一重大的国家政策目标方面确实表现
不俗，经常被援引的例子包括日本、德国、澳大利亚和加拿大。

这些国家的具体情况各不相同，但共同的做法是：在清晰且详细
地定义财政均等目标的前提下，将财政均等的内在逻辑相对严格而充
分地融入公式基础的转移支付体制中。因此，各辖区人口、经济（人
均收入）、财政（人均地方财政收入和征税努力程度）、地理因素（例
如山区面积），以及其他与财政能力、支出需求和公共服务成本密切相
关的因素，在决定转移支付资金的辖区间分配中起着主导作用，这是
其财政均等效果明显好于中国的重要原因。

另一方面，这些国家转移支付的相对规模（转移占地方收入或占本级支出的比重）很少能与中国相提并论。与绝大多数国家相比，无论以中央对地方的转移支付占地方政府收入总额衡量，还是以占中央政府支出总额的比重衡量，中国的转移支付规模都属世界最高国家之列。以 2005 年为例，当年中央对地方政府的税收返还和直接补助达 11474 亿元人民币，占地方政府财政收入总额（含税收返还和补助）26566 亿元的 43%，占中央政府财政支出总额（含税收返还和补助）的 20249 亿元的 57%。①

2006 年转移支付的相对规模与此相当：根据预算安排，2006 年中央对地方政府的税收返还和补助增加到 12697 亿元，占中央财政总支出 22222 亿元的 57%；占地方财政收入总额 29600 亿元的 43%。从动态看，1994 年以来，中央政府对地方的财政转移支付一直以两位数高速增长：2006 年转移支付总额相当于 1994 年的 5.3 倍。另外还应注意到，不仅中央对省级政府实施转移支付，省以下地方政府也有规模可观的转移支付。考虑到这一因素，中国的政府间转移支付规模尤其给人以深刻印象。

问题在于，目前规模庞大的转移支付体制存在着明显的结构性障碍，这是造成财政均等效果不佳的首要原因。与许多国家一样，在中国，中央对地方的转移支付由两大模块组成：第一个模块是来源地基础（税收来自哪个辖区就被返还到哪个辖区）的税收返还，另一个是直接补助。其中，直接补助形式的转移支付又分为一般目的（财力性转移支付）和特定目的（专项）转移支付。各类转移支付的绝对规模与结构参见表 14.4。

表 14.4　中央对地方财政转移的规模与结构

（亿元人民币/%）

	2000	2001	2002	2003	2004	2005
直接补助	2365	3454	3863	4360	5941	7330
一般目的	670	1136	1335	1864	2604	3813
占总额	—	—	—	23%	26%	33%

---

① 财政部：《关于 2005 年中央和地方预算执行情况与 2006 年中央和地方预算草案的报告》，2006 年 3 月 5 日在第十届全国人民代表大会第四次会议上。

续表

	2000	2001	2002	2003	2004	2005
特定目的	1695	2318	2528	2496	3337	3517
占总额	—	—	—	30%	34%	31%
税收返还				3880	4026	4144
占总额	—	—	—	47%	40%	36%
总计	—	—	—	8240	9967	11474

注：（1）资料来源：2004 年及以前年度数据来自《中国统计鉴定》（2004）；2005 年数据来自财政部：《关于 2005 年中央和地方预算执行情况与 2006 年中央和地方预算草案的报告》，2006 年 3 月 5 日在第十届全国人民代表大会第四次会议上。（2）税收返还中包括"体制补助"。

由表 14.4 可知，目前转移支付的主要部分是税收返还（包括数额不大的原体制补助），虽然近年来相对规模有所下降，但目前占转移支付总额的比重仍然超过 1/3。

与许多发达国家（例如，日本和德国）不同，在中国，中央对地方的税收返还是按来源地规则设计的。在此规则下，各辖区获得的税收返还数额只是取决于向中央政府"贡献"多少税收，不取决于各辖区的人口、人均收入、地理特征以及其他影响财政能力（标准收入）和支出需求（标准支出）的因素。由于它将资源转移到税基和收入都是最大的辖区，因此本质上是不公平的。在地区差距很大而且没有其他有效手段时，这种做法产生很大的问题。收入来源地规则意味着地方掌握的资源越多，经济发展程度越高，地方居民越富有，获得的转移就越多，导致公共服务参差不齐。[①] 因此，可以肯定的是：目前的税收返还的均等化效果完全是逆向的——加剧而非缩小辖区间的财政能力差距和基本公共服务差距。

逆向均等化问题也出现在特定目的转移支付中。目前特定目的转移支付的范围极为广泛，包括了数以百计的项目。另一个特点是需要地方政府提供配套资金。从原理上讲，特定目的转移支付应严格地基于"外溢"原则设计。根据这项原则，一项需要委托地方实施和管理（如治理沙尘暴）的某项服务产生的利益，如果有 80% 溢出到其他辖区，那么，中央政府即应补偿该项服务成本的 80%，其余 20% 由地方

---

① 理查德·M. 伯德，罗伯特·D. 埃贝尔，克里斯蒂·I. 沃利克：《财政分权：从命令经济到市场经济》，《社会主义国家的分权化》，中央编译出版社（北京），2001。

配套解决。在这里，配套比率是 4：1（或 1：0.25），即中央每补助 4 元钱，地方需拿出 1 元钱的配套资金。然而事实上，中国目前的专项转移支付体制在很大程度上偏离了这一原则，许多根本谈不上外溢的项目也被纳入特定目的转移支付范围。① 此外，专项拨款数量很大，涉及的项目类别和数量众多，不仅制约中央的监控能力，也可能不适当地限制地方的自主权和积极性，加上几乎专项转移支付项目都要求地方政府提供配套资金，地方政府经常抱怨中央政府"干扰"了地方事权。

无论如何，只要中央鼓励地方供应的服务项目的利益并未完全外溢到其他辖区，那么，要求地方配套就是合理的。② 但这样一来也会产生一个令人不快的问题：由于发达地区有能力提供中央要求的全部配套资金，但贫困地区很难做到这一点，因此，大量专项转移支付资金最终流向了发达地区而非贫困地区。考虑到目前专项转移支付的总额仍然相当可观（2005 年占中央政府全部转移支付的 31％），所资助的服务项目范围十分广泛，而且其中许多根本谈不上外溢的服务项目也被要求提供配套，可以合理地推断出，目前的专项转移支付体制在整体上产生了逆向均等效果，因而在很大程度上抵消了中央政府在财政均等目标上的努力。中央和地方政府脆弱的项目管理和监督能力，"政出多门"、"钱出多门"且缺乏有效协调的条块分割体制，也在很大程度上加剧了专项转移的逆向均等化效果。

将税收返还和专项转移支付综合起来考虑，可以发现在目前中央对地方的转移支付总量中，不具有均等化（实际上是逆向均等化）效果的部分超过了 60％，2005 年达到 67％（见表 14.5），只有 33％一般目的转移支付"可能"具有均等化效果。在这里强调"可能"这个词是考虑到如下情况：在目前一般目的（财力）转移支付中，并非所有类别都是按照均等目标的要求设计和分配的。这与国际通行做法相差很大。众所周知，基于财政均等化（弥补横向财政不平衡）和转移支付体制（弥补纵向财政缺口），必须建立在财政能力（标准收入）和支出需求（标准支出）的基础上，而标准支出需求的测算需要考虑各辖

---

① 没有外溢意味着这些服务产生的利益仅仅限于所在辖区，因此由地方政府负责供应、融资和管理就是合适的，中央政府没有插手这些"地方事务"。

② 多数情况下情形确实如此。如果利益完全外溢（每个辖区获得的好处相差无几），中央政府应提供全部资金，要求地方提供配套就没有道理。

区的单位服务成本和征税努力程度。也就是讲，如果不是严格地与财政能力或/和支出需求相联系，那么，至少在原则上即可判断这类转移支付与财政均等化的内在逻辑相冲突，因而其均等效果是逆向的（起码是不确定的）。据此，可以合理地推论：在目前约占转移支付总量1/3的一般目的转移支付中，相当一部分的财政均等效果是负责的，或者至少是不确定的。

从严格意义上（以财政能力与支出需求作为分配基础）讲，具有确切的正面均等效果的转移支付仅限于始于 1995 年的"一般性转移支付"，但其总量占一般目的转移支付的比重不到 30%（2005 年为29%），占全部转移支付的比重不到 10%（2005 年为 9.8%）。至于民族地区转移支付（始于 2000 年）中，也只有一部分遵循了财政均等化的内在逻辑（以财政能力与支出需求的差额作为分配基础），其余部分采用来源地规则（哪里来就分配到哪里去）分配。在这里采用来源地分配规则旨在激励民族地区的征税努力（增收积极性），目的无可厚非，但与财政均等化的内在要求并不吻合。

在一般目的转移支付中，规模位居第二（2005 年占一般目的转移支付比重为 26%）的"调整工资转移支付"又如何呢？这项始于 1998年极具"中国特色"的转移支付，直接分配给了老工业基地和中西部地区，粗略地看似乎具有正面的均等化效果。然而，结论远非这么简单。这里的关键问题在于：中央政府虽然把资金分配给了相对贫困的辖区，但这些资金被直接用于补贴地方政府的运营成本。这种做法很容易诱发有害行为，因为增加冗员即可获得更多补贴，而裁减冗员反而会减少获得的补贴。中国地方政府（尤其是贫困地区）中人浮于事的现象十分严重，因而即便从精简机构提高行政效率的角度讲，中央政府提供此类补贴的适当性也是存在很大疑问的。

进一步的问题是：对贫困地区的地方政府的运营成本（工资部分）提供补贴能否促进真正的财政均等化？这一问题的答案取决于：究竟什么是"真正的"财政均等化？本文支持这样一个观点：从终极意义上讲，"真正的"财政均等化，只是针对当地民众（尤其是贫困人口）从中受惠的"服务"而言的均等化，特别是基础教育和基本卫生保健这类涉及公民权益的基本公共服务的均等化；向贫困地区提供补助以支持它们向发达地区攀比工资与福利，如同支持它们攀比公务用车、公费出国（旅游）或豪华奢侈的办公条件一样，都有违财政均等概念的本质含义。基于此，目前约占转移支付总额 9%（2005 年为 8.7%）、占一般目的转移支付 26% 的"调整工资转移支付"，虽然分配给了贫困地区，但并不能促进真正意义上的财政均等化。

始于 2001 年的"农村税费改革转移支付"是针对农村税费减免导致地方收入减少，而由中央政府提供的补偿性转移支付。2005 年农村税费改革的中央财政为此转移支付 662 亿元，比 2004 年增长 26.3%。① 这项转移支付资金主要分配给了农业大省、粮食主产区以及民族地区和财政困难地区，但游戏规则是补偿中央减免农村税费导致的地方收入损失。应注意到这个规则与财政均等目标的规则是不一致的，因为完全存在这样的可能性：有些发达地区因农村税费减免遭受的收入损失，比某些贫困地区更大。在这种情况下，这项转移支付将被更多地分配给发达地区。无论如何，这项转移支付是否确实具有均等化效果，需要更多的信息和更详细的讨论。作为初步结论，本文认为这项转移支付的均等化效果是不确定的。

与民族地区转移支付规模相当的"三奖一补"转移支付始于 2005 年。中央政府的意图就是激励贫困地区增收节支以缓解日益加深的基层财政困难。很显然，这项转移支付并不与财政均等因素（影响财政能力与支出需求）挂钩，虽然出发点良好，但毕竟不符合财政均等目标的内在要求。在获得更多的证据之前，我们只能说：这项转移支付的均等化效果是不确定的。

根据以上对转移支付结构和特征的初步分析可知，在目前约占地方收入 43%、中央支出 57%、总额达 11474 亿元人民币的转移支付中，完全遵循严格的均等化规则的转移支付充其量也不到 20%（其中一般性转移支付约占 10%），而超过 80% 的部分与财政均等化要么与财政均等的内在逻辑不符，要么其实际效果无法确定。其中，合计占转移支付总量 67%（2005 年）的税收返还和专项转移支付，完全是按照不同于财政均等目标的内在逻辑和规则设计的，其实际的均等化效果极可能是负面的。

自相矛盾的是：在一再强调"促进基本公共服务均等化"的情况下，为什么政策制定者反而设计出整体而言无法促进均等目标的转移

① 财政部：《关于 2005 年中央和地方预算执行情况与 2006 年中央和地方预算草案的报告》，2006 年 3 月 5 日在第十届全国人民代表大会第四次会议上。

支付体制呢？这里有三个可能的答案。（1）目前的转移支付是中央与地方政府相互博弈的产物，中央政府需要通过这一体制实现纵向控制的意图，同时又要消弭地方的不满和改革的阻力；（2）中央政府赋予了转移支付体制过多且往往相互冲突的功能与目标，在目标无法兼顾的情况下，均等目标有意无意地被置于相对次要的地位；（3）省以下地方政府没有建立起严格的、主要以均等目标为导向的二级或三级转移支付体制。① 下面只对前面两个原因进行分析。

从宏观上看，目前的转移支付体制是范围更大的政府间财政安排的一个组成部分。单一制的政府结构、中央集权的传统、对地方政府不听中央号令的担忧和基于其他因素的考虑，促使中央政府建立起一套偏重纵向控制功能（而非横向均等功能）的政府间财政安排。从历史上看，东亚国家大多具有中央对地方政府实施强有力控制的传统（中国尤其典型），而政府间财政安排被当做实施纵向控制的最佳工具。偏重控制功能的政府间财政安排具有三个鲜明的特征：

• 税权高度集中。中央政府认为可以给地方一些钱（税收和非税收入），但征税权（主要是确定税基和税率的权力）则由中央控制甚至完全垄断（中国目前的情形就是如此）。

• 支出（服务）责任高度分散。在有效管理大多数公共服务方面，中央政府显然力不从心，因而需要高度依赖地方。在中国这样一个大国中，地方政府在供应和管理大多数公共服务方面的相对优势更加明显。认识到这一点，中央政府倾向于将范围广泛的支出责任下放给地方政府（甚至基层地方政府），同时保留监督权和主要的决策权。

• 偏重填补纵向财政缺口的转移支付。税权的高度集中和支出责任的高度分散相结合，形成了规模庞大的纵向财政缺口（地方政府的自有收入远不足以抵补支出），转移支付理所当然地被当做填补纵向缺口的工具。

在这里，转移支付同时实现了中央政府"想要的"三重意图：控制征税权，下放支出责任（效果类似于向地方转嫁赤字），让地方政府在财政上形成对中央的高度依赖。很清楚，这三重意图都服务于加强对地方控制这一根本目的，而转移支付——更一般地讲是包括转移支

---

① 中央对地方政府的转移支付可视为一级转移支付；省级政府对下级政府的转移支付可视为二级转移支付；地市级政府对基层政府的转移支付可视为三级转移支付。

付、支出责任划分和税收划分在内的整个政府间财政安排，被当做实现纵向控制目的利器。在控制导向的支配下，均等目标往往被置于相对次要的位置。目前中国的政府间财政安排和转移支付体制虽然均等效果不佳，但其众多特征表明很适合纵向控制。另一方面，如果不从纵向控制（"条条"控制"块块"）这一主导性意图理解目前中国的政府间财政安排和转移支付体制，你就无法真正理解：中央政府为何一直垄断几乎所有的征税权？为何在明知地方（尤其是基层）政府自有财力不足的情况下，中央政府仍大量下放支出责任？为何在地方政府抱怨不断的情况下，仍然维持范围广泛且规模相当可观的专项转移支付？

当然，问题总会有两个方面。有控制就会有反控制。控制意图不仅驱使中央政府垄断税权，也会激起中央政府控制更多收入（集中财力）的欲望，但同时也会激发地方政府的抵触情绪。中央政府认识到，如果没有地方政府对改革的支持，或者至少是对中央控制的默认，中央政府就很难在推动改革和加强控制方面真正有所作为。因此，在中央控制和地方顺从之间，需要寻找一个适当的平衡点。目前体制下的税收返还就是最生动的例子。

在 1993—1994 年的改革中，中央政府在"加强中央财政宏观调控能力"的名义下，拿走了一大笔原本属于地方政府的收入，如果没有相应的补偿措施，无疑会激起地方政府的强烈不满和抵触，因为这会直接损害地方政府的既得利益。在这种情况下，基于来源地规则的税收返还体制最好地顾及到了地方政府的既得利益，中央和地方政府都乐于接受。中央的控制目的达到了：我拿了你的钱，而且在支出方面建立新的财政控制机制（让你在支出方面更加有求于我）。从地方来看也不错：在此项改革前的"既得利益"在改革之后保住了。唯一的问题是：如同专项转移支付一样，来源地基础的税收返还以牺牲财政均等目标为代价。

如果将税收返还的来源地规则转变为均等化规则，将会发生什么事情呢？简单的答案是：来自发达地区的增值税和消费税收入的相当一部分，将通过再分配转移给贫困地区。这种做法虽然不至于削弱（实际上是强化）中央控制，但来自发达地区的抵触将使这样的改革面临夭折的风险。在这里我们再次看到，偏重纵向控制的政府间财政安排和转移支付体制，与财政均等目标存在强烈冲突。对利弊得失的权衡使中央政府认识到，虽然财政均等目标有其内在的重要性，但在特定情况下，相对于加强纵向控制和推动改革（需要地方支持）而言，让均等目标屈居其次也许是个不错的选择。

接下来的问题是：在类似中国这样的国家里，为何中央政府需要巩固和强化对地方政府的控制？这里涉及十分复杂的背景。粗略地讲，既有经济上的原因（对地方财政行为缺乏控制可能引发和加剧宏观经济波动），有政治的考虑（缺乏控制可能导致政治凝聚力的退化），还有历史传统（单一制和集权）。有缺陷的公共治理安排也是一个重要原因，它导致当地居民的偏好不能充分反映在地方预算中，以致大量的预算资金流向地方政府偏好的项目，包括政绩工程、豪华气派的办公条件和其他在均等化没有实际意义的支出领域。

与"控制导向"压倒"均等导向"类似的是：政府间转移支付经常被当做应付一大堆短期问题的工具。而疲于应付短期问题的转移支付经常与财政均等的指导方针相冲突。作为一个经济转轨、社会转型的发展中国家，中国与许多国家（尤其是发达国家）相比的一个显著特点是：它的体制和政策经常处于自觉或不自觉的变动中，而这种变动不可避免地将一大堆恼人的、不得不随时应付的短期问题，抛洒在中央和地方政府面前。减免农村税费，地方的收入遭受损失，中央怎么办？中央政府决定给公务员涨工资，可是贫困地区没有足够的钱来涨工资，中央该怎么办？基层财政那么困难，需要鼓励地方政府通过增收节支缓解财政困难，中央政府又该怎么办？诸如此类的短期问题虽然明显地与均等目标不一致，但中央政府认为通过转移支付来应对仍然是必要的。结果，转移支付在控制、鼓励提供外溢性服务、促进财政均等这类"常规目的"之外，又附带了许多其他看似更加紧迫（未必更加重要）的功能，而且这类功能压倒了对均等目标的考虑。

本部分讨论表明：中国在 1994 年建立的以税收分享和直接补助构成的现行转移支付体制，虽然在某种程度上融入了财政均等因素，但总体而言是非常不充分的，而且没有严格遵循财政均等概念的内在逻辑。因此，迄今为止，中央政府财政转移的大部分仍然是根据非均等因素被分配给各地方辖区的，这是导致财政均等化效果不佳的重要原因。

四、政府间财政安排与财政均等目标的冲突

由于种种原因，最近 20 多年中，中央与地方政府间形成了不利于财政均等化的财政安排。除了政府间转移支付外，目前中央与地方政府间财政安排的构成要素，也与财政均等这一重大国家政策目标之间存在冲突。包括：（1）服务责任的过度下放；（2）与均等目标脱节的比例式税收分享；（3）缺乏调节辖区间税基分配的有效框架；（4）缺乏辖区间税负输出和税收竞争的协调机制。

服务责任的过度下放

20 世纪 80 年代以来中国财政分权化进程的一个突出特征是：中央政府将范围广泛且未经严格界定的服务责任下放给地方政府，包括将诸如基础教育、基本卫生保健和其他一些关键性公共服务，下放给财政能力最为脆弱的基层政府。根据财政联邦制理论，支出责任应下放给那些不至于产生外溢、具有起码财政能力、并且管理上能够胜任的规模最小的地理辖区。此外，成功的财政分权还需要地方政府具有很强的受托责任。在这些基本要求尚未具备时的服务责任下放，称为过度下放。

中国是个单一制的政府结构和具有集权传统的国家，但服务责任的下放比多数联邦制国家走得更远，甚至在其他国家通常由国家级政府负责的社会保障与福利，在中国也主要由地方政府承担（参见表14.5）。

表 14.5　服务责任在中央与地方间的分配（2005 年/%）

	中央	地方	合计
社会保障与就业	45	55	100
教育	10	90	100
医疗卫生	4	96	100

资料来源：财政部《关于 2005 年中央和地方预算执行情况与 2006 年中央和地方预算草案的报告》，2006 年 3 月 5 日在第十届全国人民代表大会第四次会议上。

表 14.5 显示，2005 年医疗卫生支出的 96% 由地方政府负责，这

个比例比美国要高得多。在公共医疗和卫生保健支出中，美国联邦政府在 2005 年承担了 55%，州政府承担 45%。公共联邦补助是政府为低收入人士提供的主要项目是公共医疗补助，联邦和州在 2005 年分别提供 1820 和 1380 亿美元。该项目由联邦政府确定受益的范围及符合条件人员的范围，具体的福利发放及人选区由州政府确定。联邦政府承担的份额与"州人均收入/国家人均收入"比率决定，联邦承担的比率由 50%—83% 不等。① 与澳大利亚相比，中国地方政府在教育、健康和社会保障与福利方面的责任也大得多。2003—2004 年财政年度中，澳大利亚联邦政府承担了 31%（州与地方承担 69%）的教育支出、62%（州与地方承担 38%）的医疗保健支出，以及 92%（州与地方承担 8%）的社会福利与保障支出。②

在服务责任下放的同时，中央政府将大量的财政资源通过转移支付（包括税收返还）转移给地方政府。因此，就地方支出占全部公共支出比重而言，中国比绝大多数国家都要高得多。中国地方政府的支出比重超过 70%（2005 年高达 76%），而 2005 年美国州与地方政府支出合计只占 35%；③ 在英国，地方政府支出约占全部支出的 25%。④ 由于中国地方政府高水准支出在很大程度上通过中央政府转移支付支撑的，地方政府对中央政府的财政依赖度比许多国家高得多。2005 年，中国地方政府总收入中的 43% 依赖中央的转移支付，而在美国这个比例（2004 年）约为 22%，⑤ 比中国低整整 21 个百分点。

支出责任的过度下放对财政均等目标产生了不利影响。许多地方政府（尤其是基层政府），缺乏足够的财政能力去筹集满足国家最低服

---

① 雷蒙德·C. 斯哥帕驰：《美国政府间预算框架》，中国政府间财政关系国际研讨会，中国人民大学财政金融学院、美国中美关系学会联合举办（北京），2006 年 7 月 10—11 日。

② 艾伦·莫里斯：《澳大利亚的财政均衡化体制》，政府间财政关系国际研讨会（新疆），中国财政部、加拿大国际开发署、世界银行联合举办（新疆乌鲁木齐）2004 年 7 月，会议论文。

③ 同上。

④ 艾伦·卡特：《英国地方政府融资：实践与挑战》，中国政府间财政关系国际研讨会，中国人民大学财政金融学院、美国中美关系学会联合举办（北京），2006 年 7 月 10—11 日。

⑤ 艾伦·莫里斯：《澳大利亚的财政均衡化体制》，政府间财政关系国际研讨会（新疆），中国财政部、加拿大国际开发署、世界银行联合举办（新疆乌鲁木齐）2004 年 7 月，会议论文。

务标准所需要的资金。虽然中央政府向地方政府提供大量转移支付资金，但在中国这样一个政府层次众多而管理能力匮乏的国家，这些资金很难"在适当的时间到达适当的地点"，支出绩效也难免差强人意。此外，信息不对称和中央政府缺乏足够的监督能力，也使许多资金流向地方偏好的支出项目。

与均等目标脱节的比例式税收分享

政府间税收分享在目前的体制被广泛采用。税收分享涉及四个主要税种：增值税、消费税以及个人所得税和企业所得税。增值税和消费税的分享始于 1994 年，中央分享的部分大多以税收返还的形式重新流回来源地辖区。分享的方式是比率式的，几乎所有省级辖区都采用相同的分享比率。很明显，统一的分享比率对于贫困地区相对不利，对于发达地区则相对有利。因此，表现上的公平掩盖了事实上的不公平。理解这一点并不困难。与此情形类似的例子是：一个年收入为 100 万元的富翁，另一个是年收入仅为 1 万元的乞丐，假设政府同时按某个统一比率——比如 20% 征税，虽然表现两者的财政负担相同，但实际税负相距甚远——乞丐的实际税负远大于富翁。之所以如此，原因在于收入水平（经济实力）不同的人们，其财政负担能力并不相同。类似的情况当然也发生在经济发达程度差别甚大的各省级辖区之间。

始于 2002 年的所得税（包括个人所得税和公司所得税）分享存在的问题与增值税、消费税的分享类似。目前中央对省级辖区采用统一的分享比率（50%）。在该模式下，虽然目前所有省份都从来自本辖区的所得税收入总额中分享 50%，但对经济发展水平相差悬殊的东中西部而言，同样的 50% 的含义是截然不同的：对于东部省份而言，50% 是中央政府留给的一笔巨额收入；对于中西部而言，50% 只是中央留给的一笔小额收入。这种看似平等的分享办法其实隐藏着极大的不平等，因为相对于贫困地区而言，发达地区的所得税收入总量大得多，总体的经济实力和财政实力也是如此，在相同比率的分享模式下，它们的承受能力当然也高得多。

从财政均等目标的角度讲，无论是增值税、消费税分享还是所得税分享，都无助于改进辖区间财政能力的均等化，因为统一比率的分享模式并不具有再分配效应。相反，由于贫困地区的财政承受能力

（承受中央政府等比率拿走一部分收入的能力）更低，目前的税收分享模式实际上削弱了转移支付的均等功能。虽然如此，以来源地为基础、采用统一比率、不与均等因素（如人均收入、年龄、学龄儿童数量等）挂钩的税收分享模式，在管理上相对便利，能够给地方政府提供一个稳定和具有预见性的收入预期，而且"各打三十大板"的做法虽然有失公允但却易被地方政府接受。尤其重要的是，这种分享模式恰好满足了中央纵向控制意图。这些正是当前的税收返还模式虽无益均等目标却具广阔生存空间的原因。

缺乏辖区间税基分配的有效框架

在目前中国国内关于政府间财政关系的文献中，如何恰当地分配税基大概是被忽视最多的领域。然而随着经济开放性的流动性的增强，这个问题已经成为一个影响辖区间财政资源和权益分配，进而影响财政均等化的重大问题，不可不重视。

辖区间税基分配与以下问题相连：对于跨地区经济与投资的企业（或有多个所得来源地的个人），例如，注册地在辖区 A 的某个公司在辖区 B 从事营业活动，究竟谁应有权对该公司在辖区 B 的营业活动形成的应纳税利润和营业额进行征税？是辖区 A、辖区 B 还是中央政府？当公司迁出或迁入某个辖区时，税基归属权应如何调整？在市场经济中，企业如"候鸟"，哪里合适就往哪里飞。然而，经济上具有效率的流动性也带来了复杂的税基归属权在政府间横向（地方政府间）与纵向（上下级政府间）的分配问题。在上面的案例中，辖区间税基分配可进一步表述如下：

- 在什么条件下一种营业活动应被一个特定辖区课税？
- 该企业营业活动的什么份额能够合理地被分配给那个辖区？

国际上比较通行的规则是：特定辖区内的某种营业活动究竟应由谁来课税，仅仅取决于是否产生了"实质的营业关系或具有实质性的营业存在"（substantial business nexus or presence），其营业利润源于该辖区内的营业活动。许多国家通过公式分配办法较好地解决了这个难题，经常被援引的一个例子是美国：大多数州使用公式分配办法在相关辖区间分配税基，加拿大也使用一套分配公式在各省之间分配所得税的税基。

从 2001 年开始，中国财政部采用了类似美国各州之间分配税基的公式化办法，用来解决中央与省级辖区间的税基归属权分配问题。在 2001 年制定的《所得税收入分享改革方案》（国发〔2001〕37 号）中，规定"跨地区经营、集中缴库的中央企业所得税等收入，按相关因素在有关地区之间进行分配"。具体地讲，就是"在纳入分享范围的中央企业中，有一部分是跨地区经营，而所得税实行集中缴库的企业。对这部分实行集中缴库的中央企业，如果完全由集中纳税地点所在省份分享其缴纳的所得税，明显有失公正，容易引起地区间矛盾，也不利于企业的改制和发展。为此，……跨地区经营企业集中缴纳的所得税，按分公司（子公司）所在地的经营收入、职工人数和资产总额等因素在不同地区间进行分配，各因素的权重分别为 0.35、0.35 和 0.3"。[①]

分配公式设计如下：

（1）某省分配额＝集中缴库的企业所得税＊地方分享比例＊该省分配系数

（2）某省分配系数＝0.35＊该省企业经营收入/各省企业经营收入之和＋0.35＊该省企业职工人数/各省企业职工人数之和＋0.3＊该省企业资产总额/各省企业资产总额之和

这里不准备对辖区间分配问题做更详细的讨论，只是强调这样一个论点：用公式分配办法分割税基归属权是一个正确的方向，但目前的做法只是一个初步的、尚未从根本上解决税基分配问题的方案。这是因为：（1）公式分配方法用三个关键因素解释"应纳税所得额的实现地"，具有比较坚实的理论基础，但在实务操作上非常复杂，行政管理成本较高，各省之间以及中央与省级政府间可能产生比较多的争议。因此，有许多前期性的基础工作（包括协调机制的建设）需要跟上来。（2）目前的办法只限于中央企业，跨地区经营与投资的地方政府企业，它们的所得税税基归属权如何纳入到公式分配办法中进行分享？（3）除了企业所得税外，公式分配方法是否（或在何种程度上）亦可应用于个人所得税及至流转税税基的分配？[②]（4）除公式分配办法外，可供考虑的其他分配方法有哪些，其利弊如何？

---

① 财政部预算司：《中国政府间财政关系》，中国财政经济出版社，2002，第50—51 页。

② 流转税的征税地点与所得税遵循不同的原则，大体上有三个选择：在生产地征税，在企业所在地征税，在消费地征税。

由于辖区间税基分配问题固有的复杂性，以上四个问题尚未解决。作为替代办法，很多情况采用了经济上不合理、但管理上较方便（包括流转税的产地征税和集团公司所得税的汇总征税）的做法确定辖区间税基管理权。总体而言，这些做法有利于税基（进而税收收入）流向发达地区，从而进一步削弱了寻求财政均等的努力。再次强调的是：在政府间财政安排的设计中，认识到政府间税收收入划分问题本质上不同于辖区间税基分配问题是非常重要的，因为在流动性日益增加的开放经济背景下，税基分配问题的处理不当将大大抵消各级政府的追求财政均等目标的努力和效果，而这正好是目前中国没有妥善解决的一大难题。

缺乏辖区间税负输出和税收竞争的协调机制

与许多国家不同，中国地方政府并不拥有正式的税基与税率决定权，但却拥有范围广泛的、且很少受制约和监督的自由裁量权。借助这些权力，地方政府有能力（当然也有动力）将税收负担转嫁给其他辖区居民，产生对非居民的税负输出。假设一个国家内只有一个卷烟厂或一个炼油厂，由其产地辖区征收的税收，其负担就会被转嫁给全国的消费者。税负输出有多种方式，包括将税负输出给非居民（其他辖区居民）消费者，以及在更多情况下输出给生产要素（土地、劳动力和资本）的非居民所有者。地方政府来自土地和自然资源的税收和收费，归属地方政府的营业税收入，地方政府参与分享的税收（增值税、消费税以及所得税），都是容易导致大量税负输出的收入来源。

准确计量税负输出是一个困难的问题，但认识到税负输出会扭曲辖区间的财政能力，并对财政均等目标产生负面影响是很重要的。均等化转移支付制度设计的中心议题之一是如何准确测量地方辖区的真实财政能力。财政能力定义为：在各个辖区按全国平均的标准税率（T）从本辖区的经济税基（Y）征集税收的情况下，所能达到的人均税收水平。如果没有税负输出，一个地方辖区的财政能力（FI）可表示如下（为便于分析，略去人口变量）：

$$FI = T \cdot Y \quad\quad\quad (1)$$

由于各辖区间的税负输出能力往往大不相同，税负输出会严重扭曲一个地方辖区真实的财政能力，并大大影响辖区间财政能力的可比性。然而，目前中国的财政转移支付体系中，全然没有考虑到这一点。下面对此稍做些分析。

当我们将辖区间税负输出（K）因素纳入到财政能力的测度中时，一个辖区的财政能力应使用以下公式测度：

$$FI=TY+K \quad\cdots\cdots\cdots\cdots\cdots\cdots\cdots\cdots\cdots\cdots\cdots\cdots\cdots\cdots (2)$$

（2）式表明，一个辖区的财政能力由按标准税率计算得到的、由本辖区居民负担的自有收入（TY）和输出的税收（K）两部分组成。在自有收入既定的情况下，一个更有能力输出税负的辖区比一个几乎无力输出税收的辖区具有更高的财政能力。因此，在概念上应认识到，以均等目标为导向的政府间转移支付体制，要求从来自上级政府的均等化转移中扣减输出的税收。这意味着：一个税负输出越多的辖区（通常为富裕辖区），应该得到的转移支付越少；反之亦然。

一个辖区输出的税收占总税收的比重称为税负输出率（k），用公式表示为：

$$k=K/（TY+K）$$

k值在各个辖区是大不相同的，其大小主要受以下因素的影响：

• 政府间税收安排的分权化程度——分权化程度越高，k值越大；

• 地方税体系中各种税的可转嫁性——越是易于转嫁的税，或者能够转嫁的税种越多，k值越大；

• 本地生产的商品中外销的比重——外销的比重越大，k值越大；

• 净流入人口（流入人口—流出人口）的多少——净流入人口越多，k值越大。

综合考虑以上因素，可以认为，与较贫穷辖区相比，较富裕的辖区更有能力输出税负，因而其k值大得多。如果这一点能够成立，那么，税负输出的净效应构成了辖区间财政能力的"马太效应"：使贫穷的辖区更加贫穷，使富裕的辖区更加富裕。因此，如果没有类似（2）式的校正机制，税负输出将成为均等化转移支付目标的一个抵消因素。

从财政均等目标的角度看，辖区间税收竞争也会造成类似税负输出的效果：扭曲地方辖区的真实财政能力，导致对税基（征税潜力）的开发不足。与贫困辖区相比，富裕辖区展开税收竞争的潜力和能力都要强得多，由此带来的两个后果是：（1）税基从贫困辖区流向富裕辖区，加剧了辖区间财政能力的不均等；（2）富裕辖区真实的税收潜力（利用税基产生收入的能力）被隐藏和低估的程度，比贫困辖区高得多，这意味着在上级政府的均等化补助资金分配中，发达辖区居于比贫困辖区更有利的位置。①

五、关于征税努力程度

一个在主观上故意不努力征税的辖区，它的财政能力（为其支出需求自行筹集收入的能力）就会被低估。因此，如果一个均等化补助体不考虑征税努力因素，那么，越是不努力征税的辖区，获得的转移支付资金就越多，而努力征税的辖区则在均等化补助的分配处于相对不利的位置。为此，巴西等国家把财政努力标准引入到分配公式中。

当然，将征税努力（即财政努力）因素纳入均等化补助体制也会带来一些问题。"征税努力程度"在概念上难以界定，而且财政努力的测定很复杂。难以确定地方政府的收入行为在多大程度上反映其努力。另外，财政努力考虑得太多，对贫困地区十分不利，因为在那里，提高财政努力更加困难。然而，在设计均等化转移支付时，在一般意义上对财政努力加以考虑当然很重要，至少要求地方政府在平均水平上征税。②

然而，中国目前的转移支付体制并未要求地方政府"在平均水平上征税"——事实上完全不考虑地方政府的征税努力程度。从促进财政均等目标的角度看这是个很大的漏洞，这个漏洞明显地有利于富裕辖区而相对不利于贫困辖区，因为总的看来，中国富裕辖区的征税努力程度明显地低于贫困辖区。理解这一点很容易：富裕辖区税基广阔，财政实力雄厚，不需要太多的征税努力就可以获得大量收入；贫困辖区则不然，如果不充分发掘征税潜力，就无法获得足够的收入满足其支出需求。

富裕辖区征税努力不足问题在中国由来已久，而其动因则相当复

---

① 在有效的均等化补助体系中，在其他因素既定的情况下，一个辖区的财政能力越高，得到的均等化补助越少，反过来也一样。因此，财政能力越是被低估（隐藏）的辖区（多为发达辖区），能够从上级政府"套取"的均等化补助越多，反之则越少。

② 理查德·M. 伯德，麦克尔·斯马特：《政府间财政转移支付对发展中国家的启示》，《经济社会体制比较》杂志，2005年第5期。

杂，但主要与中央与地方政府间特定财政体制相关。如果该体制对地方政府的激励不足，以至地方政府感到多收不能多得，就会大搞"藏富于企业"、"藏富于民"，不愿把税收收足。反之，则可能收税较足，部分地区在部分时候也存在着"过头税"的问题。

　　当前面临的问题不只是发达地区普遍存在征税努力不足，更紧要的是政府间财政安排和转移支付体制一直未加认真对待。征收努力不足产生的效果与税负输出（在某种意义上也包括税收竞争）类似：它们都在转移支付体系中造成这样一种结果，即低估地方辖区（尤其是富裕辖区）的财政能力——实际财政能力比表面上显示的高得多。这就意味着，均等化转移支付资金中数额相当于征税不努力的那一部分，被额外地划拨给相对富裕的辖区（假设贫困辖区不存在征税不努力）。举个例子：在相同的征税努力程度下，如果某个富裕辖区 A 应收 10 亿元的税收，但由于征税不努力而实收 8 亿元；贫困地区应收 5 亿，实收 5 亿。那么，在给定支出需求和单位服务成本的情况下，发达地区**将因此额外**获得 2 亿元的均等化转移支付。这在转移支付上造成了一**种负激励**——激励隐藏真正的税收能力以便套取转移支付，同时破坏了中央政府促进财政均等目标的努力。

六、脆弱的治理安排和监督能力的不足

　　最近 20 多年来，地方政府正在迅速成长为中国经济社会舞台上的一支重要力量，地方支出占总支出的比重超过 70％这个事实有力地证明了这一点。经济转轨、社会转型、全球化、区域化、当地居民对服务需求的迅速增长、中央政府的着力推动，以及其他一系列因素的共同作用，使地方政府在国计民生中的作用远远超过了中央政府。在这种情况下，如何建构行之有效的地方治理安排，确保地方政府真正为一个致力于服务民众的政府，同时又能确保中央对地方的有效控制，就成为一个极其重要的问题。

　　然而，目前的地方治理安排存在明显缺陷，导致地方居民的支出偏好无法有效地反映到地方预算中，最终阻碍把这些偏好转变成支出配置的战略优先顺序。作为结果，地方政府往往将自己的利益和偏好置于当地人民之上，把大量资源用于满足地方政府偏好的领域，而中央政府关注的服务均等化领域（消除服务贫困）经常投入不足。令人

不安的是，一些贫困地区极力在生活方式、办公条件、城市外观等方面效仿相对富裕地区，而置当地居民的服务贫困于不顾。在这种情况下，中央只是把钱拨给那些负责管理均等项目的地方政府是不够的，即便这些钱是根据均等化原则按公式基础分配也是如此。中央需要对服务质量受益对象及达到的标准做出具体规定，并保持强有力的监督。不幸的是，中央政府的监督能力严重不足。

中央政府缺乏足够的监督能力使这种情形雪上加霜。据国家审计署对17个省（区、市）的审计调查，这些省2002年本级预算共编报中央补助收入936亿元，仅为实际补助4149亿元的22.5%；有4个省根本没有编报中央补助收入。未编入预算的这部分中央补助资金，实际上脱离了地方人大的审查监督。造成上述问题的主要原因是，财政部年初没有把中央补助地方支出分解到地区和项目，加之省级预算在中央预算审查批准之前编报，地方难以对中央补助资金的数额做出预计。同时，也与一些地方财政自觉接受政府、人大监督意识不强有关。有9个省在决算中也存在少报甚至不报中央补助收入的问题，2002年这9个省决算编报中央补助收入数仅占实际补助的26%。[①]

类似的现象也发生在专项转移支付方面。国家审计署的报告指出，目前中央补助地方基本建设专项资金和其他19项专项转移支付资金，没有具体的管理办法或办法没有公开，涉及金额111.72亿元；在采用因素法分配的中央专项转移支付资金中，有11项没有严格按规定进行分配，人为做了调整，调整率达11%，涉及金额33.07亿元；有些项目的预算安排与实际情况不符。另外，专项转移支付管理不规范，使资金分配存在一定的随意性，缺乏透明度。

七、结论与政策含义

1. 财政均等对于中国这样一个大国而言是个值得大力追求的国家政策目标。无论从地区间经济发展水平衡量，还是以地区间财政能力和基本公共服务的可得性衡量，中国都是一个极不均等的国家。贫困地区获得教育、健康与社会保障服务机会、数量和质量均显著低于富

---

① 李金华：《关于2003年度中央预算执行和其他财政收支的审计工作报告》，2004年6月23日在第十届全国人民代表大会常务委员会第十次会议上。

裕地区。考虑到中国的国情约束，现阶段中国的财政均等目标应定义为消除财政贫困和服务贫困，确保贫困人口也能获得国家最低标准的基本公共服务。推进财政均等将带来多方面的收益，同时也是建设和谐社会和实现可持续发展的前提条件。

2. 系统地推进财政均等目标，首先需要对目前的政府间转移支付体制做重大的结构性改革，以满足均等的基本标准。其中最重要的一点是：必须对地方辖区的财政能力和支出需求进行切实的计量，充分考虑辖区间财政能力（收入潜力）与支出需求，以此作为公式化转移的基础。支出需求指的是服务需求，涉及到服务成本和征税努力程度的测算。美国、加拿大、英国、日本、保加利亚都是如此。中国可以从这些国吸取经验。此外，中央政府还应以实际效果作为提供转移支付的条件，以及建立监督地方政府财政绩效的体制。

3. 更一般地讲，推进财政均等化进程，对政府间财政安排的各个方面进行改革，以形成一个更具再分配功能的财政安排和转移支付体制。目前的政府间财政安排是一种偏重纵向控制的结构。这种结构将广泛的支出责任下放给地方政府，特别是把基础教育、基本卫生保健、社会保障和社会福利这类在管理和融资方面的重大职责留给了难以胜任的基层政府。另一方面，这一结构让中央政府保持了几乎对所有税种的税基和税率的控制权，这使地方政府缺乏起码的税收能力来为这些服务提供资金。结构合理的政府间财政安排能够产生正面的再分配行为，抑制逆向的再分配行为，从而促进和强化均等化，同时又不至于损害激励、效率、增长潜力和其他值得追求的重要目标。

4. 协调均等目标与其他目标之间冲突是非常重要的。需要清醒地认识到，无论是把转移支付作为控制地方政府的手段，还是作为疲于应付短期问题的权益之计，都可能导致与财政均等目标之间的冲突，并削弱中央政府推动财政均等目标的努力和效果。目前偏重纵向控制的财政结构虽然可以将财政均等因素（考虑财政能力和支出需求）包容其中，但在许多方面与均等概念并不一致。在这种结构下，财政均等目标经常让位于对其他目标的考虑，这些目标包括：对地方既得利益的默认和妥协（税收返还体制本身就是 1993—1994 年改革中对地方利益妥协的产物），保持地方政府收入的稳定性，以及应对紧迫的短期问题。

5. 在考虑财政均等和设计有效的政府间财政安排时，区分政府间税收收入划分和辖区间税基分配是非常重要的。由于缺乏辖区间税基分配的全面框架，也由于缺乏调节辖区间税收竞争和税负输出的协调机制，大量财政资源从贫困辖区流向了富裕辖区，大大地加剧了辖区间财政能力与公共服务差距。

6. 目前以来源地为基础的税收返还和税收分享模式，应逐步改造为均等化导向的模式。由于没有考虑到财政能力或支出需求的不同，目前的来源地分税分享机制不可能消除地方政府间的财政不平衡。因此，应建立基于财政能力或支出需求的政府间税收分享机制，将来源地规则的税收分享改造为均等化导向的税收分享模式。可以借鉴德国的增值税分享模式，根据一个以人口、人均收入城市化等指标为基础的公式在各辖区间进行分配。

7. 至少应在中央和省级政府建立两级财政均等化导向的转移支付体制。除中央政府外，省级辖区必须具有再分配功能。传统公共财政理论强调再分配是中央职责，地方政府更适合完成资源配置性任务，但对地方来说，再分配绝不是可有可无的，有些时候甚至相当重要。地方政府必须关注弱势群体能否获得基本的公共服务。

8. 改进地方治理安排和强化中央对地方支出行为与绩效的监督能力，对于促进财政均等目标极端重要。治理安排欠佳和中央监督能力不足，导致地方政府普遍存在浪费性和炫耀性的支出行为，大大减少了原本可以用于促进财政均等目标的宝贵资源。为此，建立新的地方政府责任和绩效评估制度，包括消除谁对什么事负责的混淆，并且发展一套预算优先性排序机制来制定决策，显得比过去任何时候都更重要也更紧迫。目前许多地方官员更关注对于高级别政府官员即其顶头上司负责，而不是他们应为之服务或工作的当地居民负责。

第十五章
中国财政转移支付制度的演变与改革建议①

Intergovernmental Transfer System in China

贾　康（Jia Kang）

一、引言：中国的地方政府设置与支出责任

要了解中国政府间转移支付制度，有必须先对中国地方政府的设置情况与各级政府承担的财政职能有所了解。

（一）地方政府设置

根据中华人民共和国宪法的规定，设置了四级地方政府，包括省（含直辖市、自治区）、市、县（含县级市）、乡（含镇）四个级次。截止2003年年底，中国设置了34个省级政府，其中包括27个省、直辖市（含台湾省）、5个自治区和2个特别行政区（香港和澳门）；333个地级政府，其中包括282个地级市（有权管理县级行政单位的市级政府）；2861个县级政府，其中包括374个县级市、845个市辖区（地级市下辖区）和1470个县；44067个乡镇级政府，其中包括20226个镇、18064个乡、5751个街道办事处（市辖区的下级社区政府）。在四级层次的行政区域内都设有完整的国家机器，包括行政管理机构、立法机构（人民代表

---

① 本文基于财政部科研所研究人员承担的 ADB "中国政府间转移支付制度研究"课题背景报告的一部分修改而成。课题主持人为贾康，成员有白景明、祝小芳、牟岩等。

大会）、司法机构（检察院、法院）、政治协商机构等，其中省和地级市有对应级别的武装力量管理机构，被称为省军区和军分区。

中国是一个行政权力高度集中的国家。中华人民共和国宪法明确规定，中央人民政府（中华人民共和国国务院）统一领导全国地方各级国家行政机关的工作；各级地方政府都服从中央人民政府；同时还规定地方各级人民政府要对上一级国家行政机关负责并报告工作。以宪法为依据，中国形成了严格的上级政府管理下级政府的政府管理体制，各级政府都要按照上级政府的制度安排和政策规定行事，地方政府首脑都是具有一定等级的行政官员，必须对上级官员负责。

值得说明的是，在中国，"市"可以具有不同的行政级别。北京、天津、上海、重庆为省级直辖市，是城市地区行政级别最高的行政机构，以下依次是地级市和县级市，前者直接隶属于省级政府。省级直辖市与地级市都可以将所属城区进一步细化为市辖区，大多数市都管辖多个县。县级市为行政级次最低的市级行政机构，不能划分市区，也不能管县。①

中国的《预算法》规定一级政府一级财政，地方各级政府预算由各部门的预算组成，因此，中国的财政管理架构基本与政府架构相同，每级政府都设有财政局与税务局（乡镇级设财政所或税务所）。在这里需要一提的是，随着改革开放进程的深入，中国也出现了一些与建制不相符的行政调整。1984年以来中央政府曾经批准设立若干"计划单列市"，这些规模较大的城市原属地级市，列为单列市后就成为省级预算单位，② 拥有等同于省政府的经济管理和财政权力。

中国各级政府设置情况如下图15.1所示。

（二）各级政府的事权与支出责任划分

研究省以下地方财政转移支付，必然涉及各级政府的事权划分及支出划分，因为政府间事权划分是政府间财力分配的基本依据，由事权划分决定的支出责任划分是财政体制的基本要素，而且是确定财政

---

① 为明确起见，本报告中出现的"市"应指地区和地级市。其他行政级次的市（如县级市）会明确标明。

② 后来有些计划单列市又被撤销。

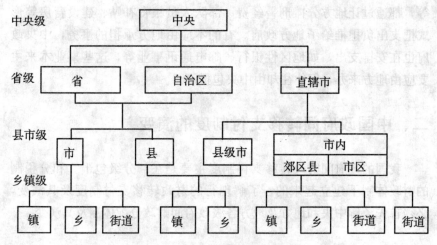

图 15.1　中国各级政府设置图

体制包括转移支付体制的逻辑起点。

　　根据事权划分，中央政府主要负责国家安全、调整国民经济结构、协调地区发展和实施宏观调控。地方各级政府则主要负责本地区经济和各项事业的发展。我国宪法第 107 条规定了地方政府行使的职权："县级以上地方各级人民政府依照法律规定的权限，管理本行政区域内的经济、教育、科学、文化、卫生、体育事业、城乡建设事业和财政、民政、公安、民族事务、司法行政、监察、计划生育等行政工作。"

表 15.1　与事权相对应的各级政府支出划分

中央政府负责支出	地方政府负责支出
国家安全和中央国家机关所需经费，调整国民经济结构、协调地区发展、落实调控所必需的支出以及由中央直接管理的事业发展支出。具体包括：国防费，刑警经费，外交和援外支出，中央一级行政管理费，中央统管的基本建设费，中央直属企业的技术改造和新产品试制费，地质勘探费，由中央本级负担的公检法支出和文化、教育、卫生、科学等各项事业费支出	本地区政权机关所需支出以及本地区经济、事业发展所需支出。具体地方行政管理费，公检法支出，部分刑警经费，民兵事业费，地方统筹的基本建设投资，地方企业的技术改造和新产品试制费，支农支出，城市维护和经费，地方文化、教育、卫生等各项事业费，价格补贴支出以及其他支出

　　由于宪法未对省、市、县具体职责进行详细的阐述，国务院对地方各级政府职权的划分，亦没有全国性统一规定。地方各级政府职权交叉，又导致了地方各级政府财政支出责任在层次分工上比较混乱，缺乏明确的界定。如有些应由中央政府承担的事务，如国际刑警经费

等，都通过让地方分摊刑警经费、部队人员粮食补贴、建设营房等形式把支出负担推给了地方政府。有的本应由地方承担的事务，中央政府也在安排支出，如地区性银行、邮电通讯事业等，这些事业本来主要应由地方来办，但往往却由中央包揽了。

二、中国政府间转移支付制度的演变

我国的政府间财政转移支付制度主要是在"分级包干"和分税制的财政体制下建立起来的。了解现行的财政转移支付制度及其演变，必须首先了解中央和地方及地方各级政府间财政分配体制及其演变。

（一）1949—1979 年的财政体制与转移支付制度安排

1949 年 10 月，中华人民共和国成立。建国之初，历经长期战争创伤后百业待兴，中央财政支出需求急剧扩大。而建国前以根据地分割的财政收支体系，不利于集中财力，全国统筹，满足军事的、经济的和人民生活的需要。于是，1950 年开始统一全国财政收支管理，包括开征全国统一的税收，统一全国供给标准、统一现金管理等，从而建立了向上高度集中的财政体制。

1951 年，为适当兼顾地方利益，根据中央政府发布的《关于 1951 年度财政收支系统划分的决定》，将全国财政划分为三级：中央、大区和省。并相应划分了支出责任和收入权力。此时，体制仍然高度集中，但这种划分成为中国财政分级管理体制的雏形。

表 15.2　新中国成立初期中央与地方的收入支出划分

项目	中央	中央与地方共享	地方
支出范围	国防费、外交费	1. 经济建设支出：按行政隶属关系划分 2. 文化、教育、卫生、社会救济、行政管理支出：分别按管理系统列入中央、大行政区和省（市）预算	无独立承担项目
收入范围	农业税、关税、盐税、中央企业收入、国家银行收入和内外债收入等	货物税、工商业税、印花税和交易税。分享比例未统一规定	屠宰税、契税、房地产税、特种消费行为税、使用牌照税和地方企业收入

建国初期的中国，并无财政转移支付的概念，体制变革的主要动因是在高度集中的体制下如何适当调动地方理财的积极性，因此，建国初期，体制变动频繁，如 1957 年将地方收入的分成比例确定为以支定收，一年一定；1958 年又改为划分地方收支范围、确定收入分成比例、一定三年不变；新体制还未及执行一轮，1959—1960 年又改为收支下放、计划包干、地区调剂、总额分成、一年一定的体制。在此期间，中国还进行了大规模的去私有化运动，公营经济迅速发展，在国民经济中占主导地位，从此，在中国改革前的几十年中，国有企业收入都是财政收入的主要来源。

1958 年中国的大跃进和此后的三年困难时期，使中国经济遭受了建国以来第一次重大挫折。面对全国的困难局面，1961 年，中国再一次调整财政体制。此次的体制调整，强调高度集中统一，包括国家财权基本集中到中央、大区和省（直辖市、自治区）三级，国家财政预算，从中央到地方实行上下一本账，全国一盘棋，形成高度集中的财政体制。

1966—1976 年"文化大革命"十年动乱，使中国经济又一次遭受重创。在此期间，财政收入极不稳定，忽上忽下，财政管理体制也频繁变动，以适应混乱时期政府运转的需要。其中采用最多的体制是中央与地方划分收支、总额分成的体制。由于经济相当困难，中央和地方财政只能在困难中勉强维持。

1979 年底，中共第十一届三中全会召开，确立了改革开放的方向，中国的经济体制也由此进入全面改革时期。

（二）1980—1994 年财政体制与转移支付制度安排

中国在 20 世纪 70 年代末 80 年代初开始的经济体制改革，以财政体制改革为突破口，实行财政分权，以调动地方发展经济的积极性。为兼顾地区差别，并探索财政体制改革的模式，除北京、天津、上海三个直辖市体制基本未动外，从 1980 年起，其他各省、自治区分别实行 4 种不同的财政体制。这 4 种财政体制，与以后改革中采用的财政体制模式有千丝万缕的联系，尤其是财政分级包干的体制，曾经是 1980—1994 年期间最重要的财政体制形式，并在 1987 年后的几年时间，达到巅峰。即使在 1994 年进行分税制改革后，省以下仍然可以见到财政包干体制的影子。

所谓财政分级包干或财政包干体制，是指中央和地方财政分级管理，各级政府（如中央与省级政府）根据其财政支出需求（主要以本地区历史数据为依据确定）确定一个财政收入基数。然后根据本地区财政收入能力，确定一个与上级政府（如中央政府对省级政府）的收入分成比例。该比例一般须首先满足地方的收入基数，如果地方财政收入超过基数或超过某一增长率，则对增长部分再一次做上下级政府间分成。地方基数部分和增收分成部分都将成为地方本级的财政收入，拥有独立的预算权和使用权。因此，财政包干体制在一定程度上，鼓励地方政府增加财政收入，有利于调动其发展经济的积极性。

财政包干体制也适用于受补助的省份，即确定补助额包干。如根据增收分成相似的方式确定某补助省的支出基数和收入能力后，中央与该省确定一个固定的补助数额，一定几年不变。受补助省如果努力增加本地财政收入，多收可以相应增加本级政府的财力。反之，如果本级政府收入减少而支出增加，由于补助数额是固定的，则须相应削减本级预算和开支。这种体制在一定程度上也有利于调动被补助地方政府增收节支的积极性。

1983 年和 1984 年进行的最重要改革之一是"利改税"两步改革和税制改革，改国营企业向国家上交利润为开征国营企业所得税，并对国营大中型企业根据一定的利润基数征收调节税。同时，将中国的工商税分为产品税、增值税、营业税和盐税四大税种，并开征资源税、房地产税、土地使用税、车船使用税和城市维护建设税等。税制改革为此后的以分税制为基础的财政体制改革打下了基础。

1985 年，在利改税基础上，财政体制做了一定的调整，试图进一步统一财政体制形式，但其后于 1988 年进行了财政大包干体制改革，出现了财政包干体制的巅峰时期。在如何确定上下级政府收入分成上，根据不同地区的情况，形成多种形式：

"收入递增包干"——根据中央与地方确定的收入增长比例（一般以某一年为基期，参照过去几年历史增长数据），在此增长率以内的收入，则按确定的分成、上解比例进行中央与地方收入分成。超过此增长率部分，全部留给地方，中央不分成。达不到此增长率，其上解中央部分用地方自有财力补足。

"总额分成"包干 —— 根据历史数据核定本地区财政收支基数，同时，以地方支出占总收入的比重，确定地方留成和上解中央的比例。

"总额分成加增长分成"包干——在上述总额分成的基础上，地方政府收入比上年增长的部分，再一次与中央分成，即每年以上年实际收入为基数，基数部分按总额分成比例分成，增长部分除按总额分成比例分成外，另加"增长分成"比例。

"上解额递增"包干——以某年地方上解中央收入为基数，第二年按一定比例递增上交。

"定额上解"包干——即按确定的收支基数，按固定的数额上交中央。

"定额补助"包干——对补助地区，按确定的收支基数，按固定的数额从中央获得补助。

在这期间，中国还没有明确的财政转移支付概念，但实际上，中国一直是存在对受补贴省的转移支付制度的，而且这种补贴可以称为一般性的转移支付，而非专项转移支付。当然，少量的专项转移支付也是存在的，如减灾救济拨款等。

虽然财政包干体制对提高地方增收的积极性有积极的作用，但其弊端很快就显露出来。首先，中央财政收入占全国收入的比重减少，而中央财政支出责任并未由此减少；其次，由于地方利益机制加强，在某种程度上助长了地区封锁和盲目重复建设，不利于产业结构调整；再次，形式多样的包干体制，一对一谈判，不仅运行稳定性差，而且成本高，同时难以体现公平的原则。

1994年，中国开始了以分税制为核心的财政管理体制改革，这是中国经济体制改革继续深入的重要事件，使财政体制的基本框架适应市场经济的客观要求，并促进了其他方面的整体配套改革。此后财政体制仍有动态调整，但一改过去变动频繁的局面，具有了相当的稳定性，并在1998年明确提出财政的总体型态要构建为公共财政。关于财政转移支付制度，1994年即正式提出使财政转移支付成为财政制度的一部分，稍后推出了因素法的"过渡期转移支付"方案。

（三）1994年分税制财政体制改革及转移支付安排

1. 1994年分税制财政体制改革

为了提高中央财政收入占全国财政收入的比重、实现政府间财政分配关系的规范化、调节地区间分配格局以及促进地区社会均衡发展，1994 年，中国开始了具有重大意义的以分税制为特征的财政体制改革。主要内容包括：

- 以税种划分中央与地方政府的收入。根据事权与财权相结合的原则，将维护国家权益、实施宏观调控所需要的税种划为中央税；将同经济发展直接相关的主要税种划分为中央与地方共享税；将适合地方征管的税种划分为地方税。

- 在政府支出方面，维持原有的中央和地方的支出划分格局。这是由于 1994 年实施分税制改革时，政府职能转变和机构改革并没有显著进展，政府间事权划分也没有新的实质性变化，因此，维持原有的支出划分格局成为比较现实的选择。

表 15.3　中央与地方政府收入划分

	中央固定税	中央与地方共享税	地方固定税
	关税，海关代征的消费税和增值税，消费税，中央企业所得税，非银行金融企业所得税，铁道、各银行总行、保险总公司等部门集中缴纳的收入（包括营业税、所得税、利润和城市维护税），中央企业上缴利润	增值税，资源税，证券交易（印花）税 共享比例： 增值税中央分享75%，地方分享25%。资源税按不同的资源品种划分，海洋石油资源税作为中央收入，其他资源税作为地方收入。证券交易（印花）税，中央和地方各分享50%	营业税（不含中央征收部分），地方企业所得税（不含中央征收部分），地方企业上缴利润，个人所得税，城镇土地使用税，固定资产投资方向调节税，城市维护建设税（不含中央征收部分），房产税，车船使用税，印花税，屠宰税，农牧业税，农业特产税，耕地占用税，契税，国有土地有偿使用等收入
调整项	1997 年 11 月起，金融保险业的营业税率由 5% 提高到 8%。2001 年 1 月起，分三年把金融保险业营业税税率降低到 5%。提高税率所增加的收入归中央财政	(1) 1997 年 1 月起，证券交易税分享比例调整为中央 80%，地方 20%。2000 年 10 月起，又调整为中央占 91%，地方占 9%，并确定分三年把该分享比例调整为中央占 97%，地方占 3% (2) 2002 年 1 月起，将按企业隶属关系划分中央和地方所得税收入的办法改为中央和地方按 5∶5 比例分享，其后第二年又改为中央与地方按 6∶4 比例分享	为严格控制土地使用，对国有土地有偿使用收入分配做了调整，将其中新批转为非农建设用地的部分收入上缴中央财政

2. 分税制下中央对地方的财政转移支付制度
- 税收返还制度。

为保持原体制下的地方既得利益和支出划分格局，以逐步达到改革目标，中央财政对地方税收返还数额以 1993 年为基期年核定。按照 1993 年地方实际收入以及税制改革和中央地方收入划分情况，核定 1993 年中央从地方净上划的收入数额公式为：消费税＋75％的增值税－中央下划收入。1994 年中央从地方净上划收入以 1993 年为基数给予地方政府税收返还。在此之后，税收返还在 1993 年的基数上逐年递增。如果地方净上划收入达不到 1993 年的基数，则相应扣减税收返还。

表 15.4 中央对地方税收返还表

年份	地方净上划中央收入数	中央对地方税收返还数	中央对地方税收返还递增比例
1993 年	消费税＋75％增值税－中央下划地方收入。外贸企业出口退税，除 1993 年地方实际负担的 20％部分列入地方财政上缴中央基数外，以后发生的出口退税全部由中央财政负担	中央将 1993 年地方净上划中央收入（根据左框计算）全额返还地方，并以此作为以后年度中央对地方税收返还基数	
1994 年以后	2004 年之后地方负担出口退税的一小部分，开始为 25％，后调减为 7.5％左右	(1) 中央对地方的税收返还额以 1993 年为基数逐年递增 (2) 如果 1994 年后上划中央收入达不到 1993 年的基数，则相应扣减税收返还数额	递增率按本地区增值税和消费税（"两税"）增长率的 1∶0.3 系数确定。即本地区"两税"每增长 1％，中央对地方的税收返还则增长 0.3％

在中央对地方的转移支付总额中，中央对地方的税收返还占很高比例，但从发展趋势看，这部分转移支付会逐渐缩小其比例。

· 保留了原体制的上解与补助办法。

1994 年分税制后，原体制分配格局暂时不变，原体制中央对地方的补助继续按规定补助。

表 15.5 体制上解与补助办法

年份	原体制递增上解的地区	原体制定额上解的地区	原体制总额分成和分税制试点的地区
1994 年	继续按递增上解	继续定额上解	暂按递增上解办法
1995 年调整	取消递增上解，改为按各地区 1994 年的实际上解额实行定额上解		

续表

年份	原体制递增上解的地区	原体制定额上解的地区	原体制总额分成和分税制试点的地区
1995 年其他调整	(1) 原中央拨给地方的各项专项，该下拨的继续下拨 (2) 地方承担的 20％出口退税以及其他年度的上解和补助项目相抵后，确定一个数额，作为一般上解或补助处理，以后年度按此定额结算		

- 1995 年建立了过渡期较规范的转移支付制度。

1994 年实行分税制财政管理体制后，迫切需要实施规范的转移支付制度，以便调节各级政府之间的纵向以及同级政府间的横向财政不平衡，这不仅是完善分税制财政管理体制的需要，也是地方财政正常运行的现实需要。但在分税制初期，中央财政可用于财政转移支付的财力有限，要调整各地的既得利益也很困难。同时，在财政转移支付制度的设计方面，还面临着统计数据不完整、测算方法不完备等一些技术性问题。因此，转移支付的规范化建设只能采取分步战略。1995 年，财政部出台了过渡期较规范的转移支付办法。

过渡期转移支付额由一般性转移支付额和民族优惠政策转移支付额构成：

表 15.6　过渡期较规范财政转移支付办法

	一般性转移支付额	民族优惠政策转移支付额
基本原则	参照各地标准财政收入和标准财政支出差额以及一般性转移支付系数计算确定	根据民族地区标准财政收入差额以及民族优惠政策转移支付系数计算确定
具体计算方式	(1) 标准财政收入： 　根据各税种的不同情况，分别采用"标准税基×标准税率"和"收入基数×（1＋相关因素增长率）"等办法计算确定 (2) 标准财政支出： 主要按人员经费和公用经费（不包括卫生和城建系统）、卫生事业费、城市维护建设费、社会保障费、抚恤和社会救济费、农业生产支出和农业综合开发支出费，分别采用不同方法计算确定	

- 建立了中央专项补助拨款制度。

由中央政府拨付的有条件的专项拨款，不列入地方的财政支出范围，由中央根据情况和需要来确定拨款的项目，拨款的对象，拨款的金额和拨款的时间。专项拨款主要用于给予地方政府的特大自然灾害救济费，特大防汛抗旱经费以及不发达地区的发展资金等。在我国的财政转移支付中，此类专项补助拨款占转移支付总额的约1/5。

3. 分税制改革后形成的财政分配格局

与以往历次财政体制改革不同，1994年的财政分税体制改革，是建国以来调整利益格局最为明显、影响最为深远的一次。首先，分税体制打破了按行政隶属关系组织财政收入的旧体制症结，依税法正确处理政府与企业关系，促使各类企业公平竞争；其次，改变了原来的财政包干下多种体制形式并存的格局，使得中央和省级政府间的财政分配关系相对规范化。再次，使中央政府财政收入比重明显提高。新体制对各级政府组织财政收入的激励作用较为明显。全国财政收入增长较快，特别是中央收入比重，以及中央在新增收入中所得份额都有明显提高，形成了较为合理的纵向财力分配机制。最后，形成了补助格局，初步建立了过渡期转移支付办法，为建立较为规范的横向财力均衡制度打下了基础。虽然改革尚有不完善和不彻底之处，但在不涉及重大政府职责改革的情况下，改革以保地方既得利益和中央财政取之有度的渐进的、比较温和的方式进行，使中国顺利地由原来的财政包干制过渡到中央地方分税制，是一种制度的重大创新。

改革结果显示，分税制以来，国家财政收入稳步增长，但占GDP比重比较适度；同时，中央财政收入占全国财政收入的比重有较大幅度的提高，中央的宏观调控能力得到加强；1994年以来中央向地方形成了较稳定并趋于合理化的转移支付制度。

图15.2显示，自1994年分税制改革以来，中国的财政收入稳定快速增长，但占GDP的比重保持在适度范围。

图15.3显示，中央财政收入占全国财政收入的比重自1994年以来扭转了逐年下滑的趋势，达到了50%左右，大大增强了其实施宏观调控的能力。

图15.6与图15.7则是中央与地方财政支出增长及比重变化情况：

下面几幅图反映的是政府财政收入与支出在中央与地方政府之间的分配情况。① 从中可以清楚地看出，1994年财税体制改革后，中央

---

① 图15.4至图15.7资料来源：根据2004年中国统计年鉴数据生成。

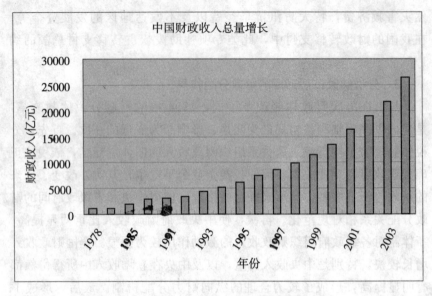

图 15.2　中国财政收入总量增长

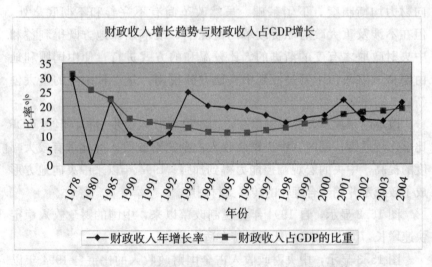

图 15.3　财政收入增长趋势与占 GDP 比重增长趋势

　　资料来源：图 15.2 与 15.3 来自：财政体制改革问题研究（孙开主持，财政部财政
改革与发展重大问题研究课题丛书，经济科学出版社，2004 年 8 月）、《2004 年国家统
计年鉴》，2004 年数据见 2005 年人大预算报告以及国家统计局公布的《2004 年国民经
济和社会发展统计公报》。

　　财政收入不断翻番，2003 年收入为 1993 年的 11 倍；地方财政收入在
改革初始小幅回落后也开始强劲增长，2003 年收入是 1993 年的近 3

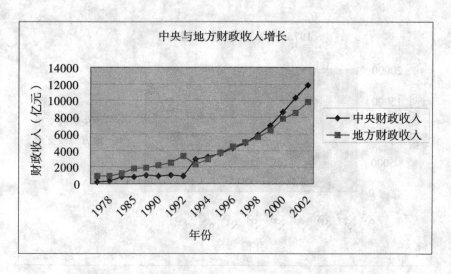

图 15.4　1978—2002 年中央与地方财政收入变化

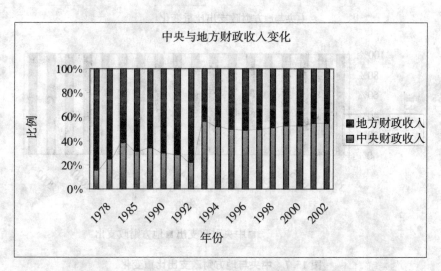

图 15.5　1978—2002 年中央与地方财政收入比重

资料来源：2004 年中国统计年鉴数据生成。

倍；1994 年是中央地方收入比重大幅改变的一年：之前中央收入比重仅为 20％—30％，1994 年一跃增加为 55％，至今一直维持在 48％—55％之间的水平；在支出方面，中央与地方的比重在改革前后变化不大，中央保持在全部支出的 30％左右；地方则在 70％左右。这说明分税制改革调整了收入分配格局，但支出格局没有大的变化。

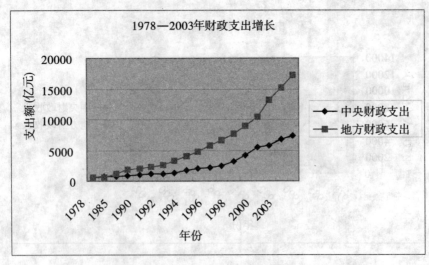

图 15.6　中央与地方财政支出增长

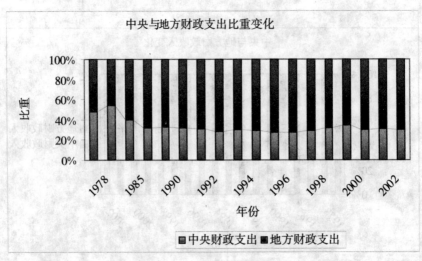

图 15.7　中央与地方财政支出比重变化

三、近年全国范围内转移支付的状况

（一）政府间财政资金转移比重逐渐加大

　　1994 年分税制改革后，收入更多集中在中央，而事权更多分散在地方，为解决纵向不平衡问题，中央向地方进行财政资金转移不断增加（见 15.8）。

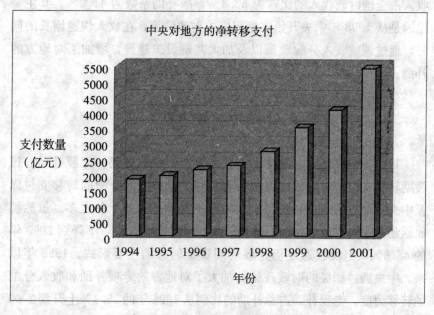

图 15.8　中央对地方净转移情况

注：（1）中央对地方净补助＝中央对地方的补助－地方上解。

（2）中央对地方政府的净补助占到地方支出的比例基本维持在 35%—40%之间。

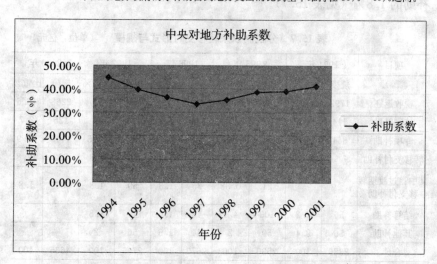

图 15.9　中央对地方政府的补助系数变化

注：补助系数＝净补助/地方本级支出。

从图 15.8 看出，1994—1997 年，中央对地方的净补助系数逐年下降。之后开始回升，政府间资金转移力度进一步加大。到 2001 年中央收入占全国财政收入的比重为 52.4％，净补助系数为 41.2％。其主要原因是从 1998 年中央开始实施积极的财政政策，在收入快速增长的同时，通过调整收入分配政策以及加大基础设施建设，增加了对地方的补助。

（二）转移支付的构成特点

目前，中央对地方的补助方式主要有：税收返还、定额补助、过渡期转移支付、对民族地区的转移支付、调整收入分配的转移支付以及中央对地方的专项补助等。其中专项补助又有几十种之多。虽然税收返还占中央对地方补助的比例从 1994 年的 75.3 ％，下降到 2000 年的 48.6％，但税收返还仍是政府间资金转移的主要形式。1998 年以来，中央通过积极的财政政策，加大了对地方的专项补助和收入分配的转移力度。专项补助占总补助的比例从 1994 年的 15.1％上升到 2000 年的 30.9％。以调整收入分配为目标的转移支付从无到有，2000 年所占比例已达 1 5.5％。采用因素法、较为规范的过渡期转移支付只占总补助的 1.8％（见表 15.7）。

表 15.7　分税制以来转移支付形式与规模　　（单位：亿元）

项目	1994 年		1995 年		1996 年		1997 年		2000 年	
	规模	比重%	规模	比重%	规模	比重%	规模	比重%	规模	比重%
税收返还	1799	75.5	1867	73.8	1949	73	2012	72	2268	48.6
体制补助	114	4.8	115	4.5	111	4.2	112	4	125	2.7
专项补助	361	15.1	375	14.8	489	18.3	516	18.5	1440	30.9
转移支付补助			21	0.8	35	1.3	50	1.8	832	17.8
其中：过渡期转移支付补助			21	0.83	35	1.3	50	1.8	86	1.8
结算补助	56	2.2	103	4.1	43	1.6	49	1.8		
其他补助	56	2.4	50	2	44	1.6	56	2		
合计	2386	100	2530	100	2670	100	2795	100	4665	100
全国财政收入	5218		6242		7408		8651		13380	
补助所占%	45.7		40.5		36		32.3		34.9	

2004 年，中央级转移支付资金的使用结构如图 15.10 所示：

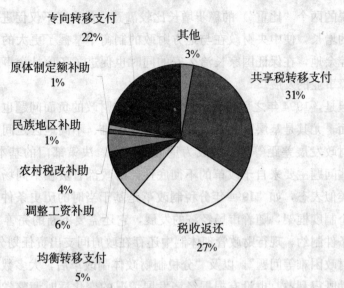

图 15.10 2004 年中央转移支付

注："共享税转移支付"是指地方所得的 25% 的增值税和 40% 的企业和个人所得税。

四、关于 1994 年财税改革对地方财政的影响

（一）各方评价

1. 官方立场

中国政府官方在公开场合对 1994 年财税改革对地方财政的影响基本上持充分肯定态度。一些高级政府官员多次指出，1994 年财税改革在完善收入分配关系、提高财力分配的透明度和规范性、充分调动中央与地方政府积极性，促使地方政府转变理财思路、实现规范管理（如减少税收的随意减免，狠抓非税收入和预算外资金管理，注意自我发展中的自我约束，强化支出管理等等）所取得不小成绩。2003 年卸任的前财政部长项怀诚在任期间高度评价 1994 年财税体制改革，他指出分税制格局形成了稳定的中央与地方都比较满意的双赢的财税体制，基本理顺了中央和地方、国家和企业的分配关系，还建立了财政收入稳定增长的机制。总的说来，中央政府对 1994 年改革带来"中央财政收入占全部财政收入比重"以及"全国财政收入占 GDP 比重"（即通

常所说的两个"比重")的稳步增长比较满意，认为这不仅促进了国家实力的增长，使中央财政在与地方财政的制衡中掌握了更大的主动权和调控余地，在保证国家长治久安的同时也促进了各项社会事业如社会保障事业的发展。

但是，1994年之后，新体制运行中地方财政的负面问题也逐渐浮出水面，尤其是基层财政日益加重的财政困难、不同地区之间不缩反扩的财政发展差距等等，都成为重大的问题。决策部门的基本认识，是这些问题主要来自于改革的不彻底性，财政部官员在不同场合都曾做过类似表态，如"1994年分税制改革是基于当时的历史条件而搭起的一个制度框架，随着市场经济的发展，它还需要不断的完善"，"受客观条件制约，现行财政管理体制中还存在政府间支出责任划分不清、基层财政困难等问题"，以及"分税制财政体制改革后，大多数地区没有触动既得利益，也没有根据经济发展情况的变化适时调整省以下财政管理体制。同时，省级和地市级安排的转移支付资金较少，一些地区甚至将中央的转移支付资金留在省本级，致使部分县乡财政困难加剧"。

2. 学术界的一些认识

专家学者们在改革实施不久就关注了1994年分税制改革的彻底性。一种观点认为改革最大的问题在于仅改变了收入分成办法而未触动支出划分改革。基于多年对中国财税体制的跟踪调研，世界银行经济学家黄佩华首先肯定了1994年财税改革在完善收入分配关系、提高税收征缴效率、增加税收制度透明度等方面所取得的成绩，但她指出分税制使收入向中央政府转移，但地方的支出责任没有减少，如果不强化中央对地方政府的转移支付或允许地方发掘新的财源，地方必将面临财政困难。另一位国际财税专家——美国的罗伊·巴尔非常支持这种观点。巴尔认为中国分税制收入分成与支出责任的划分"忽略了财权应服从事权的基本原则"[①]。两位专家都认为尽管中国政府做了努力，将一些有收入增长潜力的税种划为地方税，但做得不够彻底，并未授予地方政府开征新税或改变税率的权力。这样，中国政府需要建立强有力的转移支付体制来支持地方沉重的支出责任，罗伊·巴尔提出，中央应当更多地承担支出责任。黄佩华与罗伊·巴尔都认为，分

---

① 罗伊·巴尔（2000）。

税制改革将收入上移导致地方政府过分依赖预算外收入满足支出需求，造成地方政府非正规收费，形成"无序、不透明的'准税收体制'"①。

很多国内专家也认为分税制改革在省以下未能得到实质性的贯彻，进而在不同程度上造成了地方的财政困难，如王雍君、贾康、白景明等学者。王雍君（2002）通过考察各级政府的"财政自给能力"得出结论认为地方政府财政，特别是较低级地方政府财政，在1994年改革后被严重削弱了。王雍君所说的"财政自给能力"指的是一级政府的自有财政收入同财政支出之比。数值为1表示恰好可以自给，小于1表示不能自给，大于1表示自给有余。在1994年之前的财政包干体制下，地方政府自给有余而中央政府自给不足，如1980年，地方财政自给能力为1.60，中央为0.30，1993年地方为1.12，中央为0.73。1994年后这种局面得到逆转，当年中央的财政自给能力迅速上升到1.66，地方则急剧下降到0.57。目前，中国县级财政的自给能力只有0.50。王雍君认为"相对于地方承担的支出责任来说，中央政府过多地挤压了地方的税收空间"②、"分税制后，转移支付虽然规模巨大，但作用与效果差强人意"。王雍君认为应建立起一个强有力的政府间转移支付体制来纠正地方政府的财政困境。

财政学家贾康、白景明不完全同意中央挤占地方收入的说法。他们认为中央适当集中财权在实行分税分级财政体制的国家是普遍做法，中国中央政府财权集中度不高，甚至还有增加空间，但中国的问题在于1994年改革税制后并未在省以下体制中得到实质性贯彻，过渡形态中生成了五花八门、复杂易变、讨价还价的省以下分成制、包干制，使得在省、市级也形成了上级政府集中资金的模式，而与此同时，基本事权却有所下移，因此造成县、乡基层政府财政困难严重。贾康、白景明进一步指出，我国现行20多个税种难以在5级政府之间形成合理划分，政府层级过多导致分税制收入划分无可行性，同时财政支出标准决策权过度集中与规则紊乱并存，"上级的集中控制加上'上级'内部的政出多门"，都是形成基层财政困难的原因。

与第一大类观点相反，还有一些学者并不认为1994年体制使地方承担过多事权与支出责任，相反，考虑到规模巨大的转移支付，倒是

---

① 黄佩华（1999）。
② 中外专家论财政转移支付（2003）。

中央财政包揽了过多责任，承担了许多本应由地方政府负担的事权和财政支出。持这种观点的主要是国内学者，如刘小明（2001）。刘小明认为1994年的财税改革整体上采取了渐进的、比较温和的改革方式，是在当时中央与地方利益格局不做大的调整指导思想下进行的，虽然各级政府间的事权和支出责任总的来说还是比较清楚，但中央承担了过多的支出，每年中央财政对地方光专项拨款都在几百亿元，这些资金中有很大一部分本不该由中央财政拨付。同时，1994年改革中主要税种在不同地区间分布不均衡，由于地区间经济发展水平和产业结构的差异，老工业基地、农业省份比第三产业发达的地区收入增长相对慢一些；加之不同税种的征管力度不一样，使得中央财政主体收入的增值税和消费税增长幅度没有达到预期目标。

（二）基本判断

1994年的财税配套改革，搭建起中央和以省为代表的地方间的"以分税制为基础的分级财政"新体制框架，适应了市场经济的客观要求，具有里程碑式的意义，但具有浓厚的过渡色彩，其后在省以下分税分级体制的形成和落实上，并未取得实质性的进展。县乡财政困难的根源不在分税制，恰恰在于分税制在省以下尚未贯彻落实。十余年间，虽然中央对地方的转移支付在形式上有重要的改进，力度上也不断加强，对区域差距扩大有所抑制，并促进了欠发达地区的经济社会发展，但继续改进和强化的余地仍相当大。特别是转移支付制度的改进，需要整体深化改革的配套，即寻求以"扁平化"改革减少财政层级和政府层级，为省以下分税制的贯彻落实创造条件，形成通盘的与事权相匹配的三级财政体制，进而加强和优化中央、省两级自上而下对于欠发达市、县的转移支付。中长期的转移支付发展目标，应是基本公共服务的"均等化"。

五、未来改革建议

为解决1994年改革以来地方财政的问题，政府部门近年来一直在积极探索如何按照中央统一领导、充分发挥地方主动性和积极性的原则，进一步明确各级政府的支出责任；同时合理调整和完善省以下财政管理体制，切实缓解县乡财政困难。

专家学者们从学术角度给出了不同的政策建议。概括起来，基本达成共识的建议主要包括：

（一）进一步明确政府的事权与支出责任。首先，将一些不属于政府的职能下放给企业和市场。凡是企业和市场能做好的事情政府就应该退出，避免过多干预。此间的难点仍然是企业投资权问题。目前的共识是政府应退出一般竞争性领域。在界定清楚政府、中介组织、企业和市场的职能之后，还须进一步划清中央政府与地方政府的职责范围，并以法律形式确定。

（二）对中央政府与地方政府的收入及税种归属进行合理调整。调整的原则就是使各级政府的收入与支出责任相匹配。

（三）尽快建立健全规范的转移支付体制。上级政府在核定下级地方财政收支水平时应采用"因素法"来取代"基数法"，以真正实现补助平衡地区财力的目标，同时也可以加强财政收支管理，提高资金的使用效率。转移支付新旧体制并存的局面也应尽快得到纠正，实现新旧体制的并轨。

（四）很多专家认识到中国政府级次过多对合理规范财政体制的负面影响。胡星斗（2004）提倡中国应当从5级政府改变为中央—省—县(市)3级政府，实行市不管县、乡镇自治的体制；贾康、白景明提出将政府级次减少到实体三级加两个半级（地区和乡镇作为派出机构层级），以解决分税分级体制和省以下理不清的体制框架问题。在更早的研究中，世行专家黄佩华也曾提出过将县乡两级财政合并的建议。

在某些具体方面，不同研究者基于不同的出发点与分析角度，给出了不同的建议：

——在拓宽地方财源的方式上，黄佩华、罗伊·巴尔等国际专家与大量国内专家都建议应赋予地方税收立法权，允许地方政府在设立地方税与收取使用费方面拥有更大的自主权。地方政府可以掌握的税种应该主要包括财产税、个人所得税等不会引起财源分配发生变化的税收。但这种观点遭到王雍君等学者的反对，他们认为中国目前还不具备赋予地方税收立法权的基本条件，因为在现阶段，赋予地方税收立法权容易造成地方政府出于地方保护、局部利益考虑对税收立法权的滥用，同时缩减中央政府实施宏观调控所需要的政策手段的选择范围。王雍君强调应该通过建立一个强有力而高效的转移支付体制来解决地方的财政困难。贾康等学者则建议可以考虑赋予各级地方政府"一级举债权",作为地方政府融资、解决财政困难的途径,因为实际上自中国政府采取扩张性财政政策以来,中央政府发行的国债已有不少转借给地方政府来使用。当然,在中国市场发育不充分、信用关系还不规范的情况下,允许地方政府发债必须接受必要的约束:

——些学者提出中国政府非税收入规模与国际最优经验水平相比过大,因此建议政府加大力度加强对非税收入的管理,在控制压缩非税收入规模的同时,将预算外资金逐步纳入预算管理。黄佩华(1999、2003)、王保安等(2003)以及其他一些文献对此都有提及;

——在未来财政工作部署上,美国财税专家罗伊·巴尔强调了建立现代化财税信息体制与加快税收征管现代化工作的重要性。巴尔认为中国已经具备了建立一个现代税制的初步条件,政府应当加大投入,切实推进税收征管现代化的进程;

——些研究者(如财政部科研所和某些地方科研所的研究人员)注意到"横向转移支付"在国际上的某些探索和实践经验,以及在中国某些区域(如西藏)发展中的实际安排,认为有必要在讨论和改进中央、省两级自上而下转移支付的制度与措施的同时,也积极探讨、改进先进发达地区对欠发达地区"对口"支援的横向转移支付制度与措施。

Intergovernmental Fiscal Relation and
the Development of Western Areas

刘铭达（Liu Mingda）

一、西部经济发展中面临的主要制约因素

西部大开发战略实施以来，西部地区取得了长足发展，经济规模
持续扩大，经济结构不断优化，财政收入快速增长，财政实力不断增
强。财政收入保持了较快增长，财政实力明显增强。从"九五"、"十
五"时期来看，1996—2005 年，西部地区生产总值由 12524.51 亿元增
加到 33390.30 亿元，年均增长 10.3%；财政总收入（包括上划中央收
入）由 1341.99 亿元增加到 4620.39 亿元，年均增长 13.2%。但也要
清醒地看到，西部地区基础薄弱，与东部、中部地区相比仍存在较大
的发展差距，主要表现在：

（一）经济发展差距大

从总量上看，2004 年，东部、中部、西部 GDP 总量之比为
58.43∶24.7∶16.87，与 2000 年相比，东部所占比重上升了 1.14 个
百分点，西部下降了 0.26 个百分点，差距还在逐步增大。从增长速度
看，2000 年至 2004 年，东部、中部、西部 GDP 总量的年均增长速度
分别为 14.44%、12.87%、13.4%，东部比西部高出 1.04 个百分点。
从人均 GDP 占有量看，2004 年，东部、中部、西部的人均 GDP 分别

为 19545 元、9379 元、8234 元，东部人均 GDP 是西部的 2.37 倍，其中人均 GDP 最高的上海为 55029 元，是西部某省人均 GDP 的 13 倍，差距较大。

（二）财政发展水平低

一是财政收支总量小。从财政收入来看，2004 年，东部、中部、西部一般预算收入总量占全国地方一般预算收入总量的比重分别为 63.84%、19.21%、16.95%，与 2000 年相比，东部地区所占比重上升了 2.24 个百分点，西部下降了 0.66 个百分点。从财政支出来看，2004 年，东部、中部、西部一般预算支出总量占全国地方一般预算支出总量的比重分别为 51.1%、24.29%、24.61%，与 2000 年相比，东部地区所占比重上升了 0.63 个百分点，西部下降了 0.28 个百分点，总量差距缓慢加大。

二是增长速度仍有差距。2000 年至 2004 年，东部、中部、西部一般预算收入年均增长速度分别为 17.74%、13.92%、15.1%，东部比西部高出 2.64 个百分点，一般预算支出年均增长速度分别为 18.6%、17.8%、18.38%，东部比西部高出 0.22 个百分点。

三是人均财政收支差距更大。2004 年，东部、中部、西部的人均一般预算收入分别为 1526 元、521 元和 591 元，东部人均一般预算收入比西部高出 935 元，人均一般预算支出分别为 2140 元、1154 元和 1526 元，东部人均一般预算支出比西部高出 614 元，差距较大。

西部地区之所以与东部和中部有这么大的发展差距，除了自然、历史、地理等客观原因外，主要是西部经济发展中存在一些制约因素，主要体现在以下几个方面：

——基础设施相对落后和不足。2003 年，东部、中部、西部每万平方公里的铁路里程分别为 193 公里、154 公里和 39 公里，东部是西部的 4.9 倍。2003 年，东部、中部、西部每万平方公里的公路里程分别为 4890 公里、3295 公里和 1077 公里，东部是西部的 4.5 倍，其中，东部、中部、西部每万平方公里的高速公路分别为 138 公里、48 公里和 10 公里，东部是西部的 13.8 倍，差距很大。

——教育发展水平低。从基础教育和普通高中教育的统计指标来看，地区教育状况间差距不大，但从受教育程度来看，则差距较大。

2003 年，每万人拥有大专以上学历的人数东部、中部、西部分别为 729 人、484 人和 414 人，东部比西部高出 315 人。

——生态环境比较脆弱。长期以来，由于自然条件的变化和经济、社会、政治等方面的原因，西部地区生态环境不断恶化，主要表现在：一是水土流失严重。据有关资料反映，全国沙土流失面积 360 万平方公里，西部地区约占其中的 80%。严重的沙土流失造成农林业用地肥力下降，地表支离破碎，黄河、长江等泥沙携带量大，淤积严重，形成了严重的生态问题，引起了许多"并发症"。二是干旱频繁，水资源贫乏。除少数地区外（如四川盆地、广西等地），西部大部分降水稀少，平均年降雨量不足 400 毫米，属我国典型的干旱、半干旱区。降水少、蒸发量大，"十年九旱"是大部分地区尤其是西北地区比较鲜明的特征。在西北五省区，水资源是我国各经济区中最贫乏的区域。全区多年平均水资源总量为 2235 亿立方米，仅占全国的 7.95%。水资源的匮乏导致一些地区虽有大量的闲置土地但却无法耕种、无法植树造林。三是荒漠广布、植被稀少。以西北地区为例，沙漠、戈壁就占 87.4 万平方公里，而且这一数字还在逐年增大。全国土地沙化以平均每年 2460 平方公里的速度扩展，大都在西部地区，影响着近 4 亿人口的生产与生活。西部土地上植被非常稀少，森林覆盖率低。西北五省区森林覆盖率平均还不到 4%。四是环境污染加剧。西部地区耗能多、污染重的原材料、能源等重型工业所占比重大，一些地方环境污染、工业三废问题很突出。经济上的落后又导致环保投资少，治理与预防控制有一定难度，污染程度近几年来有加剧的态势。

——产业结构层次较低。西部地区产业结构层次比较低。工业总量偏小，增长缓慢。2005 年西部各省区共完成工业增加值 11496.44 亿元，仅占全国工业增加值的 11.4%，人均工业增加值仅有 3446.2 元，远不及全国平均数的一半。从工业增长速度看，从 2004 年到 2005 年西部平均的工业增长速度为 17.44%，低于全国平均水平。西部地区非国有经济发展缓慢。据统计，2005 年西部地区非公有制经济（主要包括个体私营经济、股份制经济、外商投资经济等类型）在整个西部地区国民经济（GDP 值）中所占比重仅为 17.82%，产值占全国的 6.18%，远远落后于全国及东部省市水平。

——基层财政十分困难。西部地区基层财政普遍困难，以广西为例，1999 年，全区 81 个县（市）有 60 多个县欠发干部职工工资，有的县乡欠发工资达四五个月，有些即使是勉强正常发放工资的县乡，也是靠"拆东墙补西墙"，甚至靠借贷来保发工资。全区累计欠发工资达15亿元之多。全区一半以上的县（市）出现财政赤字，赤字额高达6亿元以上。到2005年，自治区通过一系统的措施缓解县乡财政困难，但历史陈欠工资仍达10亿元以上。

——贫困面比较大。全国贫困地区和人口主要集中在西部地区。据统计，2003年西部农村贫困人口高达1.64亿人，占全国农村贫困人口的48.18%。国家级贫困县592个，西部366个，所占比重61.8%。国家"八七"扶贫时期，西部地区新增加的国家级贫困县占到全国新增加的国家级贫困县的80%。

二、促进西部经济发展的财政实践及广西理财思路

财政作为宏观调控的重要政策工具，在促进西部经济发展、缩小东西部发展差距、改变西部地区贫穷落后面貌进程中，具有不可替代的作用。近年来，西部地区各级政府按照中央的方针政策，紧紧抓住西部大开发这一历史机遇，充分发挥财政职能作用，有效地促进了西部地区经济社会发展。下面以作者在广西财政的实践为例谈谈西部地区的发展问题。

（一）近几年来广西财政支持经济发展的有益尝试

针对经济发展中存在的突出矛盾和问题，我们采取了许多措施来加以克服，从财政方面看，我们主要在以下几个方面进行了有益探索。

1. 增加县乡财力，确保干部职工工资正常发放和政权机构正常运转

干部职工工资不能正常发放和基层政权组织不能正常运转，是当时广西财政最迫切要解决的问题。我们把缓解基层财政困难作为解决矛盾的切入点和首要任务。一是通过加大转移支付力度，增加县市可用财力。从1994年起，自治区本级财政逐年增加对地市过渡期转移支付补助。特别是从1999年以来，自治区本级财政大幅度地增加了对地市过渡期转移支付规模，2005年自治区对各地市的转移支付补助额比

1999 年增长了 10 倍，享受面扩大到了 90％以上。二是微调自治区对下财政体制。当时的指导思想是向各市县下放财力，进一步激发市县政府理财的积极性。按照体制微调当年的数据计算，市县每年因此可增加可用财力 4 亿元左右，并将随着经济的发展而不断增加。这些措施实施后基层财政困难得到了缓解，从 2001 年年底起全区基本不再欠发当年干部职工工资。

2. 突出支持重点，安排资金支持落后地区和农村薄弱环节，改善公共服务

解决了工资发放的突出矛盾后，我们又积极筹措资金，分期分批解决最基本的公共服务问题。

——实施边境基础设施建设工程，改善边境地区居民的基本生产生活条件。广西边境地区由于长期处于战争状态，战争结束后国家用于战后恢复、医治战争创伤的资金也十分有限，边境地区人民的生产生活条件一直是全区最差的地方之一。为了改善边境地区居民的生产生活条件，加快边境地区的经济发展，促进边境地区政府公共服务能力的提高，2000 年，自治区党委、自治区人民政府做出了加强广西边境地区建设的决策，筹资 20 多亿元，决定用两年左右的时间，在边境8 县（市、区）开展边境建设大会战，重点加强交通、通信、教育、卫生、广播电视和文化等基础设施建设，使边境地区群众的生产生活条件明显改善。通过两年的努力，广西边境地区基础设施建设得到一定程度的改善，基本实现了村村通电、村村通广播电视和电话，解决了边境地区 8.62 万人的饮水困难，修通了 152 条村级道路，10000 户贫困户 4.17 万人告别了祖祖辈辈居住的茅草房，改善了乡村两级的办公、办学和医疗卫生等条件。

——开展东巴凤基础设施建设工程，改善部分革命老区生产生活条件。广西的东兰、巴马、凤山三县是自然条件比较恶劣的革命老区，是广西最贫困的地区之一。为了尽快改变三县的落后面貌和加快建设小康社会的步伐，自治区党委、自治区人民政府决定，从 2003 年起，集中人力、物力、财力，用两年时间，在东巴凤开展了基础设施建设项目，重点改变东巴凤的交通、教育、医疗卫生、文化、居民饮水、生态环境等落后状况。项目工程于 2003 年 5 月开始实施，目前已基本完工。按照自治区党委、政府的决策，其中自治区财政筹集了 2.75 亿元资金专项用于支持东巴凤基础设施工程的实施，改善了这些地方群众的生产生活条件，改善东巴凤的投资环境，为三县脱贫致富、全面建设小康社会打下坚实的基础。

——加大扶贫开发投入，促进贫困地区提高公共服务能力。2001—2004年，包括中央财政下达给广西的扶贫资金、自治区本级财政安排的扶贫资金和市、县各级财政安排的扶贫资金共计30.46亿元。此外，还争取银行扶贫贴息贷款36.36亿元，争取广东帮扶资金及社会各界无偿援助共计3.88亿元。资金主要用于贫困地区乡村道路、人畜饮水、沼气池等基础设施建设。目前，广西的扶贫工作取得了明显效果。一是基础设施和生态建设得到加强，群众生产生活条件有了新的改善。新建、扩建贫困乡村四级公路和通村屯道路3.36万公里；建设沼气池52万座；修建人畜饮水工程1.5万处，解决了190多万人的饮水问题；基本农田建设9.93万亩、农田水利建设39.37万亩，进一步改善了贫困地区生产生活条件和生态环境。二是实施和完善异地安置，将一部分生存环境极为恶劣的群众安置迁移到条件较好的地方。目前，异地安置场点累计进场达25万人，绝大多数安置群众生活逐步改善，安居乐业。三是优势产业得到发展，群众稳定增收的基础进一步增强。四是贫困地区的科技、教育、文化、卫生等各项社会事业得到进一步发展，人口素质逐步提高。贫困地区办学条件明显改善，改造农村学校危房50多万平方米，适龄儿童入学率、青少年初中升学率明显提高；全区乡乡建有卫生院，大部分村委会建有卫生室，农村缺医少药状况得到改善；全区基本实现了村村通广播电视；全区农村通信通话率达到90%以上。

——实施农村基层公共基础设施专项工程建设。针对广西农村公共服务基础设施差的情况，自治区党委、自治区人民政府决定，从2001年起，用两年左右时间，通过调整财政支出结构，配合中央财政安排的与教育、卫生、基层政权建设相关的专款补助，从自治区本级调剂安排5.2亿元财政资金，重点用于农村教育、卫生、乡村两级基层政权组织办公条件等三大公共基础设施建设，并对民族县、贫困县、民族乡和贫困乡镇以及公共基础设施比较落后的新建县、城区给予倾斜、照顾。通过两年的建设，全区2830个村和166个乡镇新建了办公楼，1860个村和178个乡镇维修扩建了办公用房；371个乡镇卫生院扩建、改建了业务用房，1328个乡镇卫生院配置了基本的医疗设备；875所中小学的危房得到了改造，新增校舍面积56.5万平方米。通过增加投入，加快建设，广西农村基层公共基础设施得到了明显改善，基层公共服务水平得到了较大提高。

3. 支持中心城市建设和沿海基础设施建设

摆脱困境，改善公共服务水平，不能单靠输血，而必须增强其造血功能，提高其自我发展的能力。在这方面，我们主要采取了以下措施：一是支持中心城市基础设施建设。自治区筹集、调剂了 21.62 亿元资金，重点支持了南宁市、柳州市和北海市 3 个中心城市的防洪、城市基础设施、城市交通等重大基础设施项目建设，进一步改善了城市经济发展及投资环境，增强了中心城市的辐射带动功能。二是支持沿海地区基础设施建设。广西沿海的北海、钦州、防城港三市港口优势、区位优势、资源优势突出，是西南乃至中南、西北的出海大通道，是中国走向东盟最便捷、综合效益最佳的国际大通道。但由于投入不足，长期以来沿海三市基础设施比较落后，难以适应进一步扩大对外开放的需要。为了使沿海三市进一步适应对外开放的要求，自治区党委、政府决定，从 2004 年起计划用两年时间，按照"政府扶持，市场运作，业主为主"的原则多渠道筹集 60.4 亿元资金实施深水航道工程、道路工程、供排水工程、供电工程、出口加工区基础设施建设等 5 大项 37 个子项目的建设。自治区本级财政在财力十分有限的情况下，千方百计筹措建设资金，两年筹措资金达 9.62 亿元，有力地支持沿海三市基础设施建设。

（二）广西的理财思路

从多年实际工作来看，要充分发挥财政在促进经济发展方面的职能作用，我们认为，要始终把握好以下几个方面。

——财政资金管理要高度集中。市场经济的不断发展，客观要求政府必须不断增强宏观调控能力。财政是政府实行宏观调控的重要手段，没有强大的财政实力或者政府不掌握强大的财力，讲宏观调控是一句空话。这几年俄罗斯经济急剧下滑，政府调控失效，根本原因就是政府没有掌握足够的财力。分散了要再集中就很难，现在俄罗斯总统要看金融寡头的脸色行事。我国作为一个发展中国家，处于社会主义初级阶段，国情要求政府必须具有较强的宏观调控能力，必须掌握更多的财政资源，以尽快解决公共服务基础薄弱和经济发展后劲不足问题，因而要求财政资金实行集中管理。此外，这也是国家协调区域经济发展的要求。我国地域辽阔，地区间社会经济发展很不平衡，尤其是西部地区，经济基础比较薄弱，经济规模小，缺乏强大的财源支柱。公共服务水平普遍低下，需要上一级政府集中必要财力，并以此为重要手段加以协调，促进各区域经济与社会共同发展。

——促进财政资金在流动中增值和促进社会事业发展。财政资金的使用方向主要是社会公共事业。财政资金流动不畅，就会延缓社会事业的发展。从这一角度来说，财政资金流动迟缓是一种财富的浪费，而加快财政资金的流动则是一种节约和效益。对财政困难、财政资金总量不多的落后西部地区来说，加快财政资金流动意味着一定时期内有更多的资金用于社会公共事业，这对促进社会公共事业的发展具有重要意义。一是在理财思路上从被动理财向积极理财转变。目前，我国经济体制发生了根本性变革，市场经济体制框架已初步建立，这就要求财政部门转变理财观念，树立资金的耗费是促进社会事业发展的物质基础的理念。作者主张，不是预算安排的支出，涉及事业发展的只要预算资金调度得过来，用得越及时越好。二是加快财政支出进度。要加快财政资金的流动，减少财政资金的结转，就要细化预算编制，对预算支出做出详细周密的计划；同时按照预算的安排尽快做好相关的准备工作，使财政资金能按预算的要求进度及时使用出去。三是减少财政资金流通环节。按照传统的预算支出程序，财政资金是由上至下逐级划拨后才得以使用出去的。这就不可避免地增加财政资金的在途时间，延缓财政资金的流动。推行国库集中收付制度，就是要使财政资金由财政部门直接划拨到使用单位，无须经过中间环节，从而大大减少财政资金的流通时间，加快财政资金的流动速度。我们在强调资金在耗费中促进社会事业发展的同时，还要强调严格预算的约束。

——坚持为民理财施政。理财工作要从政治的高度和整个经济社会发展的高度，去确定理财工作的总目标、总方向，并依此全面而充分地发挥财税的职能作用，使之更好地服务于改革、发展、稳定的大局。毛泽东同志曾经指出："国家的预算是一个重大的问题，里面反映着整个国家的政策，因为它规定政府活动的范围和方向。"邓小平同志也明确指出：财政工作一定要有财有政，切不可"有财无政"。要懂得数字中有政策，决定数字就是决定政策。衡量理财工作做得好不好的根本标准，关键是看是否有利于我国社会主义市场经济的发展和社会主义制度的巩固，是否有利于促进民族团结和社会稳定，是否有利于提高人民生活水平。如2001年以来，自治区财政先后调剂4.1亿元资金专项用于支持边境基础设施建设，效果是好的。2003年，自治区调剂一定财力，解决基层基础设施问题，效果也是好的；解决区直机关干部生活和办公条件差，效果也是好的。因此，做好理财工作，不仅要算经济账，还要算政治账、社会账，不仅要算眼前账，还要算长远账。只算死账，理财工作是很难做好的，会直接影响财政支出的政治经济社会效果，影响经济社会的发展，影响财源的扩大和财力的增强。

——坚持量力而行、量入为出的原则。西部地区经济基础薄弱，财力很不宽裕，这要求我们办一切事情都必须量力而行，严格财政支出顺序，把确保吃饭和维持政权运转放在首位。但是在实际工作中，有些地方忽略了这条原则，热衷于上项目、铺摊子、大兴土木，或要求财政担保举债，或挤占、挪用其他专项资金，影响了政府机关的正常运转和社会稳定。以广西为例，2000年，全区81个县（市）中有60多个县欠发干部职工工资，全区累计欠发工资达15亿元，很多曾经是广西的"十强县"也欠发工资。这里面原因很多，但其中很重要的一个原因，就是我们一些地方没有坚持量力而行、量入为出的理财原则，不顾财力可能，搞了一些工程，留下了大批债务，给财政造成了沉重包袱，教训应当是深刻的。

——坚持效益、计较成本。理财坚持效益，斤斤计较成本。就是要求"少花钱，多办事，办好事"。理财最重实效，搞形式主义和讲假话、讲空话都是要不得的。搞形式主义往往不讲实效，不计代价，过去有相当多的宝贵财富就是被这种"形式主义"吃掉的。说假话、讲空话多了，做实事的时间和精力就少。现在有的地方政府债务为什么那么多？领导理财必须力戒浮躁，力戒形式主义，力戒虚假，要实事求是，讲求实效，这是理财的重要法则。现在，有的地方都只讲"项目年"、"项目大会战"、讲GDP增长。作者认为，还要多讲财政贡献率，要讲量的扩张与质的提高，要多讲"实在"。要讲计较行政成本。

——坚持突出公共性原则。公共财政客观要求财政资金的使用，应逐步转移到满足政府履行职能和社会公共需要上来，突出财政的公共性特征，做到"有所为，有所不为"，解决财政"越位"和"缺位"问题。政府理财坚持突出公共性原则不等于说公共财政就是吃饭财政。目前，有一种观念，认为公共财政就是吃饭财政，财政要从建设领域完全退出。其实，这是一种片面的看法。从市场经济国家公共财政的实践来看，根本不存在无建设性支出的财政。相反，各种基础设施和公用设施，历来都是公共物品或公共服务的代表，通常都要纳入社会公共需要的范围，由政府直接出资兴办或采购。这说明公共财政仍然有建设性支出。同过去相比，有所变化的是建设性支出的安排要始终以满足社会公共需要为出发点和归宿点。构建公共财政体制需要调整的，是将不属于或不应纳入社会公共需要领域的建设性支出项目，逐步从财政支出的范围内剔除出去，保证那些属于或应纳入社会公共需要领域的建设性支出项目的资金供给。

政府理财坚持突出公共性原则与支持经济发展并不矛盾。财政作为国家调控宏观经济的主要手段，不可能对经济运行采取漠视的态度。没有一个国家，包括西方市场经济国家的政府是完全靠"看不见的手"来调节经济的，都是"两只手"并用，并且政府"这只手"的力度还在加大。当然，在社会主义市场经济条件下，政府调控经济、支持经济的方法和手段肯定与计划经济时代不一样。政府支持和推动经济发展的着力点在于为所有的市场主体创造公平、公正的良好环境。这就要求我们要随着整个经济体制和宏观经济形势的变化，转变财政支持和调控经济的方式，综合运用国债、税收政策、财政贴息等手段，引导社会投资和产业结构调整，发挥"四两拨千斤"的作用，使微观经济活动朝着符合宏观经济健康发展的方向运行，实现整个国民经济的协调发展。

三、解决西部发展的基本财政对策

西部落后地区的发展既需要中央的帮助，更需要自身加快发展。在现有政策的基础上，综合统筹考虑，形成各种政策的合力，才能统筹协调地加快西部地区的发展，做到区域间的平衡发展。

（一）中央支持政策措施

地区间发展差距将会导致不同地区居民收入水平的差距，这是建设和谐社会的大障碍。解决收入差距问题不仅需要调节个人收入分配，防止个人贫富悬殊，还需要协调地区间发展，防止地区间居民收入发生两极分化现象。协调地区间发展，缩小地区间发展差距的政策手段很多，从财政的角度看，主要有三个政策手段：一是财政体制；二是转移支付；三是区域税收政策。这些政策涉及到整个西部地区，需要中央来制定执行。

1. 设立西部开发基金

许多国家的政府为促进本国落后地区的发展大都设立专门的基金支持。我国为加快西部地区经济发展和开发，也应以中央财政为主渠道设立西部开发基金。

西部开发基金的资金来源可以由中央和地方共同承担，但首先应由中央预算增加安排，可以考虑将消费税的一定比例（或消费税的增加部分）作为西部开发基金的来源。其次可将现有的"支持不发达地区发展基金"、"少数民族贫困地区温饱基金"和各种财政扶贫资金集中起来作为西部开发基金的来源。各省市地方财政也应出资一部分。此外，社会各界的捐赠、国际开发援助机构及各国政府的援助捐款也应并入西部发展基金。

西部开发基金的使用方向可作如下考虑：一是用于对西部地区基础设施建设和重点产业发展的"投资补贴"。引导东中部地区企业和外商投资企业到西部地区投资，特别是投资于那里的农业、水利、交通、电力、高科技产业，可通过"投资补贴"形式予以鼓励。二是对商业银行对西部地区贷款予以贴息。商业银行对西部地区贷款客观上存在着比发达地区更大的风险，为鼓励和引导商业银行增加对西部地区企业的贷款，可按照贷款数额给予一定比例利息补贴或风险补贴。三是对中小企业投资公司提供资本金和中小企业担保公司提供担保的风险资金来源。四是用于西部贫困地区的"扶贫开发"补贴，扶贫开发补贴不是救济，也不是对特困户进行养殖、种植活动给予资金支持，而是对龙头企业帮助特困户摆脱贫困给予的补贴。

2. 支持西部地区金融业的发展

西部地区的金融业发展很落后，这是制约西部经济发展的又一障碍，中央要采取措施消除这一障碍。

一是要大力发展资本市场。逐步扩大西部企业的直接融资比重，探索将西部资源开发、民族药业、基础设施建设等项目由主导型企业牵头，直接进入资本市场融资的路子。同时要充分运用企业并购、项目融资，ABS、BOT 等常用的融资方式，扩大资金来源。大力推进资本置换。西部银行业不良资产数额大、比重高，处置这些不良资产蕴涵着巨大商机。要探索银行业不良资产处置证券化的途径，将银行业不良资产进行分类打包，吸引东部及国际富余资本参与西部不良资产的处置。为增强西部银行业支持新项目的再投能力，也可考虑将西部银行业的优质资产按产业或行业进行打包，向金融业或证券市场转让，面向资本市场融入再投入资金。

二是积极发展民营和中小金融机构。要降低西部民营或中小金融机构的准入门槛，并创造条件，吸引外资进入。在规范市场行为、严控金融风险的前提下，大力发展民营和中小金融机构，是促进西部地区民营和中小企业发展、培育西部地区多种所有制市场主体的必然要求。

三是发行西部建设债券。建立西部发展基金财政投入要占一定比例，吸引保险等机构投资的进入，组建一定规模、数量适当的投资基金公司，按照市场运作的规律和要求，对西部大型项目进行引导投入。允许西部政府和企业在全国范围内发行一定数量的建设债券。

四是加强同业合作。西部银行业要对项目进行认真的分析和整合，除积极争取全国性金融机构总部对西部地区资金投入的倾斜外，对部分融资额度巨大的项目，如能源、交通、原材料等领域的优质项目，要面向全国和国际银行业寻求合作，由西部银行牵头发放银团贷款。

3. 制定鼓励西部产业发展的税收政策

从西部的情况看，制定鼓励西部产业发展的税收政策，重点在几个方面进行改善。一是赋予西部更多的税收政策制定权力。二是税收优惠的制定应逐步缩小东西部地区差距。三是税收优惠政策的制定，应进一步考虑到中小企业的发展。四是针对产业发展方向，制定灵活的税收激励政策。对于农业、能源等基础产业，应考虑给予流转税或其他税收激励政策。五是中央实行税收优惠政策时，应当按农村税费改革政策一样，对地方减少的财力予以补助。

4. 提高西部地区公共保障水平

公共保障水平是一个国家综合实力的重要体现，是解决各种社会矛盾和问题的物质基础，是推动社会主义和谐社会建设的重要保证。目前，我国的公共保障水平离和谐社会的要求还有很大的差距。原因是多方面的，其中，基层财政困难和公共资源配置不合理是导致我国公共保障水平不高的重要原因。

基层财政是基层公共资源的主要提供者，基层财政困难意味着中国广大基层社会公共资源将面临严重不足的局面，从而影响基层公共保障水平，进而影响社会各项事业的发展以及各种矛盾和问题的解决。因此，提高公共保障水平，要十分重视解决基层财政困难问题。

　　对于基层财政困难问题，中央十分重视，农村税费改革的成功，包括转移支付制度、"三奖一补"等在内的各种有利措施的逐步实施，对解决基层财政困难都是富有成效的。全国各省也都根据本地的实际，探索了不少好的政策措施。但作者认为，要真正解决基层财政困难问题，必须在不断加大财力补助的同时，高度重视妥善解决基层政府债务问题，政府债务问题不破解，就有可能抵消当前所采取的财力补助政策。破解基层政府债务已经成为解决基层财政困难最迫切的一个重要问题。此外，中央应当研究社会保障、各类基金（如交通）以及义务教育在全国范围内的统一，只有这样才能保证各地的基本公共保障均等化，这也是市场经济下公共财政的要求。

5. 完善分税制，促进财政和谐运行

　　1994 年开始实行分税制财政体制，中央政府向地方下放了支出决策权和部分税收管理权，但是现行的分税制中地方税收体系尚不完善，难以保障每一级政府都有相对稳定的财政收入来源。进一步完善地方税收体系。建立中央与地方两套税收体系是分税制的一个重要内容，建议中央赋予地方一定的税收立法权。除了一些涉及到全国市场统一和企业平等竞争的一些重要地方税种由中央统一立法外，允许地方政府根据各地税源状况拥有开设一些地方性税种的权利，扩大税收规模。同时，还要打破按隶属关系划分收入的标准，促进生产要素的合理流动和优化组合，切断政府对所属企业进行行政干预的纽带，强化分税制的体制效应。

　　合理调整政府间的分配关系，明确财政支出的层次，实现财政民主决策。把宏观调控性能强、调节全社会收入分配和具有调节自然资源级差性质的支出划为中央，把具有明显地方受益性质、属于区域性资源配置与地方经济发展密切相关的支出划归地方，地方各级政府提供区域内地方性公共产品，满足地方性社会公共的需要，逐步实现更适宜地方解决的问题由地方民主决策。随着民主法治的不断健全，要促进政府间财政关系立法。中央与地方事权与支出的划分、政府间收入的划分、各级的财政责任等均以法律形式确定下来。通过政府间关系的法制化，建立政府间的责权利关系准则，为规范的分税制财政体制运行奠定良好的法律基础。同时，为了促进西部地区更快地发展，中央财政应当研究在现有加大补助力度的基础上，对西部地区在一定时期内实行差别的财政体制。

（二）西部地区自身发展政策措施

西部地区的发展也不能纯粹依赖中央，各地应当根据自身的发展状况，努力研究合适当地的发展模式，加快自身的发展，并不断加强和改善管理，以优质的软硬环境服务好经济发展。

1. 坚持依法理财，民主理财

依法理财和民主理财是依法治国、依法行政，建设民主法治的必然要求。在支出管理方面，依法理财的重点，就是从制度上确保人大能够有效地行使审议、批准详尽的部门预算的权力。我国公共财政建设已经取得了很大成就，但是，预算编制不够科学，预算约束力差，管理不严的问题相当突出。如审计披露一些部门预算编报不真实，部分部门违规转移挪用财政性资金；隐瞒截留财政资金和其他收入，设置账外账、"小金库"；部分专项转移支付资金使用脱离地方政府、人大的监管、管理不规范。这些问题说明，加强财政支出管理，还必须坚持和确保依法理财，要求政府的每一笔支出，都须公开透明，要严格按照《预算法》的规定和各级人代会批准的预算执行。经过法定程序审批的政府预算，具有法律效力，是规范支出管理的最重要的法律依据，各级政府和财政部门必须严格按预算程序办事，加强财政执法检查力度，对违反财政法规、浪费国家资财的行为必须从严惩处，维护法律和法规的尊严。民主理财，还要求政府要时刻牢记自己的任务只是执行公共决策，而不能越俎代庖。政府不但要每年向公众公布其预算和决算情况，接受公众监督；而且遇到重大事件时要向公众说明，让公众了解情况，并遵照公众及其代表机构的决策。在收入管理方面，政府财政收入须取之以道，严格依照法律征收。一是完善税收法律体系，按照"简税制、宽税基、低税率、严征管"的原则，分步实施税制度改革，调整完善各项税收政策，建立更加公平、科学、法制化的税制体系，为完善社会主义市场经济体制，促进和谐社会建设创造更加良好的税收环境。二是保证法律的权威性和稳定性，严格税收法律的执行，确保应收尽收。三是规范政府的税收行为，坚持依法组织收入，在促进经济发展中增加税收，科学制订税收收入计划，不能主观追求过高的指标。

2. 进一步转变财政支持经济发展的方式，促进经济增长方式的转变

通过实施适当的财政政策，加强和改善宏观调控，为经济发展创造稳定的宏观环境，促进我国社会经济的协调发展，充分发挥财政在国民经济中的调控作用，是财政政策的长期目标。一是要支持国有经济的技术改造，提高国有经济的技术水平和竞争能力，实现为转变经济增长方式提供强大科技支撑目的。这方面，财政投资支持的重点在于鼓励企业进行技术创新，加速新产品、新技术、新装备的开发和利用，并按国家产业政策淘汰落后工艺和设备，从而真正推动和促进重点行业和重点企业上水平。财政投资手段既包括财政拨款，也包括财政贴息，吸引银行信贷资金的介入，扩大国有企业技改投入规模。引导企业将有利于本地区发展的技术法规、技术标准及检测方法纳入国家和国际标准，推动专利、名牌产品、驰名商标等建设。二是支持社会公共基础设施建设，强化基础设施建设投资，既能有效刺激国内需求，迅速带动经济发展，又能避免重复建设，有利于调整改善投资与经济结构，而且投资风险小，长期经济效益和社会效益好，能为闲散资金找到出路，为下岗职工和农村剩余劳动力创造更多的就业机会，有利于增加城乡居民消费，实现国民经济的良性循环和长期稳定发展。三是对于支柱产业与基础产业等重点竞争性领域采取扶植政策，进一步落实并完善国有大型企业集团改组、改制的有关企业所得税优惠政策，减轻企业负担，增强企业积累。通过投资贷款手段对其补充优惠的资金，并引导商业性金融向其注入资金，以增强国有大中型企业和企业集团的资金积累功能，促进产业结构和技术结构的升级。四是在促进经济增长方式转变时，要考虑有利于扩大就业和创造就业岗位，以实现国民经济快速健康发展和促进充分就业的双重目标。在产业类型上，注重发展劳动密集型产业。要充分发挥我国劳动力资源丰富的优势，发展就业容量大的产业，如轻纺工业、农产品加工业、软件产业等，进一步扩大出口。特别是要大力发展第三产业，这是促进经济社会发展的必然要求，也是解决就业问题的主要出路。五是加大对人力资源能力建设的财政支持，调整财政支出结构，增加各级财政对职

343

业培训经费的投入，大力加强职业教育和培训，优化教育培训机构，提高培训质量。提高人口素质，以适应经济发展和科技进步对劳动者知识水平和劳动技能提出的越来越高的要求，促进经济加快发展的过程，从而使我国从人口大国变为人力资源强国，把人力资源优势转变为经济优势。

3. 支持发展循环经济，构建节能型社会

国内资源已经难以支撑传统工业文明方式的增长，我国的环境更难以支撑高污染、高消耗、低效益生产方式的持续扩张。一是推动理顺资源价格，建立合理反映资源稀缺程度的价格形成机制，健全矿业权有偿取得制度。二是逐步加大对清洁生产、可再生资源和新能源开发等项目的支持力度，并整合资金，重点用于支持与发展循环经济有关的节能科技的研究与开发、技术推广和重大项目建设示范。三是实行税收优惠政策，对生产和制造节能设备和产品的企业，给予一定的企业所得税间接优惠政策，对关键性的、节能效益异常显著的重大节能设备和产品，在一定期限内可以考虑实行增值税减免优惠政策。对节能技术的研究开发与推广使用给予一定的资金支持与政策优惠，分担一定的技术研究与推广方面的风险，引导节能技术的发展方向。四是财政直接出资建设具体项目实体、节能贷款税前还贷、对国有企业安排节能基建和技改资金。同时，随着政府采购规模的不断扩大，可以把资源节约与合理开发利用作为政策目标纳入政府采购的优先选择的范围。

4. 支持建立健全生态建设和环境保护政策机制，实现人和自然的和谐相处

一是按照"谁开发谁保护、谁利用谁补偿"的原则，完善环境保护为宗旨的税种，将环境要素成本化，建立健全我国生态补偿机制。二是扩大排污收费的范围，逐步提高排污收费标准，促使企业投资在污染控制的设备更新上，以减少污染的排放，保护环境。三是以支持推进城市污水、垃圾处理产业化为突破口，推进污染治理市场化。四是促进资源的综合利用和经济的协调发展为目的，鼓励发展绿色产业，等等，实现人和自然的和谐相处。

第十七章
评估发展中国家
地方政府的绩效

Assessing Local Government Performance
in Developing Countries

马修·安德鲁斯（Mathew Andrews）

沙安文（Anwar Shah）

简介

　　分权在很多发展中国家非常普遍。这些发展中国家的地方政府正变得越来越多，而且日益要求在提供服务、消除贫穷和促进发展等方面发挥更大作用（米特林，2000）。考虑到地方政府需要发挥的重要作用，中央政府和发展组织开始关注它们能够完成得怎样（和它们能够怎样进一步提高自己的工作）。虽然提出了这样的疑问，但是问题的关键在于发展中国家评价地方政府的标准仍然相当不完善：发展中国家的"优秀"地方政府应该是怎样的呢？在这一背景下评价地方政府时有哪些因素值得考虑？

　　本文的目的在于解答这些疑问，并为评价发展中国家的地方政府制定出合适的标准。文章在定义评价标准时采用了实践与理论相结合的方式。"实践"部分主要以美国等发达国家地方政府现有的评价实例为基础，主要集中考虑遵守法律和财政健康两方面的标准。"理论"部分介绍了有关回应、效率和责任的问题，这些领域的潜在收益已成为那些支持分权和地方管理论调的主要根据。这一方法认识到发展中国家的地方政府面临自身的特殊问题，在此背景下确定使用的评价标准必须容易理解，能促进基于观察的分析（并需要有限的资源）。

评价标准

发达国家的地方政府评价实践通常集中于如何遵守法律和保证财政健康两个方面。评价中的守法问题主要考虑地方政府是否根据针对其设立的法律行使职责，以及是否采用了所规定的程序（不管是法律规定还是一些其他专业化标准制定机构的规定，比如美国政府会计准则委员会的规定）。财政健康着眼于地方政府对资源使用的评价，同时还强调了财务管理过程中明显存在的财政纪律水平。

这些地方政府的主要评价机制融入到了财务和会计管理体系以及美国等国家外部评级机构所执行的财政评价过程中。这些机制的影响和这种评价方法的盛行促使福尔廷评价说，美国的地方政府"主要关注财务报表和其他一些财务事件……以及遵守法律"（福尔廷，1999：43）。甚至美国原本强调绩效的近期评价也倾向于认为，守法是内部管理程序和财政结果的特别"最佳实践"（例子包括《政府绩效项目》和《中东欧地方政府和公共服务改革初步工作》）。

遵守法律和既定程序以及财政健康是评价发展中国家地方政府的重要标准。考虑到地方政府是依据法律建立的，并使用公共资源行使职责，因此地方政府在法律允许范围内运作，并确保一定程度的财政健康和纪律就显得非常重要。在那些已经实行了地区级评价的发展中国家，这些考虑通常都是主要（甚至是唯一）标准（正如哈佛国际发展学会 1993 年在印尼开展的评价（哈佛国际发展学会，1993））。

依靠这些主要实践存在一些问题，因为支持分权和地方政府形式的理论依据确定利益、政府回应、效率和对市民的责任等领域都有潜在的分权收益（泰勃，1956；奥茨，1972；沙阿，1998）。[①]这些领域的相关问题同样需要评价，特别是在那些地方政府通常是因为中央政府的回应速度慢、低效和无责信度而建立的发展中国家。在这种情况下，要求地方政府不仅要依法办事和妥善管理财务，同时还必须满怀对选民的最高责任感，以"正确的"（或者最有效的）方式提供"正确的"

---

① 冈萨雷斯（2000）在菲律宾介绍地方政府改革评价时强调了这些因素。她写道："分权使得国家（通过地方政府部门或者 LGU）能够更加积极回应市民需求和社会的优先选择。这也促使政府进行更加负责任的决策以及提供公共服务的更大主动性。"

服务（适应市民需求）。

以下五个焦点领域是最终的、发展中国家地方政府的广义评价标准：遵守法律和程序要求、财政健康、迅速回应、效率和对市民的责信度。这五项标准都能够进一步细化成与发展中国家经验相关的、更加详细的标准。为确保本文所阐述方法的实用性，并促进基于观察的分析，下文通过发展中国家有效和低效地方政府的实际案例，对这些详细标准进行介绍。

评价遵守法律和既定程序

发达国家和发展中国家的地方政府都是通过法律行为而成立的。法律定义了地方政府的权利和职责。同样的，发达国家和发展中国家地方政府的理论和实践评价从法律（准法律）资源中恰当地获得基本的评价标准。这些标准通常主要涉及：地方政府遵守法律（和其他正式要求）的要求来设定和批准议事程序、收入的获得、遵守资源支出的程序要求和提供服务。

在美国等国家，针对地方法律行为的研究非常多。评价通常会询问市政当局是否通过了它们想要通过的法律（通常主要关注私营市场地方级管理和调节）。这些研究也被运用到发展中国家，研究人员评价市政当局是否制定并维护他们所需遵守的法律；是否使用立法权以促进辖区内的发展。菲律宾宿务市的立法相关分析就是一个正面的例子（联合国教科文组织，2001）。宿务市通过的 1344 号法令，创造性地促进了低成本住宅的发展，法令允许动用因城市避难场所专属自有土地的销售及其相关活动而形成的信托基金。

宿务市还使用其立法权力加强了供应商联合会对市场管理的参与（市场法案修订版对此予以承认）。最后，市政当局通过对政府体系和程序合理化调整将妨碍服务供应的官僚作风减到最小。哈法尼（1996：188）提供了一个市政当局未能有效履行其法律责任的案例。他写道：内罗毕"大范围的城市生活游离于正式体制的管理职权之外"，因为市政当局未能制定并维护所需法律。在这种情况下，地方政府未能发挥应有的法律作用将导致社会的不稳定性和商业活动的无组织性。

市政当局面临的法律授权同时也与其提高收入的行为有关。法律通常限制地方政府增加的收入种类和增加不同类型收入的方法。在美国，评价者通常必须询问政府是否通过合法的可持续性方法获得收入（也就是说增加收入的办法不能违反法律）。

比如，加利福尼亚州第13号提案就审核了财产税征收过程是否合法，或者是否与国家宪法中的相关条款相抵触。在发展中国家，立法倾向于赋予地方政府增加收入的权力，地方政府必须遵守这些法律。比如在韩国，地方政府有权征收某些特定的税收（大部分是基于管理和财产的），而不允许使用任何形式的营业税或者所得来增加收入。在南非，地方政府拥有一套法律规定的税收和使用费征收手段，并面临放款限制（如1996年的《地方政府过渡法案》第十章所述："省级或者国家政府均不支持市政贷款：市政当局所借的任意款项都应当是相关市政当局的财政义务，可用该市的收入和资产进行偿付"）。确定处于这种情况下的政府增加收入时，是否遵守限制非常重要——因为如果违反规定，那么政府增加收入的业绩将不是可持续性的。

同样的，地方政府的预算和采购程序通常按照国家级的法律要求（或者准立法机构制定的正式规章制度）建立。在美国，美国政府会计准则委员会和其他机构发布的正式规章制度对特定种类的预算程序和报表标准做出了要求。发展中国家的情况也一样，1991年的《菲律宾地方政府法案》中就有类似的案例。法案的第三章简要描述了地方政府财务报表的程序要求，比如第314节就要求地方政府的预算需要提供前一年收入和支出的财务决算摘要、下一年的预计收入（根据法律允许范围确定）、地方政府执行全部职能的全年预计支出、有关地方政府长期债务的全部基本数据，以及"披露地方政府财务状况详细信息"所需的其他财务决算和数据。

在这种情况下，询问市政当局是否遵守了这些要求就非常重要了。

发展中国家的类似程序要求与计划和参与有关。在菲律宾的宿务市，市政府积极回应这些要求，采取不同计划分别为符合地方政府法案的伙伴关系提供资助。最普遍的就是契约类型的特别项目。比如，"宿务人民多目的合作项目"就满足了微观企业的需要（艾塔玛迪2000，联合国教科文组织2001）。

与正面经验相对的是来自孟加拉国首都达卡的法律遵守情况（伊斯兰和汗，1996：93）。达卡市政府面临需要规划和参与的重大法律制定工作，但是市政当局却没有任何的规划项目，而且参与也不积极。类似的情况还有，孟加拉国有大约 120 个"法律授权市政当局提出并执行规划，但是它们中的任何一个都没有规划部门，或者甚至一个官方城市规划机构"。另一个反面例子是玻利维亚。在玻利维亚，《大众参与法》试图通过要求贫民集团参与资源分配的决策过程而改变国家和地方权力结构。安德森（1999）进行了一项社会研究，涉及对地方官员和市民的访问。研究发现凯萨市并没有相关的贫民参与行动。

除了预算和资源分配过程之外，地方政府同样面临对服务供应类型的法律授权问题，地方政府需对这些服务进行资源分配。法律通常确定了这些职责和与服务质量和标准相关的要求。基于对这一点的考虑，《南非地方政府过渡法案》（1993 年）将以下内容定义为"地方政府职责"，由此为评价市政当局的绩效提供了基本参考点："供水、污水处理、电力（如果所有的个体地方政府机构都同意）、垃圾处理、道路、暴雨排水系统、卫生医疗服务、紧急救助、财务管理和其他经批准的服务"（1993 年《地方政府过渡法案》第七节（c）（i）（aa）部分）。地方政府在这方面的研究通常是通过问题"地方政府提供了这些服务吗？"开始的。这一问题的普遍答案已经获得，大部分政府至少提供了基本服务（供水、卫生和电力服务）。但是南非和其他国家的法律通常进一步对地方政府的职责做出规定，确定什么人可以享受服务，服务应达到怎样的标准。比如，南非宪法规定为全体国民提供饮用水、电力和卫生服务，尽管大部分地方政府通常只服务了不到 2/3 的居民。

米特林（2000：3）指出，发展中国家的很多地方政府都无法满足提供全面服务的法律要求："很明显，在大部分城市中心，地方政府都没有满足其对辖区内大部分人口所承担的大部分责任。"

美国的质询方式是：地方政府的理论和实践评价通常询问地方实体（学校董事会）是否为全体市民提供了适当标准的教育。坦桑尼亚等国家的情况也类似，那些国家的地方政府在提供初等教育方面发挥了法律作用（特希尔德森，1998）。然而，地方政府应当做得比提供初等教育更多，国家法律规定它们必须为全体市民提供同样标准的教育。"完美执行法律的"地方政府根据相关法律规定提供同样标准的教育，而"拙劣执行法律的"地方政府提供的是不同质量的教育。提供服务、预算程序开发、增收活动和地方管理活动等领域的守法行为评价地方政府提供了基础。这类评价同样在为短期限制、复杂事物甚至地方政府发觉自身与制度间的矛盾提供指导方面也非常有用。这些知识可以帮助评价者确定为什么地方政府会这样履行职责，为补救或者提高水准提供适当的建议。比如在南非，1996 年，地方政府未能对全体市民提供服务，因为其辖区在那一年扩大了（因此对地方政府遵照法律完成职责的能力造成了短暂的限制）。

评价财政健康

财政健康因素与评价地方政府的法律标准紧密相关。在很多背景下，地方政府被要求细致管理自身的财务，确保不能入不敷出，而且支出须符合规定（通常在预算中体现或者在国家级的政策文件和法律中有所规定）。

在南非等国家，这些要求都有法律规定。市政当局和行政区仅仅允许按照批准的预算动用资金，不能在其管理的账户上出现赤字。

入不敷出的市政当局被认为表现拙劣，因为它们为自己的纳税人增加了财政负担（因承担偿债义务而减少了在未来时期为服务分配资金的能力）。

未能按照授权运用资金的市政当局同样被认为是拙劣的执行者，因为它们的预算实施与既定目标不符（除非存在预算计划和实施有差别的恰当理由）。

确定支出方面财务不良状况的基本标准被广泛了解，而且很容易通过标准的财务决算和预算揭示出来，这些不良表现是：高额（并持续的）赤字和债务，拙劣的分配（比如重要资源被管理当局使用而未能进行资本保全）以及计划分配与实施脱节。文献和通俗出版物中有大量拙劣执行政府的案例。南非 1998 年发布的白皮书（DPLG，1998）反映说"积压的债务，倒塌和恶化的基础设施，恶化的贷款价值和借款能力等因素综合起来，导致市政当局正经受财政压力，从某种程度上来说，是财政危机"。与这一声明相关的媒体报道说明的事实是，截至 1997 年 9 月，南非地方政府欠各类放款机构和南非国家电力公司等服务提供商共计 100 亿兰特（吉哈托，1998）。这类债务导致内尔斯普雷特（姆普马兰加省首府）等市政当局暂停资本项目，约翰内斯堡的资本预算减少了 58%，并最终导致"基础设施的提供和维护遭受严重影响"（吉哈托，1998）。

然而，并非所有政府都是这类事件的拙劣执行者。南非的两座大城市德班和开普敦直到不久前仍然获得了决策者和大众传媒强烈的赞许"评价"，因为它们的赤字很低，并严格遵照既定预算目标行事。然而这两座城市近来都经历了一些财政困难，出现了财政赤字并显现了财政弱点。这体现了财政健康评价标准的时间特性，某城市可能在某一年"财政健康"（比如低赤字）但是下一年却是"不健康"（比如高赤字）。

财政健康标准同样只有在通过预算和财务报表程序确定真实财务数据后才是可靠的。在中国等国家，地方政府在20世纪90年代中期的预算外收入和支出非常高，出现了"财政程序中的非透明度"，由此产生了不可靠的赤字和分配数据而无法判别真实的财政健康状况（阿罗拉和内勒高1997：20）。在这种情况下，评价者就不仅仅需要从支出方面检查反映财政健康的数据，还必须检查支出报告的程序。尼斯纳（1999：32）将这些评价要求描述为："检查遵守会计控制的情况——是否遵守了规则，是否建立了程序，是否建立了适当的账目，控制是否到位并运作良好。"

除了有关政府支出项目的规定，文献还强调了财政健康的地方政府自身应当拥有可靠的收入来源（伯德1993，奥茨1993：241）。财政健康的这方面评价要求分析当地收入基础的规模（政府可获得的潜在当地资源）和已显现的收入能力（已利用的实际当地资源与潜在资源的百分比）。与财政健康评价标准的其他领域相比，这一领域与法律有相当大的重叠。法律通常通过定义地方政府的税收和征收使用费的能力来确定收入基础的规模。然而，照此法律规定，地方政府倾向于按照收入能力确定业绩。发展中国家地方政府低效率地征集收入的现象比较普遍，比如使用过时的财产评估或者服务享用权的度量（比如用电）模式。

在财政健康因素的收入标准方面运作良好的政府具备以下特点：在收入基础规模最大化的同时，确保征收税费或者使用费时不产生社会无效率（伯德，1993：212）。这类政府的例子包括南非的一些地方政府。它们发明了债务人追踪机制和有缺陷债务人政策以确保所有市民按照自身能力为所享受的服务付费；宿务市还采用计算机化的估价程序征收财产税（威，1997：105）。其他的例子包括阿比让建立的邻居委员会，它使用社会资源解决经济和基础设施问题（DPLG 2000）①，以及马里锡卡索的政府与基于社会的税收组织的伙伴关系（阿塔西 1997：182）②。在以上的全部例子中，市政当局通过加强扩大收入基础的办法（通过创造性的行政管理方法）来解决自身对地方收入来源的需求。

市政当局实现这一目的的另一种方法是通过制定提高税收和收费机制功能的法律。在肯尼亚，地方政府将原有的多重商业许可体系改为单一商业许可来简化许可程序。这一举措导致税收基础扩大（所有经济活动现在都包括其中）和精简的许可程序（减少了自身的税收成本和商业成本）。地方政府通过增加税收收入改善了财政状况（德瓦斯和凯利 2001）。

这些例子说明财政健康与财务决算的记录数据和解释这些数据的程序都有关系。数据和程序通常都可以被评价者接触，形成了评价信息的常规来源。与遵守法律一样，财政健康标准通常被用来评价发展中国家的政府。然而，分权理论坚持认为一个财政"健康"的地方政府——拥有可靠的、具有一定规模的地方收入来源——只有以积极回应、高效和负责任的方式使用资源才会被认为有效（奥茨，197;，奥茨，1993；沙阿，1998）。

评价回应

英曼（1979：278—279）指出，在民主社会实行分权会产生对市民需求更积极的回应，他说："候选者如果希望再次当选就必须取悦选民。"同样的，奥茨（1993：240）指出："财政分权案例是基于地方政府对各自选民福利的假定回应。"这些声明已成为支持分权理论的论据：地方政府比更高级别政府更有可能提供"正确的"服务。但是文献和实践经验表明，并非所有政府都积极回应选民的需求——即使符合法律，并且能够维护高水准的财政健康（科尼尔斯，1990；奥茨，1993）。

比如南非的一个地方性案例。观察者发现"开支决定通常由官僚

① 在此案例中，社区委员会与市政当局协同工作增进街道清洁、垃圾收集、安全服务、道路维护和街道照明，促进相关税收和使用费的征收。它们获得了12万美元的费用，动用了其中的2万美元推进一些特定项目，其中包括基础设施发展。

② 在这一案例中，基于社会的组织帮助征税，10个月内征收率增加了300%。

机构议程直接决定，市民的参与程度非常有限"，这限制了地方政府回应的潜力（《当代研究的基础》1999：45）。在玻利维亚的案例中，安德森（1999）发现管理者将扶贫视为其他经济发展目标的障碍，并忽视农民的需求（默纳1987，哈里斯1995，普尔1997）。在两类案例中，因地方政府的结构导致地方政府缺乏回应（特别是针对贫民）。这些程序和成果构成了评估发展中国家地方政府"回应业绩"的标准。

考虑到文献提及的经验，地方政府服务提供程序的两个方面在任何对回应的评价中都需要特别注意：地方政府对分配决策的影响程度和决策过程中市民的参与程度。发展中国家地方政府关注的贫穷范围分布被认为是政府回应的关键指标。

文献表明，地方政府的回应因为受到中央政府对地方政府提供服务的决策的政治影响而削弱。本杰明（2000：45）发现更高级别政府的行政任命在班加罗尔创建了分级结构，导致地方政府更多地回应中央和地区政府需求，而不是本地选民的需求。德瓦斯和科勃（2000）在加纳中南部城市库马西的研究中有类似的发现。在库马西，地方政治和行政管理代表深受中央政府影响，地区的最高领导和70％的地方立法机构都由中央政府指派。他们还发现库马西地方政府对当地市民并不是十分负责或者积极回应需求。因此，米特林（2000：8）写道"与更高级别政府的联系对地方政府的影响"严重阻碍了地方政府的回应。①根据这些研究，可以明显看出具备以下条件的地方政府的回应会得到加强：行政领导通过正规民主程序由当地人民指定，资源实现自给自足，要求政治代表允许市民参与分配决策并执行监管任务（布莱尔，2000）。

根据这些标准，哥斯达黎加的佩雷斯泽勒顿县是值得高度评价的案例（至少是服务回应程序领域）。佩雷斯泽勒顿县的代表允许地方市民对更高级别政府分配给他们的自由资金行使直接权力，以促进项目发展（布雷斯林、坎贝尔，1999）。这些自由资金以往被代表们用于在自己的社区显示恩惠，但是现在直接分配到区理事会用于当地分配。区理事会在使用资金时必须出示其与市民进行直接磋商的证据。这一

---

① 卡洛费（1997：71）就这一效应提出了一个摩洛哥的特殊案例。作者写道，地方政府的分级结构严重阻碍了回应："多个机构和委员会也许被指定发起某些项目，这些项目却对地区约束或者城市复兴问题的各个方面毫无重要性可言。"

要求是传统的由上而下决定支出分配方法的一种转变（布雷斯林、坎贝尔，1999）。

文献显示资源分配过程的回应因此更加积极，社区能够了解工作的目标和完成情况（奥普笛 1998，美洲开发银行 2000）。有证据表明管理者正在接受有现实结果的、更准确的要求，该县的公共实体比其他县的回应更积极、更注重成果。

佩雷斯泽勒顿的案例证明了社会参与对加强地方政府回应的重要性。米特林（2000）指出积极参与的地方政府也更有可能成为积极回应的政府。她引用了很多地方级的典型参与项目案例：全体市民都拥有发言权（而不仅仅是有钱人）；地方政客和管理者认真考虑市民的意见（比如记录和反馈给全体大众）。这些案例包括尼加拉瓜莱昂的富有城市项目、秘鲁伊洛和哥伦比亚的环境和发展项目、巴西贝洛奥里藏特、阿雷格里港的参与预算项目。

阿雷格里港的参与预算项目是加强地方政府回应的经典案例。阿雷格里港的参与预算项目涉及预算委员会和预算论坛的市民代表。市民代表在此讨论预算，他们的有效建议将由特别设立的管理机构——计划内阁（Gaplan）采纳。该机构处理市民需求，并将其纳入政府计划。社会关系合作委员会与 Gaplan 合作以维护积极的参与，并确保社会和社会代表以市民需求能够影响计划的方式接受反馈。通过这种方式与政府互动的市民数量从 1989 年的 1000 人增加到 1993 年的 10000人，其中 64.5％的参与者是贫民。

这一案例可以与发展中国家地方政府组织的传统参与模式形成对比。传统方式通常不能加强回应（特别是针对贫民）。比如在南非，要求地方政府让市民参与预算过程，但是很少能够有效完成（普图 2001；安德鲁斯，即将出版）。在 1996 年贫穷人口水平仍然超过 50％的里奇顿堡，研究报告显示，尽管存在参与机制，但是管理者却有选择地忽略公共会议中产生的市民意见："那些与准确情报或者政府官员和议员的专业判断不符的意见被忽略了"（DCD - GTZ 1999：西北省份研究4）。塔巴恩丘地方政府也有类似的情况。在那里，参与方法更多地被认为是"反映遵照执行的方法"，从贫民那里收集的信息在处理过程中"丢失了"（DCD - GTZ 1999：自由国家研究 17，18）。在这些案例中，尽管贫民阶级有参与机制，但是他们的参与却是无声的，未能加强或者促进政府对其需求的回应。

除了这些过程，在区分发展中国家的积极回应政府和不回应政府的问题上，文献还强调通过预算分配中支持贫民的明显内容来评价回应。贫穷在发展中国家还会持续一段时间，对本地需求的回应必要地暗示了对贫穷相关问题的回应。在这一点上，米特林（2000：3，5）注意到发展中国家的所有市政当局在为贫民提供"重要"服务中发挥了重要作用，但是"在为削减贫穷提供基本服务方面的重要作用却通常被遗忘或者摒弃"。米特林和波里奥（1997：3）等作者列举了一些支持贫民阶层观点的指标，包括用于住房、修整或者改进贫民窟和无主土地的资金，建设提供基本服务（比如水、电和卫生）所需的新基础设施的资金，在贫穷地区提供这类服务的资金，用于旨在鼓励小型非正式商业企业的本地资助活动（比如为街头小贩提供食宿或者改进街头交易设施）的资金。

这些指标通常在实践中对外公布，观察者可以了解贫穷地区地方政府干涉的结果。在那些地方政府未能明显地在贫穷地区提供服务（或者为贫穷地区兴建基础设施）、地方政府压制非正式商人的地区，很明显政府没有采取支持贫民的态度。从发展中国家的角度来说，这是和地方政府采取有限回应姿态（仅仅回应精英阶层的需求而不是全体选民的需求）的说法一致的。在地方政府详述其财政分配程序的背景下，这类基于观察的评价可以通过预算和财务决算进行补充。非政府组织 DISHA（社会及人类行为发展倡议组织）可以查看和分析印度西部省份的省级预算，因为省级预算非常详细，而且法律允许市民接触这些细节（DISHA，2000）。在他们的"评价"过程中，他们最初发现省级政府对贫民的需求回应非常不积极。①

评价效率

关于回应，理论显示潜在的效率收益是政府应当分权的主要原因。奥茨（1993：240）指出："财政分权的基本经济意义就是提高经济效率。"阿罗拉和内勒高（1997：4）指出："建立分权政府的一个重要原

---

① DISHA 的参与预算分析项目通过涉及支持贫民的非政府组织的积极预算分析解除了管理程序的疑惑。预算分析有助于保持政府负责整体现金流和决策。媒体和地方积极分子组织能够帮助市民理解政府的作为，减小有知情权的官僚和无知情权的市民之间的权力鸿沟（DISHA，2000）。

因就是……提高经济效率。"①简单说来，争论在于相比更高级别的政府来说，地方政府不仅仅更愿意提供"正确的"服务，它们也更愿意通过"正确的"方式提供这些服务。但是并不是所有地方政府都非常有效率地提供了服务。马里首都巴马科因公共卫生系统特别低效而著称，90%的家庭排水系统都不能正常工作，大部分居民直接将废水倾倒在公共街道上（DPLG，2000），而积极的效率评价可以辨别出这类浪费。

地方政府的效率包括很多因素，比如成本效率和竞争力。分权理论认为地方政府提供服务的成本比更高级别政府的成本低，而且更具竞争力，因为存在多个服务提供者（包括其他地方政府）可供选择（泰勃，1956）。这种假设主要是基于以下理由：市民可以表达自己对低效服务的不满（通过发言机制）或者可以退出低效辖区（选择其他辖区或者本辖区内提供服务的非政府机构）。效率可以通过检查财政产出的成本和竞争力，或者地方政府的发言权和退出机制（及其效果）而加以评价。研究表明，巴马科污水池的运营效率在20世纪90年代得到了显著提高，因此降低了服务成本，提高了服务质量（和竞争力）。在20世纪90年代，巴马科市政当局污水处理成本降低了80%，新建了1800个污水池（DPLG，2000）。这些容易确认的成果反映了服务的效率和相关收益，也同样印证了据报道的美国城市政府的最佳经验。比如圣地亚哥的住宅区街道清扫案例，20世纪90年代后期，服务周期从每年一次提高到每年五到十次，成本也随之降低（安德鲁斯和穆瓦尼昂，2002）。在商业清扫服务领域的收益甚至更大（因此商业区的街道也得到清扫）。服务的效率收益可以非常容易地得到确认，因为地方政府可以直接将其与私营服务的成本和质量进行比较。②

地方政府的效率还可以通过服务的产生过程予以评价。圣地亚哥的效率收益很大程度上与城市采取的政策有关，它采取了鼓励城市服务部门与提供相似服务的私营公司竞争的办法（安德鲁斯和穆瓦尼昂，2002）。这样一来，地方政府明确地为市民提供了其希望获得的"退出"选择（市民可以转而选择私营部门提供的服务）。竞争压力致使地方政府不得不将自己的服务标准与私营部门相比较，由此促进了内部

---

① 伯德（1993：207）提供了另一个强调这两个效率重要性的案例："很多发展中国家都借助于各种形式的财政分权作为摆脱无效或者低效管理陷阱的方法。"

② 关于圣地亚哥在这些领域的业绩信息是通过1998年对爱德华·普兰克的采访及其提供的文件获得的。

服务质量的提高。同样，巴马科的效率收益也是地方政府和非政府组织"Jigui"之间创造性安排的结果（DPLG，2000）。该组织建议居民负担污水池修建成本的37％，其余的63％则由政府的特别发展基金负担。它与地方政府发挥了同样的作用，并负责管理污水池的运营。通过创建这种合作，巴马科市政府有能力提供服务选择（由非政府组织提供）。这种新的退出和发言权选择鼓励政府需要提供更具竞争力的服务。

其他地方政府通过提高效率来提供服务的例子还包括宿务市、布宜诺斯艾利斯和艾哈迈达巴德。宿务市开发了一种比较城市项目服务业绩的程序（与基准程序相似），并为执行出色的项目和非政府组织分配额外的资金（艾塔玛迪，1997：98—99）。Ramon Aboitiz 基金有限公司通过转包合同来管理因台风 Rupinbg 而导致的减灾重建工作，但是非政府组织 Pagtambayayong 却被引入承担重建市内贫民区的工作。布宜诺斯艾利斯私有化的供水和卫生服务交由 Aguas Argentinas 公司负责，自动形成了服务提供者的选择（阿尔杜瓦和舒斯特曼，2000）。尽管私有化存在自己的问题（与市政府并未就鼓励私营公司服务贫民一事达成协议），但是这仍然反映了政府试图提高自身效率这一事实。艾哈迈达巴德市在自身牵涉到一系列城市发展的战略伙伴关系时，采取了提供服务的创新安排和资助。其中之一就是与贫民区联网项目，该项目与贫民区居民建立伙伴关系共同工作，重新建设街区（杜塔，2000）。因此提供服务的创新安排提高了效率，极大地促进了政府对贫民需求的回应（政府因此能够以正确的方式提供正确的服务）。

评价责信度

除了增强的回应和提高的效率，责信度的增加也通常是分权的预计结果。伯德（1993：208）认为责任收益是"地方主义"争论的中心思想。这些收获大部分都能够实现，因为分权使政府转变得"更接近人民"（西恩和哈，1998）。然而和回应与效率一样，责信度收益通常在地方政府中也不是非常明显。这些收益要求评价建立一套关于地方管理质量的有效观点。

"责信度"最常被用来与管理程序相联系，因为这指的是对市民的政治责任。① 分权理论认为，地区级代表能够对选民承担更多的责任（英曼，1979）。这一理论认为地区选民有能力呼吁地区代表对自身行为和业绩负责，并据此约束和表彰代表。但是这只有在政治代表高度本地化的情况下才有可能实现。市民拥有的关于政府绩效的信息、发言权和退出渠道，能有效用于确保地区代表的责信度。这在众多的政府中并不常见，市民通常缺乏有关业绩的信息或者做出回应的必需机制。

政府通常内部消化信息，并将基层参与者和选民的当地"时间—空间"知识提升为技术、管理和政治精英的知识。这种"透明度削减"方法（及与之相关的方法）强调对市民获取信息加以官方、非官方的限制——不向社会组织提供信息，因为它们的投入并未得到评价或不是政府程序所需要的——以把市民（特别是贫民）排除在决策之外的做法合法化。这加强了一种政府治理的内在管理模式，妨碍了地区水平上的责信度。

近年来地方政府责信度得到提高的案例与此显著不同，它显示了高水平的社会信息传播。在某些情况下，信息通过非政府组织传播（比如班加罗尔的"报告卡"（保罗，1996）和 DISHA 的预算揭秘活动（DISHA，2000））。在其他案例中，地方政府自己报告绩效信息或者在高度公开的会议中披露详细信息（香港就是一个著名的例子（拉姆，1997））。菲律宾的《地方政府法案（1991）》要求地方政府报告绩效，促进市民和其代表间的强烈的责任联系。该法案的第 316 节要求地方政府"对执行发展项目适用的业绩标准的成本和成就进行半年评论和综合审查"。该报告的副本应当提交给地方行政长官，并张贴在省、市、城镇中公众聚集的显著地方。在这些案例中，接触绩效信息促进了市民反对"官僚的隐晦文化，强化了关于政府官员和所选代表作为公仆的职责民主观念"的挑战（詹金斯和戈茨，1999：605）。

其实，为了使市民保持对政府的责任感，他们需要具备能够迎接挑战的渠道（回应接收到的信息）。严厉的监管、评价、发言权和退出机制促进了这些因素，但是在很多地方政府都非常缺乏（保罗，1992，1996）。这些机制的最基本因素是正规的政治选择程序（市民有机会对

---

① 这里所说的责任是指"保证负责评价业绩的个人和组织尽可能的客观"（保罗，1996：37）。

政治代表的各种绩效做出回应）。尼日利亚等国家的地方政府甚至缺乏这种机制，代表由中央政府指定，市民对地方政府业绩表达满意或者不满的能力受到限制（奥尼勃昆，1997：100）。这样的政治代表在很大程度上不对当地市民负责，因为缺少推动市民影响的机制。与之相反，那些责任标准评价很高的候选城市有市民可以用来要求政治代表对业绩负责的适当的积极选举程序或者其他发言机制。比如宿务市就通过集会、论坛和与市长座谈，参与地区计划机构和创建市民监管机构促进的市民的参与（艾塔玛迪，2000）。市民发言被积极记录，在很多案例中，都有证据显示地方官员据此做出直接回应（以显示他们的投入怎样影响决策或者政府管理的结果）。

在很多地方政府，私有化和其他形式的服务通常以不负责任的形式供应，由此导致选民享有的服务水准很低。尼日利亚的贝宁市对很多服务进行了私有化，包括处理固体垃圾。由于服务的累退模式，所以许多人没有获得私有化体系下的服务（厄居，2000）。贝宁的问题不在于私有化的理念，而是政府似乎将这种创新视为逃脱责任的方法（在服务私有化后就不承担任何责任）。由此获得的教训是，解决公共部门问题的新方法的产生需要在全面责信度的范畴内，并且在同样的基础上予以评价。这一点在低收入地区特别重要，解决公共问题的市场方法需要特别制定，以避免出现累退效应。

结论

文章提出了这样的问题：发展中国家的"优秀"地方政府看起来是什么样？评价发展中国家的地方政府应考虑哪些因素？为回答这些问题，文章提出了构成地方政府评价标准的五个因素。结合每一个因素的讨论，典型的地方政府应当：

遵守程序和结构方面的法律

保持财政健康（最后的结果和过程中）

做正确的事情（积极回应）

以正确的方式（最高效率）工作

对选民负责（过程中和结果）

地方政府的观点建立在实践和理论基础上，"优秀"和"拙劣"的地方政府的例子说明了每一个因素的具体含义。

　　每一个因素（守法、财政健康、积极回应、效率和责信度）都是多维度的，要求从过程和结果两方面予以评价。这种评价方式为发展中国家地方政府提供了更加完整、实用和恰当的观点，而不仅仅集中于守法和财政健康。评价方法也能促进基于观察的评价，以使感兴趣者能够通过自己的观察来判定发展中国家地方政府的"好"与"坏"。

第十八章
取消农业税对中国经济社会的影响及下一步政策取向

The Impacts of Abolishing Agriculture Taxes

黄维健 (Huang Weijian)

从 2006 年开始，我国在全国范围内全面取消农业税，标志着在我国存在了长达 2600 年（从公元前 594 年鲁国初税亩算起）的古老税种从此退出历史舞台，具有划时代的意义，令世人瞩目。

中国是一个农业大国，农业是国民经济的基础。长期以来，农业税赋一直是国家财政收入的重要组成部分，也是国家与农民分配关系的重要体现，素有"皇粮国税"之称。取消农业税，既是打破城乡二元经济结构、统筹城乡发展、建设社会主义新农村的一项重大举措，又是我国农村税费改革经过几年努力探索实现的一个重要目标。农村税费改革是党中央、国务院为减轻农民负担、解决"三农"问题、统筹城乡发展做出的一项重大战略决策。通过改革，减轻了农民负担，规范了农村税费制度，带动了整个农村改革，进一步解放和发展了农村生产力，促进了农村经济社会的全面发展，并为取消农业税奠定了物质条件和社会基础。如果没有农村税费改革的推动作用，取消农业税的目标很可能不会这么快地实现。

一、取消农业税是我国经济社会发展的必然结果

新中国成立以来，农业税在相当长时间内一直是我国财政的重要来源。1994 年实行分税制改革后，我国城镇按国际通行做法设置了税

制，形成了流转税和所得税双主体宏观税制结构。与此同时，对农业生产收入保留征收农业税，对农业特产品收入征收农业特产税。这样，城乡二元税制被沿袭下来。从 2000 年开始，我国决定进行农村税费改革，通过正税清费、治理"三乱"，取消村提留和乡统筹费，将农民应缴纳的税费规范为农业税和农业税附加，最高税率不超过 8.4%，使农村税费制度得到进一步规范。但随着市场经济的发展和农村改革的深入，农业税赋制度运行中存在的矛盾和问题越来越突出，阻碍了城乡经济社会的协调发展。

（一）农业税税制不科学，性质不清楚

农业税以土地为核心、以常年产量为主要计税依据、以实物计征税额，这种设计使农业税性质不清晰。从比例税率看，它像流转税，却对未进入流通的农产品征税；从与土地的关系看，它又具有土地税的特性，更像地租，却未体现土地级差收益；从课税对象看，又像是所得税，却没有税前扣除。农业税计征涉及计税土地面积、常年产量、税率、计税价格四个要素，计税要素多，计税方法不简便，很难客观确定。农业税的性质模糊不清，设计不科学。它是传统农业社会的产物，带有浓厚的自然经济、农业经济和计划经济的色彩，成为专门针对从事农业生产的农民征收的一种身份税，明显不适应建立社会主义市场经济体制和统筹城乡发展的要求。

（二）农业税没有税前扣除，不符合国际惯例

税前扣除在某种意义上可以说是体现税收公平的"均衡器"。增值税只对扣除进项金额后的增值部分征税，个人所得税规定的起征点本质上是一种税前扣除，企业所得税对扣除生产成本等费用后的所得征收税额等，都进行了税前扣除。

从世界各国来看，不论是否单独开征农业税，都是对农业商品流转额或农民的净所得课税。我国农业税是按土地的常年总产量计征，这个常年产量既包括农民销售的商品粮，也包括农民最基本的生存支出，如口粮、种子粮、教育支出和医疗支出等。实际上，农业税以农民从土地上取得的生产收入为课征对象，没有将农民投入的生产成本

以及自己消费的农产品进行税前扣除。从我国农村的现实情况看，农民的人均纯收入水平低。2004年农民人均纯收入只有2936元，平均每个月只有244.7元，2005年农民的人均纯收入有所提高，也只有3255元，平均每个月只有271元。在农民的人均纯收入中，来自农业生产经营的部分为1056元，平均每个月88元，远未达到国家规定的个人所得税起征点。目前，除朝鲜、印尼等少数国家还设有农业税税种外，世界上绝大多数国家都已经取消农业税，我国征收农业税不符合国际通行做法。

（三）农业税税率偏高，城乡居民税负不公平

农村税费改革后，全国绝大多数省份按照农业税及农业税附加合计最高不超过8.4%的规定，将农业税（含附加）税率确定在7.2%—8.4%之间。虽然名义税率比改革前的全国平均15.5%降低了将近一半，却比改革前落实到户的全国平均实际税率的3%—5%高了不少。据专家推算，如果把现行农业税率换算为按商品征税，实际税率比较高。目前，我国工商业经营者一般通过营业税或增值税履行纳税义务，营业税税率一般在3%—5%，只有娱乐等高收入行业税率较高。1994年出台的增值税方案是按照企业实际负担6%的税率来设计的，小规模纳税人增值税定额税率为6%，大部分城市工薪阶层个人所得税税率为5%，都低于农业税税率。在农民收入水平增长十分缓慢的情况下，农业税税率偏高，农民负担的税收仍然过重，城乡居民税负显失公平。

（四）农业税"税随地走"，农民负担不均衡

农村税费改革后，取消了原来按人头向农民收取的"村提留和乡统筹费"，但原来村提留乡统筹费的一部分转移到以计税土地为基础的农业税中。这样，过去按地负担农业税，按人负担村提留乡统筹费变成完全按地亩负担农业税，造成纯农业生产者负担加重，种田越多负担越重。农民负担不均衡成为农民关心的热点。总体上看，粮食主产区农民负担比经济比较发达地区农民负担重，种田多、纯农户比无田少田的农户负担重，财政状况差的地区农民负担比财政状况好的地区负担重，不利于调动粮食主产区和种粮农民的积极性。尽管各地通过

税收减免、调整常产等手段缓解粮食主产区和种粮大户农民税负重的问题，但由于它背离了税收量能负担的原则，也只能是权宜之计。

（五）重复设置税种，削弱了农业的市场竞争力

一是目前我国《增值税条例》、《消费税条例》、《所得税条例》等都对农业产业、农业企业以及农户做出相应的纳税规定，除农民自产自销产品外，均需要纳税。农民还需缴纳农业税和特产税，导致农业税种重复设置。农业在社会产品初次分配中处于明显弱势，不能公平参与市场竞争。二是不利于提高中国农产品国际竞争力。我国设置了较高的农业税税率及农业特产税税率，一些地方对农业税、农业特产税据实征收难，大都简单地按人头或田亩分摊，抑制农村资本、劳动力向高效率、规模化农业转移，不利于农业产业结构调整。同时，我国农业特产税只对国内农业特产品征收，出口农业特产品不退税，而对国外进口的农业特产品不征特产税，使我国农业特产品在国内和国际两个市场上都处于不利地位，严重削弱了我国农产品的国际竞争力。特别是我国加入世界贸易组织后，这一问题尤为突出。

（六）征管不规范，与依法治税要求不适应

一是法律法规建设滞后，征管没有程序法。征收农业税、特产税的依据是1958年出台的《农业税条例》和1983年的《国务院关于对农业特产收入征收农业税的规定》。由于《税收征管法》又不适用于农业税，致使农业税无程序法可依，抗税案件时有发生，少数地方新的农业税尾欠呈上升趋势。二是征管行为不规范。长期以来，农业税收一直主要依靠乡村干部征收，受利益驱动，越权征收、税费混征、搭车收费现象时有发生。农民对乡村干部有怨气或生产生活中的一些问题没有得到及时解决，经常以拒绝缴纳农业税来"出气"，征纳双方因此产生摩擦和矛盾，协调工作困难，不仅征收成本高，而且导致干群关系紧张，影响了农村社会稳定。

综上所述，无论是从建立现代税制还是从征收管理的实践来看，农业税制都已不适应市场经济发展和农业现代化的要求，成为农民负担重的一个重要体制性因素。因此，适时取消农业税是我国经济社会

发展的必然选择。

　　同时，我国也已经具备了取消农业税的能力。我国总体上已进入了以工促农、以城带乡的发展阶段。近年来，我国经济持续快速发展，国家财力不断壮大，2003 至 2005 年全国财政收入分别突破 2 万亿元、2.5 万亿元和 3.1 万亿元大关，2004 年财政收入增收 4500 亿元，2005年增收 5000 多亿元。农业税收在整个财政收入中占的比例不到 2%，国家财政有能力承担取消农业税带来的减收。虽然取消农业税会减少地方财政收入，尤其是农业大县财政减收会更多，但中央财政给这些地区转移支付后，较大地缓解了地方的困难。所以，从国家长远发展的大局看，只要有利于彻底解决"三农"问题，有利于从根本上改变二元经济结构对经济社会协调发展造成的瓶颈制约，付出这些改革成本是必要的，也是完全值得的。

二、取消农业税对我国经济社会产生了深刻影响

（一）取消农业税具有划时代的意义

　　我国历史上封建王朝与农民税赋关系处理得最好的时期，是所谓汉代的"文景之治"和清代的"康乾盛世"。但实际上，文景时期对田赋只是临时性减免，当时叫"时赦"，最长的时间也就 11 年；康熙乾隆时期的"摊丁入亩，新增人丁永不加赋"，也只是把原来征收的所谓"丁银"纳入了"田赋"，而田赋却始终增加。而现在我们是彻底取消了农业税，终结了 2600 年农业税的历史，这在中国农业农村发展史上是史无前例的，无疑具有划时代的历史意义和对我国经济社会发展产生深远的影响。

　　1. 有利于减轻农民负担，扩大内需，促进经济社会持续协调发展

　　农村人口是我国目前数量最多、潜力最大的消费群体。取消农业税，减轻农民负担，增加了农民收入。据统计，农村税费改革不仅取消了原先 300 多亿元的农业税，而且取消了 700 多亿元的"三提五统"和农村教育集资等，还取消了约 250 亿元的各种不合理收费，共减轻农民负担约 1250 亿元，每个农民减负 140 元左右，增加了农民可支配收入，扩大了农村有效需求，调动了农民的生产积极性，为农村经济社会发展注入了活力。

2. 有利于统筹城乡发展，全面建设小康社会

全面建设小康社会，重点和难点在农村；加快现代化建设，最艰巨、最繁重的任务也在农村。逐步消除城乡二元经济结构，是我国现代化进程中必须解决的问题。改革开放至今，城乡分割的格局已经发生了较大变化，但工农业发展仍不协调，城乡差距仍在扩大。贯彻落实科学发展观，统筹城乡发展，需要逐步削除阻碍城乡生产要素合理流动的体制性因素。取消农业税，不再开征专门面向农民的税费，打破了城乡二元税制结构，为统一城乡税制打下了基础，活跃了农村经济，富裕亿万农民，推进了城乡协调发展，有利于确保全面建设小康社会的实现。

3. 有利于维护农村稳定，构建社会主义和谐社会

农业丰，则国家盛；农村稳，则天下安。农村税费改革前，因为农业税费征管出现了许多干群冲突事件，影响农村稳定。通过农村税费改革，取消农业税，不仅减轻了农民负担，更重要的是为逐步消除影响农村稳定的体制性障碍搭建了制度平台。乡镇干部从过去收粮收税等具体事务中解脱出来，加快转变政府职能步伐，把更多的精力放到履行社会管理、提供公共产品和公共服务上来，进一步改善和密切政府与农民的关系，使广大农民休养生息，维护了农村和谐稳定。

4. 有利于夯实基础，建设社会主义新农村

2005 年年底，中央提出建设社会主义新农村的重大历史任务，这是在农村改革发展的基础上，顺势而为提出来的，是彻底解决"三农"问题的一项重大战略举措。按照"工业反哺农业、城市支持农村"和"多予少取放活"的方针，取消农业税后，各级政府加大对农业农村的投入和对农民的直接补贴力度，扩大公共财政覆盖农村的范围，充分调动了广大农民的积极性，为新农村建设奠定了坚实基础。从 2006 年全国取消农业税后，国家财政将每年安排农村税费改革转移支付资金1034 亿元，2006 年中央财政预算安排用于"三农"的投入总额将达到3397 亿元，比 2005 年增加 422 亿元，增长 14.2%。

（二）取消农业税后农村出现的新情况和新问题

取消实行了几千年的农业税，对"皇粮国税"的传统思想观念带来了很大冲击，对农村经济社会文化生活带来深刻的影响，对基层组织的职能设置和运行方式提出了新的要求。应该清醒地看到，目前税费改革的成效只是初步的和阶段性的。取消农业税，只是初步理顺了农村分配关系，减轻了农民负担，但造成农民负担重的体制机制尚未根本消除，农村长期积累下来的一些深层次矛盾凸显，农村改革发展过程中又出现了一些新情况、新问题。

1. 与新形势相适应的农村行政管理体制没有完全形成

取消农业税后，乡镇干部原有收粮收税的任务没有了，职能亟待转变，朝着建立法制型、服务型政府的方向努力。但地方在乡镇机构改革中工作进展不均衡，职能转变不到位，公共服务水平低，社会管理能力弱，农村自然灾害、公共安全等突发事件时有发生，基层政府间事权划分不清晰，政府职能缺位和越位的问题并存，"生之者寡，食之者众"的现象没有根本改变，适应新形势的农村行政管理体制还没有完全建立起来。

2. 与新农村建设相适应的投入机制尚未完全建立

新农村建设需要大量的投入，取消农业税和农村"两工"（劳动积累工、劳动义务工）后，国家虽然加大了对"三农"的投入，但资金分散，引导能力不强、效果不明显；农村融资机制不健全，农村信贷供给严重不足，农村资金被大量"抽走"用于城市建设，城市资源很难流向农村；农民进行公益事业建设的积极性不高，农村"一事一议"开展难，农村新的公益事业投入机制没有形成，农村基础设施建设落后，社会事业发展普遍缓慢；上学难、看病难、饮水难、行路难、贷款难等问题相当突出，城乡资源配置不合理，城乡发展差距有扩大的趋势。

3. 确保乡村基层组织正常运转的财政体制没有完全确立

农业税是我国大部分地方维持乡村基层组织正常运转的主要收入来源。取消农业税后，国家虽然加大了财政转移支付力度，但省以下财政体制改革不到位，财权与事权不匹配。中央采取了缓解县乡财政困难的政策措施，推进地方财政管理方式变革。但由于没有能触及财权与事权划分等深层次问题，治标不治本。一些地方不顾实际热衷于上项目、铺摊子，搞城市建设和标志性工程，没有将财力真正向基层倾斜，乡村经费保障水平低，乡村运转普遍困难。

4. 新的农村基层工作机制没有完全形成

取消农业税后，一些基层干部观念跟不上形势，行政行为不规范，不善于运用"一事一议"等民主方式与农民商量办事，仍习惯于用过去老办法与农民打交道。农村建设资金不足就打农民主意，工作经费紧张就向农民伸手，群众思想工作做不通就采取行政命令等强制手段，依法行政的意识不强，民主办事的能力不高，加上不少农民公共意识和责任意识比较淡薄，农民组织化程度低，村民自治机制不健全，新的农村基层工作新机制尚未形成。

5. 农民负担出现反弹新苗头

当前，一些地方在农民建房、外出务工、农村计划生育、教育、殡葬等领域的乱收费又有所抬头；农村水费等经营性收费标准偏高；化肥、农药等生产资料价格上涨过快；一些村级组织在"一事一议"中不履行民主议事程序，将其变成固定收费；一些村委会和农村中介组织巧立名目违法向农民乱收费、乱罚款，引起了农民的普遍不满。乱收费主体开始由基层政府向涉农部门和单位转移，收费名目开始由行政事业性收费向经营服务性收费转移，收取对象开始由农民向中小学生转移，收费方式由一次性集中收取向零星分散收取转移。

三、巩固和发展农村税费改革成果、推进农村综合改革的政策取向

知史以明鉴。追溯历史，我国自古以来几次大的赋税制度改革，从隋唐的"租庸调制"、"两税法"，到明朝的"一条鞭法"、清代的"摊丁入亩"，都没能跳出周而复始的"黄宗羲定律"（我国明末清初著名思想家黄宗羲在总结中国历朝历代农民税赋史后认为，历史上每搞一次"并税"改革，随着时代的推移，经费不足，又会催生下一次摊派和收费高潮。明税轻、暗税重、横征杂派无底洞，周而复始，形成"积累莫返之害"，成为一个规律）。一个重要原因，就在于税制改革之后，缺乏更深层次的政治、经济和社会管理体制方面的改革，防止农民负担反弹的保障机制没有建立起来。我国在逐步取消农业税的过程中，虽然配套推进了相关体制改革，但一些深层次体制矛盾和问题未得到彻底解决，农民负担既没有完全摆脱"加重—减轻—加重"的恶

性循环，也没有真正跳出"黄宗羲定律"这个怪圈。所以，改革具有长期性、复杂性和艰巨性。历史经验和现实情况证明，只有坚定不移地推进改革，进行体制机制创新，才能巩固和发展业已取得的成果，才能保证社会主义新农村建设顺利进行。否则，农民负担问题可能死灰复燃，卷土重来，税费改革可能前功尽弃。

为巩固农村税费改革成果，从根本上建立起防止农民负担反弹的长效机制，中央不失时机地决定全面推进农村综合改革，这是当前和今后一个时期我国农村改革发展的一项重大战略举措，具有重要的意义。下一步政策取向是：

（一）坚定不移地推进农村综合改革

按照贯彻落实科学发展观和建设社会主义新农村的总要求，着力推进乡镇机构、农村义务教育和县乡财政体制改革，建立精干高效的农村行政管理体制、覆盖城乡的公共财政制度、促进农民减负增收和农村公益事业健康发展的长效机制，推动农村经济社会全面进步。

1. 乡镇机构改革的方向和重点

一是以转变乡镇职能为重点，努力建立服务型、法制型政府。适当调整乡镇在经济管理上的职能，切实把工作重点转到对农民和各类经济主体进行示范引导和政策服务，努力为经济发展营造良好的环境；努力提高乡镇社会管理和公共服务水平，依法行政，落实政策，保障农民的合法权益，维护农村社会稳定。二是严守"两条底线"，努力建立乡镇运行新机制。五年内乡镇机构编制和实有人员只减不增，确保农村社会稳定，是乡镇机构改革需要把握的一条原则。在此前提下，允许结合实际，因地制宜，综合设置乡镇机构，严格控制领导职数和人员编制，提倡党政领导交叉任职，优化乡镇行政事业单位人员，探索乡镇机构改革的各种形式，努力构建乡镇工作新的运行机制。三是以事业单位整合与改革为契机，建立健全农村社会化服务体系。探索适应市场经济发展的乡镇事业站所管理体制，引入市场体制，增强公共服务功能的有效形式，避免因精简机构和人员，减少对农民的服务，削弱农村基层政权。四是围绕提高为农民服务能力这一主题，建立乡村治理新机制。要理顺乡镇政府和市场的关系，使乡镇政府从农民最需要做的事做起，把不属于政府职能范围的事务交给市场、中介组织和村民自治组织，做到不越位，也不缺位。乡镇政府要培育和引导农村中介组织和村民自治组织健康发展，提高农民组织化程度，健全村民自治机制，调动农民参与新农村建设的积极性、主动性和创造性。

2. 推进农村义务教育综合改革的思路

一方面要抓紧落实和完善农村义务经费保障机制改革政策。从2007年起，我国农村义务教育阶段中小学学生将全部免除学杂费，将有1.48亿农村中小学生受益，这项改革在我国教育发展史上具有划时代的意义，被老百姓赞誉为"民心工程"、"德政工程"，必将对农村的长远发展产生重大影响，应采取措施，落到实处。另一方面要推进教育自身改革，提高农村义务教育质量。继续推进教育人事制度改革，切实提高农村中小学教师素质；合理配置城乡教育资源，改善农村办学条件，防止教育资源向少数学校集中，促进城乡教育公平；加强农村职业教育，做好农村劳动力培训，培养造就新农村建设所需要的有文化、懂技术、会经营的新型农民。

3. 继续深化财政管理体制改革

改革和完善财政管理体制为推进农村综合改革提供财力保障。一是进一步调整国民收入分配格局，不断增加对"三农"的投入。当前要认真研究落实中央一号文件提出的"今后财政新增教育、卫生、文化等事业经费主要用于农村，国家基本建设资金增量主要用于农村，政府征用土地收益主要用于农村"的政策，逐步建立合理、稳定和有效的资金投入机制，切实加强农业、农村基础设施和社会事业建设。进一步加大支农资金整合配置力度，提高资金使用效率。培植县级财力，促进县域经济发展，增强县乡造血功能，做大经济和财政"蛋糕"。二是进一步规范财政转移支付制度。增加一般性转移支付，减少专项补助，增强地方财政调控能力和自主分配空间。完善中央对地方缓解县乡财政困难的奖补办法，鼓励地方采取各种形式推进农村综合改革。落实对乡村两级的补助政策，确保乡镇机构和村级组织正常运转，逐步提升保障水平。三是按照社会主义市场经济要求，逐步建立健全与事权相匹配的财政管理体制和运行机制。加快推进"省直管县"、"乡财县管乡用"财政管理方式改革试点。同时，要着重理顺县乡政府事权关系，合理划分政府间的事权和财权，建立与事权相匹配的财政管理体制。

（二）逐步解决农村税费改革遗留问题

一是治理乡村债务。乡村债务既是农民负担反弹的一大隐患，也是影响新农村建设的重要障碍。需要转变政绩观念，树立控制新债、化解旧债也是政绩的理念，积极开展化解乡村债务试点，县以上地方政府应承担更多责任，探索建立化解乡村债务的激励约束机制，支持和帮助基层化解乡村债务。加大对中央提出的制止新债"约法三章"有关政策措施的监督检查力度，制止乡村发生新的债务。积极稳妥地处理农业税尾欠问题，彻底完成取消农业税的历史任务，为前一阶段农村税费改革画上圆满句号。二是全面落实国有农场税费改革政策。针对国有农场农工负担较重，农场政企不分，办社会等问题，应采取有力措施，深化国有农场税费改革和内部管理体制改革，确保国有农场税费改革政策落实到位，确保国有农场农工负担明显减轻，促进农场生产健康发展。

（三）建立与农村经济发展相适应的农村金融体系

目前，农村资金紧缺、农村中小企业和农户贷款难的矛盾日益突出，已成为制约农村发展的一个瓶颈。在新农村建设过程中，应按照以工促农、以城带乡的要求，在尊重金融规律基础上，重新构建农村金融体系。农村信用社改革应以完善产权制度、转换经营机制为重点，大力开展小额信贷和联户贷款等业务，不断开发适合农村特点的金融产品；政策性银行应按照统筹城乡发展的要求，完善政策性金融的职能，拓宽业务范围和资金来源，积极支持农村基础设施和公益事业建设；鼓励地方成立各类担保公司或机构，为农民小额信贷或农业产业化企业贷款提供担保；利用财政贴息等手段，对农业产业化龙头企业进行金融支持；大力开展农村合作金融改革试点，鼓励体制创新，并逐步将其纳入金融监管范围，促其健康发展。我国是一个农业灾害频发的国家，逐步建立健全农业保险体系尤为重要。农业保险要坚持政府主导、政府与商业保险相结合原则，开发多种形式、多种渠道的保险产品。

（四）按照WTO规则，进一步完善对农民的直接补贴制度

对农民进行直接补贴是世界发达国家通行的普遍政策。这种补贴不是对农民的恩惠，只有让农民有稳定的收入来源和良好的生活环境，才能使他们安居乐业。2004年以来，我国在减免农业税的同时，对农民实行"三补贴"制度，即对种粮农民直接补贴、良种补贴、购置农机具补贴，调动了农民生产的积极性，扭转了粮食生产下滑的势头，维护了国家粮食安全。粮食直补使6亿多农民受益，收到了良好效果。2006年对农民使用柴油、农药、化肥进行综合直接补贴。根据中国政府与世界贸易组织达成的协议，中国政府对农业补贴上限是中国农业总产值的8.5%，我国目前远没有达到这个水平。《中华人民共和国国民经济和社会发展第十一个五年计划纲要》也要求继续对农民实行直接补贴政策，加大补贴力度，完善补贴方式。应根据我国国情和经济发展水平，不断完善补贴制度，进一步完善农业支持保障体系，使其成为一项长期的、基本的政策。

（五）加强对农民负担的监管，逐步将其纳入法制化管理轨道

当前，一些地方出现了农民负担反弹的现象，如涉农部门乱收费、乱集资和农村经营服务性收费偏高等，需要进一步规范政府行为，继续坚持涉农价格收费"公示制"、农村订阅报刊费用"限额制"、义务教育收费"一费制"和涉及农民负担案（事）件"责任追究制"，加大执法力度，重点纠正各种违法违规行为。同时，还应进一步规范农村"一事一议"制度，指导基层干部和农民发扬村民民主，既要保护农民的合法权益，又要教育农民履行公民应承担的义务。为贯彻依法治国方略，适应经济社会发展的新形势，保护农民的合法利益和民主权利，应适时制定农民权益保护法，将农民负担管理纳入法制化轨道。

（六）逐步研究统一城乡税制问题

　　取消农业税，终结了由传统农业社会沿袭下来的赋税制度，消除了在现代社会中不应由农民承担的不合理赋税的制度性缺陷，为在农村由传统税制向现代税制过渡奠定了基础。取消农业税并不等于农民不纳任何税，农民从事各项非农业经营活动都要依法纳税。比如，农民购买的农用生产资料中就包含了无法抵扣的增值税，农民在银行存款与城镇居民一样需要依法缴纳利息所得税。我国农民的收入水平低，必须长期坚持"多予少取放活"的方针。在我国实现城乡统一税制，需要一个过程，但要按照工业反哺农业、城市支持农村的总要求，认真研究这个问题，作为一项改革制度设计，应立足当前，着眼长远，早做准备。考虑到农业是一个弱质产业，农民是一个弱势群体，农村是一个落后区域的特点，应借鉴国际通行做法，研究提出我国统一城乡税制的改革思路。

第十九章
中国财税改革回顾与展望

Review of China's Fiscal Reforms

张 通（**Zhang Tong**）

改革开放以来，作为经济体制改革的突破口和先行军，中国财税改革不断向前推进并取得了明显成效。"十一五"时期，财税将坚定不移地深化改革，进一步消除影响财政发展的体制性、机制性障碍，更好地发挥财税政策的作用，促进经济社会全面协调可持续发展。

一、关于财政管理体制改革

1994 年在中央和地方两级财政之间实行了分税制财政体制的重大改革。其核心是进一步理顺中央与地方的财政分配关系，更好地发挥国家财政的职能作用，增强中央的宏观调控能力。其基本内容是：按照中央与地方政府的事权，合理确定各级财政的支出范围；根据事权与财权相结合原则，按照税种统一划分中央税、地方税和中央地方共享税，并建立中央和地方两套税收征管机构；科学核定地方收支数额，逐步实行比较规范的中央财政对地方的税收返还和转移支付制度；建立和健全分级预算制度，硬化各级预算约束。1994 年的分税制财政管理体制改革进展顺利，具有里程碑的意义。

1995 年以来，在稳定分税制财政管理体制基本框架的基础上，根据经济发展变化，采取了进一步调整和完善措施：一是推进所得税收入分享改革。从 2002 年 1 月 1 日起，打破按隶属关系和税目划分所得税收入的办法，实施所得税收入分享改革。除少数特殊行业或企业外，绝大部分企业所得税和全部个人所得税（包括对个人储蓄存款利息征收的所得税）实行中央与地方按比例分享，2002 年为五五分成，从 2004 年起按中央分享 60％、地方分享 40％执行。二是健全政府间转移支付制度。一方面，建立了一般性转移支付制度、民族地区转移支付制度、工资性转移支付制度和农村税费改革转移支付制度，逐步完善了财力性转移支付体系。另一方面，初步建立起一套比较完整的专项转移支付体系，专项转移支付规模逐年增加，在中央对地方补助的支出中所占比重不断提高。三是完善省以下财政管理体制。1996 年，财政部颁布了《关于完善省以下分税制财政管理体制意见的通知》。2000 年，印发了《改革和完善农村税费改革试点县、乡财政管理体制的指导性意见》。2002 年，国务院转发了财政部《关于完善省以下财政管理体制有关问题的意见》。近年来，还积极推动了"省直管县"、"乡财县管"等试点工作，取得了明显成效。

"十一五"时期，财政管理体制改革的目标是逐步建立并完善财力与支出责任相匹配的财政管理体制。主要从以下几个方面着手：加强研究，合理划分政府间支出责任；适当调整中央与地方的收入划分，进一步理顺政府间收入分配关系；进一步完善转移支付制度，促进区域、城乡协调发展；简化管理层次，创新省以下财政体制管理方式。

二、关于税制改革

一是出口退税机制改革。我国从 1985 年开始实行出口退税政策，对于推动外贸体制改革和出口增长发挥了重要作用。但由于出口退税资金无法及时得到保证，欠退税问题也越来越严重。2003 年 10 月，国务院专门召开座谈会，决定从 2004 年 1 月 1 日起正式实施出口退税机制改革。基本思路是：本着"新账不欠，老账要还，完善机制，共同负担，推动改革，促进发展"的原则，对历史上欠退税款由中央财政负责偿还，改革后新增出口退税由中央和地方按 75∶25 的比例分担。经过一年多的运行，改革取得了明显的阶段性成效，但也出现了一些矛盾和问题，如口岸城市及部分东部地区负担偏重、外贸方式发生一定消极变化等。为此，财政部进一步完善了出口退税负担机制的方案，在维持 2004 年各地出口退税基数不变的基础上，超基数部分中央、地方按照 92.5∶7.5 的比例分担。目前，完善后的出口退税机制运行平稳，取得了良好成效。

二是统一内外资企业所得税。现阶段，我国对内外资企业分别实行不同的所得税制，虽然内外资企业所得税的名义税率相同，但由于外资企业比内资企业享受更多的税收优惠，外资企业比内资企业实际税负低10个百分点左右。这样做，在改革开放初期，有利于吸引外资和扩大开放，是必要的；但在改革开放发展到新的阶段、特别是加入世贸组织后的今天，既不利于公平竞争，也不符合世贸组织规则要求，必须尽快把两套企业所得税制合并起来。

三是增值税转型改革。我国在1994年税制改革时实行的是生产型增值税，符合当时经济和财政发展实际，有利于在通货膨胀状态下控制投资。但随着经济的发展，生产型增值税存在对扩大投资、设备更新和技术进步的抑制作用，造成基础产业和高新技术产业税负重于其他产业，国产产品税负重于外国产品等问题日益凸显。为增强企业活力和竞争力，提高经济自主增长能力，必须将生产型增值税改为消费型增值税。自2004年7月1日起，我国对东北地区的装备制造业等8大行业实行了增值税转型试点，取得了较好成效。我们将在认真总结东北地区试点经验的基础上，研究完善政策措施，进一步推进试点工作。同时修订《增值税条例》，为在全国范围内实施增值税转型改革做好准备工作。

三、关于公共预算管理改革

一是部门预算编制改革。部门预算改革要解决的主要是规范财政资金的分配问题，其根本目标是实现政府财政资源分配的规范、有效与安全。主要内容包括：使部门成为预算的主体并自主编制预算；编制综合预算，全面反映部门及所属单位的全部财政、财务收支状况；规范预算分配方法，按公平、绩效的原则核定预算；深化"收支两条线"管理改革；编制滚动预算；改革政府预算科目体系，细化预算编制等。这项改革于2000年正式启动，6年来，遵循"积极稳妥，充分试点，分步实施"的原则，迈出了重大步伐。"十一五"时期，将进一步深化基本支出预算改革；规范项目支出预算管理；稳步推进预算支出绩效考评试点；研究探索事业单位财政预算管理模式；进一步规范预算管理程序，强化预算约束和预算监督；争取到2010年向全国人大报送所有中央一级预算单位部门预算等。

二是"收支两条线"管理改革。"收支两条线"管理改革的核心是将全部财政性收支逐步纳入政府预算管理，它要解决的主要是公共财政收支的管理范围问题，其本质也是规范政府的活动范围。这项改革从"收"的角度讲主要是收缴分离，从"支"的方面讲主要是收支脱钩，最终目标是编制综合政府预算、逐步淡化和取消预算外收支。2002年这项改革正式推开，通过几年的努力，预算内外资金统筹安排使用的程度有了较大提高。"十一五"时期，将进一步加大预算外收入纳入预算管理的力度；深化收入收缴管理改革；推进收支脱钩管理；加强对政府性基金的管理等。

三是国库管理制度改革。国库管理制度改革要解决的主要是财政资金的收付方式问题，其核心是通过国库单一账户体系对财政资金的运行进行管理，目的是在部门预算确定后，确保严格和规范预算执行，提高财政资金的使用效益。主要内容包括：设立国库单一账户体系；财政收入通过国库单一账户体系直接缴入国库，财政支出按预算通过国库单一账户体系由财政直接支付或授权预算单位支付到商品或劳务供应者；建立高效的预算执行机构、科学的信息管理系统和完善的监督检查机制。这项改革于2001年正式启动，迄今中央部门已全面实施，各地也正在全面推开。"十一五"时期，将进一步深化国库集中支付改革；推进财税库横向联网；深化非税收入收缴管理制度改革；研究推进国库现金管理等。

四是政府采购制度改革。政府采购制度改革要解决的是财政性资金的使用方式问题，目的在于确保财政资金使用的公平、公开、透明、有效益。这项改革始于1996年，2003年《政府采购法》的正式实施标志着这项改革进入新的历史发展时期。总的看，近几年来政府采购工作全面展开，采购金额和范围不断扩大，采购的透明度和公正性大大提高，取得了较大进展。"十一五"时期，将进一步深入推进管理职能与操作职能分离，实现机构分离和职能定位清晰；建立规范的政府采购运行规程；建立政府采购综合性监督管理体系；推行电子化政府采购；继续扩大政府采购范围和规模，使之逐步接近国际标准等。

五是政府收支分类改革。这是2006年我国预算管理制度改革的重点。政府收支分类改革是在我国现行《政府预算收支科目》的基础上，参照国际通行做法，构建适合社会主义市场经济条件下公共财政管理要求的新的政府收支分类体系。新体系具体包括收入分类、支出功能分类和支出经济分类三部分，收入分类反映政府收入的来源和性质，支出功能分类反映政府各项职能活动，支出经济分类反映各项支出的具体用途。新的政府收支分类体系可以较好地克服原政府预算收支分类"体系不合理、内容不完整、分类不科学、反映不明细"等弊端，并对进一步深化其他各项财政改革、提高预算透明度和财政管理水平，起到十分重要的推动作用。2005 年这项改革进行了模拟试点，2006 年正式进入实施阶段，将启用新科目编制 2007 年政府预算。

四、关于会计改革

一是企业会计改革。1993 年，我国全面实施了企业会计准则、行业会计制度、企业财务通则和行业财务制度（简称"两则两制"），完成了中国企业会计核算模式的初步转换。2000 年、2001 年和 2004 年，又先后发布了企业会计制度、金融企业会计制度和小企业会计制度，实现了中国企业会计核算标准的实质性转换。与此同时，还制定发布了具体会计准则，完善了企业会计准则体系，并积极推进了会计国际协调。"十一五"时期，将按照建成既符合中国国情又与国际会计惯例相协调的会计核算标准体系的目标，进一步完善我国的企业会计核算标准；同时进一步推进中国的会计国际协调。

二是政府和非营利组织会计改革。一方面，1993 年年底开始启动预算会计改革，并于 1997 年先后发布了《事业单位会计准则（试行）》、《事业单位会计制度》、《行政单位会计制度》以及《财政总预算会计制度》，从而建立了新的预算会计体系，初步实现预算会计核算模式转换。另一方面，2000 年开始研究和起草《民间非营利组织会计制度》，2005 年起全面实施，从而建立了民间非营利组织会计核算体系。"十一五"时期，将进一步研究和推动政府会计改革，以满足建立绩效政府、绩效财政的需要；同时进一步研究和推动民间非营利组织会计改革。

五、关于"金财工程"建设

"金财工程"是随着财政改革与发展以及国家信息化战略的实施提

出来的。按照党中央、国务院关于建立社会主义市场经济体制下公共财政的总体要求，财政部在推进部门预算、国库集中收付等改革的同时，借鉴主要发达国家和东欧转型国家政府财政管理信息系统运行模式和建设经验，结合我国财政管理的实际需要，从 1999 年下半年起开始着手规划建立"政府财政管理信息系统"（简称 GFMIS），并进行设计和试点。2002 年年初，国务院决定将财政部规划建设的"政府财政管理信息系统"定名为"金财工程"，并把"金财工程"列为国家电子政务十二个重点工程之一。此后，财政部组织力量进行了系统规划和周密论证，根据财政业务管理需要开发实施了相关管理系统，并提出了立项申请。2006 年 4 月份，经国务院同意，国家发改委正式批准"金财工程"（一期）建设项目立项，标志着"金财工程"建设进入一个新的发展阶段。

"金财工程"建设的总体思路是：构建一个应用支撑平台（即数据库）、二级数据处理（即中央与地方分级数据处理）、三个网络（即内部涉密网、工作专网和外网）、四个系统（即预算编制系统、预算执行系统、决策支持系统和行政管理系统）、五个统一（即统一领导、统一规划、统一技术标准、统一数据库和统一组织实施）为特征的，管理与技术有机融合的公开透明、服务便捷、安全可靠的政府财政管理信息系统，进一步提高财政资金使用管理的安全性、规范性和有效性，保障和推动财政改革与发展，更好地为贯彻落实党中央、国务院的各项重大决策服务，为顺利实现"十一五"规划目标服务，为全面建设小康社会服务。

计划在三年内初步完成"金财工程"的一期建设，初步建成业务标准统一、操作功能完善、网络安全可靠、覆盖所有财政资金、辐射各级财政部门和预算单位的政府财政管理信息系统。在此基础上，争取再经过两年或更长一点时间的补充完善，使政府财政管理信息系统更加现代化。

第二十章
绩效预算

Performance Budgeting

沈春丽（Chunli Shen）

绩效预算（Performance Budgeting）的提出可以追溯到 20 世纪初，在 20 世纪 60 年代，绩效预算曾一度被人们放弃，而它的变形版本又在 80 年代重新出现。绩效预算不应被当做一种机械理性的系统，可以在充满竞争性需求的复杂环境下替代政治性的资源选择过程；相反，它为预算决策带来了更大的经济价值，是一种基于信息基础的资源分配管理过程，借助责任归属来保证政府的绩效，并通过灵活的权限下放和其他的激励来奖励良好的绩效，帮助决策者和公众了解政府投入所带来的利益，并由此做出明智的抉择。采纳绩效预算不仅将改变预算编制的形式和内容，而且还将改变政府预算的文化，从注重投入到注重成效。但是，这是一个渐进的过程，参与预算制定的各方就绩效预算的诸多问题提出看法、洽谈协商，并最终达成一致。

导言

绩效预算可称得上是个古老的概念，早在 1907 年就已出现，最早由纽约城市研究局提出，用于协助管理和调控（Shultze, 1968）。最原始的绩效预算概念在 20 世纪 30 年代被田纳西山谷管理署和美国农业部所采纳，并成为改善政府运营的最早的努力之一。绩效预算在美国全国推行是在 1949 年，当时胡佛委员会对在联邦政府范围内实施绩效预算的前景进行了评价（Burkhead, 1956; Lu, 1998, 第 151 页; Schick, 2003）。1950 年，杜鲁门总统向国会提交了以绩效为基础的预算案。

20 世纪 50 年代，绩效预算改革的重点放在为绩效或工作负荷建立度量标准，并将它与成本相关联。1962 年，绩效预算在整个联邦层面上付诸实施以前，被纳入了另一个重大的预算改革中——项目预算（Program Budgeting），又称为"项目、规划和预算系统"（Program, Planning and Budgeting System (PPBS)）。由于绩效度量是 PPBS 的重要组成部分，绩效预算"部分地"幸存下来。但是，尼克松政府在 1969 年放弃了这种做法。绩效预算在整个 20 世纪 70 年代和 80 年代的预算领域内都处于被忽视的地位，只是曾作为零基预算（Zero-Based Budgeting）的组成部分而短暂抬头。20 世纪 90 年代发生了两件大事，即 1993 年美国联邦政府绩效和成果法案（Government Performance and Results Act）的颁布实施以及那一年稍后出版的《国家绩效评论》（National Performance Review），这两件事让绩效预算结束了"流放"生涯，冲上了预算改革的前沿阵地。1993 年颁行的政府绩效和成果法案，其宗旨在于使联邦预算流程从投入导向型系统转为成效导向型系统，以此改善拨款决策，同时提高项目的效率和有效性。绩效预算还可以允许管理者在资源监督上享有很大程度的灵活性，同时又促使他们对各自计划的成效承担责任。这一次，绩效预算终于获得了前所未有的合法地位。新一轮的绩效预算改革表明了美国联邦政府在应对财政压力及公民对改善服务质量的要求的大环境下推行管理改革的决心，并为绩效预算实施提供了政治上的支持（Pitsvada 和 LoStracco，2002，第 53—57 页）。

新的绩效预算与既往努力的不同之处主要表现在三个方面。首先，早前的改革忽视了立法机关的参与，而新的绩效预算改革则纳入了政府各个方面的人员，就组织目标、使命和绩效度量等问题进行持续沟通。其次，新的绩效预算给予管理者更多的权限，并将决策进行分权，经过授权的管理者在预算、采购和人事管理上有更大的话语权。管理者必须对服务成效而不是管理过程和规定负责。最后，新的绩效预算试图对政府工作的成效而不是工作负荷进行度量（Kettl，1994；Melkers 和 Willoughby，1998；Mikesell，1995；Wang，1999）。

绩效预算这一概念在时隔半个世纪后再次出现，这一事实本身就意味着预算改革在这段时间内并未取得很大进步。传统预算，即根据政府组织运转所需的每个事项（例如人事、物资、差旅和住宿等）分配资源，仍然在公共预算领域内占有举足轻重的地位。那么新的绩效预算改革能否为僵化的政府预算领域带来革命性的变化呢？

本文试图对下列问题给出答案：（1）我们所说的"绩效预算"是什么意思？（2）我们应对绩效预算改革抱有哪些切实可行的期望？（3）我们为什么要采取绩效预算？（4）绩效预算系统中包含哪些关键性要素？（5）目前各个国家的绩效预算改革的现状如何？（6）绩效预算改革赖以持续的必备条件有哪些？

因此，本文将深入探讨绩效预算的概念和实践。具体而言，它将探究绩效预算的理论根源，然后在已有理解的基础上对其概念进行清楚的界定。然后本文将点明实行绩效预算的好处，并且由此明确对绩效预算改革的现实期望。本文的第四部分将对绩效预算系统的关键性要素进行分析。第五部分回顾并比较一些国家绩效预算的实施情况。最后一部分对成功实施绩效预算系统的必要条件进行总结。

Ⅰ. 什么是绩效预算

首先澄清什么是绩效预算，这一点很有必要。在实践中，几乎每一个将绩效信息纳入预算考量的政府都声称自己所执行的就是绩效预算。然而在目前的文献资料中，还没有一致公认的定义。Schick（2003）将绩效预算宽泛地定义为"任何一种表达'特定政府机构用所得到的拨款做了哪些事情或希望做哪些事'等信息的预算"，严格定义为"明确地将每一项资源的增加与产出/其他成效的增长相联系的预算"。Willoughby 和 Melkers（2000）将绩效预算定义为"要求对政府机构的使命、目的和目标战进行略性规划，是一个采用可量化数据，提供项目结果有意义的信息的过程"。

简单地说，绩效预算就是指将投入与成效相联系的预算编制系统。由于各种绩效预算系统在预算的过程中如何使用绩效信息不尽相同，本文将绩效预算大致分为四类：（1）报告型绩效预算（Performance Reported Budgeting），它的意思是，绩效信息包含在预算文件中，但并不作为分配预算资源的考虑因素（例如美国的大多数地方政府）；（2）知晓型绩效预算（Performance Informed Budgeting），它是指在确定预算的过程中考虑到项目的绩效信息，但实际决策中这些信息仅作为次要考虑因素（例如俄勒冈州政府）；（3）决策型绩效预算（Performance Based Budgeting），它的意思是在资源分配中，绩效信息与其他因素一并发挥着重要作用（例如新西兰政府以产出为基础的预算编制）；（4）理论型绩效预算（Performance Determined Budgeting），它意味着资源分配直接而明确地与绩效相联系（见表 20.1）。

表 20.1　绩效预算的定义

分类	预算与绩效联系的程度	范例
报告型绩效预算编制 Performance Reported Budgeting	绩效信息包含在预算文件中，但并不作为分配预算资源的考虑因素	美国地方政府
知晓型绩效预算 Performance Informed Budgeting	在确定预算的过程中考虑到项目的绩效信息，但实际决策中这些信息仅作为次要考虑因素	俄勒冈州政府
决策型绩效预算 Performance Based Budgeting	在资源分配中，绩效信息与其他因素一并发挥着重要作用	新西兰
理论型绩效预算 Performance Determined Budgeting	资源分配直接而明确地与绩效相联系	这是绩效预算的理论定义，但在实践中并不可行

在实践中，人们对绩效预算改革往往抱有不切实际的期望，认为可以通过在资源分配和预算成果两者之间建立直接而明确的关联，从而来创建更好的预算方案——这也就是本文所指的"理论型绩效预算"（Broom，1995；Martin，1997）。这种期望背后的理念是：如果一个混乱而富有政治色彩的过程中能够被注入"理性"因素，那么优化的资源分配将能够产生更为有效高效的支出（Willoughby，2004，第 23 页）。由于受到这个理想化定义的影响，我们就能解释为何许多学者对于绩效预算实践抱持悲观态度（Kelly，2003；Lu，1998；Pitsvada 和 LoStracco，2002），因为在实践中，绩效和资源分配两者之间几乎从未建立过任何直接联系；虽然传统预算加入了绩效预算某些要素的"点缀"，但是无论在市民听证会还是在参议院里，逐项确立开支的传统预算仍然在预算讨论中占据着主导地位。"传统预算仍然是政府预算编制的主导形式，同样，预算编制过程中对前一年的分配进行增量调整（基数法）也仍是主导方式"（Kelly，2003，第 309 页）。

从另一个角度来讲，将资源分配与绩效直接明确联系起来的理想化理性模式在概念上是讲不通的，在实践中也不可行。理性分析和量化数据从未强大到足以替代人们的政治权衡和价值评判。直到目前为止，本文作者也不知道有任何"理论型绩效预算"在现实生活中得到了实践。下个章节会对该观点做更详细的阐述。

Ⅱ. 我们应该对绩效预算改革抱有哪些合理的期望

在回答这个问题之前，我们要首先看看绩效预算的理论根源。这一概念可以追溯到 20 世纪 40 年代，当时公共领域的从业者和学者都在寻求一种预算程序来代替投入导向型预算编制。Key（1940）提出了一个关于预算编制的基本问题：我们应该以什么为基，决定将特定数量的资金划拨给活动甲而不是活动乙呢？预算编制方面的理论专家分成了两个不同流派。其中一个学派以 Wildavsky 为代表，认为政府预算编制就是一场政治博弈，参与者总是试图使自身的利益实现最大化，国家政策的制定（预算是重要的组成部分）靠的是议价和谈判，而不是运用科学（Wildavsky，1961 和 1979）。Wildavsky（1961）主张，任何试图仅对预算进行改革却不触动其所处政治体系的努力是注定要失败的。

相比之下，"规范主义"预算编制理论则认为，应当用经济价值来判断政府项目成功与否，因为资源相对于需求总是稀缺的，因此制定资源分配决策必须以政府项目的效率和有效性为基础。Lewis（1952）断言，科学方法可以被用于决定如何分配资源。具体来说，他建议找出两个竞争性计划之间的共同基础，并借助边际效用理论来决定资源的最佳使用。Lewis 认为，之所以我们无法做出理性的资源分配决策，问题在于我们缺乏事实的支撑。这一理论为绩效预算打下了基础。

本文认为，资源分配与绩效两者之间的联系未必"要么包打天下，要么一无所是"。绩效和预算分配之间——对应的直接联系（也就是"理论型绩效预算"）既不可能，也无必要。"理论型绩效预算"行不通，因为追求理性的努力往往忽视了政府预算编制的政治本质。预算编制是一个不断演进的过程，来自社会各界的预算参与者每年一次或每两年一次对预算计划进行考察，而一项最终确定的预算则代表着参与者信息的交互关系达到顶峰（Rubin，2000）。预算编制的政治属性决定了决策者不可能用只是采用理性数据来分配资源，因此，换句话讲寻求理性和科学的预算编制方式其本身就是反理性的（Wildavsky，1979）。Kelly（2003）对 20 世纪政府预算编制改革进行了评价，并得出结论：绩效预算就像早期的创新努力（其中包括项目—计划—预算编制系统（PPBS）、目标管理（MBO）以及零基预算（ZBB））一样，都属于过程导向型，而且"对于将政治因素排除在政府预算编制之外的承诺，最终达到的效果只不过对传统预算修修补补而已"（Kelly，2003，第310页）。

但是，从另一个角度看，预算编制未必是纯政治性的，也可以包含某些理性因素。在绩效数据的武装之下，政策制定者除了价值评判、谈判、利益妥协之外，也能利用这些绩效信息进行更为明智的预算决策。

因此，鉴于预算编制过程的政治特性以及绩效信息本身的不充分性，将绩效作为资源分配重要考虑因素之一的"决策型绩效预算（Performance Based Budgeting）"成了在决策过程中体现理性主义精神的最佳形式，而且在实践中是可行的。即便在绩效信息不尽如人意的情况下，获得少许关于绩效的信息都可能给预算决策带来指导和更多的信心。

III. 为何要采纳绩效预算：为预算管理注入理性因子

先前的讨论认为在理论上，绩效和预算两者之间的直接联系既不理性，也无必要。实证研究证明，绩效预算无法实现绩效和资源分配的直接关联（Flowers等，1999；Kristensen等，2002；OECD，2004；Rivenbark和Kelly，2000；Wang，2000）。所以，真正困扰政府预算学者和从业者的问题是：有必要推行绩效预算改革吗？绩效预算改革是否能给预算管理实践带来积极影响？尽管目前绩效预算创新努力在改善资源分配水平方面仍然不太成功，但这项改革的确能够在效率和有效性方面改善政府管理、提高透明度和责任归属、促进政府内部和外部的预算参与者之间更有效地沟通并培育信息更为全面的预算决策过程。

（1）改善政府管理

绩效预算改革能够帮助项目管理者们明确组织的目标/努力方向、监督政府项目的绩效、更好地了解关于项目结构和运作的问题，同时为将来做好打算、改善内部控制，并就项目成果进行沟通。Wang（2000）对来自205个美国地方政府的调查反馈进行了分析，发现其中70.6%的被访者认为，绩效度量能够更好地确定服务效率的高下；

65.1％的人相信绩效度量能够更好地明确服务的有效性；另有65.4％的人认为，绩效度量能够更好地考察项目绩效的责任归属（Wang，2000，第116页）。

（2）提高透明度和责任归属

绩效预算将资源投入和政府行为的产出和效果联系起来，大大提高了政府运作的透明性。不仅政府内部的管理者能够清楚了解其工作的优劣，而且年度的政府绩效报告成为市民评价和监督政府的一个有效渠道。绩效预算还把责任关系明晰化，赋予了项目管理者更大的权限，但同时要求其为项目的执行结果负责。这不同于传统预算，人们只看到了政府人员工资、办公用品等的细节支出，看不出政府到底干了什么，干的结果如何。绩效预算下可以清楚了解某个服务项目总共投入了多少，产生的绩效如何，这个项目由谁/部门负责。

（3）改善政府内部和外部预算参与者之间的沟通

绩效预算明确规定了项目的目的/目标，并确立绩效目标，让政府机构及其雇员更好地理解对他们工作绩效的期望。它帮助政府管理者们更有效地就自己的活动与高级行政官员、立法机构成员以及公众进行沟通。公众总是会不断地要求政府做得更多、花得更少，当前预算改革中一项重要的突击努力就是建立预算陈述制度，改善政府和公众之间的沟通。与传统预算相比，绩效预算对每一项政府项目、绩效度量和预算信息都给出描述，让普通公众都能够获得这些信息，因而有助于政府管理者们将关于预算和主要政府活动的信息发布给公众，并赢得公众对政府工作的理解和支持。

（4）信息更为全面的预算决策

绩效预算本身并不会实现决策过程的合理化和变革，但它一定会增加预算审议的理性。在下列情况中，绩效信息可以在资源分配中扮演积极角色：

- 绩效信息为资源再分配提供佐证；
- 讨论的焦点从支出条目变为政府机构、政府项目的目标和绩效；
- 对新增项目的考量及对现有项目拨款增减的决策；
- 为立法机构的预算决策过程提供有用的参考信息。

从实证分析来看，绩效预算确实带来了许多正面的意义。Willoughby 和 Melkers（2000）进行过一项针对美国预算官员的调查，研究预算制定者们对绩效预算改革在缩减开支方面的有效性、改善政府项目的有效性、预算决策、政府机构与立法机构之间的协调、影响拨款多少以及绩效预算在安抚公众方面的效用表现等问题上的主观认知。表 20.2 概括了他们的主要发现。总而言之，预算制定者认为，绩效预算至少在改善政府项目成效、政府决策过程以及政府机构与立法机构之间的协作等方面产生了"某种程度的效果"。但是，预算制定者认为绩效预算在压缩重复性服务以及影响成本节约等方面并不那么有效，在安抚公众以及改善拨款多少上"没有效果"。

表 20.2 绩效预算编制的成就

绩效预算的有效性	样本平均值*
改善政府机构项目的有效性	2.17
改善政府决策过程	2.16
改善政府机构和立法机构之间的协调	2.00
压缩重复性服务	1.79
影响成本节约	1.75
安抚公众	1.62
调整拨款多少	1.54

＊数值标度：1＝根本无效；2＝产生了某种效果；3＝有效；4＝非常有效。
资料来源：改编自 Willoughby 和 Melkers（2000）。

IV. 绩效预算的关键性元素

绩效预算不只是把预算的形式从投入转换成成果导向型结构。单纯改变预算的编制形式不会改变预算的结果、预算过程或者管理者的行为。一个有效的绩效预算系统高度依赖于绩效度量和报告、战略规划以及绩效管理等重要因素。战略规划界定出需要度量的绩效；绩效度量和管理是绩效预算系统存在的必要前提，它为预算编制提供有效可靠的绩效信息和绩效监督，从而使得预算分配决策更合理化。

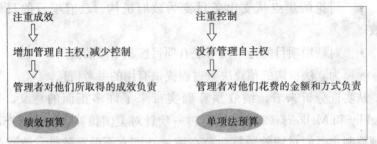

图 20.1　绩效预算与单项法预算

与传统预算相比，绩效预算强调产出和结果，而不是投入（图20.1）。传统预算规定严格的程序，旨在实现对公共支出的绝对控制，并确保安全而公正地分配公共资源。然而，严密的预算管理过程在杜绝了盗窃和渎职行为的同时，却忽视了管理灵活性和预期结果的达成。21世纪的信息技术让投入的控制变得更加容易，人们希望更多地了解政府在将纳税人钱财转换为公共服务的方面表现如何。因此，政府管理者们应当摆脱规章制度的桎梏，并且得到更大的管理自主权，作为交换，他们也要对自己的工作成果负责。从传统预算向绩效预算的转型过程一般分为下面几个步骤：项目预算编制、绩效度量和报告、绩效管理，以及最终的绩效预算系统的实现（图20.2）。

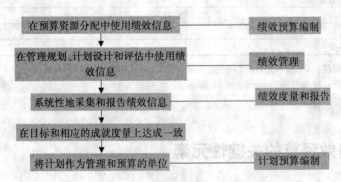

图 20.2　从传统预算向绩效预算的转型

（1）预算基本单位从具体支出条目变为政府活动项目

项目预算将资源分配的单位从传统的行政和经济支出分类转向了政府项目，用以服务于政府的战略目标。分析的基本单位是项目，它是"为了实现一系列目的和目标而进行的一组活动和预期的成果，用来实现某些特定的目标"。因此，项目可以是一个可以接受立法机构拨款的部门、厅局、处室或者其他运营机构（McGill，2001，第380页）。实际上如果缺乏项目结构，就不可能将产出与投入成本相联系，也就不可能对政府活动的效率和绩效进行评估。项目预算编制还能促使项目管理者们寻求成本效用更高的创新性途径来实现所期望的成果。

（2）绩效度量和报告

绩效预算系统的开端应当是绩效报告/管理系统，它能够增加实施绩效预算的成功机会。由于绩效报告和管理并不会在很大程度上对预算资源进行再分配，这方面的改革并不会立即引发政府管理者的危机感或排斥态度。绩效度量和报告系统的建设提供了一种渠道，便于政府官员就项目目标达成一致，对绩效度量的选择进行讨论和妥协，解决他们自己的问题和所关注的事宜，并减少他们对于绩效预算的恐惧和误解。立法机构和政府高级官员就组织目的和相关绩效度量达成一致，这一点对绩效预算系统的有效实施是很必要的。

根据1996年夏天对佛罗里达州Dade、Broward和Palm Beach郡等地若干个人口超过2500的自治市政府官员进行的一项调查，Wang（1999）发现其中93％的被访者都认为，对于他们的城市而言，绩效报告/管理比绩效预算编制更为重要。在将资源与成效相关联之前，政府需要系统地采集与成本和绩效有关的可靠、一致、完整且可比较的信息。绩效度量系统可用于政府报告、管理和预算编制（CBO，1993）。绩效度量常常成为绩效预算改革中的一个薄弱环节。它要求公务员考虑到公共服务项目的成效，而这种新观念需要很多年才可以建立。毫无疑问，绩效度量系统的构建是一个相当耗费时间的部分，或许要若干年才能完成。

绩效预算系统要求的绩效度量是多方位的（McGill，2001；Wang，1999），例如投入、产出（所提供货物与服务的质和量）、效率（产出的单位成本）、服务质量（例如及时性、可获得性、礼貌、精确性以及满意度等）和结果（在实现项目目标方面的进展）。不同的度量对预算实施的不同方面进行评估。使用一套指标而不是单一指标，其原因就在于公共产品与服务在投入、过程和成果之间的不确定且不易分辨的关系，这是政府活动与生俱来的一种特性。换言之，一个政府项目的产出不能仅根据已知的投入进行精确的预测；与政府项目相关的结果或服务质量也不能仅凭其产出而推断。因此，为了了解和更有效地管理政府活动，我们必须采用多方位的绩效度量指标。

图 20.3 展示了一系列绩效度量指标之间的关系。绩效度量系统的构建是不可能一蹴而就的。一般而言，最初可对投入和产出/工作量进行衡量（例如人员投入和所提供服务的数量）进行测评，接着可以开发衡量效率和服务质量的指标。在这个过程中，人们将学习如何思考自己活动的成果和长期结果。

投入指标用于度量职员、办公用品、设备、车辆、办公场所、管理技能和时间以及支付给承包商、用于提供与项目有关产品或服务的资金等，例如每年用于铺设公路路面的资金。

产出指标度量项目或政府机构直接创造的产品，例如已铺设的行车道里程。

效率指标或称为单位成本，用来度量某项目使用资源提供公共产品和服务的效率有多高，例如每铺设一英里行车道所花费的成本。

服务质量指标对服务提供过程本身进行测试，例如它的精确性、及时性、可获得性、礼貌以及客户满意度。范例：有效的路面翻修周期。

结果指标评价一项计划在多大程度上实现了其自身目的、达到了绩效目标或满足了客户的要求。此类度量的范例之一就是：公路行车是否变得更加安全。

政府可以在预算的不同阶段使用绩效度量。在预算准备阶段，预算编制指令中可以包含绩效指标，旨在表明所期望的绩效水平；而各

表 20.3　绩效度量设计的真实范例

	计划度量	1999财年实际	2000财年实际	2001财年实际	2001财年预算	2002财年实际	2003财年批准预算
投入(资源) ← 投入度量							
服务提供过程 ← 服务质量度量	结果:降低维护成本,提高道路安全						
← 效益度量	重铺路面占本期内需要重铺路面的比例(假定为7年周期)	77	79	76	64	39	42
产出 ← 产出度量	重铺道路里程	300	309	296	248	152	162
	服务质量:有效的重铺周期(年)	9.1	8.8	9.2	11.0	18.0	16.9
结果 ← 结果度量	效益:每英里车道路面重铺的平均成本	4483	5806	5115	5109	5099	5230
	投入:支出:(千美元)	1345	1763	1514	1267	775	847

资料来源:蒙哥马利郡管理和预算处,2002 年蒙哥马利郡绩效报告。

个服务机构可以使用绩效指标来衡量它们过去的成就,并以此帮助它们进行预算估测和申请。在预算立法中,立法者能够利用绩效信息来明确期望的服务质量和数量,并帮助自己进行资源分配决策;绩效度量还能够促进居民和政府两者间的沟通,并让居民参与到预算决策的过程中。在预算执行过程中,管理者们可以使用绩效指标来明晰管理目标,监督这些目标的实现,发现操作中存在的问题,并提供解决方案。特别值得一提的是,统一的绩效信息为政府管理者们提供了一个跨越时间和辖区进行绩效对比的标准。在预算评估和审计阶段,绩效指标在政府计划效率和有效性测评方面也将扮演重要角色(Wang,2000,第 104—105 页)。

(3) 绩效管理

绩效管理是绩效预算改革取得成功的必备条件。一个不以成效为管理目的的政府也不会以成效为目的进行预算分配。除非将绩效预算置入一个十分注重成效的管理框架中,否则它将无法获得成功。Schick(2003)评论道,绩效预算的持续实施总是伴随着政府管理的转型,并得到后者的巩固和加强。

当绩效信息被用于强化政府管理时，绩效管理逐步形成了。绩效管理系统协助管理者们建立管理目标、监督运作、找出问题，并拿出提供服务的方案（Poister，1995）。绩效管理是自 20 世纪 80 年代以来新一轮政府管理创新活动的重要组成部分，主要寻求提高公共部门的绩效。这一改革曾经被贴上各种不同的标签，John L. DiIulio[①] 称其为"解除管制的政府"，David Osborne 和 Ted Gaebler[②] 称其为"改弦更张的政府"和"创业型政府"，Christopher Pollitt[③] 称之为公共部门"管理主义"，而 Christopher Hood[④] 则将它称为"新政府管理"。Donald Kettl（2000）将绩效管理战略分为两大类，其中一类依赖于类似市场的框架；而另一类则依赖于管理规范和能力（见表 20.4）。第一类战略也称做"迫使管理者们进行管理"，借助的是契约和外部激励；例如新西兰和英国。后一类也称做"允许管理者们进行管理"，在澳大利亚和瑞典得到推行。这两类战略在设计上都是为了向政府管理者们提供改善绩效所需的灵活性，两者之间的重要区别在于信任和激励机制。首先，"允许管理者们进行管理"战略是以下面的假定为基础：公务员很有智慧，他们对组织所面临的问题有更好的理解，而且他们能够采取有效行动来解决问题。相比之下，"迫使管理者们进行管理"战略则强调市场的优越性而不是信任公务员。它们不仅不依赖公务员做出决策，反而寻求通过契约形式将公共服务转包出去，或者使更多的政府功能实现私有化。其次，两种方式在如何回报公务员这个问题上各执一词。在"迫使管理者们进行管理"战略下，如果组织实现了绩效目标，那么以绩效为基础的契约就会用货币形式回报首席行政官员。"允许管理者们进行管理"模式认为公务员在提供

① JohnL. DiIulio 编辑：《公共服务管制的解除：政府可以改进吗？》，布鲁克林，1996 年。

② David Osborne 和 Ted Gaebler：《政府的彻底改造：创业精神如何作用于公共部门转型》，Addison-Wesley，1992 年。

③ Christopher Pollitt：《管理主义和公共服务：英美经验》，Basil Blackwell，1990 年。

④ Christopher Hood：《四季咸宜的公共管理？》，《公共管理》69 卷（1991 年），第 3—19 页。Christopher Hood，《公共管理中的经济理性主义：从渐进式公共管理到新公共管理？》第 7 章《经济政策逆转的阐释》，Open University 出版社，1994 年，第 125—41 页。

社会服务中得到回报，不是物质利益所能替代的。

表 20.4　两种绩效管理方式的比较

理论模型	迫使管理者们管理	允许管理者们管理
战略	类似市场的安排	管理的规范和能力
机制	契约	授权
共同点	让政府管理者们享有提高政府绩效所需的管理灵活性	
不同点	使用具体、严格、书面的绩效契约，几乎没有留下什么信任的空间 通过外部回报来激励绩效的改善	信任政府管理者，相信他们会明智地使用自己的判断 主要通过公共服务的内在回报进行激励
范例	新西兰、英国	澳大利亚、瑞典

（4）战略规划

用战略框架为绩效预算提供前提条件，其必要性是显而易见的。战略规划是"一份长期政策规划，明晰了一条从现在通向未来愿景的途径……它确立了政府机构的任务、目的、基于结果的目标和战略，并由此产生按政策优先排序的资源分配"。Willoughby and Melkers（2000）调查的四个州中，有三个州（亚利桑那、得克萨斯和弗吉尼亚）的预算制订者认为，绩效预算在两年一次的预算周期下效果更好。毫无疑问，这种两年周期为绩效预算系统的战略规划部分做出了贡献（Willoughby 和 Melkers，2000，第 119 页）。

V. 绩效预算的推行——现实实施的多样性

绩效预算的试验和经验是多种多样的。美国政府作为绩效预算概念和实践的发源地，实施绩效导向型资源分配已经有数十年历史。随着 1993 年美国联邦政府绩效和成果法案的通过，新绩效预算的实施被提高到联邦层面。许多州和地方政府也采纳了绩效预算系统。其他国家的政府，例如澳大利亚、英国、荷兰和新西兰，也开始了这方面的努力（Adnum，1993；Andrews 和 Shah，即将出版；Goldman 和 Brashares，1991；Lu，1998；Mascarenhas，1996；Ryan，1993；Schick，1990；Sorber，1993）。表 20.5 就各国在绩效预算上的尝试做了系统归纳。

表 20.5　绩效预算实施的比较评价

国家	绩效度量和管理	报告型绩效预算	知晓型绩效预算	决策型绩效预算	理论型绩效预算
澳大利亚			＊		
加拿大		＊			
丹麦		＊			
芬兰			＊		
法国					
荷兰					
新西兰				＊（基于产出）	
瑞典			＊	＊仅用于大学预算	
英国		＊			
美国联邦政府		＊			
美国各州政府		大约10个州（在绝大多数州，传统预算仍占主导地位）	得克萨斯、路易斯安娜、弗吉尼亚		
美国地方政府	＊大多数仍在使用传统预算	＊有一部分在使用混合方式，在传统预算基础上附加绩效信息			

（1）美国联邦政府（绩效度量和管理；绩效信息没有用于预算分配）

2002 财政年度，预算和绩效的联系作为总统管理日程（President's Management Agenda）的五项优先事宜之一，"政府应当是成果导向型的，就是以绩效为指引而不是以过程为指引。现在，每一项政府项目都必须以'非成功即失败'来判断……不能达成目的的政府行为必须进行改革，或者干脆终止"（OMB，2002）。2003 财政年度，布什政府要求政府机构有选择地对一些项目使用基于绩效的预算编制。

美国联邦政府机构一直十分努力地满足立法机构的要求，在预算请求和预期绩效成果之间建立更直接的关联。过去几年中，联邦政府

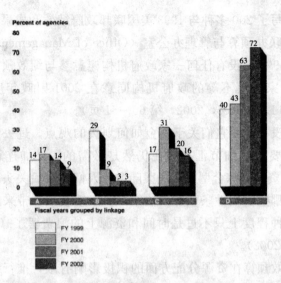

图 20.4　建立绩效与预算的关联：美国 35 家联邦政府机构的进展状况

资料来源：美国会计总署，2002 年。《为成果而管理：政府机构在绩效规划与预算方案和财务报表之间建立关联的进展状况》。

机构取得了一些进展（GAO，2002 年）。正如图 20.4 所示，不能在规划和预算方案之间建立关联的政府机构（A 组）数目在下降；已经建立上述关联，但没有体现资金供给信息的政府机构（B 组）数目也在减少；而表现出上述关联，同时体现出资金供给信息，却没有体现资金如何从预算申请中得出来的政府机构（C 组）也大体呈下降趋势。四年期间，越来越多的政府机构在它们的绩效规划和预算方案之间建立了关联（D 组），并将这种关联反映在预算中。2002 财政年度，大约 72%的政府机构建立了上述关联，相比之下，1999 年时这一比例仅为 40%。

　　然而总的来说，美国联邦政府绩效预算编制改革的经验是令人失望的。有证据表明，美国联邦政府绩效和成果法案的前进步伐已经停顿。项目管理中使用绩效信息的进展相对有限，而政府机构建立注重成效的组织文化的努力也日渐衰微（OMB，2001，第 27 页）。到 2000年 3 月底，政府机构在花费了大量时间和精力之后，终于按照 1993 年法案要求提供了第一份年度绩效报告，但这份报告几乎没有得到公开宣传，因为政客们对它的兴趣已经锐减。绩效改革几乎被它自己所产生的一大堆文件所埋葬。例如农业部门的战略规划长达 500 多页，而它的绩效规划又是 500 多页，接下来是 380 页的绩效报告。与此同时，审计总署撰写了 200 多种与 1993 美国联邦政府绩效和成果法案有关的出版物。据联办预算与管理办公室（Office of Management and Budget）透露，1998 年没有任何一家政府机构愿意参与绩效预算编制的试点。仅有五家规模不等的政府机构同意在 2001 财政年度进行尝试（Pitsvada 和 LoStracco，2002，第 60—61 页）。

国会也没有改变它们关于资金如何划拨的观点。过去许多年来传统预算下所要求的细节汇报现在仍然是必需的，外加连篇累牍有关 1993 法案的资料。综合型立法法案陡增，人们在最后关头的谈判中才决定应该将哪些实质性条款加入法案，所以绩效预算带来的信息影响甚微，在某种程度上只不过是时间和资源上的浪费罢了（Pitsvada 和 LoStracco，2002）。

虽然绩效预算在资源分配方面的积极影响有限，推行绩效预算编制的努力的确为建立更好的会计核算系统做出了贡献，它对采集绩效度量以及确定管理所需的结果信息等方面都有所帮助。尽管绩效数据的真实性和可靠性仍然是个棘手的问题，但这对联邦政府而言的确是具有积极意义的一步。

总而言之，美国联邦政府仍在绩效管理的尝试阶段，试图利用绩效信息来提高管理效率。预算文件虽然加入了绩效信息，但实际上并没有纳入预算参与者的考量和决策过程。因此，美国联邦政府成为"报告型绩效预算"系统的范例。

（2）主要发达国家的联邦（中央）政府

过去 30 年间，大多数发达国家的政府预算实践发生了巨大变化。25 年来，大多数经合组织（OECD）成员的公共部门预算编制和管理重心已经从投入转向产出。20 世纪 80 年代后期，澳大利亚和新西兰率先开始了目前正在进行中的一轮绩效管理和/或预算改革，90 年代前期和中期，加拿大、丹麦、芬兰、法国、荷兰、瑞典、英国和美国开始这项改革。从 90 年代后期到 21 世纪初期，奥地利、德国和瑞士也加入队伍，并引进了此类改革的不同版本（OECD，2004）。大多数中央预算编制和管理机构认为，这种转型改善了管理质量并提高了政府活动的有效性和效率（Kristensen 等，2002，第 7 页）。表 20.6 提供了一部分 OECD 国家实施绩效预算的概况。

表 20.6　部分 OECD 国家基于绩效的预算编制改革

	绩效预算改革	预算中包含绩效信息	绩效目标	经审计的绩效数据	绩效与预算分配的关联
加拿大	结果成本计算是难点；从基于活动的报告向基于成果方式的转型	大多数项目包含；依照法律要求	大多数项目如此	大多数计划如此	在政府机构（项目）内部之间
法国	改革开始于 2001 年；全面实施	大多数项目如此，但不是法律要求	无	无	无
德国		无	—	—	无
意大利		无	—	—	无
日本	2001 年建立了绩效评估体系；政府部门目前正在强化这个体系	无			政府机构（项目）内部之间，政府部门内部与部门之间
荷兰	1997 年至 1998 年间，从产出体系转向结果体系；1999 年开始全面实施				
英国	1998 年达成公共服务协议；2000 年引进了资源预算编制	大多数项目包含，但不是法律要求	大多数项目包含	无	政府机构（项目）内部，政府部门内部与部门之间
美国	1993 年 GPRA 生效；目前继续努力在绩效和资源之间建立关联	大多数项目如此；依照法律要求	大多数项目如此	无	

资料来源：多种 OECD 报告：Rose（2003 年）。

到目前为止，OECD 国家政府的绩效预算改革主要在预算文件和/或年度报告中一并提供财务信息和绩效信息，即本文称之为"报告型绩效预算"。实践证明，有时候连做到这一点都是极具挑战性的，例如如何用恰当的形式在适宜的预算和会计文件中纳入有意义的绩效信息（Perrin，2002）。

总体而言，OECD 国家在实施绩效管理方面的进步比绩效预算编制更为明显。绩效管理系统涵盖了目标设定和报告以及此后它们在政府部门和机构内部决策过程中的应用。根据来自 OECD/世界银行预算实践和流程数据库的 2003 年数据（OECD/World Bank Budget Practices and Procedures Database），在 67％的国家，有关政府部门或部门负责人正式承担着设定绩效目标的职责；在 56％的国家，有关政府部门不断根据既定目标，对绩效进行监督；在 63％的国家，部分或大多数对政府项目监测的结果被列入系统化的年度报告中；在接近一半的国家，绩效成果信息被用于政府机构和部门内部设定项目优先顺序和分配资源。在不同国家，实施绩效管理的政府计划及机构的数目不尽相同。澳大利亚、荷兰、新西兰、挪威和美国已经采取了全面方式，绩效管理几乎涵盖了所有的政府机构，而在加拿大、比利时和德国，大约只有 1/4 的政府机构如此。

即便在 OECD 成员国家中，绩效预算系统的状况也是千差万别（请见表 20.5）。

• 澳大利亚实行的是知晓型绩效预算系统，绩效信息广泛用于预算决策，评估结果则用于支持新的提案和财政节约。

• 加拿大或多或少建立起了一套报告型绩效预算系统，绩效度量能够影响预算决策，但议员在决策中使用绩效信息的情况却并不普遍。

• 丹麦正在努力通过年度报告制度来改善预算过程中对绩效信息的使用，这是一个典型的报告型绩效预算系统。

• 芬兰的绩效管理和预算过程之间存在密切的关系，而预算提案也与绩效目标相关联。

• 法国目前正在对预算文件的核心内容进行重构，力求更好地反映结果和目标产出的信息。

• 荷兰的绩效度量是预算过程的有机组成部分，并为预算决策提供信息。

• 新西兰基于产出的预算编制十分有名，其中绩效度量通过采购协议和产出预算编制，直接与预算过程相关联。预算编制基于产出而不是投入，其目标在于尽可能紧密地使资源分配与绩效相联系。

• 瑞典绩效信息的报告与预算过程密切关联，并在这一过程中为预算决策提供信息。但是，只有在大学教育领域，预算拨款才与绩效直接关联，例如以通过考试或完成学业的学生数目为基础。

• 英国政府部门在预算过程中运用绩效信息来设定和评估预算方案。

在大多数 OECD 国家，例如丹麦、法国、冰岛、挪威和瑞典，都在相当高的程度上强调对活动和产出的监督。相比之下，澳大利亚、美国和英国至少在某种程度上积极地监督产出，同时评估结果（Perrin，2002）。澳大利亚、荷兰和新西兰已经开始注重产出，并正在向结果方式转型（OECD，2004）。在澳大利亚和荷兰，主要预算和会计核算文件正以结果为中心进行重构，与此同时它们还计划将预算的决策讨论转换成以项目和绩效为核心。在新西兰，由于预算是围绕产出构建的，它们已经开始着手更好地将结果信息整合到预算和管理过程中，如果人们认为某些结果属于可控范围，而且可以获得相应的绩效信息，则要求相关的政府机构管理者对这些结果负责（Kristensen等，2002，第17—18页）。

（3）美国各州政府

虽然目前绩效预算概念的界定不尽如人意，但是它仍然富有活力，并且至少在美国的几个州政府得到了应用。20世纪90年代，许多地方政府和州政府积极开始了新一轮绩效预算改革（Flowers等，1999，第618页）。在州一级府政，除了三个州（阿肯色、马萨诸塞和纽约）外的其余各州都要求采用基于绩效的预算编制。在这47个州中，有31个已经通过立法，规定必须执行绩效预算，另外16个州也已经开始通过预算纲领或指令启动这项改革（Willoughby和Melkers，2000，第1006页）。但是，各州政府的绩效预算努力在实施时间安排以及贯彻的全面程度上都有很大差异。

许多州政府和地方政府都在它们的预算文件中报告了绩效信息（Broom，1995；Melkers和Willoughby，1998；Tigue和Strachota，1994；Wang，1999）。一些州政府建立绩效预算系统并非为了它们所声明的目的——改革预算拨款。例如，在缅因州，2002—2003年预算系统要求的预期成果被"不断地向所有相关政府机构传达，以确保责任归属、改善服务提供、宣传政府机构为所投入资金而做出的努力，并让公民了解他们缴纳的税金是如何支配的"。在威斯康星州，政府对成果与预算的整合表达了一种"平衡的看法"，即绩效度量"仅仅是决策者在评估预算请求时所考量的信息之一。这些数据应当促使决策者质疑特定政府项目的运营状况，并将更多的注意力放在成果上"（Willoughby，2004）。

根据1997年对美国各州绩效预算的一项调查，29个州的预算制定者认为他们所在的州已经实施了绩效预算，而另外9个州则不那么认为（Willoughby和Melkers，2000，第109—110页）。然而，这项调查未能揭示出全部的真相，其原因就在于对绩效预算的不同认知和个人判断。一般来说，人们在绩效预算改革对于预算决策的效果上总是持否定态度。绩效信息并未被普遍用于成本压缩或项目裁撤或者调整开支水平，当然这也是不可能立即实现的。这一点截至目前为止绝大多数研究发现不谋而合：绩效预算的创新活动对改善管理的效果要强于它对改善预算决策的效果。Hager（2001）发现，传统预算编制仍是美国 27 个州的主导预算方式，另有 10 个州采用"项目预算编制"这种混合形式（也就是传统预算编制与项目预算和/或绩效度量的结合），而只有得克萨斯州和密歇根州的预算决策在某种程度上使用了绩效信息。在美国各州中，得克萨斯州堪称先锋，采纳了战略规划、绩效预算编制以及绩效监督系统，旨在向政策制定者提供工具，让他们得以更好地理解怎样才能更加高效而有效地使用公共资金。行政部门的预算制定者们宣称，自 1991 年以来经过 10 年基于绩效的预算改革，绩效预算已经在改善拨款水平上显出了效果（Willoughby 和 Melkers，2000）。

尽管各州的绩效预算创新活动在改善拨款水平上的收效不大，但这些努力已经催生了某些组织机构上的变化，并使预算决策过程因此受益，特别是提高了政府项目和政府决策过程的有效性，并增强预算参与者与利害相关者之间的沟通；同时由于政府运作成果变得有据可查，公众可以在更具实质性的层面上理解这些成果。另一方面人们认识到，各州对于度量在预算编制决策上的有用性及其对分配结果的影响并不十分确定。早前的调查研究表明，行政机构和立法机构的预算官员中约有 1/3 认为他们基于绩效的预算系统对于改善决策过程是"有效"或者"非常有效"的。对于改善拨款水平，得克萨斯州和弗吉尼亚州的预算制定者们认为上述方法同样有效。此外，人们对实施绩效度量体系带来的积极影响十分有信心。作为例证，州一级预算制定者中有 85% 表示相信，推行与绩效有关的改革总比什么都不做要好（Willoughby，2004，第 38 页）。表 20.7 对美国各州的预算系统做了归纳总结。

表 20.7　美国各州政府实施绩效预算编制的情况

州	传统预算	项目预算	报告型绩效预算	知晓型绩效预算	决策型绩效预算
阿拉巴马 (L)		*			
阿拉斯加	*				
亚利桑那 (L)	*				
阿肯色 (N)	*				
加利福尼亚 (L)	*				
科罗拉多	混合型				
康涅狄格 (L)	*				
特拉华 (L)	混合型				
佛罗里达 (L)			*		
佐治亚 (L)			*		
夏威夷 (L)		*			
爱达荷 (L)		*			
伊利诺斯 (L)		*			
印第安纳	*				
爱荷华 (L)			*		
堪萨斯	*				
肯塔基 (L)	*				
路易斯安娜 (L)				*	
缅因 (L)			*		
马里兰		*			
马萨诸塞 (N)	传统预算与项目预算混合型				
密歇根			*		
明尼苏达 (L)	*				
密西西比 (L)	*				
密苏里	*				
蒙大拿 (L)	*				
内布拉斯加	传统预算与项目预算混合型				
内华达	*				
新罕布什尔	*				
新泽西			*		
新墨西哥	*				
纽约 (N)		*			
北卡罗来纳 (L)	*				
北达科塔	*				
俄亥俄 (L)	*				
俄克拉何马 (L)	*				
俄勒冈 (L)			*		
宾夕法尼亚	*				
罗得岛 (L)		*			
南卡罗来纳 (L)	*				
南达科塔 (L)		*			
田纳西	*				

州	传统预算	项目预算	报告型绩效预算	知晓型绩效预算	决策型绩效预算
得克萨斯（L）				*	
犹他		*			
佛蒙特（L）			*		
弗吉尼亚（L）				*	
华盛顿（L）	*				
西弗吉尼亚					
威斯康星（L）			*		
怀俄明（L）		*			
哥伦比亚特区	*				
总计					

注：（L）表示绩效预算为法定要求；（N）表示绩效预算既非行政要求，亦非法定要求。

（4）美国地方政府

最近一段时间绝大部分关于绩效预算的研究重点放在了联邦政府和各州政府上，对于地方政府的关注较少。20世纪90年代，许多地方政府已经推行了管理和预算编制改革（Cigler，1995）。很明显，绩效预算的创新努力被更多的人当成了一种在政府利害相关者之间划分责任归属的工具和/或作为服务监督和评估的管理工具，而不是改善预算决策过程的途径。绩效数据被用于改善项目效率和有效性、强化政府责任归属和执政透明度、与公民沟通信息，以及在某种程度上为预算决策过程提供信息。绩效和预算的联系在地方政府的层面上很少见，传统预算编制仍然是主导预算方式。某些形式的混合型预算，通常表现为用绩效信息对传统预算加以点缀，也就是我们所说的"报告型绩效预算"，这个很是流行。

实证分析证明了上述观察。Wang（2000）通过对全美国人口超过50000的郡政府进行的一项调查肯定了这种看法。对美国南部五个相邻州（阿拉巴马、佐治亚、北卡罗来纳、南卡罗来纳和田纳西）人口25000至75000的自治市的财政主管进行的调查表明，绩效度量的采集和和报告相当普及，但绩效数据并没有通过任何有意义的方式纳入城市的预算过程。传统预算仍然是最普遍使用的预算方式（57.5%）。其余城市大都使用一些混合型预算形式，典型的做法是传统预算附加绩效信息。在预算准备阶段要借助此前一年的支出情况

（70％的被访者认为这一点"非常重要"）。在方案提报阶段，各部门上报的绩效信息被附加在其中，作为注解，更为了满足专业预算编制组织所颁布的规范要求（Rivenbark 和 Kelly，2000，第 74 页）。Wang（1999）1996 年夏天对佛罗里达州 Dade、Broward 和 Palm Beach 郡一些人口超过 2500 的自治市地方政府官员进行了一项调查。所有被调查的五个城市都上报了绩效度量，但毫不意外的是，它们中没有一个考虑过在进行资源分配决策过程中使用这些绩效度量信息。一些人认为预算决策是"政治性"的，而绩效信息只有在与政策制定者的政治日程"合拍"时才会有用。也有人对因为使用不可靠的绩效信息而导致预算资源分配不公的问题表示担心（Wang，1999，第 542 页）。

（5）部分发展中国家推行绩效预算编制的情况

尽管富裕和贫穷国家都采取相似的预算体制，但它们产生的预算行为和结果却千差万别。财富对资源盈余的产生至关重要，而可预测性的资源盈余又为年度预算这种有意义的资源分配工具提供了坚实的基础。财力不足让政府无力应对无处不在又反复发生的不确定性事件，例如骚乱、通货膨胀、国际商品价格波动等等。作为后果，由于环境不稳定，政府行政行为也相应地变得难以捉摸而不可预测。

贫穷国家政府行为的飘忽不定也清晰地反映在它们的预算过程中。借助来自许多不同国家的数据，Caiden 和 Wildavsky（1990）指出，这些国家存在普遍的预算重置，不断地重新划拨资金，以及强势部门建立自治资金（类似于小金库——译者注）的趋势。预算方案并非政府来年计划的真实而全面的陈述。一年到头不断修改预算的行为称为"重复性预算编制"。

实行基于绩效的预算编制的发展中国家仍然风毛麟角。一方面，贫穷国家重复性预算编制的痼疾横行，预算编制并没有真正发挥作用，更谈不上绩效预算编制了；另一方面，许多国家依赖于传统预算编制来强化财政控制。当盗窃和腐败仍然是人们所关心的主要问题时，很少有国家会热衷于将控制权下放给实际管理者们自行掌握。

表 20.8　部分发展中国家绩效预算改革的状况

	玻利维亚	布基纳法索	柬埔寨	加纳	马里	坦桑尼亚	乌干达
是否实行项目预算编制	否；按照职能	已经开始；但仅限于6个试点部门	否；按照支出条目	否；按照支出条目/职能	已经开始；但按照职能分配仍占主流	是	已经开始；但仍然按照支出条目/职能
预算中是否包含目标陈述	是，但流于形式	是	否	是		是	是
部门战略是否是基于成果的	是，在医疗卫生、教育、道路建设领域	是，在医疗卫生、教育领域	是，在教育领域；其他领域刚刚开始	是，在医疗卫生、教育、道路建设和供水领域	是，在医疗卫生和教育领域		是，在医疗卫生、教育、道路建设和供水领域
项目评估与规划和预算分配之间是否有关联	否；存在一些评估，例如医疗卫生领域	规划和资源管理相互分离	否	评估和规划能力薄弱	规划和资源管理相互分离		评估对资源分配和部门政策有一些影响
中央政府部门是否对绩效进行评估	不起作用	否	否	有限	否	财政部要求提交年度绩效报告	周期性部门评价
独立的绩效审计	不起作用	不起作用	不起作用	不起作用	不起作用	不起作用	不起作用
管理的灵活性	否	非常有限	有限	有限			在中央政府部门有限；但地方政府多一些

资料来源：根据英国海外发展研究所的多项研究。

英国海外发展研究所（Overseas Development Institute）在 2002年完成了一项关于 7 个国家结果导向型公共支出管理的研究。表 20.8简要列出了它们关于预算改革的主要发现。毫不意外的是，这些国家中大多数仍然在沿用传统预算编制。玻利维亚和布基纳法索甚至不能确保定期、可预测地向财政支出部门发放已列入预算的款项。发放资金的时间往往集中在财政年度末时。坦桑尼亚和乌干达能够可预测地发放财政资金，采取了某种形式的项目预算编制。这两个国家的政府机构和部门有义务系统性地报告它们在各自领域的绩效,而且绩效预算也在某种程度上进行着试点。玻利维亚雄心勃勃的努力并不如人们预期的那样有效。

在减贫工作的主要领域(教育、医疗卫生、运输基础设施和供水)所有国家都采取了基于成果的部门战略和绩效监督体制。然而,这并不意味着它们会根据当前的战略和目标来评估所取得的绩效。

所有国家的监督、评估和绩效评价环节都很薄弱。在加纳,评估工作的分析能力不足,而政府的规划部门又面临资源不足、技术落后等问题。另一个弱点是实现目标成效的财政和管理职责被分散,而且正在弱化。加纳的集中式政府服务以及布基纳法索、柬埔寨和马里的集中式财政授权剥夺了管理者们在有效配置资源、实现既定目标方面的灵活性。

VI. 绩效预算改革成功实施的重要条件

绩效预算改革赖以持续的基本条件简述如下:

(1) 进行变革的动机

参与者需要就改革的必要性达成一致,这一点对于成功实施至关重要。政府官员需要明确运用绩效度量和绩效预算编制的动机,动机或许来自政府外部对于服务质量和责任归属的要求,或是政府内部对于效率和有效性的要求(Wang,1999,第539页)。同时,还必须界定信息的生产者和消费者,并提供适宜的战略,激励有关人员使用绩效信息。此外本文作者主张,决策者必须认识到,最终绩效信息对改善管理的帮助或许远远大于对改善预算事务分配的帮助。

(2) 立法机构支持的重要性

来自立法机关的强力而一致的政治支持对于绩效预算改革至关重要。单纯追求内部合理性和效率标准而无视政治环境的做法将会损害此项努力的前景。立法机构的理解和参与是至关重要的,而先前的预算创新活动却常常忽视这一点(例如老式的绩效预算、PPBS、MBO

和 ZBB），其中一部分原因是这些改革被看做是主要在行政部门内部进行的管理创新活动（GAO，1997），缺乏立法机构的支持是这些预算改革失败的一个重要原因（Melkers 和 Willoughby，1998）。

预算改革不可避免地影响政府的各个分支机构。它既不能依靠独立的途径实现技术上的精进，也不应成为脱离政治环境的产物。（Kelly，2003，第 310 页）。在预算中使用绩效度量，要求政府在运作、人事、结构甚至文化上做出改变，这总会引起权力斗争和权力更替，而可能因此遭受负面影响的人势必进行抵制。预算编制中立法者的角色经常将重点放在平衡预算方案和控制公共开支上，这就解释了他们为何希望采取控制导向型预算形式，这样他们就能逐项操纵和监督预算收入和支出。立法者可能由于担心手中的权力流向行政部门而抵制绩效度量的使用（Carroll，1995；Jones 和 McCaffery，1997）。单个的服务机构也可能获得由立法机关和中央管理机构所赋予的预算编制、人事和采购权力。绩效预算编制改革的政治影响表明，实施这项创新活动需要政治利害相关者的支持（Wang，2000 年，第 113 页）。

作为引起立法机关的兴趣并促使它们接受新体制的努力之一，政府要设法让立法者参与建立绩效目标、确立绩效指数、监督绩效过程以及评估绩效成果的全过程。如果行政机关和立法机关对改革抱有相互抵触的目的，并对改革的必要性有着相互矛盾的理解，那么这项改革是不可能成功的。显然这个开放系统的构建会消耗极大的资源；但是如果没有这个过程，绩效预算改革将面临失去动力的危险，并且像先前的努力一样，被最终放弃。

通过法律手段激励绩效预算的推行，将增加改革取得预期成果的胜算。在美国 15 个被调查的州中，来自行政部门或立法机关的预算制定者们都认为绩效预算是"有效"或"非常有效"的，其中只有 3 个州（堪萨斯、北达科塔和犹他）是通过行政要求，其他 12 个州都是采用立法保障绩效预算的推行。在那些对绩效预算做出了法律规定而不仅是行政规定的州中，预算制定者们更加坚信绩效预算对于改善政府决策过程的有效性（Willoughby 和 Melkers，2000，第 113—115 页）。

（3）公民的支持和投入

除了来自立法机关的参与外，来自政府以外的支持也是必不可少的。绩效改革应当向政府利害相关者提供直接利益，以换取它们的支持（Wang，2000，第115页）。如果缺乏至少某种程度上的公众参与，绩效管理和预算编制就会面临退化成为政府内部官僚活动的风险，而变得与公民眼中的重要议题毫无干系。公民的参与也能确保树立改革的可信度，并强化这一过程中所采集、评估和汇报的数据的意义。同时，如果缺乏各种不同形式的支持和协助，管理者们和政府雇员就不可能了解成果导向型方式的潜在价值，或者如何有效实施和使用这种方式（Perrin，2002，第11页）。

（4）政府行政能力和自下而上的方式

管理和预算改革的历史告诉我们，新一轮创新活动的命运往往并不取决于逻辑概念、良好意图和恰当的价值，而是依赖于操作层面的——改革者如何有效解决实际问题，以及他们能否不断获得支持来保持改革的势头。强制在各个部门全面实施绩效度量和预算编制，这虽然在政治上很受欢迎，但它在行政上未必可行。有一点很重要，就是那些倡导实施绩效预算改革的政治领袖和政策创新者必须留出时间，让政府机构学习并建设强化自身的能力。

改革应当尊重政府机构之间的不同点并促进它们创建多套适应其自身情境的方式，而不是将单一体系强加给所有的政府项目。这种方法可以向它们提供有用的信息，让它们评估自己的行为所产生的影响，同时弄清楚这些信息能够怎样帮助他们进行规划和预算制定（Perrin，2002）。政府机构的能力建设，其中包括人事、信息系统、会计核算标准以及最重要的筹资潜力，它们都与预算编制中绩效度量的使用高度关联（Wang，2000）。

雇员培训——如果公务员缺乏运用绩效预算的能力，只靠政治上的强制手段和管理上的决心是不会有任何效果的。建立和维护绩效预算系统的绝大部分工作是由行政和立法机关的预算部门雇员完成的。必须对这些雇员进行充分培训，并提供足够的资源来完成这项任务。例如，对于地方警察机构，应当建立什么度量指标？如何才能获取真实而可靠的绩效信息？如何在一定的时间跨度内对绩效进行跟踪，同时又能控制数据采集的成本？怎样正确理解绩效成果？除非投入充分的财力和经过适当培训的人力，否则不可能对政府项目做出全面系统的评估。人员培训能够让情况为之改观，不仅能改变人们的抵触态度，而且还能培养胜任工作的雇员。在履行日常职责中建立绩效意识以改变组织的文化，这是一项艰巨的任务。根据挪威、丹麦、美国和其他一些国家和地区的经验，在这一过程中一定要提供培训、指导和技术协助（Perrin，2002）。马里兰州的蒙哥马利郡政府自 1997 年起就在着手绩效度量培训计划。培训计划不仅为预算编制系统准备了有能力的人员，而且还将绩效意识渗透到了组织文化之中。

信息技术——政府机构通常并不具备能够立即产生所需绩效信息的数据系统。许多州政府机构已经收集了一些相关的数据，但不能便捷地满足相应的信息需要。再考虑到人们对数据质量的要求，有必要建立一套电子系统对绩效数据进行维护和跟踪。

会计核算系统——缺乏适宜的会计核算系统可能会阻碍绩效预算的改革。绩效度量的基础是项目的成本核算，将所有直接和间接成本计入特定的项目，反映出更加精确的总体支出情况。如果要试图分析并确定政府的项目投资回报，准确的成本数据至关重要。

改革的财务成本——充足的财力对于绩效预算实施过程中的项目评估、数据采集、初期人员培训乃至系统的持续维护而言，都是至关重要的。项目评估的费用高昂，通常它在单个项目总资金中占 0.5％至 5％（Hatry 等，1981）。绩效预算的信息系统，其中包括数据采集、核实、分析和报告，其开发和维护成本也会很高。

（5）绩效报告与管理

除了需要对改革加以激励、法律保障、公民的支持和必要的能力建设措施之外，在绩效预算的准备阶段，审慎的绩效报告及绩效管理的实践对于绩效预算系统都是至关重要。一套真实、可靠而统一的财务和绩效报告系统可以为绩效预算系统提供一个数据库。一套绩效监督系统可以帮助政府管理者们理解投入如何转化成产出和结果。考虑到许多政府都未曾有过任何绩效报告和管理实践经验，这个准备过程是任重而道远的。

小结

本文在总结有关绩效预算概念并评价既往实践的基础上，认为推动绩效预算改革是有积极意义的，但是应当对它抱有现实的期望，而且仓促上马并不可取。绩效预算系统的实施还取决于一些基本条件，例如对改革动机的准确把握、立法机构的参与、民众的支持、行政能力的培养等等。我们也必须认识到，绩效预算改革绝非易事，而且也不应当苛求尽善尽美。成果导向型方式的管理和预算不仅仅是预算编制方法的变更，还是对政府管理文化的全面挑战。

附录1 研讨会综述

Workshop Summary

研讨会对社会主义新农村建设和地区均衡发展进行了广泛的讨论。

在农村政府组织及其责任专题中，邱东教授指出，中国城乡现存的"六个巨大反差"：一是城乡居民收入和消费水平反差（指标有城乡居民收入比、城乡居民收入差）；二是城乡社会事业发展反差（指标有农村人口占全国义务教育经费的比重、占公共卫生资源的比重）；三是城乡基础设施反差（指标有不通自来水、汽车、电话等的村所占的比重）；四是城乡财政支出反差（指标有国家财政用于农业的支出增长率与国家财政支出增长率之差、国家财政用于农业支出占国家财政支出的比重）；五是城乡信贷反差（指标有农业贷款余额占金融机构贷款余额的比重，乡镇企业贷款余额占金融机构贷款余额的比重）；六是城乡投资反差（指标有农村固定资产投资增长率与城镇增长率之差、农村与城市投资比，农村投资占总投资的份额）。

建设社会主义新农村的可行性表现在中国经济社会已经发生的巨大变化。当前中国总体上正处于转向第二个趋向的拐点上。从农村向外流动有三个主要方向：一是农业富余劳动力向二三产业的流动，可能是向现有城市流动，也可能是向新兴城镇流动；二是通过学历教育和职业教育向城镇流动；三是农村人口从不适于人居的地方向外流动。而城镇人口向农村方向的流动，也有三个主要方向：一是大城镇把一些不适合继续在大城镇从事的产业转移到小城镇；二是政府应该系统地组织从事教育卫生文化的专业人员轮流到农村和小城镇去工作一段时间；三是大城镇人口到农村和小城镇去休养。

建设社会主义新农村，政府应该加快组织农村的基础设施建设，增加教育、卫生等公共产品的提供，应该把重点放在解决贫困地区的贫困人口问题，应该注重建设过程中的体制环境改造。城里人参与新农村建设，在很大程度上属于一种自益行为。发展是为了人，但也要靠人来发展。只讲共享成果不全面，还要强调共为发展。

新农村建设中政府职能定位是（1）新农村建设应当定位为社会主义市场经济建设的一部分；（2）地方政府特别是农村地方政府职能应当集中在提供公共产品和社会服务方面；（3）合适的政府间财政关系是新农村建设的关键之一。

同时应该注意：（1）不同的经济主体，不同的资源分配机制，不同的作用有效区域（反面即失灵区域）；（2）不同的资源分配机制有其特性；（3）市场经济作为基本制度——市场机制；（4）不同资源分配机制作用区域的边界是绝对清晰的吗？所谓"有效"或"失灵"有没有程度上的区别；（5）不同资源分配机制间的边界是可移动的，就不同国家而言，各机制有效或失灵区域的大小与该社会的发育程度、发展所处的阶段和文化特性等因素相关；（6）社会发育程度不高，所处发展阶段较低时产生的机制缺失问题。

Harry Kitchen 教授介绍了农村政府的类型。上级政府称为县、区或地区政府，而下级政府包括若干城市和农村地区比如城镇、村庄政府等。下级政府负责提供一些服务，但是不同的省份之间以及一省之内的不同市/县/地区政府所提供的服务范围各不相同。上级政府负责提供特定的服务，因为所辖地理区域较大，所以这种服务更倾向于自给自足。多种类型的政府结构均可以顺利运转，因此没有最优的唯一选择。但是，不是每种类型的政府结构都能有效运转，而"最优"选择取决于当地政府提供公共服务的职责范围，应当在判断其是否符合一系列标准条件的基础上做出相应的选择。设计农村政府结构时应当考虑以下因素：控制溢出效应或者外部效应；从规模经济效应中受益；确保在其辖区内提供同样质量和数量的服务；为当地公共服务项目提供资金时保持公平；便于居民接触，以满足当地的需求偏好。

在农村政府财政专题中，Melville L. McMillan 教授指出，地方政府的行为包括主要行为（地方受益）（比如道路、街道、人行道、路灯、消防设施、公园、运动场、娱乐文化设施、污水处理、规章制度制定及实施、商业牌照和管制、土地规划与使用监管、供水以及卫生等等）和非主要行为（包括电力、天然气、维持治安、学校教育、医疗以及社会援助及社会保障）。不同国家的各级政府责任也不相同。财政能力取决于：（1）财权即地方政府可以拥有多少税源及其他收入来源，比如财产税、销售税、所得税、使用税等等；（2）收入来源的能力比如与支出需求相比，税基是否足够大；（3）税基/收入基础分配（不）平均，是否存在特别贫困或特别富裕的地方政府，比如在工业化国家（不像中国），农村和城市的人均收入基本上是相等的，这些国家更加关注公共服务的供给是否均等，地方提供的公共服务往往大于其财力的承受能力。所以环境不同，事权不同，融资方法也不同，但是，融资是依据职能而定的，而且，并没有最好的模型——方案设计才是最重要的可选择的资金来源。整体看，主要的问题包括事权是什么？自有收入是多少？如何弥补财政缺口？针对上述问题，尽管有很多解决方案，但总有一些比其他方案设计得更好一些。中国目前的设计方案还有待改进，尤其是对于农村地方政府来说。

马海涛教授认为，目前，有三个问题值得注意：一是基层财政收支缺口大。1994 年财税体制改革以来，我国财政收入已经连续 9 年平均增收千亿以上，财政"两个比重"发生了转折性变化。但是，在总体财政形势转好的情况下，基层财政形势却令人担忧。基层财政存在严重的财政赤字和财政缺口。全国约有 1100 多个县不能正常足额发放工资，乡、村两级净负债达数千亿元。县乡两级持续的财政缺口导致农村公共产品供给不足，对农业和农村经济和社会的发展造成了一些严重的后果。二是债务负担重。关于全国基层财政债务规模，目前尚无一个权威性的统一数据，许多数据都是根据对某一个地区调查后推算出来的。农业部 1998 年的统计表明，1998 年全国乡村债务合计3259 亿元，平均每个乡镇 298 万元，每个村 20 万元。2004 年财政部科研所的一项研究表明，全国乡村债务总额在 6000 亿—10000 亿元。三是财政财政资金使用效率低，政府职能"越位"与"缺位"问题在基层财政还或多或少地存在，这无论是对市场经济还是财政资金的运用都是一种效率的损失。基层政府在财政支出管理方面却没有明显的制度创新，挤占、挪用财政资金的现象时有发生。机构组织过量、人员臃肿的现象普遍存在的，这对提高支出效率是一个严重的制约。

基层财政困难的后果是显而易见的，其后果是农村公共产品和服务供给不足。破解基层财政难题的对策：（1）大力发展地方经济。各级政府首先要在总量上继续增加对农村、农业的投入，确保财政支农支出的稳定增长，不断提高农业综合生产能力，优化农村产业结构。其次，应进一步优化财政支农支出结构，财政应适当收缩生产建设性支出的比例，更多地将资金向农田水利基本建设、农村生态环境建设、农村道路交通、水电供给、农业技术推广等方面转移，保障农村基本公共产品的供给，为农村经济发展提供良好的外部环境。（2）加快政府机构改革，简化政权级次，减少财政供养的人口。结合基层财政管理体制改革，逐步通过撤乡并镇、合理配置政府内部机构布局，避免政府内部不同部门职能的交叉重叠，在此基础上裁减富余人员，逐步实施到位。严格执行定员定额管理，实行按编制与经费挂钩对超编人员一律不核拨经费。同时要加强机构编制的立法工作，机构编制一经核定，就应以法律形式固定下来，强化法律约束，控制机构膨胀，最终实现国家机构组织、职能、编制、工作程序的法定化。（3）明确基层政府的职能，规范基层财政供给范围。应以法律法规的形式，明确各级政府的支出责任范围，真正做到"谁家的孩子谁来抱"，消除财政支出责任向下转移的动机。要以公共财政的要求为准绳，将财政的职能严格界定在为辖区居民提供公共产品和服务方面。对于个别地区，确有必要超越公共财政的一般规则需要扩大财政支出范围的，应把握好尺度。按照产品性质重新划分政府间支出范围，减轻基层政府承担的不合理的支出责任。（4）完善基层财政筹资体系，保证基层财政有稳定的收入来源，继续完善省以下政府间收入分配体系，将其固定化，减轻上级政府收入上划的动机。探索并建立规范的税费、债等多样化的基层财政筹资方式，以满足基层财政不同类型的资金需求。但应注意的是，要有必要的监督监管机制，避免筹资权力的滥用。应积极探索并建立以财产税为主体的地方税体系，建立稳定的地方收入来源。（5）建立和完善对基层财政的转移支出制度，在逐步提高一般转移支付规模的基础上，建立以因素分析为基础的一般转移支付制度，逐步建立和完善中央直接对基层及省以下政府间转移支付体系，并以制度的形式规范下来，也使政府间转移支付制度明确化、稳定化，使基层政府能够更加准确地安排各项预算收入。（6）开展基层财政管理制度创新，提高财政资金使用效率。

在农村公共服务的融资和提供专题中，Melville L. McMillan 教授认为，服务的供给方式取决于要提供什么样的服务，供给体制取决于要提供的服务，影响并受到地方政府组织形式的影响。地方政府的主要服务包括道路、街道、人行道、路灯、消防设施、公园、运动场、娱乐文化设施、污水处理、规章制度制定及实施、商业牌照和管制、土地规划与使用监管、供水以及排水设施比如供水、排污处理、供电、天然气供应以及教育、医疗、社会援助等社会项目。由于规模、范围和实际情况不同，地方最优管辖权限的大小也会不同，所以要具体对待。地方管辖权限的大小应该是不同的，所以，对于所有服务来说，不存在最适度的地域范围和最优人口规模，地理、人口、人口密度、政治目标（比如一级政府、两级或多级政府、特别区、上级政府的责任分配）都会影响权利和责任的分配。

地方服务供给体制的选择既包括公共部门的选择，比如地方政府自己提供，政府间协商提供或者地方政府管辖的企业提供；也包括私人部门的选择，比如合同承包，特别许可或者志愿组织（准公共）。服务供给涉及地方政府组织结构，由于供给责任、地理、人口规模、人口密度等因素不同，没有单一的组织结构可以适应所有情况。但是必须牢记目标是让居民满意（以合理成本为居民提供所需服务）和营造更有效、更负责任的地方政府。

王国华教授深刻分析了我国农村公共产品供给制度的演变及特征。总体来看，建国以来，农村公共产品供给呈现出一种较强的阶段性特征，与我国的经济体制变革密切相关，与国家特定时期的意愿相关。计划经济时期尽管国家财力有限，而且也体现国家重点发展工业的意图，并通过以农补工的方式来剥削农村，农村公共产品的供给有限，可是通过政府、集体的供给，与城市差距不大。改革开放以来，在转轨时期，政府、集体基本退出了农村公共产品的供给，使农村公共产品的供给成为"真空"，或由农民自行解决。进入社会主义市场经济时期，政府试图增加农村公共产品的供给，但是供给不足，且供给与需求错位，不能有效地满足农村、农民的需要。

我国现行农村公共产品的供给责任划分不合理，供给主体错位现象严重，本来应该由政府提供的公共产品或由政府与农民共同承担的公共产品成本，却完全由农民承担。农民急需的公共产品供给严重不足，涉及到农村可持续发展的公共产品供给严重短缺。农村公共产品供给存在的问题包括：我国现行农村公共产品供给责任划分不合理，供给主体错位且供给存在效率低下；农村文化教育制度供给严重不足造成农村人力资本贫乏；农村金融抑制阻碍着农村经济发展和农民增

加收入；财税制度影响农村经济发展，导致农民负担加重；农村土地
制度供给严重限制着土地要素的流转和配置效率；农民户籍制度有着
浓厚的等级观念使失去农民许多发展的机会；农村社会保障制度对农
村经济发展和农民没有保障；农业科技信息供给制度存在农民和政府
之间存在明显的信息不对称状况；我国农村专业合作组织发展不规范
等。农村文化教育制度供给严重不足造成农村人力资本贫乏。农村教
育公共产品供给滞后于农民的要求，农村教育经费投入不足，缺乏针
对农村经济特点和农民需要的职业培训体系，致使农民技能素质提升
不快，农村人力资本贫乏，由此使农民失去了进行创新的基础。农村
金融抑制阻碍着农村经济发展和农民增加收入。由于政府对农村金融
的管制，农村存在着严重的金融抑制，农村居民存在较高的金融信贷
市场进入壁垒，农村金融市场组织萎缩，农村金融资金供给不足，致
使农民缺乏基本的资源配置的基础。财税制度影响农村经济发展，导
致农民负担加重。财政支农资金严重不足，财政支农资金结构不合理，
向城市倾斜的财税体制不仅加重了农民负担，而且使农民失去发展的
机会和动力。农村土地制度供给严重限制着土地要素的流转和配置效
率。农民承包土地的属性难以明确，农民承包地的功能难以转换，农
民承包地流转市场难以运作，农地使用权流转收益难以分配，提高农
业用地效益、促进土地流转的动力难以激发，严重限制了土地要素的
配置效率。农民户籍制度有着浓厚的等级观念使失去农民许多发展的
机会。二元户籍管理制度减少了农民劳动就业机会，丧失了享受社会
福利的权力，阻碍着农民素质的提高，导致其能力或人力资本的贫困。
农村社会保障制度对农村经济发展和农民没有保障。农村社会保障层
次低下、范围狭小、覆盖失衡、项目不全、社会化程度不高、保障标
准欠科学；农村社会保障法制建设滞后、管理监督不力、基金运作失
当、可持续性较差，不能适应农村经济改革与社会发展的需要。农业
科技信息供给制度存在农民和政府之间存在明显的信息不对称状况。
农民具有获取科技信息的强烈愿望，农民获取科技信息的满足程度不
高，农民在相对封闭的状态下从事生产，其结果是生产效率低下，缺
乏创新、创业的基础。我国农村专业合作组织发展不规范，缺乏规范
的运行机制，组织松散，稳定性差，立法滞后，法律地位不明确，缺
乏相应的立法和政策支持。这样不能摆脱农民的单体作业状态，实现
专业化、规模化生产。

我国农村公共产品供给的制度设计需要做到：(1) 建立健全与农村、农民和农业需求相适应的农村公共产品供给体制；(2) 建立起以提高农民技能素质为核心的农村文化教育制度；(3) 加快农村金融深化，促进农村发展、农民增收；(4) 在取消农业税的同时要增加对农民和农业的补贴；(5) 以激活生产要素为本调整农地产权制度；(6) 建立起有利于农民自由流动的户籍管理制度；(7) 建立健全农村社会保障制度，让农民享有社会保障权；(8) 政府要坚强对具有公共物品性质的农业基础设施的投资；(9) 增加科技信息有效供给，让农民获得更多的机会；(10) 规范农村专业合作经济组织。

构建我国"农村发展预算"可以解决多年来支农资金"政出多门"带来的种种问题：支农项目重复现象严重；"撒胡椒面"方式固有的低效益；支农资金安排与国家支农政策重点与优先性脱节。构建我国"农村发展预算"可以通过支农资金解决《农业法》中财政"支农条款"的具体落实问题，而目前支农专款大量被挤占挪用问题严重。我国"农村发展预算"的运作可以由财政部门具体负责"农业发展预算"筹建与运作，资金来源由中央与地方政府共同承担，专款专用于农村关键性公共产品供应，各级政府每年按照正常预算程序编制并报各级人大审批后执行。

王蓉教授认为，改革开放后，建立了地方化的教育管理体制，多元化的教育财政筹资机制，打破了教育供给的政府垄断。政府致力于实现普及义务教育，高等教育急剧地从传统的精英型向大众型转变。基础教育事权以县为主；高等教育事权和财政责任属于中央和省。

农村义务教育财政问题突出。近年来我国农村义务教育经费投入状况发生了显著变化：第一，各级政府加大投入力度，经费保障水平大幅度提高。2004 年，全国财政预算内农村义务教育拨款达到 1326 亿元，比农村税费改革前的 1999 年增加 793 亿元，年均递增 20%。第二，初步建立了以政府投入为主的经费筹措体制。根据测算，2004 年预算内财政拨款占当年农村义务教育总投入的比重达到 76.6%，比 1999 年提高 18.8 个百分点。第三，教育发展的城乡和区域之间不均衡问题持续严重得到关注。在中央政府领导下先后实施了国家贫困地区义务教育工程、农村中小学危房改造工程、农村中小学现代远程教育工程等，改善了农村中小学办学条件；又通过实施"两免一补"等政策，加强对贫困家庭学生的资助。但是仍然存在突出问题比如教育经费供给不足、教育资源不均衡问题未得到彻底解决，受教育者及其家庭的教育负担重等。

初步的政策建议包括：第一，转变观念，贯彻"以学生为本"的教育理念。具体来说，政府应在教育立法和管理中，完善立法和执行措施，保护学生相对于政府和相对于学校的权利。必须将针对受教育者的信息服务作为政府的核心教育职能；尤其是对于弱势人群，政府应充分地提供关于学校（服务提供者）、教育收益和其他有关信息。同时，必须加强教育管理和学校管理的社会化，使家长和社区的参与制度化、实质化。第二，加大教育监管力度，彻底改革教育质量保障机制，包括改变目前的以考试为中心的模式。第三，大力发展针对农村青壮年的公共财政支持的继续教育。继续教育不仅应包括特殊技能的培训，还应包括以一般培训为内容的补偿教育；这些补偿教育不仅应包括学历性教育，也应包括非学历性教育。继续教育应该真正为人们提供"第二次机会"。第四，打破以户籍制度为基础的教育需求与供给的匹配限制制度。在城市化大潮涌动、劳动力市场日益整合的现实中，坚持依赖狭隘的户籍制度分割教育供给、限制受教育者选择的制度安排是逆潮流之举。鼓励更多受教育者跨地域、跨城乡进入更加优质的学校的政策，不仅将有助于教育效率和效益的提高，而且将从根本上促进教育公平。这也是彻底打破教育供给的城乡分割、构建完善的国民教育体系的必由之路。

乔宝云教授认为，农村医疗卫生面临的挑战包括疾病是农村贫困的主要原因之一，21%的农村贫困源于疾病，严重贫困地区，这个比率达50%。看病难、看病贵加剧了重病发生率，37%农村病人病而不医，65%农村病人应住院而未住院。农村居民健康素质下降，影响未来可持续发展。

目前的农村医疗卫生的制度设计中，在责任划分方面政府责任不清晰、整体投入不足，政府责任高度集中在地方政府。在资金来源方面，以患者支付为基本渠道，社会保险不足，商业保险欠发达。在农村医疗提供体系方面，三级医疗网络国有比例高，基层医院利用率低，严重信息不对称，医疗特别是药品费用昂贵。主要问题集中在政府失灵和市场失灵的同时存在。政府投入的比重小，政府间责任安排上，过度分权且缺少规范转移支付制度，县及以下级政府的财力存在严重问题，政府规制不尽合理，体现在医疗市场的开放程度、医疗保险等方面。农村公共医疗改革需要更合适的政府与市场定位，明确政府责任，增加政府投入，更开放的医疗卫生供给市场，政府支持的重点转移到有利于普遍提高人民健康水平方面，社会保险与商业保险，完善三级农村卫生网络。同时还需要在资金安排上服从责任安排。

孙志筠司长认为，农村社会保障工作的开展应坚持重点突出、项目合理、水平适当、管理规范、操作简便的原则。既要按照统筹城乡发展的要求，进一步加大对农村社会保障事业的投入，扩大农村社会保障覆盖面，促进城乡社会保障事业协调发展；也要充分考虑经济社会承受能力、农村现实状况和其他客观约束条件，以农民最迫切的社会保障需求为重点，针对必要项目以有效途径提供适度水平的保障，而且必须有可持续发展的能力。今后一段时期的几项主要工作包括：(1)积极探索和推动新型农村合作医疗制度完善，提高农村卫生服务能力，加强农村公共卫生工作。先探索，后统一，鼓励和允许地方探索适合本地实际的新型农村合作医疗制度模式，进而确定规范、统一的制度模式。在坚持保大病为主的同时，探索"保大兼小"的合作医疗保障模式，建立家庭账户的地区可探索将家庭账户基金调整用于小病统筹。探索行之有效的新型农村合作医疗基金管理办法。加强乡村卫生院和卫生队伍建设，提高农村医疗水平和医疗服务能力。建立健全覆盖城乡的疾病预防控制体系、疾病信息网络体系、传染病防治体系和卫生执法监督体系。(2)以完善农村五保供养、医疗救助制度和推进农村特困群众最低生活保障制度建设为突破口，建立更加规范和有效的农村社会救助制度，完善农村五保供养，建立以集中供养为主和分散供养为辅的新型农村五保供养机制。规范农村医疗救助制度，提高运行效率。完善农村特困群众生活救助制度，在有条件的地区探索农村低保制度。(3)以现行社会保障制度为依托，妥善解决失地农民和进城务工农民的社会保障问题。以现行社会保障制度为依托，促进城乡统筹发展。做好失地农民社会保障工作，以促进就业为重点，区别身份纳入城镇和农村社保体系，解决进城农民工的社会保障问题，重点是工伤、大病风险。(4)以家庭保障为主做好农村养老保障工作，逐步加大社区保障和国家救济力度，少数发达地区可探索农村社会养老保险。建立农村社会养老保险制度的条件：基本实现工业化；农村人口下降到一定程度；经济发展水平到一定程度。发展方向是加大政府救济力度，保证贫困农村老年居民基本生活；经济发达地区可探索农村社会养老保险制度；不具备条件的地区，仍应坚持以家庭为主，同社区保障、政府救济相结合的农村养老制度；探索建立计划生育养老保障等制度并适时整合。

关于财政支持农村社会保障的政策，一是健全和完善新型农村合作医疗的财政支持政策和筹资政策，逐步提高财政补助标准和农民个人缴费标准，壮大基金规模。探索新型农村合作医疗管理办法，完善筹资模式，改进补助资金安排方式。整合农村新型合作医疗补助资金和农村医疗救助补助资金，提高资金使用效益。二是完善农村社会救助财政支持政策，整合五保供养、定期定量救济、临时救济以及扶贫、救灾等各项农村社会救济项目，统筹安排资金。完善农村医疗救助基金管理，多渠道筹集基金。中央财政通过专项转移支付对中西部困难地区给予适当补助，避免地区间农村经济社会发展水平的差距进一步拉大。

在绩效预算专题，Harry Kitchen 教授认为，绩效评价的优势在于使本地官员能够逐渐建立行为规范，保持彼此间公共服务水平的接近，提高管理责任的可决性，并提供更为竞争性的运营环境——这成为提高效率的一个激励因素。帮助市政当局在现实的成本和收益基础上制定预算。

界定绩效评价，要求提供关于投入成本和产出评价的准确而完全的信息。投入成本包括总的活动成本。对于类似于供水和排污系统、固体废物回收和处理以及积雪清除等服务来说，产出评价是直接的。对于教育、公安、消防、社会服务等，产出评价更为困难，但是，人们在尽量更为准确地评价这些产出的水平。

沈春丽认为绩效预算是一种以目标（purposes and objectives）为导向，以项目成本（costs of programs）为衡量，以绩效评估（quantitative data measuring the accomplishments）为核心的一种预算体制。中国向绩效预算靠近的切入点是财政支出绩效评价方面的尝试。1998年开始建立完整的财政投资评审体系，2002年绩效评价的理念已经开始进入中国，2005年财政部出台的《中央部门预算支出绩效考评办法》。

绩效预算不应被当做一种机械理性的系统，可以替代政治博弈的资源选择过程；为预算决策带来了更大的经济价值，是一种基于信息基础的资源分配管理过程，借助责任归属而保证政府的绩效，并通过灵活的权限下放和其他的激励来奖励良好的绩效，帮助决策者和公众了解对政府的投入所带来的利益，并由此做出明智的抉择。在效率和有效性方面改善政府管理、提高透明度和责任归属、促进政府内部和外部的预算参与者之间更有效地沟通、并培育信息更为全面的预算决策过程。绩效管理是绩效预算改革取得成功的必备条件。一个不以成效为管理目的的政府也不会以成效为目的进行预算分配。

绩效预算不仅是预算编制方式的变化，而是融合了战略计划、绩效评估、绩效管理多方面的现代公共管理模式。绩效预算是成果导向型的，关注的是政府作为管理公共资金的代理者为大众干了什么，干得怎么样。在实践中，绩效预算不是为了把资源分配的决定完全理性化和科学化，建立投入和成果的直接联系绩效预算的主要贡献是提高政府管理的有效性和效率、提高政府行为的透明度和责任归属、促进政府内部和外部的预算参与者之间更有效的交流、为预算决策提供更为完备翔实的信息基础。中国的预算改革任重而道远，还有很多基础工作要做，现在推行绩效评估和绩效审计的举措是具有积极意义的。

在政府间转移支付专题中，沙安文博士指出，政府间财政的工具包括无条件转移支付与有条件转移支付。无条件转移支付能够维护地方权威，提高管辖权间的公平，并为承担特定活动提供动力。有条件转移支付包括配套与不配套，不封顶配套与封顶配套，基于投入的条件与基于产出的条件转移支付（基于投入的条件常受干扰，且生产率低下；而基于产出的条件则能促进拨款人目标的实现，同时也可维护地方权威）。关于政府间财政的观点一般是消极的，联邦的/中央的观点是，给地方政府钱和权无异于将威士忌和车钥匙交给十几岁的未成年人。而省级和地方政府的观点是，我们需要更多的拨款来证明金钱并不是万能的。同时，公民的观点是政府间的金钱转移是魔术，我们只能看着金钱消失在空气中。这些观点是以不发达国家的现实为依据的。但是不要绝望，因为经过合理设计的财政转移支付会成为解决方法的一部分而不是问题的一部分。

政府间的财政对关于中央—省—地方财政关系的新观点的产生是一种重要的工具。21世纪模型是基于中央命令和对投入及过程的行政控制；而21世纪模型是中央引导。包括角色的明晰，技术支持和信贷支持，对产生公共价值的授权环境，公平和效率的规则与限制以及可靠的财政管理，政府间合作的机构，做正确的事即对服务提供的表现和公民的满意度进行监督和正确地做事即管理的灵活性和责任性。

设计财政转移支付应考虑的因素包括设计目标的一致性；简单透明的分配标准；产生竞争性服务提供的鼓励，支持以公民为中心的管理；为财政审慎提供转移支付；确保使用中的灵活性，但对结果要负责；稳定的和可预测的；公平的（权利与财政能力反向变动与财政需求同向变化）。显然，一种模式不一定对所与情况都适合。财政转移支付的反面教训包括：与多种因素共享的一般收入；赤字拨款；财政储备；投入性拨款或基于过程的拨款或专项拨款；对持续性没有保证的资本拨款；经过谈判和自由决定的转移支付。而财政转移支付的正面经验包括：保持它的简易性；着眼于单一目标；引进后期条款；基于产出的受公民评估的有条件转移支付；在一定标准下的财政能力均衡化；关于均衡化标准的政治一致性；在更为广泛的基础上通过协商确定机构的设置。

在均等转移支付专题中，沙安文博士指出，为什么存在财政均衡化转移支付？政治原因是巨大的区域财政差异可能会造成政治上的不和谐甚至可能会导致它们脱离联盟。财政均衡拨款可以带来政治统一，而财政效率和财政公平说明，不论公民身在何处，他们都能够享受到同等的公共部门服务。因此，需要促进社会公平（财政公平）和市场资源的配置效率（财政效率）。

如何实现财政均衡化呢？可供选择的均衡化转移支付机构安排包括中央政府部门，政府间论坛，政府间和国内社会论坛，下级政府论坛，独立的部门模式（向部门领导汇报，长期的或周期性的），向立法机关汇报的独立部门模式。

财政均衡化拨款的国际经验教训包括均衡化模式决定资金来源与分配。明确的财政能力均衡化在大多数国家是可取的也是能够做到的。财政需求均衡化更为复杂，比如可取但可能不值得去做。粗略的估计可能比精确的估算更合适。基于转移支付的拨款为财政需求补偿提供了一种有前途的可供选择的方式，提高了基于责任的成绩。均衡化转移支付必须接受更为广泛的财政体系的监督，尤其是有条件拨款。社会对均衡化标准的一致意见是重要的，必须有用于复审和修正的中止条款。因为独立的拨款委员会会建议使用复杂的程序，因此对连续性复审和周期性复审的机构安排要经过深思熟虑。

王雍君教授认为，改革转移支付体制是重要的，但却是远远不够的。改革的范围和努力应扩展到整个政府间财政安排，提高地方政府的管理能力和改革地方治理安排也是必不可少的，与大多数国家相比，中国的国情对财政均等化施加了更多的约束。作为幅员辽阔、人口众多、人均资源贫乏、地区差异（经济、地理、气候、文化、人口、偏好等）大并快速步入老龄化社会的低收入国家，中国在财政均等化方面面临的困难大得多。

从政策角度看，需要将均等目标置于政策议程的优先位置，以对地方辖区财政能力与支出需求的切实估计作为公式化转移的基础，需要2—3级均等化转移支付体制。需要全面改革以形成更具再分配的财政安排，建立税基分配的全面而有效的框架。需要税负输出与税收竞争的协调机制，协调均等与控制、激励、效率、政治与短期目标的冲突。需要用均等取代（至少部分取代）来源地规则，过分强调控制功能有损均等目标。同时还改进地方治理安排，加强中央监督与考核。

在通过财政政策实现区域均衡发展专题，沙安文博士指出，解决地区不均等问题的途径包括父爱式的（或干预主义）和合作式的（或市场保护主义）。父爱式的地区发展通常采用：中央计划；不鼓励外移但保护地方市场；中央税收包括地方税收抵免、保税区、免税区；中央支出；中央政策包括因素流动和贸易的障碍；区域补助等方法。而合作式的地区发展通常采用：保证内部共同市场；税收协调；政府间转移支付比如设定全国最低补助和财政均等转移；发展信用市场；通过转移支付和社会保险管理社会风险；缓解全球化的负面影响。

结论是证明中央集权不能缩小区域不均等，而区域不均等在实行干涉政策的国家里尤为明显。地方自治所产生的政治压力可以阻止差距扩大，但是区域收敛主要是由于消除了经济中的扭曲部分。

贾康教授回顾了改革开放以来区域发展政策演变的轨迹。（1）允许一部分地区和一部分人先富起来（20世纪80年代），有"梯度推移"和"反梯度推移"的讨论；（2）强调东部将适时地支持西部发展（邓小平1992年南方谈话）；（3）提出西部大开发战略（2000年）；（4）提出振兴东北老工业基地方针（2002年以后）；（5）提出中部崛起方针（2004年以后）；（6）提出科学发展观（"五个统筹"中包括统筹区域发展）和构建和谐社会（2003—2006年）。

1994年的财税配套改革，搭建起中央和以省为代表的地方间的"以分税制为基础的分级财政"新体制框架，适应了市场经济的客观要求，具有里程碑式的意义，但具有浓厚的过渡色彩，其后在省以下分税分级体制的形成和落实上，并未取得实质性的进展。县乡财政困难的根源不在分税制，恰恰在于分税制在省以下尚未贯彻落实。十余年间，虽然中央对地方的转移支付在形式上有重要的改进，力度上也不断加强，对区域差距扩大有所抑制，并促进了欠发达地区的经济社会发展，但继续改进和强化的余地仍相当大。特别是转移支付制度的改进，需要整体深化改革的配套，即寻求以"扁平化"改革减少财政层级和政府层级，为省以下分税制的贯彻落实创造条件，形成通盘的与事权相匹配的三级财政体制，进而加强和优化中央、省两级自上而下对于欠发达市、县的转移支付。中长期的转移支付发展目标，应是基本公共服务的"均等化"。

促进区域均衡发展的财政政策导向需要：（1）以支出结构优化支持欠发达地区的经济发展、市场发育；（2）以转移支付促进各地基本公共服务均等化；（3）合理掌握区域优惠政策和倾斜支持政策（如VAT转型）。

未来政策取向与改革建议包括：（1）进一步明确政府的事权与支出责任；（2）对中央政府与地方政府的收入及税种归属进行合理调整；（3）尽快建立健全规范的转移支付体制，应进一步推行"因素法"来取代"基数法"；（4）推行"扁平化"改革，强化、优化中央、省两级自上而下的转移支付。还应积极考虑允许地方政府在设立地方税与收取使用费方面拥有更大的自主权，可以考虑有条件地赋予各级地方政府"一级举债权"；政府加大力度加强对非税收入的管理，在控制压缩非税收入规模的同时，将预算外资金逐步纳入预算管理；建立现代化财税信息体制与加快税收征管现代化工作；积极探讨、改进完善先进发达地区对欠发达地区"对口"支援的横向转移支付制度与措施；积极探索统一市场格局下要素流动制度中的政府引导。概括地讲，对促进地区均衡发展不能做绝对化的理解，区域的不均衡永远存在，但在政策导向上，应尽量消除这种不均衡所可能产生的各种负面影响。政府所作的均衡努力，最关键的是基本公共服务的均等化，而这在中国只能渐进实现。

在政府转移支付与西部发展专题中，刘铭达教授认为解决西部发展的基本财政对策是中央支持的政策措施。设立西部开发基金，支持西部地区金融业的发展，大力发展资本市场，积极发展民营和中小金融机构，发行西部建设债券，加强同业合作。同时需要制定鼓励西部产业发展的税收政策，提高西部地区公共保障水平，完善分税制，促进财政和谐运行。西部地区自身发展政策措施应当包括坚持依法理财，民主理财。进一步转变财政支持经济发展的方式，促进经济增长方式的转变。支持发展循环经济，构建节能型社会。支持建立健全生态建设和环境保护政策机制，实现人和自然的和谐相处。

在农村公共服务提供中政府绩效的评估专题中，沙安文说明了绩效衡量的问题和经验，比如缺乏法律机构和媒体的关注，行政和法律地分权带来操作困难，在非危机阶段预算决定的策略，绩效衡量的责任分散。发展中国家侧重行业绩效更有用，因此不发达国家应侧重于产出责任，可行且符合需要。信息的可靠性至关重要。地方政府绩效衡量三大标准是做正确的事，按正确的方法办事，负责任的政府。做正确的事需要地方服务与责任匹配，预算优先顺序与市民意见一致，明晰强制标准和服务途径，提高生活质量比如公园和健身设施与项目，图书馆和互联网使用，步行所及的小学、幼儿园，交通便捷，道路平坦，空气清新，安全供水和排污，无噪音环境，防火站和救护车的到达时间，生活和财产安全，避难所和食物。正确地做事需要履行相应的程序，遵守法律细则程序，服从地方总计划和预算，分区细则和规定，提供足够的资金完成指令等等。负责任的政府需要：（1）透明度包括公众的知情权，在所有图书馆张布预算计划和年度绩效报告，在网上公布所有决议的成本，由独立的机构评估支出绩效，公开信息和公众评价。（2）加强市民参与包括预算提案、主要合同和年度绩效报告在周末向市民面对面报告，所有的文件需要满足"市民友好"的要求，公开合同竞标程序，大的项目需强制复决，保证至少50％的投票率，市民组成的委员会提供服务绩效的回馈，鼓励大众主动参与，纳税人权益细则等等。

在农村税费改革专题中，黄维健司长认为，全面推进农村综合改革是当前和今后一个时期我国农村改革发展的一项重大战略举措，具有重要的意义。下一步政策取向是：

（一）坚定不移地推进农村综合改革。按照贯彻落实科学发展观和建设社会主义新农村的总要求，着力推进乡镇机构、农村义务教育和县乡财政体制改革，建立精干高效的农村行政管理体制、覆盖城乡的公共财政制度、促进农民减负增收和农村公益事业健康发展的长效机制，推动农村经济社会全面进步。

1. 乡镇机构改革的方向和重点：一是以转变乡镇职能为重点，努力建立服务型、法制型政府。适当调整乡镇在经济管理上的职能，切实把工作重点转到对农民和各类经济主体进行示范引导和政策服务，努力为经济发展营造良好的环境；努力提高乡镇社会管理和公共服务水平，依法行政，落实政策，保障农民的合法权益，维护农村社会稳定。二是严守"两条底线"，努力建立乡镇运行新机制。五年内乡镇机构编制和实有人员只减不增，确保农村社会稳定，是乡镇机构改革需要把握的一条原则。在此前提下，允许结合实际，因地制宜，综合设置乡镇机构，严格控制领导职数和人员编制，提倡党政领导交叉任职，优化乡镇行政事业单位人员，探索乡镇机构改革的各种形式，努力构建乡镇工作新的运行机制。三是以事业单位整合与改革为契机，建立健全农村社会化服务体系。探索适应市场经济发展的乡镇事业站所管理体制，引入市场体制，增强公共服务功能的有效形式，避免因精简机构和人员，减少对农民的服务，削弱农村基层政权。四是围绕提高为农民服务能力这一主题，建立乡村治理新机制。要理顺乡镇政府和市场的关系，使乡镇政府从农民最需要做的事做起，把不属于政府职能范围的事务交给市场、中介组织和村民自治组织，做到不越位也不缺位。乡镇政府要培育和引导农村中介组织和村民自治组织健康发展，提高农民组织化程度，健全村民自治机制，调动农民参与新农村建设的积极性、主动性和创造性。

2. 推进农村义务教育综合改革的思路是：一方面要抓紧落实和完善农村义务经费保障机制改革政策。从 2007 年起，我国农村义务教育阶段中小学学生将全部免除学杂费，将有 1.48 亿农村中小学生受益，这项改革在我国教育发展史上具有划时代的意义，被老百姓赞誉为"民心工程"、"德政工程"，必将对农村的长远发展产生重大影响，应采取措施，落到实处。另一方面要推进教育自身改革，提高农村义务教育质量。继续推进教育人事制度改革，切实提高农村中小学教师素质；合理配置城乡教育资源，改善农村办学条件，防止教育资源向少数学校集中，促进城乡教育公平；加强农村职业教育，做好农村劳动力培训，培养造就新农村建设所需要的有文化、懂技术、会经营的新型农民。

3. 继续深化财政管理体制改革。改革和完善财政管理体制为推进农村综合改革提供财力保障。一是进一步调整国民收入分配格局，不断增加对"三农"的投入。当前要认真研究落实中央一号文件提出的"今后财政新增教育、卫生、文化等事业经费主要用于农村，国家基本建设资金增量主要用于农村，政府征用土地收益主要用于农村"的政策，逐步建立合理、稳定和有效的资金投入机制，切实加强农业、农村基础设施和社会事业建设。进一步加大支农资金整合配置力度，提高资金使用效率。培植县级财力，促进县域经济发展，增强县乡造血功能，做大经济和财政"蛋糕"。二是进一步规范财政转移支付制度。增加一般性转移支付，减少专项补助，增强地方财政调控能力和自主分配空间。完善中央对地方缓解县乡财政困难的奖补办法，鼓励地方采取各种形式推进农村综合改革。落实对乡村两级的补助政策，确保乡镇机构和村级组织正常运转，逐步提升保障水平。三是按照社会主义市场经济要求，逐步建立健全与事权相匹配的财政管理体制和运行机制。加快推进"省直管县"、"乡财县管乡用"财政管理方式改革试点。同时，要着重理顺县乡政府事权关系，合理划分政府间的事权和财权，建立与事权相匹配的财政管理体制。

（二）逐步解决农村税费改革遗留问题。一是治理乡村债务。乡村债务既是农民负担反弹的一大隐患，也是影响新农村建设的重要障碍。需要转变政绩观念，树立控制新债、化解旧债也是政绩的理念，积极开展化解乡村债务试点，县以上地方政府应承担更多责任，探索建立化解乡村债务的激励约束机制，支持和帮助基层化解乡村债务。加大对中央提出的制止新债"约法三章"有关政策措施的监督检查力度，制止乡村发生新的债务。积极稳妥地处理农业税尾欠问题，彻底完成取消农业税的历史任务，为前一阶段农村税费改革画上圆满句号。二是全面落实国有农场税费改革政策。针对国有农场农工负担较重，农场政企不分、办社会等问题，应采取有力措施，深化国有农场税费改革和内部管理体制改革，确保国有农场税费改革政策落实到位，确保国有农场农工负担明显减轻，促进农场生产健康发展。

（三）建立与农村经济发展相适应的农村金融体系。目前，农村资金紧缺、农村中小企业和农户贷款难的矛盾日益突出，已成为制约农村发展的一个瓶颈。在新农村建设过程中，应按照以工促农、以城带乡的要求，在尊重金融规律基础上，重新构建农村金融体系。农村信用社改革应以完善产权制度、转换经营机制为重点，大力开展小额信贷和联户贷款等业务，不断开发适合农村特点的金融产品；政策性银行应按照统筹城乡发展的要求，完善政策性金融的职能，拓宽业务范围和资金来源，积极支持农村基础设施和公益事业建设；鼓励地方成立各类担保公司或机构，为农民小额信贷或农业产业化企业贷款提供担保；利用财政贴息等手段，对农业产业化龙头企业进行金融支持；大力开展农村合作金融改革试点，鼓励体制创新，并逐步将其纳入金融监管范围，促其健康发展。我国是一个农业灾害频发的国家，逐步建立健全农业保险体系尤为重要。农业保险要坚持政府主导、政府与商业保险相结合原则，开发多种形式、多种渠道的保险产品。

（四）按照WTO规则，进一步完善对农民的直接补贴制度。对农民进行直接补贴是世界发达国家通行的普遍政策。这种补贴不是对农民的恩惠，只有让农民有稳定的收入来源和良好的生活环境，才能使他们安居乐业。2004年以来，我国在减免农业税的同时，对农民实行"三补贴"制度，即对种粮农民直接补贴、良种补贴、购置农机具补贴，调动了农民生产的积极性，扭转了粮食生产下滑的势头，维护了国家粮食安全。粮食直补使6亿多农民受益，收到了良好效果。2006年对农民使用柴油、农药、化肥进行综合直接补贴。根据中国政府与世界贸易组织达成的协议，中国政府对农业补贴上限是中国农业总产值的8.5%，我国目前远没有达到这个水平。《中华人民共和国国民经济和社会发展第十一个五年计划纲要》也要求继续对农民实行直接补贴政策，加大补贴力度，完善补贴方式。应根据我国国情和经济发展水平，不断完善补贴制度，进一步完善农业支持保障体系，使其成为一项长期的、基本的政策，

（五）加强对农民负担的监管，逐步将其纳入法制化管理轨道。当前，一些地方出现了农民负担反弹的现象，如涉农部门乱收费、乱集资和农村经营服务性收费偏高等，需要进一步规范政府行为，继续坚持涉农价格收费"公示制"、农村订阅报刊费用"限额制"、义务教育收费"一费制"和涉及农民负担案（事）件"责任追究制"，加大执法力度，重点纠正各种违法违规行为。同时，还应进一步规范农村"一事一议"制度，指导基层干部和农民发扬村民民主，既要保护农民的合法权益，又要教育农民履行公民应承担的义务。为贯彻依法治国方略，适应经济社会发展的新形势，保护农民的合法利益和民主权利，应适时制定农民权益保护法，将农民负担管理纳入法制化轨道。

（六）逐步研究统一城乡税制问题。取消农业税，终结了由传统农业社会沿袭下来的赋税制度，消除了在现代社会中不应由农民承担的不合理赋税的制度性缺陷，为在农村由传统税制向现代税制过渡奠定了基础。取消农业税并不等于农民不纳任何税，农民从事各项非农业经营活动都要依法纳税。比如，农民购买的农用生产资料中就包含了无法抵扣的增值税，农民在银行存款与城镇居民一样需要依法缴纳利息所得税。我国农民的收入水平低，必须长期坚持"多予少取放活"的方针。在我国实现城乡统一税制，需要一个过程，但要按照工业反哺农业、城市支持农村的总要求，认真研究这个问题，作为一项改革制度设计，应立足当前，着眼长远，早做准备。考虑到农业是一个弱质产业，农民是一个弱势群体，农村是一个落后区域的特点，应借鉴国际通行做法，研究提出我国统一城乡税制的改革思路。

在地区均衡发展的国家和国际视角专题中，张通主任分析了相关的改革。关于财政体制改革，分别分析了1994年分税制财政体制改革，推进所得税收入分享改革，健全政府间转移支付制度和完善省以下财政管理体制；关于税收制度改革，分别分析了出口退税机制改革；统一内外资企业所得税和增值税转型改革；关于公共预算管理改革，分别分析了部门预算编制改革，"收支两条线"管理改革，国库管理制度改革，政府采购制度改革，政府收支分类改革；关于会计改革，分别分析了企业会计改革，政府会计改革和非营利组织会计改革；关于"金财工程"建设，介绍了一个应用支撑平台（即数据库），二级数据处理（即中央与地方分级数据处理），三个网络（即内部涉密网、工作专网和外网），四个系统（即预算编制系统、预算执行系统、决策支持系统和行政管理系统），五个统一（即统一领导、统一规划、统一技术标准、统一数据库和统一组织实施）。计划在三年内初步完成"金财工程"的一期建设，初步建成业务标准统一、操作功能完善、网络安全可靠、覆盖所有财政资金、辐射各级财政部门和预算单位的政府财政管理信息系统。

王建国司长指出，2006年《中共中央国务院关于推进社会主义新农村建设的若干意见》对新农村建设进行了具体部署。《意见》分8个方面共32条，关于新农村建设的主要任务、目标和必须把握的基本原则，可以概括成"六个五"：

第一个"五"，就是五项任务，即五中全会明确提出的五句话：生产发展，生活宽裕，乡风文明，村容整洁，管理民主。第二个"五"，就是五大建设，在新农村建设中要协调推进经济建设、政治建设、文化建设、社会建设和党的建设。第三个"五"，就是五个必须坚持：坚持以发展农村经济为中心；坚持农村基本经营体制不动摇；坚持以人为本，着力解决农民群众生产生活中最迫切希望解决的实际问题；坚持科学规划、因地制宜、分类指导；坚持调动各方面积极性。第四个"五"，就是"五要五不要"：要讲究实效，不要搞形式主义；要量力而行，不要盲目攀比；要民主协商，不要强迫命令；要突出特色，不要强求一律；要引导扶持，不要包办代替。第五个"五"，就是五大目标：农村生产力发展；农民生活水平提高；农村基础设施改善；农村社会事业发展；基层民主政治建设继续推进。第六个"五"，就是建立和完善五个机制：建立对农业农村投入稳定增长的机制；建立促进新农村建设的工作机制；建立调动农民积极性的激励机制；建立引导全社会促进新农村建设的参与机制；建立改变城乡二元经济结构的改革机制。"五个基本"：一是"重中之重"的基本要求。二是"统筹城乡发展"的基本方略。三是"两个趋向"的重要论断和我国现在总体上已经到了以工促农、以城带乡发展阶段的基本判断。四是"多予少取放活"和"工业反哺农业、城市支持农村"的基本方针。五是"建设社会主义新农村"的基本任务。

回良玉副总理也曾用"五个是"高度评价过农业综合开发的作用，即推进农业综合开发，是践行"三个代表"重要思想的具体体现；是稳定增加农业投入的长效机制；是提高农业综合生产能力的关键措施；是推进农业结构调整、增加农民收入的重要途径；是实现我国农业可持续发展的重要推动力量。

1. 农业综合开发是推进农村生产发展的一个有效手段。1988～2005年，农业综合开发累计改造中低产田4.7亿亩，新增粮食生产能力1650亿斤；"十一五"期间农业综合开发改造中低产田1.94亿亩。通过农业综合开发，使全国平原地区60%以上的耕地实现旱涝保收、高产稳产、节水增效；丘陵山区人均达到0.6亩高标准基本农田。

2. 农业综合开发是逐步实现农村生活宽裕的一条重要途径。农业综合开发财政资金已成为财政扶持农业产业化发展的主要资金渠道。1988—2005年，农业综合开发扶持农业产业化经营项目6200个，其中建设优质高效农业种植基地2024.5万亩，发展水产养殖710.5万亩。

项目区农民人均纯收入高于非项目区300元左右。"十一五"期间，农业综合开发计划扶持重点产业化经营项目1500个；建设高效种植基地550万亩、高效水产养殖基地180万亩；扶持农副产品储藏保鲜、产地批发市场等流通设施项目554个。

3. 农业综合开发促进新农村建设乡风文明目标的实现。

截至2005年，共安排中央财政资金10.5亿元，扶持了166个农业科技示范和现代化示范项目，扶持了近3万个基层农技服务组织，开展农民技术培训1亿多人次。"十一五"期间，农业综合开发计划培训农民1.5亿人次以上，比"十五"期间增加1亿人次以上。

4. 农业综合开发促进新农村建设村容整洁目标的实现。项目区"田成方、林成网、路相通、渠相连"。1988—2005年，农业综合开发累计造林1.56亿亩，建设草原4435万亩，治理沙化土地面积250万亩，改善和增加农田林网防护面积3.04亿亩。"十一五"期间，农业综合开发计划营造农田防护林3500万亩，增加农田林网防护面积1.31亿亩，建设草原（场）1215万亩，治理沙化土地115万亩，小流域治理420万亩。

5. 农业综合开发是实现"民主管理"的重要方式。农业综合开发把尊重农民意愿作为立项的前提；开发不开发，农民说了算；农业综合开发自觉接受项目区农民群众监督。

围绕一个目标，做好两篇文章，采取三项战略举措，实现四个方面的新突破。

1. 围绕一个目标，农业综合开发要成为新农村建设的先锋队和生力军。什么叫先锋队，就是冲锋在前，敢打硬仗。所谓生力军，就是来之能战，战之能胜。

2. 做好两篇文章。

第一篇文章，做好粮食稳定发展这篇大文章。2006年《中共中央国务院关于推进社会主义新农村建设的若干意见》提出"农业综合开发要重点支持粮食主产区改造中低产田和中型灌区节水配套改造"。为做好这篇文章，农业综合开发一要将中低产田改造作为农业综合开发的重中之重，二要进一步加强中型灌区节水配套改造项目建设，三要适当兼顾生态综合治理项目建设。

第二篇文章，做好农民持续增收这篇大文章。这是一篇更难的文章：一要更加直接、显著地带动农民增收，二要着力打造一批真正的农业产业化"龙头",三要进一步加大对农民专业合作经济组织的扶持。

3. 实施三项战略举措。第一项战略举措着力打造"中国粮食生产的核心区"。

中国未来的粮食安全主要靠粮食生产核心区数亿亩高标准基本农田来保障。农业综合开发要聚焦到产粮大县上。力争用5—10年时间,将粮食大县、财政穷县建设成为全国稳定可靠的"大粮仓"。

第二项战略举措让农业综合开发成为"公共财政照耀农村最灿烂的一束阳光"。1988年开始的农业综合开发,就是公共财政很早照耀到农村的一束阳光。一是在机制创新、探索新路上下功夫。探索保障国家安全的长效机制。探索财政支持产业化经营的新路子。努力将农业综合开发打造为支农资金整合的平台。二要在提高资金使用效益上下功夫。始终成为支农资金的管理和使用的一个标杆。

第三项战略举措真正成为"管理民主"的典范。农业综合开发是亿万农民自觉自愿的伟大实践。主要有三个方面:一是让农民群众在开发中唱主角,二是切实做到政府在为农民配套,三是要主动教给农民监督的方法。

4. 实现四个方面的新突破。第一个新突破,就是开发理念要有新突破。"效益开发、民主开发、科学开发"。第二个新突破,就是开发领域要有新拓展。第三个新突破,就是要提出明确有力的新措施。一要在突出重点、形成亮点上下功夫,二要在增加投入上下功夫,三要在推进试点上下功夫,四要在机制创新上下功夫,五要在科学管理上下功夫。第四个新突破,为新农村建设服务的能力有新提高。主要有六个方面:一是大力推动农业综合开发立法工作。二是着力开展基础性、前瞻性研究。三是切实加强基础工作。四是积极营造良好氛围。五是加强部门配合,形成开发的合力。相互协作、和谐共赢。六是全面加强农业综合开发干部队伍建设。政治坚定、业务精通、廉洁高效、作风优良,踏踏实实地为农民办好事、办实事。

在关于新农村建设的讨论中,学员一组认为目前财政支农存在目标偏多的突出问题,同时财政支农工作也是一项长期的艰巨任务,需要进一步明确支农目标和突出支农重点。进一步明确财政支农工作目标和工作重点,需要遵循循序渐进的原则,分清轻重缓急,做到既统筹兼顾,又突出重点。在减负方面需要重视:(1)农村免费义务教育;

（2）农村社会保障制度；（3）乡镇机构改革。在增收方面需要重视；（1）农民技能培训；（2）农村公益事业；（3）农业产业化经营。

在关于新农村建设的讨论中，学员二组认为需要重视新农村建设的标准比如以江苏南北差异为例；新农村建设的重点比如各部门、各阶段的重点；新农村建设的时序比如分阶段的落实财政资金。在财政部门参与新农村建设方面，需要增加财政投入，包括增加中央财政的转移支付；增加对农业、农村、农民的优惠政策；提高农产品价格，增加农业产品附加值；建立日常机制，加大对农民素质提高的培训与投入；鼓励土地规模经营，提高农业经营效益，增加农民收入。

学员三组认为，农村现状集中体现在城乡两元结构、城乡差别大、农村落后。产生农村现状的主要原因在于财力与责权不相匹配，政府间、部门间、政府与农民责任不明确，农民无力承担自己的责任，农村改革中利益调整所产生的一些问题以及管理制度安排的缺损。当前农村存在的主要问题包括城乡公共服务差异，农村公共卫生投入不足造成部分农村卫生资源浪费问题，农民工转移迫切要求提供农村养老院等公共产品的问题，农村赌、毒现象严重，要求加大对农村社会治安管理投入的问题等。解决当前农村主要问题需要明确政府间、部门间、政府与农民的责任，确定政府提供公共产品的责任和最低标准和公共服务的内容和标准，完善管理制度、建立有效机制。

学员四组认为，农村税费改革对县乡财政的影响很大，税改后基层财力紧张。建议提高省、市制定解决县乡财力配套政策的自主权，加大中央、省、市对县乡转移支付的力度，拓宽发展经济的渠道。

学员五组认为，目前农村基层政权的财权与事权不对称，财权上收，事权下移；农村税费改革后，基层政权职能弱化；农村转移支付不够规范；财政支农资金使用分散，难以发挥整体效益，表现为支农资金政出多门，各自为政；财政监督有待加强。建议结合农村综合改革试点，转变乡镇职能，明确乡镇职责，推动乡镇机构改革顺利开展；根据事权与财权相结合的原则，改革财政管理体制；提高财政支农资金预算和资金使用情况的透明度，充分发挥社会监督职能；整合支农资金要从中央做起。

学员六组认为，新农村建设资金的整合包括各级财政投入整合，各级涉农部门投入整合和财政内部资金的整合。整合的思路：（1）在各级财政转移支付中淡化项目转移，加大财力转移；（2）各级主管部门投入项目资金实行国库集中支付；（3）财政内部牵头整合机制。

学员七组认为，农村公共服务薄弱，需要适应农村税费改革新形势，加快构建农村公共财政体系。

学员八组认为，目前新农村建设中存在的突出问题包括：（1）东西部地区农村建设差距巨大，西部地区、尤其是少数民族地区贫困现象较为严重；（2）农村基础设施落后；（3）对基层农村的财政投入少，投资缺乏长远规划；（4）基层农村政务、财务比较混乱。建议：（1）促进生产发展，将第一生产力（科技）引入农村，提高农业科技化水平；（2）促进农村产业化经营，以工业化理念推进农业产业化发展，提高农产品附加值，使农民增收；（3）加大对基层农村的财政投入，建立长期规划，克服短期政策效应；（4）因地制宜，避免"一刀切"；（5）抓好财政资源的整合，发挥财政资金的引导效应和放大效应；（6）加强农村基础设施建设，尤其是农田水利、教育、卫生方面的建设；（7）加强对基层农村的财务监督，改进农村干部管理体制；（8）提高支农资金使用效率，推行政务公开，加大财政资金使用透明度。

学员九组认为，中央财政应加大对贫困地区新农村建设的投入力度；同时应建立对财政支农资金投入考核激励机制。

学员十组认为，目前一是人多，二是决策机制不健全。在财政如何促进农村高效、低成本政府的建立方面，需要从工资总量上控制政府成本；中央财政与地方政府对欠发工资买单应谨慎；建立"自下而上"的项目决策机制。

在关于地区均衡发展的讨论中，学员一组认为，财政部门作用，促进区域经济合作与均衡发展的必要性和可行性在于区域发展差异与和谐社会建设的政治需要对区域均衡发展提出要求；区域经济的差异为区域间资源重新配置提供了空间；利用财政手段培育市场、引导资源流动需要地区政府间的协作；财政资金边际效应（收益）递减的规律促使财政资金向欠发达地区流动。财政部门参与区域经济合作的目标应当包括促进区域经济、文化的共同发展，努力缩小地区间经济、文化、人员素质方面的差异，促进各要素市场的融合，提高区域竞争能力。应当服从责任性原则、多边性原则、非均等化原则、互利互补原则。开展区域间财政合作的主要途径可以包括直接的区域间转移支付、政府间的合作开发项目和区域间生产要素市场的培育与发展。开展区域间财政合作需要掌握本地区发展的资源结构、比较优势；制定

433

区域合作发展的具体财政规划；增加相应的预算与财政考核指标；为本地市场开放、人员培训、地区间协作机构的运行提供资金支持。建议在地方财政支持下，建立多层次的就业信息归集与发布网络，为发达地区支援欠发达地区人员择业的各项间接开支提供补贴；为欠发达地区季节性劳动力利用研究提供经费，提高欠发达地区人力资源的利用效率；鼓励初级人力资源向发达地区流动，发达地区财政为其职业培训与技能教育提供补贴。在自然资源利用与环境保护的区域间协作方面，下游发达地区分担上游欠发达地区在环境保护方面的财政开支比如河流流域治理的受益地区负担相应的流域治理费用，下游发达地区分担上游欠发达地区退耕还林的财政负担；同时发达地区为欠发达地区自然资源利用与环境保护方面的研究提供资金支持，促进区域间财政干部和财政管理经验的交流，加强理财观念，提高理财水平。

学员二组认为，当前区域发展不平衡，西部和中部的差距，城乡差距客观存在，集中财政收入通过转移支付可逐步解决区域发展不平衡的问题。建议明确各级政府职责，完善财政转移支付制度；执行国家最低标准，提供关系民生的公共服务；发挥财政资金引导作用，支持区域产业调整；加强资金监管力度，建立项目资金绩效评价机制。

学员三组认为，区域发展需要通过渐进式发展，自主发展和协调发展相结合。同时寻求财政政策支持（重点）、金融政策支持和人才支持"三个支撑"。

学员四组认为，差异是绝对的，均衡是相对的。我们需要努力消除差异的过大化，促进地区发展的相对均衡化，以实现和谐发展；差异本身是一种促进发展的内在动力，有形无形会给均衡发展产生内在推动力；促进地区均衡发展要融入和服从于科学发展观的要求，转移支付制度是促进地区均衡发展的最重要手段。建议通过完善转移支付制度，促进地区均衡发展。特别是转移支付的基点要面向基层、面向农村、面向弱势群体（主要是农民）；转移支付的重点要向中西部倾斜，向老少边穷地区倾斜；转移支付政策的实施要坚持区别对待，因地制宜；要发挥中央宏观调控优势，多渠道实施地区政府间的转移支付，促进区域均衡协调发展。

学员五组认为，充足的财力是解决区域发展不均衡的有力保证。地区发展的不均衡是绝对的，不可避免的；要相信地方政府在其位，谋其政，因地制宜，采取不同的方法处理区域发展不均衡的问题；充足的财力是解决地区不均衡问题的基础,财力充足程度决定缩小地区差距的速度。在财力有限的情况下,地方政府会用更多的资金优先发展经济;建议中央财政把为全国、全社会提供最基本的社会公共产品作为财政支出重点;对待地区发展不均衡问题,建议大家用"礼"的观点去审视它。

学员六组认为,完善政府间转移支付制度要服从于提供关系民生的公共服务。目前中央集中财力与解决地区均衡发展和新农村建设之间的关系,但是中央、省拨付转移支付容易,基层政府落实难。建议中央适当降低财力集中的比例和增长率,充分调动中央和地方两个积极性;同时将蛋糕做大,从根本上解决财政支持区域发展和新农村建设问题。

学员七组认为,需要校正思路、合理促进区域经济协调健康发展。区域协调发展不能片面强调中西部地区规模工业发展,特别要重视财政上的恶性竞争。中西部地区应因地制宜,宜工则工,宜农则农,宜林则林;同时,对中西部地区的转移支付不应被视为施舍,应看做是合理的补偿。

附录 2 研讨班日程安排

Workshop Agenda

2006 年 8 月 21 日 周一

4:00pm—5:00pm 财政部干部教育中心副主任张军致辞

加拿大驻广州领事馆总领事蔺高廷（Tim Coughlin）先生致辞

加拿大驻中国大使馆发展参赞兼加拿大国际开发署负责人史凯（Kent Smith）致辞

5:00pm—6:00pm 主题发言：加拿大的财政分权

主讲人：加拿大驻广州领事馆总领事蔺高廷

2006 年 8 月 22 日 周二

8:00am—10:00am 第一讲：地方政府组织以及农村政府的责任

该讲将对地方政府权责设计模式以及事权划分标准进行讨论，并对权责设计、地方政府的权力和功能进行比较分析。

主持人：中央财经大学教授乔宝云

国际专家：加拿大 Trent 大学教授哈里·克钦

中方专家：中央财经大学党委书记邱东

课堂讨论

10:15am—12:30pm 第二讲：农村政府的资金提供

农村地广人稀，税基不足以满足地方资金提供的需要，并且低收入使成本回收机会有限，因此农村财政已成为当前急需解决的一项课题。该讲将对解决农村财政难题的可能性选择方案进行探讨。

主持人：中央财经大学党委书记邱东

国际专家：加拿大 Alberta 大学教授麦尔维利·麦克米兰

中方专家：中央财经大学财政学院院长马海涛

省级以下政府借款：

世界银行区域经济政策研究部首席经济学家刘莉莉

2:00pm—4:30pm　第三讲：农村服务的融资与提供

由于农村地广人稀，并且地方政府财力不足，因此农村服务的提供构成了当前一个重要问题。本讲将对解决此问题的可能性选择方案进行探讨，并对一些国家好的做法进行分析。

主持人：世界银行高级经济学家阿希姆·福克

国家专家：加拿大 Alberta 大学教授麦尔维利·麦克米兰

中方专家：中央财经大学副校长王国华教授

农村教育服务的融资与提供：

北京大学中国教育经济研究所所长王荣

农村医疗服务的融资与提供：

中央财经大学教授乔宝云

农村社会保障制度：

财政部社会保障司司长孙志筠

课堂讨论

4:45pm—6:00pm　第四讲：计划制定与绩效预算

由于人口流动和城市化进程的加快，中国在财政计划的制定上以及如何更好地提供公共服务上面临挑战。本讲将主要论述如何才能对农村和落后地区进行充足的投资，从而满足均等化，但又不能过度投资。本讲还将对绩效预算等预算编制方法与实践进行讨论。

主持人：中央财经大学教授乔宝云

国际经验：加拿大 Trent 大学教授哈里·克钦

中方问题：世界银行学院沈春丽

课堂讨论

2006 年 8 月 23 日　周三

8:00am—10:00am　第五讲：政府间财政转移支付

发展中国家的财政转移支付是省级以下政府收入的主要来源。它们除了为支出提供资金外，对于公共服务提供的公平与效率以及财政管理都具有很重要的激励作用。该讲将重要介绍各个国家转移支付设计的较好做法。

主持人：中央财经大学财经研究所所长王雍君

国际专家：世界银行学院首席经济学家沙安文

中方专家：海南省财政厅厅长陈海波

课堂讨论

10:15am—12:15pm　第六讲：为处理地区财政不平等而进行的财政均等化转移支付

财政均等化转移支付使得地方政府能够在合理可比税收水平基础上提供合理可比水平的公共服务。财政均等化转移支付使地方政府产生参与感并有利于国家内部的团结，它通常被视为国家统一团结的"黏合剂"。该讲将对所选国家不同形式的均等化转移支付进行讨论。

主持人：世界银行学院沈春丽

国际专家：世界银行学院首席经济学家沙安文

中方专家：中央财经大学财经研究所所长王雍君

课堂讨论

2:00pm—2:00pm　第七讲：促进地区均衡发展的财政政策

地区差异是大多数国家在发展中困扰已久的一个难题。该讲将对减小地区差异的公共政策进行研究，并对不同国家在此方面的做法进行探讨，从而得出经验与教训。

主持人：贵州省财政厅厅长李隆昌

国家专家：世界银行学院首席经济学家沙安文

中方专家：财政部财政科学研究所所长贾康

课堂讨论

4:15pm—5:45pm　第八讲：西部经济发展与政府间财政关系改革参与者大会发言：

贵州省财政厅厅长李隆昌

广西区财政厅原厅长刘铭达

2006 年 8 月 24 日　周四
赴海南省琼海市实地考察。

2006 年 8 月 25 日　周五
8:00am—9:30am　第九讲：政府提供农村服务的绩效监督与评估
　　　　　该讲将提出政府对农村服务提供的绩效进行监督与评估的框
　　　　　架，并对实践问题进行探讨。
　　　　　主持人：国务院税费改革办公室副主任黄维健
　　　　　国家专家：世界银行学院首席经济学家沙安文
　　　　　中方专家：
　　　　　财政部财政科学研究所副所长王朝才
　　　　　财政部监督检查局局长耿虹
　　　　　课堂讨论
9:00am—12:30pm　对建设新农村的分组讨论
　　　　　主题：
　　　　　1. 农村获得基本公共服务的途径：义务教育、卫生保健和社
　　　　　会安全网
　　　　　2. 农村公共财政改革：农村事权与财政的不对称、税费改革
　　　　　的影响
　　　　　3. 农村移民——流动人口
　　　　　4. 经济快速发展导致农村土地的流失
　　　　　5. 促进农业部门的发展：如何执行温总理提出的"工业反哺
　　　　　农业"政策
　　　　　6. 对农村基础设施的投资
　　　　　7. 农村人口统计学问题的影响：人口老化；危险的性别比例
　　　　　8. 农村治理：腐败和地方官员的渎职行为；干部测评体制；
　　　　　横向负责机制
2:00pm—3:00pm　第十讲：中国税费改革参与者发言：
　　　　　国务院税费改革办公室副主任黄维健
3:15pm—5:45pm　"建设新农村"小组讨论的大会发言

2006 年 8 月 26 日　周六

8:00am—9:30am　第十一讲：中国财政改革：现状与展望

财政部办公厅主任张通

第十二讲：中国农村改革与发展

国家农业综合开发办公室主任王建国

9:30am—12:00am　对促进地区均衡发展的分组讨论

主题：

1."十一五"规划中中国发展战略转变的政策意义：避免单纯追求增长，并关注边缘化群体

2."以人为本"原则：执行国家最低标准，提供关系民生的公共服务

3. 地区合作与市场融合（尤其是劳动力市场）

4. 为解决横向财政不平衡问题而进行的政府间转移支付制度改革

5. 西部大开发和中部崛起

2:00pm—4:30pm　"促进地区均衡发展"小组讨论的大会发言

4:45pm—5:45pm　闭幕式及颁发证书

财政部干部教育中心副主任张军致闭幕辞

加拿大国际开发署代表致闭幕辞

世界银行学院首席经济学家沙安文致闭幕辞

颁发证书

附录 3
参加研讨会人员名单

Participants' List

参会领导			
姓名	性别	职务	工作单位
张军	男	副主任	财政部干部教育中心
王伟	女	副处长	财政部国际司
毛文勇	男	处长	财政部干部教育中心
曾德运	男	副厅长	海南省财政厅
刘平治	男	副厅长	海南省财政厅
吕勇	男	副厅长	海南省财政厅
方光荣	男	局长	海南省财政国库支付局
苗爱国	男	监察特派员（副厅级）	海南省财政厅
专家			
张通	男	主任	财政部办公厅
孙志筠	女	司长	财政部社保司
耿虹	女	局长	财政部监督检查局
王建国	男	主任	国家农业综合开发办公室
黄维健	男	副主任	国务院农村税费改革办公室
贾康	男	所长	财政部科学研究所
陈海波	男	厅长	海南省财政厅
李隆昌	男	厅长	贵州省财政厅
刘铭达	男	原厅长	广西区财政厅
邱东	男	党委书记	中央财经大学
王国华	男	副校长	中央财经大学
马海涛	男	院长	中央财经大学财政学院

参会领导

姓名	性别	职务	工作单位
王雍君	男	所长	中央财经大学财经研究所
王蓉	女	所长	北京大学中国教育经济研究所所长
Tim Coughlin	男	总领事	加拿大驻广州领事馆
Kent Smith	男	文化参赞	加拿大驻中国大使馆
Anwar Shah	男	首席经济学家	世界银行学院
刘莉莉	女	首席经济学家	世界银行区域经济政策研究部
Achim Fock	男	高级经济学家	世界银行驻中国代表处
李胜	女	协调负责人	世界银行驻中国代表处
乔宝云	男	教授	世界银行
沈春丽	女		世界银行学院
Melville McMillan	男	教授	University of Alberta，Canada
Harry Kitchen	男	教授	Trent University，Canada

学员名单

张立君	男	主任科员	财政部办公厅研究处
刘磊	女	主任科员	财政部条法司二处
司书耀	男	主任科员	财政部国库司
丁丽丽	女	主任科员	财政部农业司农业处
邸东辉	男	副处长	财政部社会保障司制度精算处
黄敏捷	男	干部	财政部监督检查局
陈阳	男	干部	国务院农村税费改革办公室
吴川	男	主任科员	国家农业综合开发办公室
Anthony Hodges	男	高级项目官员	联合国儿童基金会
胥玲	女	助研	财政部科研所
高小萍	女	助研	财政部科研所
吴雪	女	副主任	财政部科研所
李臻	女	处长	财政部驻北京专员办
彭齐武	男	处长	财政部驻天津专员办
牛爱国	男	主任	财政部驻河北专员办
史明山	男	副处长	财政部驻山西专员办
王玉军	男	副主任	财政部驻辽宁专员办
孙海洋	男	副主任	财政部驻大连专员办

续表

参会领导			
姓名	性别	职务	工作单位
赵东梅	女	副处长	财政部驻黑龙江专员办
吴如兴	男	处长	财政部驻江苏专员办
吴也杭	男	主任科员	财政部驻浙江专员办
应业红	女	处长	财政部驻宁波专员办
柳萌	男	副处长	财政部驻安徽专员办
陈菡	女	副处调研员	财政部驻福建专员办
覃贺	男	副主任科员	财政部驻厦门专员办
张建民	男	处长	财政部驻江西专员办
段培森	男	专员助理	财政部驻山东专员办
邱凛	女		财政部驻河南专员办
胡汉华	女	助理调研员	财政部驻湖北专员办
蒋亮华	男	副处长	财政部驻湖南专员办
张之虹	女	主任科员	财政部驻广东专员办
张浩	男	主任科员	财政部驻深圳专员办
粟一萍	女	处长	财政部驻广西专员办
丁守生	男	正处	财政部驻海南专员办
任耕	男	处长	财政部驻重庆专员办
唐小军	男	副处长	财政部驻四川专员办
赵黔生	男	调研员	财政部驻贵州专员办
孙协	男	助调	财政部驻云南专员办
范秀玲	女	处长	财政部驻陕西专员办
房斌	男	副主任	财政部驻甘肃专员办
雒春良	男	助理调研员	财政部驻青海专员办
武卫华	男	处长	财政部驻宁夏专员办
陈燕华	女	副处长	北京市财政局农业处
陈渤海	男	主任科员	天津市财政局
赵森	男	副处长	河北省财政厅
智荣卿	女	主任科员	河北省财政厅
杨振国	男	副处长	山西省财政厅农业处
邓晓平	女	主任科员	山西省财政厅农业处
张世仑	男	调研员	内蒙古财政厅

参会领导			
姓名	性别	职务	工作单位
郝龙	男	科长	内蒙古财政厅
王文刚	男	主任科员	内蒙古财政厅
朱晓方	女	主任科员	内蒙古财政厅
吕占民	男	副局长	内蒙古通辽市财政局
刁鹰	男	副局长	内蒙古通辽市财政局
郭宏伟	男	副处长	辽宁省财政厅
张耀忠	男	科长	辽宁省盘锦市财政局
丛志远	男	助理调研员	大连市财政局
李光	男	调研员	大连市财政局
张忠华	男	调研员	吉林省财政厅农发办
张襄棣	女	副处长	黑龙江省财政厅
徐和平	男	副处长	上海市财政局农业处
庄其祥	男	副主任（正处）	江苏省财政厅农发办
李艳林	女	主任科员	安徽省财政厅
刘玉樵	男	科长	江西省财政干部培训中心
万金华	男	副局长	江西省景德镇财政局
刘碧录	男	主任科员	青岛市财政局
王献鸿	男	副处长	河南省财政厅经建处
刘翔	男	科员	湖北省财政厅农业处
肖映波	男	主任科员	广东省财政厅农业处
秦秋次	男	副处长	广西财政厅农业处
李时兰	女	副局长	广西桂林市财政局
卢炳金	男	副局长	广西梧州市财政局
唐际明	男	副局长	广西崇左市财政局
操峥嵘	女	科长	广西北海市财政局
周春燕	女	科员	重庆市财政局
蔡龙	男	副局长	重庆市大足县财政局
黎万国	男	副局长	重庆市梁平县财政局
陈飞	男	科长	重庆市武陵县财政局
黄建	男	副科长	重庆市万州区财政局
袁先剑	男	助调	四川省财政厅农业处

续表

参会领导

姓名	性别	职务	工作单位
吕兴伦	男	副局长	四川省南充市财政局
刘玲	女	纪检组长	四川省内江市财政局
游诗菊	女	科长	四川省泸州市财政局
王平	男	副局长	四川省眉山市财政局
陈景德	男	副处长	贵州省财政厅基层财政管理处
金渊	男	主任科员	贵州省财政厅
王瑰	男	局长	贵州省铜仁地区财政局
屈程	男	总经济师	贵州省黔南州财政局
姚楚贤	男	副局长	贵州省安顺市财政局
朱继民	男	副局长	贵州省黔西南州财政局
崔勇丽	女	副处长	云南省财政厅
杨晓艳	女	主任科员	云南省财政厅
马锐	男	主任科员	云南省财政厅
王清华	男	副科长	云南省楚雄州财政局
刘亚丽	女	农业处副处长	云南省玉溪市财政局
边巴次仁	男	副处长	西藏区财政厅农业处
边巴坦堆	男	主任科员	西藏区财政厅政策研究室
熊川	男	副局长	西藏那西地区财政局
曹恒	男	副处长	陕西省财政厅
邓录强	男	副处长	陕西省财政厅
万民	男	副局长	陕西省威阳市财政局
李胜利	男	调研员	陕西省西安市财政局
王惠娣	女	副处长	陕西省财政厅
陈贤俊	男	副所长	甘肃省财政科学研究所
王锁	男	局长	甘肃省定西市财政局
李春熙	男	处长	甘肃省兰州市财政局
马自勤	男	纪检组长	甘肃省临夏州财政局
罗永平	男	副局长	甘肃省甘南州财政局
胡翠萍	女	助调	青海省财政厅
曾水清	男	局长	青海海东地区财政局
任军	男	科长	青海省海东地区互助县财政局

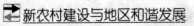新农村建设与地区和谐发展

续表

参会领导

姓名	性别	职务	工作单位
代万斌	男	副处长	新疆自治区财政厅国库处
艾尼瓦尔	男	副局长	新疆自治区克州财政局
崔江生	男	局长	新疆自治区塔城地区财政局
李雪	女	助理调研员	新疆自治区昌吉州财政局
木登	男	副局长	新疆自治区巴州财政局
张美文	男	局长	海南省海口市财政局
岳进	男	局长	海南省三亚市财政局
乔亚洲	男	局长	海南省洋浦财政局
黄壮	男	局长	海南省文昌市财政局
符传富	男	局长	海南省琼海市财政局
王月花	女	局长	海南省儋州市财政局
李时军	男	局长	海南省万宁市财政局
何子超	男	副局长	海南省五指山市财政局
李良海	男	局长	海南省东方市财政局
张丽敏	女	局长	海南省定安县财政局
朱德修	男	副局长	海南省屯昌县财政局
王发平	男	局长	海南省澄迈县财政局
林祖列	男	局长	海南省临高县财政局
文辉	男	副局长	海南省昌江县财政局
王宇明	男	局长	海南省乐东县财政局
李宗春	男	局长	海南省陵水县财政局
欧冠荣	男	局长	海南省白沙县财政局
苏忠仕	男	局长	海南省保亭县财政局
王哲斌	男	局长	海南省琼中县财政局

图书在版编目(CIP)数据

新农村建设与地区和谐发展/主编:沙安文 乔宝云 沈春丽.
-北京:人民出版社,2007.9
ISBN 978 - 7 - 01 - 006539 - 7

Ⅰ.新… Ⅱ.①沙… ②乔… ③沈… Ⅲ.①农村-社会主义建设-
研究-中国 ②地区经济-经济发展-研究-中国 Ⅳ.F320.3 F127

中国版本图书馆 CIP 数据核字(2007)第 146327 号

新农村建设与地区和谐发展
XINNONGCUN JIANSHE YU DIQU HEXIE FAZHAN

主编:沙安文 乔宝云 沈春丽

人民出版社 出版发行
(100706 北京朝阳门内大街166号)

北京瑞古冠中印刷厂印刷 新华书店经销

2007 年 9 月第 1 版 2007 年 9 月北京第 1 次印刷
开本:710 毫米×1000 毫米 1/16 印张:28.75 插页:3
字数:460 千字 印数:0,001 - 5,000 册

ISBN 978 - 7 - 01 - 006539 - 7 定价:68.00 元

邮购地址 100706 北京朝阳门内大街 166 号
人民东方图书销售中心 电话 (010)65250042 65289539

附录4 会议照片

Workshop Photos

1. 会议代表合影

2. 开幕式

3. 加拿大驻广州领事馆总领事蔺高廷（Tim Coughlin）先生致辞

4. 晚宴

5. 财政部干部教育中心副主任张军和世界银行学院首席经济学家沙安文

6. 专家演讲

7. 参观农村

8. 学员讨论

9. 闭幕式

10. 颁发证书（1）

11. 颁发证书（2）